高等学校计算机基础教育教材精选

本书由上海汽车工业教育基金会资助出版

电子商务网站建设教程

（第2版）

赵祖荫 主编

张瑜 赵卓群 孙浚隆 等 编著

清华大学出版社

北京

内 容 简 介

本书以 Dreamweaver 8 作为网站建设的主要工具，介绍了电子商务网站建设的知识。全书分三部分：电子商务网站建设概论、网站外观设计和内容编辑、Web 应用程序开发。电子商务网站概论部分介绍了电子商务网站的基本概念，阐明了它与其他网站的不同之处，以及建立电子商务网站的基础知识。网站外观设计部分介绍了如何利用 Dreamweaver 8 完成网站的静态页面设计，使网站具有引人入胜的视觉效果。Web 应用程序开发部分以 Windows 2000 Server 为服务器端的系统平台，较为详尽地介绍了 IIS 5.0、ASP 的常用内建对象、脚本语言 VBScript、SQL Server 数据库等基础知识以及 Dreamweaver 8 服务器端的应用技巧。与本书配套的《电子商务网站建设实验指导(第 2 版)》提供了涵盖本书主要知识点的 15 个实验，并给出了详尽的参考步骤和操作技巧。

本书可作为高等学校相关专业的教材，也可作为学习网站建设技术的自学教材。

图书在版编目(CIP)数据

电子商务网站建设教程/赵祖荫主编；张瑜，赵卓群，孙浚隆等编著. —2 版. —北京：清华大学出版社，2008.1(2020.1 重印)
(高等学校计算机基础教育教材精选)
ISBN 978-7-302-16370-1

Ⅰ. 电…　Ⅱ. ①赵…②张…③赵…④孙…　Ⅲ. 电子商务－网站－高等学校－教材　Ⅳ. F713.36 TP393.092

中国版本图书馆 CIP 数据核字(2007)第 167646 号

责任编辑：焦　虹　李玮琪
责任校对：梁　毅
责任印制：刘祎淼

出版发行：清华大学出版社
网　　址：http://www.tup.com.cn，http://www.wqbook.com
地　　址：北京清华大学学研大厦 A 座　　**邮　　编**：100084
社 总 机：010-62770175　　**邮　　购**：010-62786544
投稿与读者服务：010-62776969，c-service@tup.tsinghua.edu.cn
质 量 反 馈：010-62772015，zhiliang@tup.tsinghua.edu.cn
印 装 者：涿州市京南印刷厂
经　　销：全国新华书店
开　　本：185mm×260mm　　**印　　张**：19.75　　**字　　数**：455 千字
版　　次：2008 年 1 月第 2 版　　**印　　次**：2020 年 1 月第 14 次印刷
定　　价：34.50 元

产品编号：027511-03

出版说明

在教育部关于高等学校计算机基础教育三层次方案的指导下，我国高等学校的计算机基础教育事业蓬勃发展。经过多年的教学改革与实践，全国很多学校在计算机基础教育这一领域中积累了大量宝贵的经验，取得了许多可喜的成果。

随着科教兴国战略的实施以及社会信息化进程的加快，目前我国的高等教育事业正面临着新的发展机遇，但同时也必须面对新的挑战。这些都对高等学校的计算机基础教育提出了更高的要求。为了适应教学改革的需要，进一步推动我国高等学校计算机基础教育事业的发展，我们在全国各高等学校精心挖掘和遴选了一批经过教学实践检验的优秀的教学成果，编辑出版了这套教材。教材的选题范围涵盖了计算机基础教育的三个层次，包括面向各高校开设的计算机必修课、选修课，以及与各类专业相结合的计算机课程。

为了保证出版质量，同时更好地适应教学需求，本套教材将采取开放的体系和滚动出版的方式（即成熟一本、出版一本，并保持不断更新），坚持宁缺毋滥的原则，力求反映我国高等学校计算机基础教育的最新成果，使本套丛书无论在技术质量上还是出版质量上均成为真正的“精选”。

清华大学出版社一直致力于计算机教育用书的出版工作，在计算机基础教育领域出版了许多优秀的教材。本套教材的出版将进一步丰富和扩大我社在这一领域的选题范围、层次和深度，以适应高校计算机基础教育课程层次化、多样化的趋势，从而更好地满足各学校由于条件、师资和生源水平、专业领域等的差异而产生的不同需求。我们热切期望全国广大教师能够积极参与到本套丛书的编写工作中来，把自己的教学成果与全国的同行们分享；同时也欢迎广大读者对本套教材提出宝贵意见，以便我们改进工作，为读者提供更好的服务。

我们的电子邮件地址是：jiaoh@tup. tsinghua. edu. cn；联系人：焦虹。

清华大学出版社

前言

电子商务在我国得到了快速的发展,它是数字化商业社会的核心,是未来企业发展、生存的主流方式。不具备网上交易能力的企业,意味着将失去广阔的市场,将无法在未来的市场竞争中占据优势。

新的社会需求对面向电子商务的应用人才提出了更高的培养要求,为了适应社会发展的需要,也为了普及计算机网络知识,本教材尝试着将复杂的网络技术用浅显易懂的方式描述出来,并使用一些适当的工具、手段和技巧使电子商务网站建设的教学变得更加容易和方便,从而使得计算机教育内容的更新与社会应用现状保持了同步。

本教材选用了优秀的 Web 应用开发工具 Dreamweaver 8 作为网站建设的主要工具,在介绍了客户端静态网页制作的同时,还以 Windows 2000 Server 为服务器的操作系统平台,较为详尽地介绍了 IIS 5.0、ASP 的常用内建对象和脚本语言 VBScript、SQL Server 2000 (Access 2000 为选学内容)数据库等基础知识,以及介绍了如何使用 Dreamweaver 8 管理电子商务系统的开发和快速有效地实现电子商务系统的各种基本功能。

为了使读者能够清晰地了解建设电子商务网站的知识结构,本书从电子商务网站建设概论、网站的外观设计和内容编辑、Web 应用程序开发三个部分向读者介绍网站建设的知识。

电子商务网站的概论部分(第1、2章)力图使读者对电子商务网站有一个基本概念,了解什么是电子商务网站,它与其他网站有什么不同,并了解建站相关的基础知识。

网站的外观设计部分(第3～8章)从网页制作技术上向读者介绍如何利用 Dreamweaver 8 来完成网站的静态页面设计,使网站具有引人入胜的视觉效果。

Web 应用程序开发部分(第9～14章)介绍了网站建设所涉及的背景和基础知识以及开发方法,并通过一个完整的电子商务实例来叙述 Web 数据库开发和网站建设各个关键部分的方法和技巧。

本教材在章节安排和重要知识点的处理上充分考虑到便于教学,内容安排松紧适度,重点突出。所有各章节都配有精心设计的实例,每章开始时有本章知识点的介绍,帮助读者快速理解和掌握本教材的各知识点。本书配套的实验指导教材(配有光盘)为每一章配备了由浅入深的实验,关键实验都有详细的参考步骤,帮助读者更好地掌握网站建设所涉及的知识点。每个实验后还安排了思考题,满足了学生复习与加深理解知识点的实际需要。

本教材于2004年1月发行第1版以来,受到了广大读者的欢迎,先后重印十多次,并获 2005 年上海市教学成果(高等学校)三等奖。根据读者的意见,结合作者本人的应用实践在第 1 版的基础上对教材进行了修订。这次修订除了对软件版本作了升级以外,还对第 1 版的教材内容作了较大的增删和调整,修订后的教材内容更精炼,更便于读者学习和掌握。

本教材建议的学时数为 72 课时,对于学过网页制作的学生,可只学本教材的第 1、3 部分,建议的学时数为 54 课时,附录 A 是关于本教材各知识点的教学要求和课时分配的教学大纲,供教学参考。

本教材由赵祖荫主编。书中第 1、2 章由赵祖荫、孙浚隆编写;第 3、4 章由王瑞莉编写;第 5～8 章由赵祖荫、赵卓群编写;第 9～14 章由张瑜、孙青、赵祖荫编写;附录由赵祖荫编写。全书由赵祖荫拟定大纲和统一书稿。

由于作者学识有限,书中不妥与错误之处敬请读者批评指正。

作　者

第 1 版前言

近年来,电子商务在我国得到了快速的发展。它是数字化商业社会的核心,是未来企业发展、生存的主流方式。随着时代的发展,不具备网上交易能力的企业,将失去广阔的市场,以致无法在未来的市场竞争中占据优势。

新的社会需求对面向电子商务的应用人才提出了更高的培养要求,为了适应社会发展的需要,也为了普及计算机网络知识,本书尝试着将复杂的网络技术用浅显易懂的方式描述出来,并使用一些适当的工具、手段和技巧使电子商务网站建设的教学变得更加容易和方便,从而使得计算机教育内容的更新与社会应用现状保持同步。

本书选用优秀的 Web 应用开发工具 Dreamweaver MX 作为网站建设的主要工具,在介绍了客户端静态网页制作的同时,还以 Windows 2000 Server 为服务器端的操作系统平台,较为详尽地介绍了 IIS 5.0、ASP 的常用内建对象和脚本语言 VBScript、SQL Server 2000(Access 2000 为选学内容)数据库等基础知识,并介绍了如何使用 Dreamweaver MX 管理电子商务系统的开发和快速有效地实现电子商务系统的各种基本功能。

为了使读者能够清晰地了解建设电子商务网站的知识结构,本书从电子商务网站概念、网站的外观设计和内容编辑、电子商务应用程序开发三个部分向读者介绍网站建设的知识。

电子商务网站的概论部分(第 1、2 章)力图使读者对电子商务网站有一个基本概念,了解什么是电子商务网站,它与其他网站有什么不同,并了解建站相关的基础知识。

网站的外观设计和内容编辑部分(第 3～8 章)从网页制作技术上向读者介绍如何利用 Dreamweaver MX 来完成网站的静态页面设计,使网站具有引人入胜的视觉效果。

电子商务应用程序开发部分(第 9～14 章)介绍了网站建设所涉及的背景和基础知识以及开发方法,并通过一个完整的电子商务实例来叙述 Web 数据库开发和网站建设各个关键部分的方法和技巧。

本书在章节安排和重要知识点的处理上充分考虑到了教学需求,内容安排松紧适度,重点突出。所有各章节都配有精心设计的实例,每章开始时有本章知识点的介绍,结束时有本章重点摘要和回顾,可帮助读者快速理解和掌握本书的各知识点。本书配套的实验指导教材为每一章配备了由浅入深的实验,关键实验都有详细的参考步骤,可帮助读者更好地掌握网站建设所涉及的知识点。每个实验后面安排的思考题,满足了学生复习与加深理解知识点的实际需要。本书的配套光盘中提供了应用实例和实验用到的素材,以及主要的实例和实验的结果。附录 C 是配套光盘的使用说明。

本书建议的学时数为 72 课时。带 * 号的章节为选学内容，对于学过网页制作的学生，可只学本书的第 1、3 部分，建议的学时数为 54 课时。附录 A 是关于本教材各知识点的教学要求和课时分配的教学大纲，供教学参考。

本书由赵祖荫主编，第 1、2 章由孙浚隆、赵祖荫编写，第 3、4 章由赵卓群、赵祖荫编写，第 5～8 章由赵祖荫编写，第 9～14 章由张瑜、赵祖荫编写，附录由赵祖荫编写。全书由赵祖荫拟定大纲和统一书稿。

由于作者学识有限，书中不妥与错误之处敬请读者批评指正。

作　者

目录

第1部分　电子商务网站建设概论

第2部分　网站的外观设计和内容编辑

第3部分 Web应用程序开发

第1部分

电子商务网站建设概论

第1章 电子商务概述

知识点

- 电子商务的基本概念
- 电子商务网站的特点和分类

1.1 电子商务的基本概念

电子商务(Electronic Commerce,EC)是一种新型的电子方式的商务贸易活动,它与传统的商务贸易活动相比,既有相似之处,又有明显的区别。电子商务可以简单地解释为:利用便利、快捷和低成本的电子信息技术和手段进行的商贸活动。目前大家所讨论的电子商务主要是利用EDI(电子数据交换)和Internet(因特网)来完成的。随着Internet的不断完善和成熟,基于Internet技术的电子商务将会得到高速发展,所以有人把电子商务称做IC(Internet Commerce)。因此,也可以说电子商务是计算机网络技术在商务活动中的应用。

基于计算机网络技术的电子商务可以实现商务贸易活动中的多个环节,如电子商情公告、商务贸易洽谈、电子合同签订、电子资金划拨、电子发票开具、电子单据交换、电子纳税、电子报关等,电子商务活动已经渗透到企业、银行、运输、税务等各个行业并涉及众多的个人用户。所以电子商务将是未来企业生存的主流方式之一,企业不具备网上交易能力就意味着放弃了广阔的市场,将无法在未来的市场竞争中占据优势。

因此,电子商务必将成为信息化社会中最重要的交易方式和手段之一,电子商务也必将与计算机网络信息技术同步高速发展。

1.1.1 电子商务系统的组成

电子商务系统可以不分地域、时间,交易双方不用见面即可进行商务贸易活动,电子商务的高效、便捷、经济等优势吸引了众多商家。人们纷纷在网上推销自己的产品,浏览别人的网站,寻找需要的商品。如何建立一个满足要求的电子商务网站,包括网站的定位、网站技术的解决方案以及今后的发展规划都需要深思熟虑。

基于 Internet 的电子商务系统基本上由以下几部分组成：

(1) 前台：前台就是 Internet 上任何一台合法的计算机都可以访问的网站，客户可以从中获取信息或购买产品。一个网站首先要有一个别人没有使用过的，有一定特点的，容易记住的名字，即域名。企业通过电子商务网站介绍产品的性能、用途、规格、价格等商务信息，接受客户订购，进行网上交易，收集反馈意见等。

(2) 后台：后台是一个企业内部信息管理系统，完成企业生产和管理过程中的信息处理工作，为生产和管理提供决策依据，主要包括办公自动化系统(OA)、企业资源计划系统(ERP)、供应链管理系统(SCM)、计算机集成制造系统(CIMS)、财务管理系统、客户关系管理系统(CRM)等信息管理系统。

(3) 安全系统：电子商务系统对信息安全问题提出了更高的要求。电子商务的安全不仅是网络安全，如防病毒、黑客等，还包括信息的完整性以及交易双方身份的确认保证。CA 认证是必备的，CA 是英文 Certificate Authority 的缩写，通俗地讲是“电子身份认证中心”的意思，也指“数字证书认证中心”。如何获得通信对方的公开密钥，并且相信此公开密钥是由某个身份确定的人所拥有的，解决方法就是找一个大家共同信任的第三方，即认证中心，颁发电子证书。任何一个信任 CA 的通信一方，都可以通过验证对方电子证书上的 CA 数字签名来建立起对对方的信任，并且获得对方的公开密钥以备使用。每一个参与交易的人员都必须有一个唯一的、可识别的号码，这是防止网上交易欺诈，保证交易双方行为的不可抵赖性的唯一手段。安全不仅是技术层面的问题，而且是一整套预防、检测和实际应对措施。

(4) 支付系统：主要实现网上交易的货款的支付和结算，可以借助邮局汇款、银行一卡通以及银行、金融等电子交易支付和结算系统等。

(5) 物流中心：即商品的供求运输系统，主要承担供货商的送货请求，将产品或商品通过各种运输手段送到采购者手中。

以上所述的电子商务系统的组成部分是一个统一的整体，它们之间互相联系、互相支持使企业的供应、生产、管理、销售等环节形成一个统一的供应链。充分利用电子商务系统可使企业内外的信息流、物流、资金流以及其他各种资源保持在最佳状态。

1.1.2 电子商务系统的特点

电子商务网站除了一般网站所共有的特点以外，还有以下特点：

(1) 虚拟性：客户对电子商务网站上的商品只能通过商品的图片和对商品的描述来了解商品的形状、特性、价格和使用方法。因此，对商品的感觉不如在传统的商店里购物具体，除非以前使用过这个商品。

(2) 商务性：电子商务网站中的“商务”两个字就说明了其商务性，即做生意。电子商务网站可为买卖双方提供一个交易平台，买卖双方可以不用见面，可以互不认识，也可以相隔千里。网站的拥有者可以通过客户留下的信息进行记录并分类整理，了解客户的需求。

(3) 整体性：电子商务的最主要目标是赢利，要实现赢利的目的，就要求电子商务网站的各个环节运转良好，如网页设计制作、物流和资金的周转、交易双方的诚信、有关法律的保证和支持等是一个有机的整体。如果其中某一个环节出现问题，赢利的目的就可能达不到。

(4) 可扩展性：为了使电子商务网站正常运作，必须考虑到访问流量的规模，所以系统要具有可扩展性，防止系统阻塞。

(5) 安全性：客户在网上购物会将对安全的考虑放在首要地位。病毒、黑客的入侵都会给网站带来危害。另外，客户担心付钱后，不能取得所选定的商品，也需要网站消除客户的担忧。所以，在网站的设计过程中必须考虑安全方案，如防火墙、安全认证、合法注册、防毒保护等措施。

1.1.3 电子商务系统的安全问题

1. 电子商务系统的安全要素

电子商务应具备下列安全要素：机密性、有效性、完整性、不可抵赖性和审查能力。

1) 机密性

电子商务作为贸易的一种手段，贸易的双方互相传递的信息基本上都属于商业机密。传统的贸易互相交换的文件可以通过邮寄信件或其他可靠的传送渠道来达到保守机密的目的。电子商务一般是建立在开放的国际互联网上的，保护好商业机密是电子商务能大力推广的重要保证，所以要防止信息在传输过程中被非法窃取。

2) 有效性

电子商务以电子文本取代了传统的纸张，保证这种电子形式的贸易信息的有效性是进行电子商务的前提。电子商务作为贸易的一种形式，电子文本的有效性将直接关系到贸易双方的经济利益和诚信。要及时检查和注意预防各种可能影响信息有效性的故障和潜在威胁，如网络故障、操作错误、应用程序错误、硬件故障、系统软件错误及计算机病毒所造成的破坏，应千方百计地保证贸易信息和数据在确定的时间内和确定的场合里是准确有效的。

3) 完整性

电子商务交易过程中，必须维护贸易各方商业信息的完整和统一。但是，数据输入时发生的意外差错或故意欺诈行为，会导致贸易各方信息的差异。另外，在数据传输过程中可能发生的数据丢失、数据重复、数据传送的顺序不一致也会导致贸易各方信息的不同。因为贸易各方信息缺乏完整性必将影响到贸易各方的交易，所以保持贸易各方信息的完整性是实现电子商务的基础。

4) 不可抵赖性

在传统的贸易中，贸易的双方在合同、契约或贸易单据等书面文件上通过签名盖章来确定这类书面文件的法律效力，确定合同、契约、单据的可靠性并预防抵赖行为的发生。在无纸化的电子商务中，由于无法通过亲笔签名和印章进行贸易双方的鉴别，所以要在交易信息的传输过程中为参与交易的个人、企业或国家提供可靠的标识，并能进行鉴别，如同传统贸易的有关文件中用亲笔签名来证明文件的有效性一样受到法律保护。

5）审查能力

根据机密性和完整性的要求，应对电子商务贸易过程中的数据进行审查，并对审查结果进行记录和备份。

2. 电子商务系统采用的主要安全技术

目前，各种针对保证电子商务安全技术的方案已经逐步研究开发出来。

1）加密技术

加密技术是电子商务中采取的主要安全措施。发送文件的一方对即将发送的数据和信息进行加密，另一方对收到的加密过的数据和信息进行解密。在文件的传输途中，如果被他人截取也不容易发生泄密事故。加密技术分为两类，即对称加密和非对称加密。

（1）对称加密：对信息的加密和解密都使用相同的密钥。进行贸易的双方可以采取相同的加密算法，只需交换共享的专用密钥即可。贸易的任何一方如果能够确保专用密钥在密钥交换阶段没有泄露，被传递的数据和信息的机密性和完整性就可以通过对称加密方法加密机密信息以及随报文一起发送报文摘要或报文散列值来实现。对称加密技术存在着如何在通信的贸易方之间确保密钥安全交换的问题。

（2）非对称加密：在非对称加密体系中，密钥被分解为一把公开密钥（即加密密钥）和另一把专用密钥（即解密密钥）。公开密钥用于对信息的加密，专用密钥则用于对加密信息的解密。专用密钥只能由生成密钥的贸易方掌握，公开密钥可公开，但是它只对应于生成该密钥的贸易方。贸易方利用该方案实现机密信息交换的基本过程是：贸易甲方生成两把密钥并将其中的一把作为公开密钥向其他贸易方公开；得到该公开密钥的贸易乙方使用该密钥对机密信息进行加密后再发送给贸易甲方；贸易甲方再用自己保存的另一把专用密钥对加密后的信息进行解密。贸易甲方只能用其专用密钥解密由其公开密钥加密后的任何信息。

2）数字签名

数字签名的主要方式在于报文的发送方从报文文本中生成一个128位的散列值。发送方用自己的专用密钥对这个散列值进行加密来形成发送方的数字签名，这个数字签名将作为报文的附件和报文一起发送给报文的接收方。报文的接收方首先从接收到的原始报文中计算出128位的散列值（或报文摘要），接着再用发送方的公开密钥来对报文附加的数字签名进行解密。如果两个散列值相同，那么接收方就能确认该数字签名是发送方的。通过数字签名能够实现对原始报文的鉴别和不可抵赖性。

3）PKI和CA

PKI就是Public Key Infrastructure的缩写，翻译过来就是公开密钥基础设施。它采用源自非对称加密技术的公开密钥技术。说PKI是基础设施，是指它对网络公共信息安全的重要性，好比电力基础设施对现代社会一样。PKI为电子商务应用提供安全的服务，如身份识别、数字签名、加密等。

PKI中最基本的元素就是数字证书，电子商务各方都拥有自己的证书，好比现实生活中的身份证，所有安全的操作主要通过证书来实现。签发这些证书的权威机构叫做证书授证中心(CA),就好比现实生活中签发身份证的公安机关。VeriSign 就是著名的 CA 机构,经过 VeriSign 签发证书的交易网站浏览器会自动认可,不会弹出窗口让用户确认检查。

数字证书无法被篡改或伪造,因为签发证书的 CA 会对数字证书做数字签名,如同身份证的防伪标识,任何人都可以检查数字签名确定证书是否正确。数字证书中包含证书拥有人的公钥,任何想和它安全通信的人都可以用这个公钥加密通信的内容,只有证书拥有人可以用自己手上唯一的私钥解密读取通信的内容。

4) 国际互联网中的安全协议

电子邮件安全协议:电子邮件是国际互联网上互相传递信息的主要的手段,也在电子商务中有相应的应用。但它并不具备很强的安全防范措施,因此用于邮件加密的安全协议被开发出来以加强它的私密性,例如 S/MIME。它采用数字标识的加密办法,数字标识由公用密钥、私人密钥和数字签名 3 部分组成。在电子邮件中添加数字签名时,就把数字签名和公用密钥加入到电子邮件中。发件人可以使用邮件客户端程序(例如 Outlook Express)来指定他人向自己发送加密邮件时所需使用的证书。收件人可以使用数字签名来验证发件人的身份,并可使用公用密钥给发件人发送加密邮件,这些邮件必须用发件人的私人密钥才能阅读。要发送加密邮件,发件人的通讯簿必须包含收件人的数字标识。这样,发件人就可以使用他们的公用密钥来加密邮件了。当收件人收到加密邮件后,用他们的私人密钥来对邮件进行解密才能阅读。

安全套接层(Secure Sockets Layer)协议:电子商务在提供机遇和便利的同时,也面临着一个最大的挑战,即交易的安全问题。SSL 安全协议最初是由 Netscape Communication 公司设计开发的,主要用于提高应用程序之间数据的安全系数。SSL 协议的设计初衷涉及所有互联网应用程序,保证任何安装了安全套接字的双方安全通信。SSL 最常用于增强 HTTP 安全性的协议称为 HTTPS,它为基于 Web 的电子商务通信增加了通信加密功能。HTTPS(SSL)协议是国际上最早应用于电子商务的一种网络安全协议,至今仍然有很多网上商店使用。客户的购买信息首先发往商家,商家再将信息转发银行,银行验证客户信息的合法性后,通知商家付款成功,商家再通知客户购买成功,并将商品寄送给客户。可以注意到,SSL 协议有利于商家而不利于客户。客户的信息首先传到商家,商家阅读后再传至银行,这样,客户资料的安全性便受到威胁。商家认证客户是必要的,但整个过程中,缺少了客户对商家的认证。在电子商务的开始阶段,由于参与电子商务的公司大都是一些大公司,信誉较高,这个问题没有引起人们的重视。随着电子商务参与的厂商迅速增加,对厂商的认证问题越来越突出,SSL 协议的缺点完全暴露出来。

信用卡交易安全协议:如前所述,在网上购物的环境中,持卡人希望在交易中使自己的账户信息保密,使之不被人盗用;商家则希望客户的订单不可抵赖,并且,在交易过程中,交易各方都希望验明其他方的身份,以防止被欺骗。针对这种情况,由美国 Visa 和 MasterCard 两大信用卡组织联合国际上多家科技机构,共同制定了应用于 Internet 上的以银行卡为基础进行在线交易的安全标准,这就是“安全电子交易”(Secure Electronic Transaction,SET)。SET 协议本身比较复杂,设计比较严格,安全性高,它能保证信息传输的机密性、真实性、完整性和不可否认性。SET 协议是 PKI 框架下的一个典型实现,它采用公钥密码体制和 X.509 数字证书标准，主要应用于 B to C 模式中保障支付信息的安全性。SET 提供了消费者、商家和银行之间的认证，确保了交易数据的安全性、完整可靠性和交易的不可否认性，特别是保证不将消费者银行卡号暴露给商家等优点，因此它成为目前公认的信用卡/借记卡的网上交易的国际安全标准。然而，由于早期电子商务应用中大量采用 SSL 协议的解决方案，造成了目前 SSL 协议比 SET 更流行，反而成为事实上的标准。

1.2 电子商务网站的特点和分类

1.2.1 电子商务网站的构成要素

电子商务网站是企业或公司在 Internet 上建立的门户网站，它由前台网页和后台数据库等组成，前台网页可以接受客户的浏览、登记和注册，记录下客户的有关资料。电子商务网站一般有以下几个部分组成：

(1) 网站域名：这是在 Internet 上唯一的域名。域名必须向 ISP(Internet Service Provider，因特网服务提供商)或网络信息中心申请。国内有许多网站接受域名申请，只有获得批准后，才是合法的域名。

(2) 网站物理地点：存放各类与电子商务网站有关信息和数据的计算机、服务器等硬件设备。

(3) 网页：网页的设计应有独特的风格。首先要让客户注册登录简便快速。商品分类指示明确，如同进入一家大的商店，让客户能够迅速找到想要的商品。

(4) 货款结算：客户通过购物车选购商品，然后结算，确定付款方式、送货地点、时间等。

(5) 客户资料管理：管理已注册客户的姓名、通信地址、电话、E-mail 地址等信息。

(6) 商品数据库管理：经常及时盘点商品，做好商品配货和商品配送。

以上只是电子商务网站的大致结构，随着网站经营的商品及经营的规模的变化，其构成要素也会有所变化。

1.2.2 电子商务网站的分类

电子商务网站可以按照以下两种方式分类：

1. 按经营的商务业务范畴分类

(1) 支持交易前的网站：这类网站的规模较小，属于初级电子商务网站。该类网站仅发布一些需求商品或者提供商品的信息，在网上不做交易，只提供联系方法，类似于广告发布。

(2) 支持交易中的网站：这类网站属于中级电子商务网站。该类网站能够完成商务贸易单证和票据交换的过程。

(3) 支持交易后的网站：这类网站属于高级电子商务网站。该类网站能够完成发货和到货的管理，资金的结算，在网上完成整个交易过程。

2. 按商贸业务的性质来分类

(1) B to B(Business-to-Business)模式，即商业机构与商业机构之间的交易模式。企业间的电子商务交易是由买方、卖方及中间商(包括金融机构和网络服务商等)之间的信息交换和交易行为集成一体的电子化运作模式。B to B 模式主要进行的是产品批发业务，有时也称做批发电子商务。它是电子商务交易的主要部分。

(2) B to C(Business-to-Customer)模式，即商业机构与消费者之间的交易模式。它也称为网上购物，是商家通过网络向个人消费者进行销售的模式。它最早起源于 1995 年，创建者是那些运用网络技术建立的电子商务网站，它们把产品、服务和信息销售给消费者的公司，其中著名的有亚马逊(Amazon)公司。

(3) C to C(Customer -to-Customer)模式，即消费者与消费者之间的交易模式。消费者个人之间通过自己建立的网站，或借助于其他网站搭建的商务交易平台，如著名的"易趣网"，进行个人之间的商品交易。

第2章 电子商务网站的规划与设计

知识点

- 电子商务网站的建设流程
- 制定电子商务网站的建站方案
- 制订电子商务网站外观设计方案
- 电子商务网站的容量规划基础

2.1 电子商务网站的规划与构建

2.1.1 网站的建站流程

建立电子商务网站与建立其他网站的过程基本相同，下面简单介绍一下建立电子商务站点的流程。

1. 注册域名和申请 IP 地址

每个接入 Internet 的用户在网络上都应该有唯一的标识记号，以便别人能够访问，这个标识记号就是 IP 地址。因为 32 位二进制数的 IP 地址不容易记忆，所以每个 IP 地址都可以申请一个唯一与其对应的、便于记忆的域名。域名可以理解为接入 Internet 的企业在网络上的名称，它是每个网络用户的 IP 地址的别名，是一个公司或企业的网络地址。

因特网信息中心(InterNIC)于 1993 年 1 月诞生，它是一个域名注册及管理机构。任何一个企业都可以申请一个代表自己的域名，并且与自己网站的 IP 地址对应，这样在 Internet 上客户就可以很容易地访问该企业的网站了。域名是一个企业或机构在网上的永久性电子商标，它的作用如同商标在市场上的作用一样，它是一种无形资产，因此要建立电子商务网站，注册域名是一个重要的环节。用户不但可以申请国际域名，而且可以申请国内域名。国内域名由中国互联网络信息中心(CNNIC)审批和维护。

在申请域名之后，一个电子商务网站还需要有独立的 IP 地址。这个 IP 地址是由 ISP(Internet 服务提供商)提供的。根据 TCP/IP 协议，在 Internet 上的计算机都要有一个 32 位二进制数字的 IP 地址，它们的标准格式是将 32 位 IP 地址按 8 位一组分成 4 组，组与组之间用小数点分隔，为了书写方便每组二进制数可用一个十进制数来表示。

2. 确定网站的技术解决方案

注册域名和确定 IP 地址是建立电子商务网站的第一步，接下来需要选定网站软、硬件平台。无论是自己拥有独立的服务器，还是租用虚拟主机，如果想进行电子商务活动，都要根据企业的规模、网站预计的访问流量、建站的投资及以后网站运营的费用来选择确定某种网站的建站方案。在建站时要考虑确定的技术因素有以下几点。

(1) 根据网站不同的规模，选择不同的主机方案，搭建不同的网站硬件平台。

(2) 根据网站不同的规模，选择网络操作系统、Web 服务器和数据库系统。

(3) 决定电子商务管理系统的解决方案，是选购还是自己开发电子商务的管理系统。

(4) 选择确定相关的开发程序，如网页编辑软件、ASP、JSP、数据库软件等。

(5) 确定网站的安全措施，如防黑客、病毒、商业欺诈等方案。

3. 规划网站的内容并制作网页

网页是电子商务网站的对外表现形式，建立电子商务网站重要的环节之一就是制作网站的主页。在制作主页前要考虑到网站的风格和主要实现的功能，要根据自己企业的特点作充分的准备，使网站的基调符合客户的需要，使网站的功能方便客户的使用，然后将要发布的信息制作成 Web 页面。网站的外观设计及制作将直接影响到浏览访问者的兴趣，一个好的、有鲜明特色的电子商务网站会吸引很多的浏览者再次访问。这就需要在网站的内容、外观、栏目、功能上多下工夫。

4. 网站的发布和推广

利用 Dreamweaver 8 或其他软件可将制作完成的网页上传到 Web 服务器中，在 Internet 上发布。但是，网站的建设不是一劳永逸的事情，企业在不断发展，网站的内容也需要不断地更新，所以网站信息的发布是一项经常要做的工作。

网站建设完毕后，网站推广工作又是一个重要的环节。一个电子商务网站如果不进行推广宣传，一般很难有较大的访问量，这样辛辛苦苦建设的网站便毫无意义了。必须利用各种方式及时推广宣传电子商务网站，网站的推广一般有以下几种方式。

(1) 在各大搜索引擎上注册，让客户可以通过搜索引擎找到该网站。

(2) 在传统的广告媒体中对网站的内容、网站的地址、产品的性能以及可以提供的便捷的服务进行宣传，扩大网站的影响。

(3) 在访客量较大的 BBS(公告板服务)上发布广告信息或开展与企业相关问题的讨论，进一步扩大网站的影响。

(4) 通过电子邮件将网站的信息发送给客户和消费者。

(5) 通过与其他类似网站合作，建立友情链接，获得双赢。

5. 网站的更新维护

网站建成之后，在运营过程中需要不断更新网站的信息，及时总结经验与教训，逐步完善网站的功能。比如完善网站的数据库服务系统，使客户可以通过网络查询网站上的产品信息及各种资料，建设 FTP 服务、Mail 服务、搜索引擎等，设立 BBS 区和产品服务登记区等。

Internet 的发展也伴随着安全问题，一个电子商务网站也经常会遭到“黑客”和“病毒”的袭击，在网站的日常维护工作中，网站的安全是至关重要的，网站的管理人员需要定期对网站的服务器、数据库、网页程序进行测试，对可能出现的故障和问题进行评估，制定出应急方案、解决方法和响应时间，使网站的维护制度化、规范化。

2.1.2 网站的域名注册

一个网站要在 Internet 上站住脚，注册一个域名是至关重要的，并且这个域名必须是独一无二的，它实际上就是一个企业或机构在 Internet 上的网络地址。一个好的域名必须遵循以下原则：简短、切题、易记、与企业密切相关。一个著名的域名如同一个著名的品牌、著名的商标一样，具有无形资产价值。例如 www.microsoft.com 是美国微软公司的域名，www.intel.com 是美国 Intel 公司的域名，www.sony.com 是日本索尼公司的域名。所以很多企业在 Internet 上建立网站时，都会用自己公司的名字或商标的名称作为自己网站的域名。取好域名后必须向权威机构申请注册，获得批准后方可使用。

在我国，2002 年 12 月 16 日之前可以向中国互联网络信息中心（CNNIC）申请注册域名。根据《中国互联网络域名管理办法》的规定，在 2002 年 12 月 16 日之后，CNNIC 不再承担域名注册服务机构职责。但登录 CNNIC 的网站 www.cnnic.net.cn 可以了解有关域名注册、变更、注销、转让的方法，图 2-1 给出了 CNNIC 网站的有关“域名”的说明。

图 2-1 CNNIC 有关“域名”的网页

现在有许多网站受理“域名”注册业务，如图 2-2 所示的域名频道网站（www.DNS110.com）。输入选定的域名后，如果网站提示“您所申请的域名已经被注册，请更换为其他域名”或者类似信息，则必须更换域名后再进行查询。域名注册一般有如下步骤。

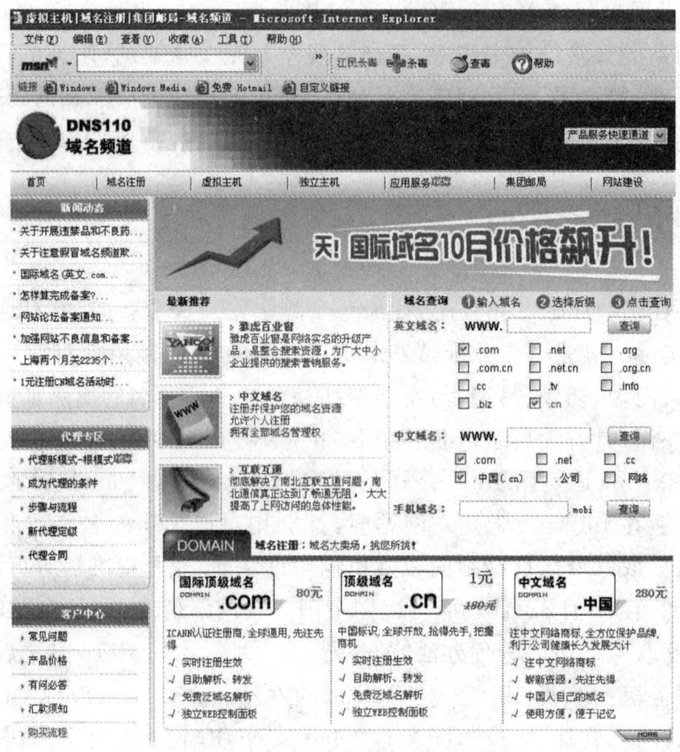

图 2-2　一个接受域名注册的网站

（1）查询选择域名；

（2）用户资料确认；

（3）购物订单确认；

（4）域名注册成功。

缴纳一定的域名注册费用后，即可开通网站。

2.1.3　确定服务器解决方案

一个电子商务网站至少应有一台用于存放网站主页的服务器，对于确定网站的服务器，目前有下述多种解决方案。

1. 建立独立的电子商务站点

一个电子商务网站拥有域名后，就可以在网上利用一台网络服务器和一套软件，建立起电子商务网站，全球的 Internet 用户都可以通过该域名访问这个电子商务网站。

具体地说，企业要建立一个电子商务网站，需要自建机房，配备专业人员，购买服务器、路由器、交换机、机房的辅助设备、网管软件等。在服务器上还要安装相应的网络操作系统(如 Windows 2000 或 UNIX),开发使用 Web 服务程序,设定各项 Internet 服务功能,包括设立 DNS 服务器以及 WWW、FTP 服务器、Mail 服务器,建立自己的数据库查询服务系统等,再向电信部门申请专线、出口……这样便可建立一个完全属于自己企业的、自己独立管理的电子商务网站。

企业建立自己的电子商务网站的主要缺点是成本较高。但是,如果预计网站会有较大的访问流量,企业在经济上又无太大的限制,那么建立独立的站点也是很有必要的,因为这样可以真正控制和管理自己的网站,使用维护起来也相应方便,这种方案适合于对信息量和网站功能要求较高的大、中型企业。

2. 利用 ISP 提供的服务方案

建立自己的站点,需要较大的投资,每年的运营费用也较高,这在一定程度上制约了部分中小企业的建站进程,所以对信息量和网站功能要求不高的中小企业也可以选择 ISP 所提供一些比较经济的服务器解决方案。

1) 租用虚拟主机

虚拟主机是使用计算机软件技术把一台运行在 Internet 上的服务器主机分隔成多台"虚拟"的主机,每一台虚拟主机都各自具有独立的域名或 IP 地址,如同独立的主机一样,它们也具备比较完整的 Internet 服务器功能,如 WWW、FTP、E-mail 等功能。虚拟主机之间完全独立,并可由租赁用户远距离控制管理。对于访问的客户来说,一台虚拟主机与一台独立的服务器并无区别。那么把一台计算机的资源分配给了多台虚拟主机,每台虚拟主机的性能是否会下降?应该说在一台服务器上过多配置这种虚拟主机网络的性能是会有所影响的,但是只要采用性能很好的计算机,一台主机是能够支持一定数量的虚拟主机的,只有超过这个数量时,客户才会感到性能下降。如果配置得当,加上采用超高速的线路和设备,虚拟主机的表现往往胜于采用较低速度线路连接的独立主机。

虚拟主机明显的优点是开销低。由于多台虚拟主机共享一台真实主机的资源,所以分摊到每个用户的硬件费用、网络维护费用、通信线路的费用均大幅度降低;而且对硬件设备的维护用户根本不用操心,基本上不需要管理和维护虚拟主机。所以刚起步开办电子商务网站的公司,很适合租用一台合适的虚拟主机。用户可以通过 FTP 工具从虚拟主机上传或下载文件,能很方便地在 Internet 上发布制作好的网页。

当租用某个公司的虚拟主机时,该公司在提供虚拟主机服务的同时,还会根据需要提供一些其他的服务,如电子邮件账号等。在使用虚拟主机时也应注意保密和安全,对登录的口令必须注意保密或定期修改。

2) 服务器托管

随着网络资源服务市场的成熟,除了虚拟主机的方案以外,还可以选择服务器整机托管的方案来建立电子商务站点。服务器托管也称主机托管,就是客户把属于自己的一台服务器,放置在某个经营"整机托管"业务网站的数据中心的机房里,客户不用常去机房对自己的服务器进行维护,因为网站机房的技术人员会每天 24 小时对客户的许多服务器进行精心"看护和照顾"。

当某个公司打算拥有自己的 Web、E-mail、FTP 等独立服务器时,有两种方法可供选择:一种是自建网站机房,另一种就是整机托管。自建网站机房不但需要水平较高的专业技术人员,而且需要投入大量的资金购置软、硬件,还要支付高额的日常维护费用和线路通信服务费,机房的施工周期也较长。与自建网站机房相比,整机托管则显得更经济、快捷且实用。Internet 的基本运行机制是客户机/服务器(Client/Server),客户通过网络可以远距离、每天 24 小时地访问服务器。也就是说,即使是相距遥远,但只要同时都在网络上,双方就可以通过读/写文件相互传递信息。整机托管提供了一个重要的技术手段:远程控制(Remote Control)。服务器托管产生的技术基础和所依赖的手段主要是"客户机/服务器"和"远程控制"等计算机技术。无论客户在何处,只要能上网,就可以对远在天涯海角的服务器进行控制和操作,从而实现对服务器的拥有和维护。两者相比,整机托管在成本和服务方面的优势更为明显。

2.1.4 电子商务网站的硬件平台

通常建立一个电子商务网站要考虑很多因素。一个网站运行好坏,硬件起着很重要的作用,硬件是整个电子商务网站正常运行的基础,这个基础的稳定、可靠与否,直接关系着网站的访问率以及网站的扩展、维护和更新等问题。

电子商务网站的硬件构成主要有两大部分:网络设备、服务器。

1. 网络设备

网络设备主要用于网站局域网建设、网站与 Internet 连接。网络访问速度的快慢,很大程度上与网络设备有关。网络设备中的关键设备有 3 种:路由器、交换机和安全设备。

(1) 路由器是一种连接多个网络或网段的网络设备,是将电子商务网站连入广域网的重要设备。路由器能对不同网络或网段进行路由选择,并对不同网络之间的数据信息进行转换,它还具有在网上传递数据时选择最佳路径的能力。目前路由器市场中,Cisco 的产品占有绝对的优势,产品各类档次齐全。国产路由器中华为、桑达等分别占有一席之地。

由于局域网和广域网种类繁多,所以没有通用的路由器,需要根据实际情况进行选择或配置。对于局域网端,路由器会提供以太网、ATM 网、FDDI 和令牌环网接口(最常见的是以太网接口,如 10Base-T、100Base-T 或千兆以太网接口),需要根据实际情况进行选择或配置。对于广域网端,由于接入线路种类繁多(如 DDN 方式、帧中继方式、ISDN 方式、ADSL 方式、Cable Modem 方式、以太网光纤方式),路由器的广域网端口也是各种各样的,可以满足接入不同数字线路的需求。目前大多数路由器都是模块化的,因此在选择路由器时,除品牌、型号外,还要根据路由器两边的端口不同,选择不同的模块,来适应不同的网络端口和通信速率。

(2) 交换机是局域网组网的重要设备,多台不同的计算机可以通过交换机组成网络。交换机不但可以在计算机数据通信时使数据的传输做到同步、放大和整形,而且可以过滤掉短帧、碎片,对通信数据进行有效的处理,从而保证数据传输的完整性和正确性。交换机在工作的时候,只有发出请求的端口和目的端口之间相互响应而不影响其他端口,因此交换机就能够隔离冲突域和有效地抑制广播风暴的产生。另外,交换机的每个端口都有一条独占的带宽,交换机的两个端口在工作时并不影响其他端口的工作,同时交换机不但可以工作在半双工模式下,而且可以工作在全双工模式下。

(3) 电子商务网站中存放着大量的重要信息,如客户资料、产品信息等,网站开通之后,系统的安全问题除了考虑计算机病毒之外,更主要的是防止非法用户的入侵,而目前预防的措施主要靠防火墙(Firewall)技术完成。防火墙是指一个由软件、硬件或软硬件结合的系统,是电子商务网站内部网络和外部网络之间的一道屏障,可限制外界未经授权的用户访问内部网络,管理内部用户访问外部网络的权限。目前已开发出很多防火墙的产品。有关防火墙更详细的资料可查阅相关资料或书籍。

2. 服务器

电子商务的蓬勃发展对服务器的性能、功能提出了更多、更高的要求。选择服务器是电子商务网站建设中极其重要的环节,必须要选择一个性能好、成本低、可扩展、安全可靠的服务器。按计算机的规模来分,服务器有 PC、小型机及小型机以上的计算机系统。PC 服务器一般运行 Windows 2000 操作系统,小型机及小型机以上的计算机一般运行 UNIX 操作系统。

Windows 服务器的优点是价格低、易管理、便于使用、应用软件丰富。它主要用于低端市场。Intel 公司推出了新一代 P4 至强处理器,这是采用了前所未有的超线程技术和 400MHz 系统总线的新一代 CPU。P4 至强处理器的出现,不仅标志着服务器处理器的全面升级,而且带来了整个 IA 架构服务器产品的质的飞跃。杰出的性价比以及在应用领域的优势,使得 P4 至强处理器彻底取代 P4 单路和 PⅢ 处理器,成为低端服务器领域中的主流产品。在性能上,采用 P4 至强处理器的服务器比采用 P4 单路和 PⅢ 处理器的服务器快很多,而且安全性、稳定性、易维护性等方面都有所提高;在价格方面,P4 至强处理器的价格与相同主频的 P4 单路和 PⅢ 处理器的价格相差不多。Intel 公司在美国 IDF 年度大会上提出,以后服务器的应用程序及开发都会逐步向 P4 至强处理器靠拢。另外,P4 至强处理器为服务器产品引入了许多新技术,例如从原有的 133MHz 系统总线跃升到 400MHz 系统总线,引入了双通道 DDR 存储器以平衡 3.2Gbps I/O 带宽的系统总线,采用 PCI-X 64bit/100MHz 接口以获得更高传输速度等,是网络安全、流量管理、VoIP 和 Web 高速缓存等需要更高 I/O 吞吐速率和内存性能的通信解决方案的最佳选择之一。

运行 UNIX 操作系统的小型机系统主要应用在大型商业、金融等各方面性能都要求较高的网站,主要用于高端市场。不考虑价格,UNIX 服务器在性能上占有较大优势,在可靠性、总线技术、I/O 速率、海量数据处理、支持多路 CPU 等方面都比 PC 服务器领先许多。

选择服务器的原则应该根据实际情况而定,如电子商务网站的规模、能够接受访问量的大小、今后的扩展计划以及经营何种类型商品等。而且要考虑到随着时间的推移,服务器的价格会下降,性能更好的服务器又会推向市场。

2.1.5 电子商务网站的软件平台

对于一个电子商业网站，在完成了域名注册，确定了服务器解决方案后，接着需要解决的一个问题是在网站的硬件平台上运行什么样的软件系统，这是关系到电子商务网站成败的关键问题之一。电子商务网站的软件主要包括操作系统、服务器软件、数据库软件等。运行这些的软件与网站提供的服务有关。以下分别简要介绍这些软件的概况。

1. 操作系统软件

目前比较流行的、能够用于电子商务网站的操作系统主要有 UNIX、类 UNIX 和微软的 Windows 2000。如果网站选用 PC 服务器，操作系统可在 Windows 2000、Linux、SCO UNIX、Solaris 中选择。在 Linux 未盛行之前，SCO UNIX 拥有大量的 Intel 环境的服务器，而目前 PC 服务器大多数会采用 Windows 2000 或 Linux 平台。如果服务器设备选用小型机，则操作系统一般随品牌而定，多数的小型机服务器都选用 UNIX 操作系统，如 IBM 公司的 RS6000 使用 AIX 操作系统、HP 公司使用 HP UNIX、Sun 公司的 Enterprise 系列使用 Solaris 等。其中 Sun 公司的 Enterprise 系列的 UNIX 服务器在 Web 服务器市场上占有较大的份额，世界上很多著名企业的网站都使用了 Solaris 操作系统。下面简要介绍几种流行的操作系统。

1) UNIX 操作系统

UNIX 操作系统的主要特点是技术成熟、开放性好、可靠性高、网络功能强大。UNIX 操作系统能运行于各种机型上，在网站建设中主要用于小型机。UNIX 最重要的特点是它不受任何计算机厂商的垄断和控制，并提供了丰富的软件开发工具。UNIX 具有强大的数据库开发环境，所有大型数据库厂商，包括 Oracle、Informix、Sybase、Progress 等，都把 UNIX 作为主要的数据库开发和运行的平台。

强大的网络功能是 UNIX 的又一个特点，它支持所有通信需要的网络协议，这使得 UNIX 系统能很方便地与现有的主机系统以及各种广域网、局域网相联结。

UNIX 操作系统有多种不同的版本，主要有 Sun 公司的 Solaris，SCO 的 OpenServer 与 UNIX Ware，惠普公司的 HP-UX，IBM 公司的 AIX 等。

2) Linux 操作系统

Linux 操作系统是所有类 UNIX 操作系统中最出色的一种，由于它是自由的、没有版权限制的软件，所以是计算机市场中装机份额增长得最快的操作系统之一，目前全球已有 800 多万用户。

Linux 操作系统在受到全球众多个人用户认同的同时，也赢得了一些跨国大公司的喜爱，如 Informix、Netscape、Oracle 等公司宣布了对 Linux 的支持，并推出了基于 Linux 的软件产品。Linux 属于免费的操作系统平台，在价格上极具优势，而且其性能也十分优越。Netscape 公司认为，Linux 之所以成熟，原因在于它在稳定性和性能上与其他操作系统有抗衡的能力。

Oracle 公司早在 1998 年年底就完成了 Linux 使用的数据库 Oracle 8，1999 年又推出

Linux版本的各种企业应用软件和Web服务器程序。Informix已经推出了Informix SE,它是一个面向中小型企业应用的Linux版数据库。Netscape公司的Communicator 4.5浏览器也有Linux版本,1999年他们还推出了基于Linux的报文和目录服务器。一些计算机供应商还在自己销售的计算机中为用户预装了Linux。

3) Windows操作系统

这是目前最流行的网络操作系统之一,它具有强大的功能和非常良好的性能,其市场份额正在逐渐扩大。Windows系统的主要优点在于其技术先进、操作方便,能很好地兼容Windows丰富的应用软件,也有利于软件厂商开发新的应用。Windows拥有可伸缩的解决方案(需求式分页虚拟内存、均衡的并行处理、大型卷册或文件等),完全排除操作系统的人为限制,能够安全简单地访问Internet,它捆绑了DNS、DHCP、Gopher、Web、FTP服务器,并提供IIS Web服务功能,使企业内部网的用户可以创建个人网页,向内部用户发布信息。Windows还提供互联网通信协议的支持,使用户可以通过Internet远程访问企业内部网。另外,与Windows Server紧密地捆绑在一起的服务器软件IIS(Internet Information Server)是Microsoft公司的一种集成了多种Internet服务功能的服务器软件,利用它可以很容易地构造Web站点。

2. Web服务器软件

选择Web服务器时,不仅要考虑目前的需求,还要兼顾网站发展的需要,因为若更换Web服务器软件,将会产生一系列的问题。选择Web服务器时,还需要和操作系统联系起来考虑,大多数Web服务器主要是为一种操作系统进行优化的,有的只能运行在一种操作系统上,所以对于Web服务器的性能,一般要考虑以下几个方面。

(1) 响应能力:即Web服务器对多个用户浏览信息的响应速度。响应速度越快,单位时间内就可以支持越多的访问量,用户点击的响应速度就越快。

(2) 与后端服务器的集成:Web服务器除直接向用户提供Web信息外,还担负服务器集成的任务,这样客户机就只需用一种界面来浏览所有后端服务器的信息。Web服务器可以说是Internet中的信息中转站,它将不同来源、不同格式的信息转换成统一的格式,供具有统一界面的客户机浏览器浏览。

(3) 管理的难易程度:Web服务器的管理包含两种含义,一是管理Web服务器是否简单易行,二是利用Web界面进行网络管理。

(4) 信息开发难易程度:信息是Web服务器的核心,信息是否丰富直接影响Internet的性能,信息开发是否简单对Web信息是否丰富影响很大,即它所支持的开发语言是否满足要求。

(5) 稳定性:Web服务器的性能和运行都需要非常稳定。

(6) 可靠性:如果Web服务器经常发生故障,将会产生严重影响。

(7) 安全性:从两方面考虑,一是Web服务器的机密信息是否泄密,二是要防止黑客的攻击。

(8) 与其他系统的搭配:对用户来讲,应如何选择最合适的Web平台?一个简单方法是视Web服务器的硬件平台而定。如果选择PC服务器,下面是几种比较常见的搭配方式。

① Windows Server＋IIS＋ASP＋SQL Server；

② Linux＋Apache＋PHP＋MySQL；

③ NetWare＋Novell Web Server；

④ Solaris for Intel＋iPlanet Web Server＋JSP＋Oracle；

⑤ AIX＋IBM Websphere＋DB2。

其中前两个是比较流行的解决方案。由于 Linux 和 Apache 都是自由软件，所以该方案就具有最高的性能价格比，但这也不是绝对的，有时取决于网站制作和维护人员的习惯，如果他们最熟悉 Windows 编程，就应该选择第一种方案；相反，如果他们最熟悉 UNIX 和 Linux 编程，就应该选择第二种方案。如果选择了 IBM 的 UNIX 服务器，比如 pSeries(RS6000)系列，最好使用 IBM 提供的 Websphere 套件；如果是 Sun 或 HP 的 UNIX 服务器，那么 Netscape 的 iPlanet Web Server 则是最佳选择。除了平台问题，还需要考虑网站规模、可靠性(群集以及负载平衡)、开发环境、内容管理以及安全性等问题。

3. 数据库软件

电子商务网站建设是以 Web 网络技术和数据库技术为基础的，其中 Web 数据库技术是电子商务的核心技术。它将数据库技术与 Web 技术很好地结合在一起，大大地拓展了数据库的应用范围。

目前，Web 数据库中关系型数据库占据了主流地位。关系型数据库的发展主要经历了基于主机/终端方式的大型机上的应用阶段和客户机/服务器阶段。随着 Internet 应用的普及，人们对关系型数据库做了适应性调整，增加了面向对象成分以及处理多种复杂数据类型的能力，还增加了各种中间件(主要包括 CGI、ISAPI、ODBC、JDBC、ASP 等技术)，较大地扩展了基于 Internet 的应用能力。可通过应用服务器解释执行各种 HTML 中嵌入脚本，从而解决 Internet 应用中数据库数据的显示、维护、输出以及到 HTML 的格式转换等。基于 Internet 应用的模式中，关系型数据库的表现形式为 3 层或 4 层的多层结构。在这种多层结构体系下，关系型数据库较好地解决了数据在 Internet 上发布、检索、维护、管理等应用问题。

目前关系数据库技术已经非常成熟，相关的数据产品也非常多，如 DB2、Oracle、Sybase、Informix、MS SQL Server、MySQL 等。在第 9 章中将对常用的数据库产品作介绍。

2.2 电子商务网站的外观设计与策划

电子商务网站的外观设计与策划是根据网站的开发目标、运行机制、实现的功能、服务对象和所涉及的商业领域来考虑的，主要包括网站的形象设计、风格设计、字体设计、总体布局设计和目录结构设计等。

2.2.1 确定建站的目的

为什么要建立电子商务网站，建立一个怎样的网站，希望经营何种业务，与传统商务有什么区别，有哪些优越性，如何取得赢利？以上这些问题都需经过仔细考虑，反复论证。商业领域赢利是第一目标，一个亏损的电子商务网站是无法生存的。

建站前首先要对市场进行调研，了解市场的购买力，购买人的购买习惯，购买人的性别、年龄、文化程度、职业等；哪些商品是畅销的，哪些商品是滞销的，哪些商品是紧缺的？一般来讲，应分析同类商品市场的规模和市场最大需求量。还需要查询经营同类商品的电子商务网站，了解它们的长处和短处。结合自己公司的特长和能力，分析有无能力去抢占市场份额。

做电子商务的人要把握住电子商务的本质。什么是电子商务的本质呢？电子商务的本质不是电子技术而是商务手段。所谓商务手段就是做生意，公司在做生意过程中首先要处理好与供应方的关系，就是要将货物的采购过程做好，对于进货的品种、数量、价格要有预见性，既不要造成库存积压，也不要造成货品短缺。其次要做好物流和仓储管理工作，以最小的成本换取最大的价值。另外比较重要的一点是与客户建立良好的关系，以客户为中心，尽可能满足客户们的需求。只有为公司创造效益，电子商务才有生存的意义。

2.2.2 网站的内容策划

电子商务网站创建以前应该先起一个名字，网站的名字要正气、好记、响亮，好的网站名对网站的形象宣传和推广能起到很大的作用。站名的“正”就是要合法、合理、合情。不能用反动的、庸俗的、色情的、低级趣味的名词或语句。其次站名要容易让人记住，要读起来朗朗上口，名字可以由中文、英文字母和数字组成，如 OA365、85818、EG365、搜狐(sohu)等。如果名字朴实无华，再加上能体现一定的内涵，就能给浏览者更多的视觉冲击和想象空间。再次站名要有特色，应避免与其他网站同名。

总之，网站题材和名称的定位是设计一个网站的第一步，也是很重要的一步。如果能找到一个满意的名称，花几天时间翻阅有关书籍和辞海也是值得的。

一个好的电子商务网站和普通公司一样，需要有特色的形象包装和设计，有创意的形象设计非常重要。应该设计一个让人过目不忘的标志。标志一般由漂亮的文字、简洁的图案、鲜明的颜色所组成，如美国的 Intel、微软、IBM、惠普等公司的标志就能给人以深刻的印象。

另外创建网站前应确定网站的基本色彩，网站的色彩不宜太多，不然会给人颜色杂乱的感觉，影响来访者的情绪。网站的标志、主菜单、大标题应与网站的基本色彩协调，一般可采用固定的色彩搭配，给客户一种熟悉的感觉。

2.2.3 网站的布局设计

建立一个电子商务网站好比写一本书，首先应拟好提纲，确定主题，规划好结构。一个较大型的电子商务网站内容繁多，如果网站结构不清晰，内容杂乱，浏览者会看得糊里糊涂，而且网站的扩展和维护也会相当困难。

一个网站的页面必须清晰明快、布局合理、重点突出，才能吸引浏览者的关注，网站的总体布局的好坏直接关系到能否吸引浏览者。在对一个网站作好统筹规划后，应针对网站的主题收集各种相关的资料，并对所有的资料进行仔细甄选，然后根据网站主题设计一些页面的样式，规划好网站的框架，整理出站点的内容之间的逻辑结构图。

电子商务网站一般应包括企业简介、产品介绍、服务内容、价格信息、联系方式、网上订单等基本内容。另外电子商务类网站还应该提供会员注册、详细的商品服务信息、信息搜索查询、订单确认、付款方式、相关帮助等内容。

网站的重要信息应放在突出醒目的位置上，对主要商品的描述应该尽量细致，让浏览者能在最短的时间内了解商品的信息。

网站内容规划上应该将所有信息按类别分开，分别纳入不同层次的页面中。应先把最主要的内容放到首页上，其他内容分主次地依次安排在下级网页页面中。应该依据要建立的网站的内容确定站点的结构图。网站的结构图有顺序结构、网状结构、继承结构、Web 结构等。多数比较复杂的电子商务网站会综合应用几种不同的结构图。定义好网站结构图的目的是便于有效地组织站点的页面链接，这种网站结构图将有利于网站的创建和维护。

2.2.4 建立经营内容明确的电子商务网站

电子商务网站选择经营项目和内容必须有自身的优势，必须有明确的经营目标，这样才能建立一个能够赢利的电子商务网站。例如，可以建立一个经营计算机整机和配件的电子商务网站，网站提供各种计算机整机，有台式机、便携机。网站提供各种型号和规格的计算机零配件，如 CPU、内存、主板、硬盘、显示卡、网络设备部件。网站也可提供各种外部设备，如打印机、显示器、扫描仪、数码相机等。以上各种商品的规格、品牌、特性、性能、实物照片、价格等都应一目了然。图 2-3 是一个经营计算机和计算机配件的网站的部分项目。

图 2-3　一个经营计算机和计算机配件的电子商务网站的部分项目

也可以建立一个经营办公用品的电子商务网站。在网上开办一家文具办公用品经营公司，可以经营办公自动化用品、办公耗材类用品、办公文教类用品、通信设备类用品、办公家具类、商务礼品类等几大门类。图 2-4 是一个经营办公用品的网站的经营内容。

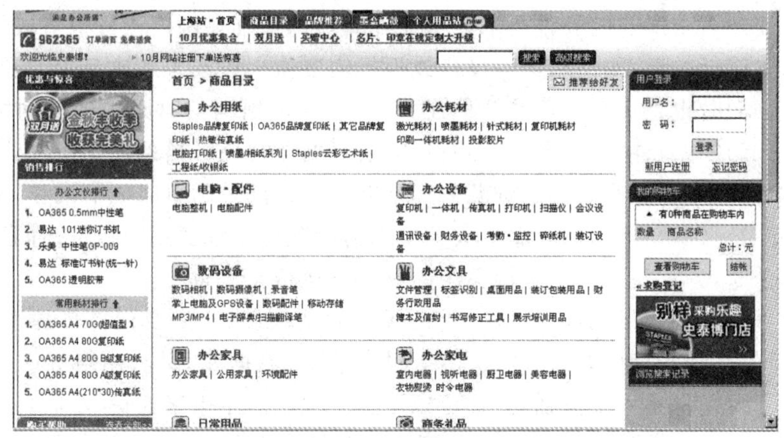

图 2-4　一个经营办公用品的电子商务网站经营内容

还可以建立一个经营旅游业务的电子商务网站。近年来随着生活水平的提高，人们已经不再满足于吃穿住，而是外出旅游，享受大自然。一部分人现在选择旅游地点和方式的意识已经越来越强，他们需要通过查询大量的资料来确定旅游方式和目的地，传统的旅行社提供的服务已满足不了这部分客户的要求，而旅游电子商务网站却为他们提供了便捷的途径。图 2-5 是一个提供旅游服务的网站。

图 2-5　一个提供旅游服务的电子商务网站的主页

2.3　电子商务网站容量规划

电子商务的发展使得保证支持站点的基础结构能够为访问公司的信息、产品和服务提供可用、可扩展、快速且高效的途径成为了关键任务。任何电子商务网站的目标都是向用户提供优质的服务。当用户遇到反应速度慢、超时和错误、链接断开等问题时，他们会失去耐心，并转向其他网站去查找所需内容。要防止这一点，就必须提供一个不但能处理常规需求水平，而且能处理高峰需求水平甚至更高水平的弹性的基础结构。容量规划能够计算满足用户需求所需的硬件要求。这类计算可以识别在网络设计中造成性能降低和导致服务质量降低的瓶颈，然后修改设计或根据需要做出更改来解决瓶颈问题。

容量规划同时也是一个长期的维护任务，不仅在规划网站时必须确保网络及其组件能够处理将来访问站点的用户数量，而且还需要不断监视服务器的使用情况，适应访问量的最新变化趋势，以确保有足够的资源来保证客户的访问。随着时间的推移，大多数规划都会碰到用户数量和访问的内容总量大大增加的情况。当峰值用户数量访问网络上的应用程序和服务时，容量规划对于确保系统能够充分运行至关重要。

电子商务网站的容量和性能，取决于承载它的基础设施，主要包括多种组件：计算基础设施（服务器系统）、存储系统、Web 和中间件系统、数据库系统、网络等。这里的每一个组件的容量规划都是一个大话题，都可以至少单独用一本书来讨论，不同厂商的产品也各不相同。在本书中对具体组件的容量规划将不做展开讨论，而是重点向读者初步介绍需要考虑的一些因素。

总的来说，容量规划是一项非常复杂的工作，涉及各技术领域的专业内容。对初步了解电子商务站点的读者来说，可以依据以下的方法来把握容量规划的整体。

1）分而治之

大型的电子商务系统可能非常复杂，包含全球各主要地点的数据中心、全球广域网络、数据中心的当地交换局域网络、安全基础设施、各数据中心的计算基础设施、存储子系统、分布式的数据库系统等。从系统设计的角度讲，复杂系统的设计通常采用自顶向下的模块化、层次化的架构设计。层次是基于结构的一种划分，模块是基于功能的一种划分。复杂系统可以先基于层次划分，然后在每一层次中细分功能模块；也可以先基于模块划分子系统，然后在子系统内部再分层。

这种设计思路简化了问题的复杂度，比较好地控制了在设计的每一阶段需要同时考虑的因素的数量。电子商务系统的容量规划，对应系统架构的分解，也可以分而治之，对各层次、各模块的性能分别进行容量规划。具体到各层次、各模块，它们对预期容量、性能、扩展性的要求都是不一样的，分而治之也可以确保容量规划考虑到足够细致。

另外，分而治之能帮助把握容量规划的重点。根据 8/2 原则，整体系统的性能的瓶颈，往往取决于系统 20%的组件。分而治之帮助找到系统中需要重点关注的层次和模块，在容量规划中对这些层次和模块加以重点考虑，往往能达到事半功倍的效果。

2）利用工具

容量规划即是科学，又是一种艺术，因为没有人能精确预测实际的容量需求。利用工具可以帮助预测和分析电子商务系统的行为和需求发展趋势，为容量规划提供样本数据，为理论计算提供实际数据参考。

有两类工具可以帮助容量规划。一类是测试工具，通常在系统部署上线和升级之前使用，用于模拟用户实际的访问请求，可以用来测试和观察系统在接近真实访问请求的情况下的行为和性能。模拟一定数量的并发访问，可以用来做压力测试，帮助测试观察系统在不同的负载下的行为和处理能力的变化情况、趋势和饱和点。这些数据都可以极大地帮助到容量的分析和预测。常用的测试工具如，微软的免费工具 Web Capacity Analysis Tool(WCAT)和 Web Application Stress Tool(WAST)。

另一类是监控工具，通常在系统运维阶段使用，用于监视系统的实际访问量和使用率，观察访问需求的峰谷值特征和变化趋势，帮助警告系统容量接近上限是否需要扩容，帮助预测一定周期内访问量的增长趋势，便于对可预见的将来系统的进一步升级进行规划。某些工具还可以自动进行某些预测分析，预告未来几个月、半年、一年的容量需求。

3) 动态调整

即使在系统上线前进行了非常细致的容量规划，系统真正开始运行后，仍然可能发现与实际情况有差异。另外，伴随电子商务业务的快速发展，系统访问需求的变化也可能很快超过预期值。所以，容量规划是一个长期的任务，运维人员需要定期评估系统的负载、利用率、访问需求的变化情况和趋势，有必要的话应提出扩容升级的需求。定期的评估可以使用监控工具的数据，也可以通过理论分析，依据新的需求开展。

下面介绍容量规划需要考虑的一些主要因素。

1) 用户数量

确定同时使用站点的用户数量，这个数字通常有两个主要来源：市场分析和系统分析。如果站点还未建立或发布，站点所有者和操作人员就可能需要借助市场分析报告来预测站点发布初期及以后的预期通信量。如果站点已经建立且已在运行，分析 Web 服务器的日志文件，以了解站点在不同时间的点击数以及可以表明站点内容受欢迎程度是否增加的所有使用趋势。计算站点当前支持的用户数量时，要根据峰值使用来计算，而不是根据典型使用或平均使用。

这里隐含了一个可用性的问题。企业应对网站可用性程度做出决策。例如，是必须保证网站能处理峰值访问量，还是保证能处理 80%的峰值访问量就够了？这取决于公司打算投入多少财力来保证电子商务系统始终能够满足需求。这要看电子商务网站不可用而引起的损失(例如经济损失、用户满意度、声誉等)是否值得企业花钱来达到这种可用性。

2) 页面类型

如果 Web 服务以处理静态页面为主，由于静态页面读取主要是磁盘操作，所以更多考虑的是 I/O 性能要求，如果 Web 服务需要处理大量动态页面，那么对中间件系统计算能力和数据库处理能力的要求就会比较高，生成动态内容所需的数据查询处理量越大，对系统计算能力和数据库处理能力要求就越高。

3) 采用何种 Web 应用技术

采用 ASP、ASP. NET、Java Applet、ActiveX、JSP、Web Service 等不同的 Web 应用技术，对系统的处理能力开销是不一样的。

4) 网站提供服务的内容

例如，通过电子商务提供法律咨询服务的网站，网页的内容可能多数以文字为主，有少量图片，那么同样的条件下，用户调用某一页面的时间会比较短，每一个用户请求占用系统的处理能力资源会比较少。而如果是通过电子商务提供视频、图片资料服务的网站，网页内容以图片、视频资料为主，可能带有实时传送的流媒体内容，那么用户调用某一页面的时间会比较长，每一个用户请求占用系统的处理能力资源也会比较多。

对应到电子商务网站的基础设施，每一种组件，包括 Web 和中间件系统、数据库系统、服务器系统、存储系统、网络系统的容量规划，简化来讲，都基于以下的公式：系统容量＝并发服务请求数 * 每请求的系统开销。

从理论计算的角度讲，各类组件的原厂商都会提供性能和容量测试数据供参考，用户可以利用估算或工具模拟得到近似的每请求系统开销的值，来进行系统总容量的估算。

如果估算出来的系统总容量超过了单系统处理能力的上限，可以采用多系统负载分担的方法来提升整体处理能力。例如，服务器可以增加 CPU 提高单台的多线程处理能力，部署 Web 负载均衡设备来智能的调度多台 Web 服务器依次处理用户的请求可以提高并发处理量，防火墙可以组成群集或利用防火墙负载均衡设备来提高来往 Internet 的数据吞吐能力，同样网络链路也可以采用捆绑多条链路的方式提高带宽，数据库系统也可以组成群集的方式提高整体处理能力。

第 2 部分

网站的外观设计和内容编辑

第3章 网页设计基础

知识点

- Dreamweaver 8 的基本组成
- 如何创建和规划一个本地站点
- 如何创建和编辑一个简单的网页

3.1 Dreamweaver 8 简介

2005 年 4 月 Macromedia 公司被著名的软件公司 Adobe 收购，Dreamweaver 8 是 Macromedia 公司最后发布的集网页设计、代码开发、网站创建和管理于一体的软件。它保留了 Dreamweaver 早期版本的各种优点，提供了可视化的布局工具、快速的 Web 应用程序开发，以及广泛的代码编辑和 ASP/JSP/ASP. NET/PHP 等动态网页的支持，并可以实现完整的数据库的编写。也就是说 Dreamweaver 8 不仅可以轻松设计网站前台的页面，而且也可以方便地实现网站后台的各种复杂功能。

3.1.1 Dreamweaver 8 的启动方式

启动 Dreamweaver 8 与启动一般软件的方法相同，其过程是依次选择 Windows XP 操作系统中的【开始】|【所有程序】|【Macromedia】|【Macromedia Dreamweaver 8】命令。

也可双击桌面上的快捷方式图标，便可启动 Dreamweaver 8，随即可看到 Dreamweaver 8 全新的工作界面。

3.1.2 Dreamweaver 8 的工作环境

Dreamweaver 8 新的工作区环境比早期的版本更加灵活、方便、实用。启动 Dreamweaver 8 以后首先看到的是起始页，如图 3-1 所示。

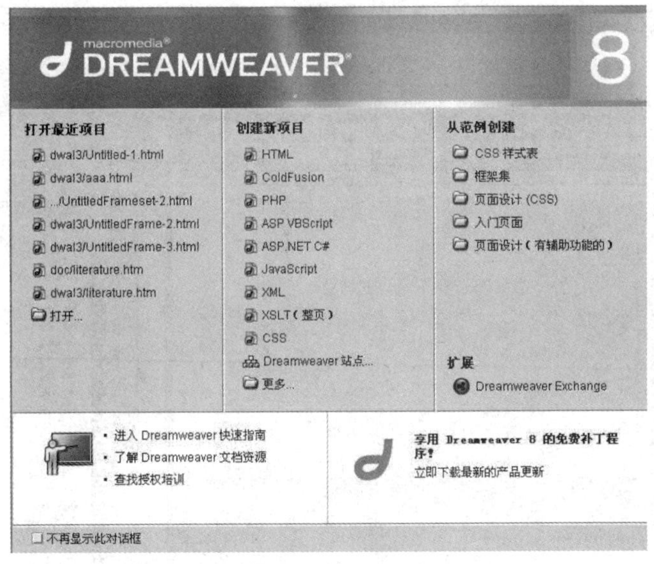

图 3-1　Dreamweaver 8 起始页示意图

设计者可以在起始页中选择【打开最近项目】、【创建新项目】和【从范例创建】等选项组中的相应的操作,常用的选项组的具体意义如下:

(1)【打开最近项目】选项组:单击【打开最近项目】下的文件名称,可以直接打开最近编辑过的网页文件。

(2)【创建新项目】选项组:单击【创建新项目】下的相应命令,可以创建不同的网页文件。如单击【HTML】选项,将创建一个静态网页文件;单击【ASP VBScript】选项,将创建一个动态网页;单击【CSS】选项,将创建一个 CSS 样式表文件等。

(3)【从范例创建】选项组:可以参考 Dreamweaver 8 预置的范例创建新的网页文档。

单击【创建新项目】下的【HTML】选项后,屏幕显示的是工作区窗口,此时系统打开一个名为 Untitled 的空白文档,在网页文件文档窗口中设计者可以完成网页的设计。

工作区窗口由标题栏、菜单栏、工具栏、网页文档编辑区、状态栏和面板组等基本部分组成,如图 3-2 所示。

工作区窗口各部分功能如下:

1. 标题栏

标题栏是显示当前网页的标题信息,当前被编辑网页文件的文件名会在括号里显示。用标题栏左边和右边的窗口控制按钮,可以完成窗口的【最大化】、【最小化】、【移动】、【还原】、【关闭】等操作。

2. 菜单栏

菜单栏是设计者选择操作命令的地方。菜单栏的选项依次为【文件】、【编辑】、【查看】、【插入】、【修改】、【文本】、【命令】、【站点】、【窗口】和【帮助】。浮动面板上的各项操作基本上都有菜单操作命令与之相对应,在以后的章节中会逐一介绍主要的菜单操作命令。

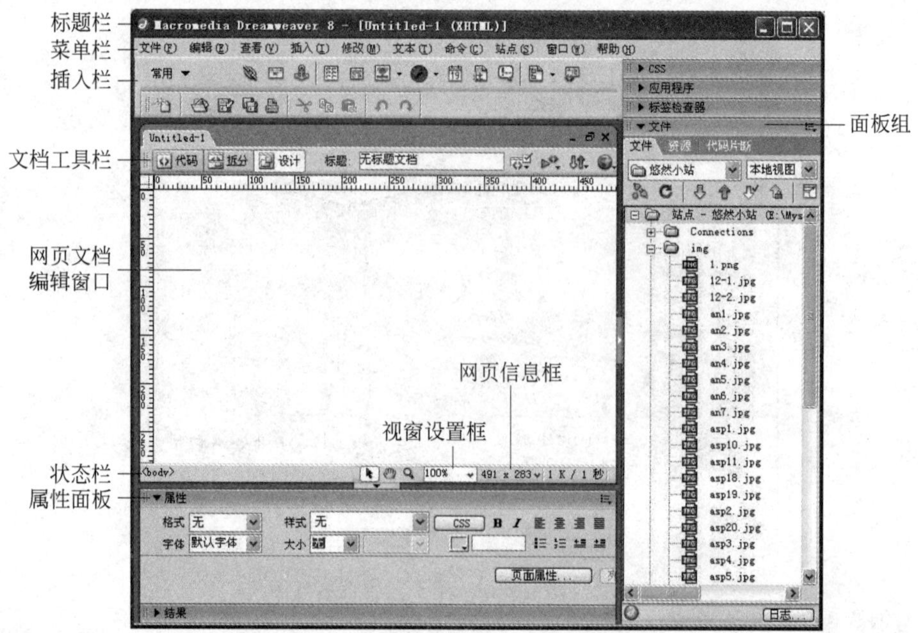

图 3-2　Dreamweaver 8 的工作环境

3. 插入栏

无论多么精美的网页，其基本组成元素无非是些图片、文字以及多媒体特效，这些网页元素可以利用插入栏中的工具来置放到网页上。用插入栏可以插入网页设计中的一些最常用的元素，如图像、文本、特殊字符、Flash 动画等。

插入栏在菜单栏下方，选择【窗口】|【插入】命令，可显示或隐藏插入栏，Ctrl＋F2 快捷键是显示或隐藏插入栏的切换开关，如图 3-2 所示。其中默认的 9 个选项分别为：常用、布局、表单、文本、HTML、应用程序、Flash 元素、收藏夹、显示为制表符，单击【显示为制表符】按钮，可以改变插入栏的显示方式。其他 8 个选项的主要用法将在后面的章节中逐一介绍。

4. 文档工具栏

在文档窗口中有一个文档工具栏。文档工具栏最左边的是代码视图和设计视图的切换按钮。利用切换按钮可在【代码】、【设计】、【代码和设计】的 3 种视图方式之间切换，改变网页的编辑方式。设计者在编辑网页的过程中可随时了解相应的 HTML 代码，或者在编写 HTML 代码时方便地看到网页的设计效果。中间【标题】文本框可输入当前网页名称，如果当前网页文档已经有了一个标题，则该标题将显示在该文本框中。右边是一些文档常用的工具按钮，如图 3-3 所示。

文档工具栏中主要的工具按钮功能如下：

(1) 没有浏览器/检查错误：可以检查跨浏览器兼容性。

(2) 验证标记：可以验证当前文档或选定的标签。

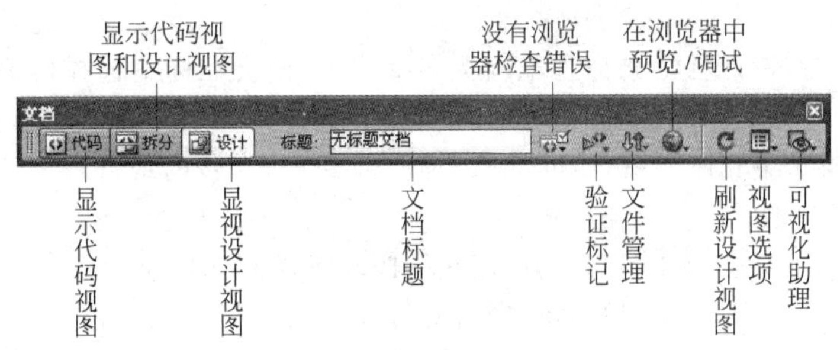

图 3-3　文档工具栏

(3) 文件管理：单击这个按钮可以在下拉菜单中实现对文件只读属性的编辑，本地站点和服务器端文件的上传和下载，以及方便团队工作的设计备注等菜单命令。

(4) 在浏览器中预览和调试：单击这个按钮可以在下拉菜单中实现网页预览(可用功能键 F12 代替)，以及选择用来预览网页的浏览器等工作。

(5) 刷新设计视图：在【代码】视图中更改代码后，单击该按钮可以刷新文档的【设计】视图。

(6) 视图选项：单击这个按钮可以在下拉菜单中实现一些人性化的功能，可以为【代码】视图和【设计】视图设置选项，如视图显示的位置，HTML 代码高亮度显示，语法颜色提示和代码缩进方式，行号提示与页面排版标记显示等。

(7) 可视化助理：可以使用不同的可视化助理来设计页面。

5. 编辑区

网页文件的编辑区域是 Dreamweaver 8 的文档窗口的中间部分。启动 Dreamweaver 8 时，就创建了一个空白的网页文件等待编辑，网页编辑区的大小可以通过用鼠标拖曳编辑区右面边框线来调整，或者单击编辑区右面边框线上的按钮，完成最大化或还原网页编辑区的操作，如图 3-4 所示。

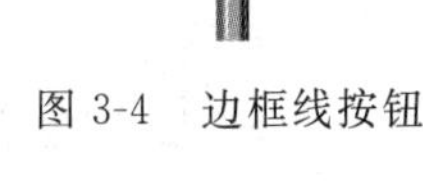

图 3-4　边框线按钮

6. 状态栏

状态栏是显示当前网页的有关信息。在状态栏中自左至右分别是：标签选择器、页面编辑工具、视窗设置菜单、页面信息框等，如图 3-5 所示，它们的特点和功能如下：

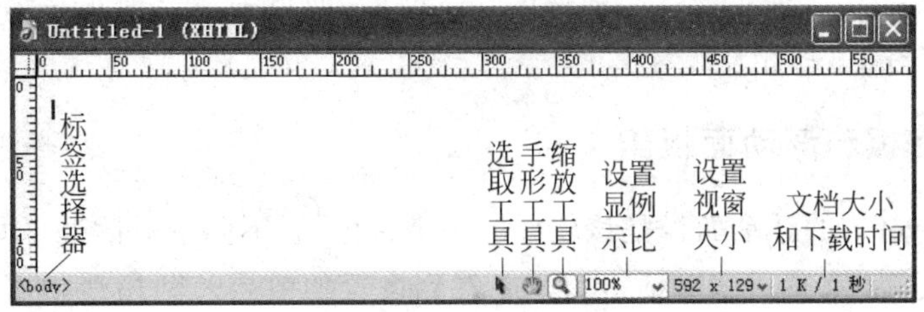

图 3-5　状态栏示意图

1）标签选择器

在编辑网页时，设计者将光标置于网页某个位置，便会在标签选择器中显示相应的HTML标签，单击HTML标签则可选择网页中相对应的编辑对象。右击某个HTML标签，选择快捷菜单中相应的命令，可对HTML标签作进一步的编辑。

2）页面编辑工具

（1）选取工具：单击该工具后，可以用鼠标选取网页文档中的元素。

（2）手形工具：单击该工具后，可以在【文档】窗口中移动当前文档。

（3）缩放工具：该工具与【设置显示比例】下拉列表框可以缩放文档的显示比例。

3）视窗设置菜单

在【视窗设置】菜单中显示当前文档窗口的大小都是以像素为单位的，这个窗口尺寸是动态显示的，用鼠标拖动文档窗口边框改变窗口大小时，显示的窗口尺寸也会随之改变。单击视窗设置框右边的小按钮 662 x 502 ，在弹出的下拉菜单中选择【编辑大小】命令，可以定制窗口的大小尺寸，如图3-6所示。

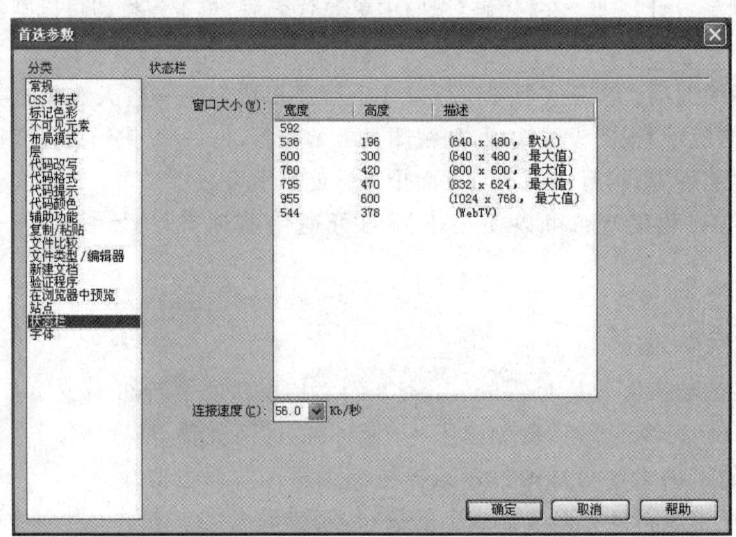

图3-6 【状态栏参数选择】对话框

4）页面信息框

显示网页容量、传输速率和该网页在Internet上完全下载的时间（系统默认的连接速度为56.0Kb/秒）。例如，25 K / 4 秒 表示当前网页文档大小为25KB，下载时间约为4秒。将连接速度改为当前主流产品的速度56Kb/秒，便可关注当前正在编辑的网页下载所需的时间，如图3-6所示。

7. 浮动面板和浮动面板组

Dreamweaver 8的浮动面板是该软件的一个特色，它不同于对话框，用对话框来设置元素的各种属性后，必须关闭对话框后才能看到设置的效果。利用浮动面板对网页元素进行属性设置，在网页编辑窗口中就可以直接看到操作的结果，避免了属性设置的盲目性，真正实现了“所见即所得”的实时编辑功能。浮动面板组也是 Dreamweaver 8 的一个特色。设计者可以按自己的需要组合或拆分浮动面板组中的浮动面板。

Dreamweaver 8 默认的浮动面板组有以下 4 个：

(1)【CSS】浮动面板组包含【CSS 样式】和【层】2 个浮动面板，主要提供网页设计和网页格式化的工具。

(2)【应用程序】浮动面板组包含【数据库】、【绑定】、【服务器行为】、【组件】4 个浮动面板，主要提供动态网页设计和数据库管理的工具。

(3)【标签检查器】浮动面板组包含【属性】和【行为】2 个浮动面板，主要功能是查看和修改网页元素的属性，将 JavaScript(客户端)行为附加到页面元素上。

(4)【文件】浮动面板组包含【站点】、【资源】和【代码片断】3 个浮动面板，主要功能是查看和管理站点中的各种文件资源。

其他还有【结果】面板组是为设计者提供搜索验证文件、检查超级链接、站点报告、服务器调试等结果信息；【框架】面板和【历史纪录】面板是为设计者提供框架信息和操作步骤记录的重要面板，这些面板和面板组的知识将在以后的章节中逐一介绍。

常用的浮动面板组的操作方法如下：

(1) 展开和折叠浮动面板组：Dreamweaver 8 的每个浮动面板组都具有展开与折叠的功能，单击面板左上角的三角标记即可展开与折叠浮动面板组，如图 3-7 所示。

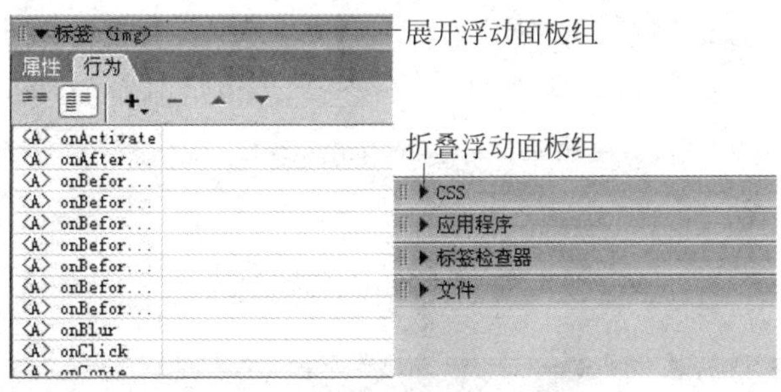

图 3-7　展开和折叠的浮动面板组

(2) 移动浮动面板组：将鼠标指针指向浮动面板组左上角的▒标签，当鼠标指针变成 4 个方向箭头时便可拖动浮动面板组。利用这种方法可将浮动面板组拖离浮动面板组停靠区，或将浮动面板组拖入浮动面板组停靠区。

(3) 重新组合浮动面板：选中浮动面板组中某个选项卡，单击浮动面板组右上角的▒按钮打开下拉式菜单，并在级联菜单中选择与当前浮动面板组合的浮动面板组，可重新组合浮动面板，如图 3-8 所示。

(4) 浮动面板组的其他操作：选中浮动面板组中的某个选项卡，单击浮动面板组右上角的▒按钮，打开下拉式菜单，选择【重命名面板组】命令，可在弹出的【重命名面板组】对话框中给面板组定制一个个性化的名字，如图 3-9 所示；在下拉式菜单中选择【最大化面板组】和【关闭面板组】命令，便可完成对面板组的相应操作。

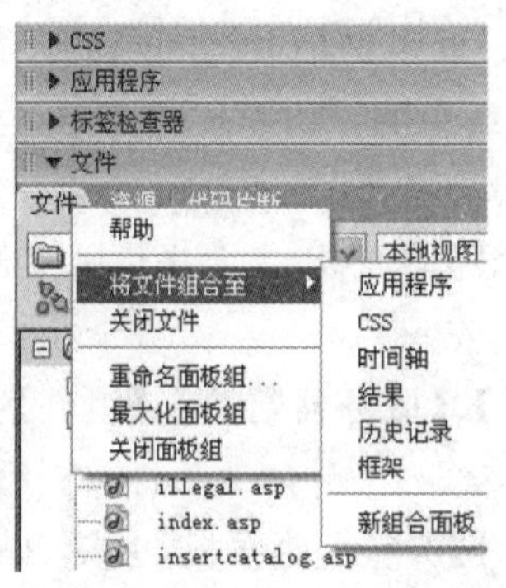

图 3-8 浮动面板组的级联菜单

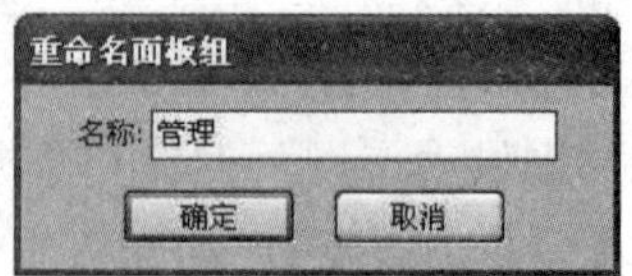

图 3-9 【重命名面板组】对话框

8. 属性面板

属性面板又称属性检查器,位于网页文件编辑区下方,是用来显示、设置和修改网页中当前选中元素的属性的重要工具。选择【窗口】|【属性】命令可显示或隐藏属性面板,Ctrl+F3 快捷键是显示或隐藏属性面板的切换开关。当某个页面元素的属性被修改后,可以直接在编辑窗口中预览到元素被修改后的结果,真正实现了交互式面对面地修改网页元素的功能。

对于选择文字、表格、层、表单等不同的元素,属性面板的设置内容也会相应有所不同。另外,为了不过多地遮挡网页编辑窗口,设计者还可根据需要单击属性面板右下角的三角形按钮,展开或折叠属性面板,如图 3-10 所示的是图像属性面板(折叠),如图 3-11 所示的是表格属性面板(展开)。属性面板的具体使用方法将在后面章节中逐一介绍。

图 3-10 图像属性面板(折叠)

图 3-11 表格【属性】面板(展开)

在 Dreamweaver 8 中,打开和关闭浮动面板的操作除了在浮动面板组中完成外,还可以选择【窗口】中的相关命令或按相应的快捷键来完成。用功能键 F4 可显示或隐藏全部浮动面板组。

3.2 创建与编辑本地站点

一个网站的站点可以看成是一系列相关文档的集合,设计者在制作一个网站时,实际上是将这些相关文档通过各种超级链接把它们联系在一起。浏览者通过浏览器从一个网页跳转到另一个网页，从而实现对整个网站的访问。

Dreamweaver 8 除了网页制作以外的另一项功能是网站管理，利用 Dreamweaver 8 的网站管理功能可对位于 Internet 服务器上的网页文件直接进行编辑操作。但是由于目前网络速度较慢和网络不稳定等因素会给网站管理和文件编辑带来不必要的麻烦，另外对远程 Internet 服务器上的网页文件进行在线编辑，上网的费用也是很昂贵的。所以设计者一般都是先在本地计算机上创建网站的本地站点，设计、编辑和调试网页及其相关文件，当网页编辑调试完毕后，再利用文件上传工具将本地站点的内容上传到 Internet 服务器上，完成远程站点的构建。

先建立本地站点既可以从全局上控制网站的结构，完成对网页的编辑调试工作，又可以提高效率、降低成本。故在制作网页前，先在本地计算机上建立一个本地站点是十分必要的。

创建网站一般有以下几个步骤：

(1) 规划站点：了解建站的目的，收集各种有关的资料。确定站点的主题、风格、网站要提供的服务和网页要表达的主要内容。

(2) 创建站点的基本结构：在计算机中创建本地站点的根文件夹以及存放各种资料的子文件夹，配置好所有系统的参数和站点测试路径。

(3) 网页设计：充分利用收集到的各种资料，合理地运用 Dreamweaver 8 提供的技术，最完美地设计出能表达网站中心思想的网页页面。

3.2.1 创建本地站点

创建本地站点是网页设计的第一步操作，而且是至关重要的操作，本地站点创建的正确与否直接影响到网页设计是否成功。初学者必须牢记：设计的网页和网页上用到的文字、图像、声音、视频等各种元素都必须保存到本地站点之中。

所谓本地站点就是在本地计算机的硬盘上创建一个文件夹，并把这个文件夹设置为本地站点的根文件夹。在网页制作中将会使用大量的图片、照片、动画文件和文本文件，一个比较成熟的网站会有很多各种类型的文件，为了便于管理可在本地站点的根文件夹中分门别类地建立子文件夹，然后按类型把不同的文件存放在不同的子文件夹中，这样站点结构清晰明了，文件管理更加方便。

创建本地站点的操作步骤如下：

(1) 选择【站点】|【新建站点】命令，打开【站点定义】对话框，如图 3-12 所示。在【基本】选项卡的站点名称文本框中输入站点名称，本例输入“My site”。

(2) 单击【高级】标签，在【高级】选项卡中设置本地站点的参数，如图 3-13 所示。

(3) 在对话框左侧的【分类】列表中显示了站点设置的多类选择，从中选定不同选项后，其右侧选项卡中将显示不同的设置内容，选择【本地信息】选项可设置本地站点。

(4) 在【站点名称】文本框中输入当前编辑的站点名称。本例可用“My site”作为站点的名称。设计者可能会创建多个站点，站点名称是站点的标识，便于 Dreamweaver 8 对各个站点分别管理。站点名称可以是不包括：“\”、“/”、“:”、“;”、“*”、“?”、“〉”、“〈”、“|”符

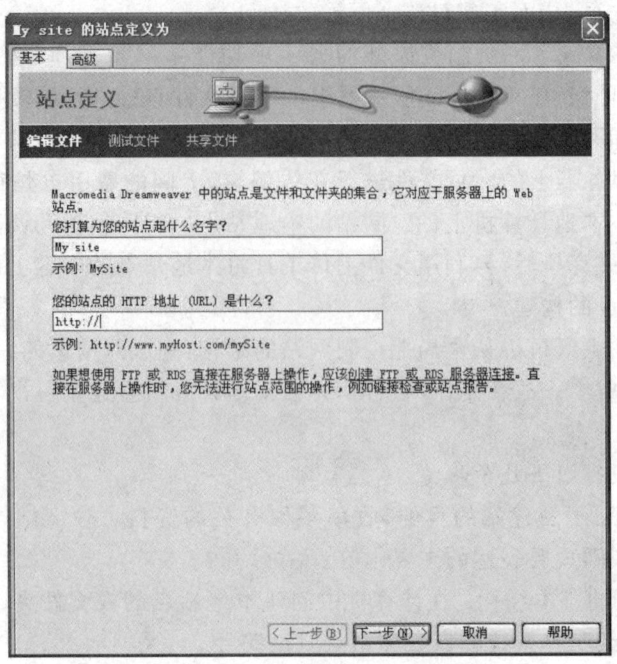

图 3-12 【站点定义】对话框

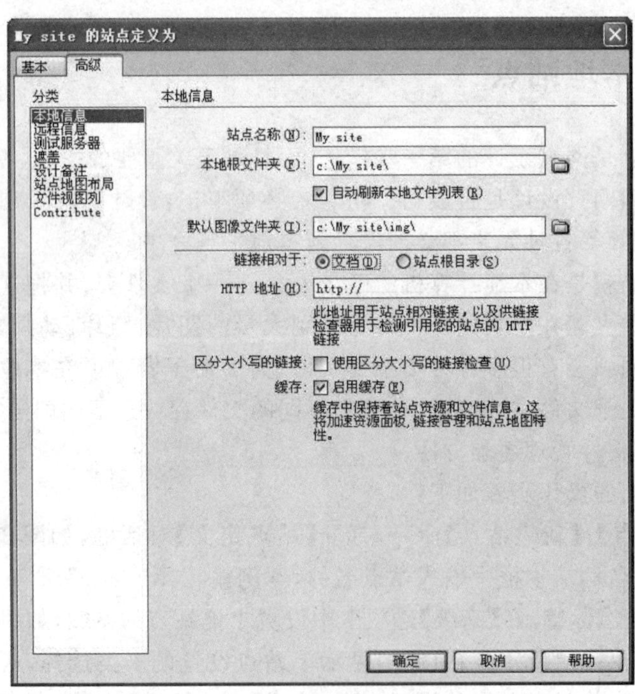

图 3-13 【本地站点参数设置】对话框

号的其他字符。

（5）在【本地根文件夹】文本框中输入本地站点所对应的本地根文件夹，指明当前创建的网页所在的位置。单击文本框右侧的□按钮，可用浏览的方式确定本地站点的路径。若在文件列表区域右击，可利用快捷菜单新建一个文件夹，并可将其指定为本地根文件夹。

(6) 选中【自动刷新本地文件列表】复选框后，当设计者将文件复制到站点有关的文件夹中时，系统会自动更新站点文件列表。如果不选该复选框，则要单击站点管理器窗口中的【刷新】按钮C，才能自动更新站点的文件列表。

(7) 在【默认图像文件夹】文本框中输入本地站点中所对应的图像文件夹，指明当前创建的网页所用图片的位置。单击文本框右侧的□按钮，可用浏览的方式确定本地站点中图像文件夹的路径。

(8) 在【链接相对于】选项中，选择【文档】选项，可创建从一个文档到同一站点上另一个文档的超级链接，也就是使用文档相对路径创建超级链接；选择【站点根目录】选项，必须从站点的根文件夹到文档的路径创建超级链接，而且一定要在下一步中指定HTTP 地址。

注意：【站点根目录】相对路径提供了从站点的根文件夹到文档的路径。如果在处理使用多个服务器的大型 Web 站点，或者在使用承载有多个不同站点的服务器，则可能需要使用这些类型的路径。一般情况下，应使用文档相对路径。

(9) 在【HTTP 地址】文本框中，输入当前网页将要使用的网址。如果设计者已经申请了域名，可在此文本框中输入申请好的域名。如网站的网址是：http//202.121.160.100 可将此网址输入到【HTTP 地址】的文本框中。

(10) 选中【缓存】这个复选框后，Dreamweaver 8 会给这个本地站点设置一个缓存，以提高站点管理的速度。

(11) 完成以上设置后单击【确定】按钮，新的本地站点就创建完毕了。

在【分类】列表中的另外 7 类选择分别是：【远程信息】、【测试服务器】、【遮盖】、【设计备注】、【站点地图布局】、【文件视图列】、【Contribute】。用 Dreamweaver 8 对站点管理器以及系统设置进行调整的方法将在第 11 章中作详细的介绍。对于初学者来说这 7 类选择的参数不妨采用系统默认值。

3.2.2 本地站点中的文件操作

选择【窗口】|【文件】命令，可以打开【文件】浮动面板，并选择当前的本地站点和【本地视图】选项，就可以对本地站点下的文件进行操作，完成选择、添加新文件和文件夹，剪切、粘贴、复制、删除、重命名文件等操作，具体操作方法如下：

1. 在本地站点中新建文件夹

在本地站点中新建文件夹可打开【文件】浮动面板，单击【文件】面板右上角的菜单按钮，选择【文件】|【新建】|【新建文件夹】命令，然后在本地文件列表中命名新建的文件夹，便可完成新建文件夹的操作。

2. 在本地站点中新建文件

与在本地站点中新建文件夹一样，若要在站点中新建文件，可打开【文件】浮动面板，选择【文件】|【新建】|【新建文件】命令，然后在本地文件列表中命名新建的文件，这样便可完成新的网页文件的创建。

3. 在站点中选择多个文件

打开【文件】浮动面板，然后在本地文件列表中选择多个文件，操作方法如下：

(1) 单击第一个文件，按住 Shift 键，然后单击最后一个要选择的文件，可选择一组连续的文件。

(2) 按住 Ctrl 键，然后单击要选择的文件，可选择一组不连续的文件。

4. 在本地站点中剪切、粘贴、复制、删除、重命名文件

打开【文件】浮动面板，然后在本地文件列表中可完成文件剪切、粘贴、复制、删除、重命名操作。可先选中要操作的文件，右击选中的对象，在快捷菜单中选择【编辑】选项中相应的命令，或按相应的快捷键便可完成相应的文件操作。

3.3 网页文件的基本操作

在了解了有关站点创建与管理方面的知识后，接下来就可以设计网站的页面了。在创建网页前，必须先定义本地站点。

3.3.1 创建、打开和保存网页文件

网页的创建、打开和保存是制作网页的最基本操作，以下就先来介绍这些基本操作。

1. 创建 HTML 文档

创建空白文档有下述两种方法：

(1) 启动 Dreamweaver 8，在起始页的【创建新项目】中选择【HTML】选项，可直接创建一个空白页面，等待编辑。

(2) 在 Dreamweaver 8 已启动或正在使用的情况下，选择【文件】|【新建】命令，可打开【新建文档】对话框，在【常规】选项卡的【类别】中选择【基本页】，如图 3-14 所示，并单击【创建】按钮确认。

用第 2 种方法来创建新文档时，Dreamweaver 8 会启动一个新网页窗口，可在当前窗口中编辑新网页。原来窗口中仍然显示以前的网页内容，此时原窗口被切换到后台。可以通过单击 Dreamweaver 8 窗口左上角的标签，进行两个 Dreamweaver 8 窗口的切换，或选择 Dreamweaver 8 的【窗口】菜单，完成相应的窗口的切换。

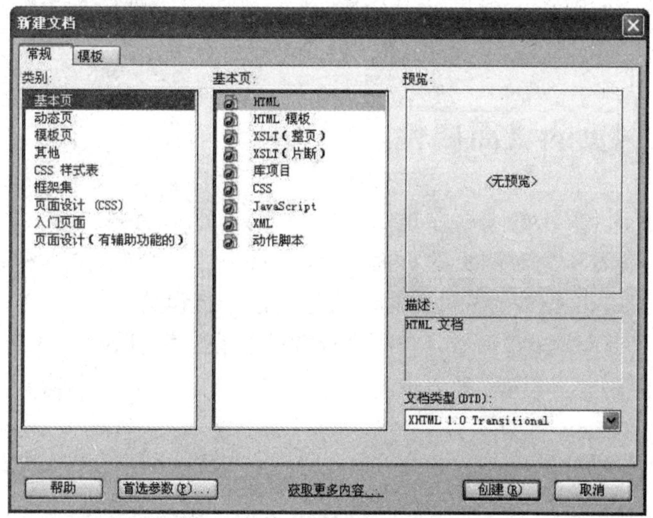

图 3-14 【新建文档】对话框

2. 打开已建的 HTML 文档

打开已建的 HTML 文档的常用方法有 3 种:

(1) 在 Windows 操作系统的资源管理器中选中要打开的文件图标右击,然后从快捷菜单中选择【使用 Dreamweaver 8 编辑】命令,便可打开该文档。

(2) 在 Dreamweaver 8 已启动的情况下,选择【文件】|【打开】命令,这时会出现【打开】对话框,选择需要打开的文件,单击【打开】按钮,便可打开该文档。

(3) 在【文件】浮动面板的本地视图中双击要打开的文件图标,便可打开该文件。

用上述 3 种方法打开文件时,系统会在新的 Dreamweaver 8 网页编辑窗口中打开指定的文件。如果该文件已被打开,则会自动切换到该文件的窗口。

3. 保存指定文件

保存指定文件的常用方法有 3 种:

(1) 若在网页文件编辑区同时打开了多个 Dreamweaver 8 的窗口,应切换到要保存文件的网页编辑窗口,然后选择【文件】|【保存】命令,或按 Ctrl+S 快捷键,保存文件。

(2) 若希望当前文档以另外的路径和文件名保存,则可选择【文件】|【另存为】命令,然后在【保存为】对话框中,输入正确的路径和文件名,保存当前文件。

(3) 在网页设计过程中,有时会同时打开了多个 Dreamweaver 8 文档窗口,编辑多个网页文件。若希望保存全部文件,可选择菜单【文件】|【保存全部】命令,则可保存所有打开的 Dreamweaver 8 窗口中正在编辑的文件。若某些窗口中的文件尚未保存过,则会出现【保存为】对话框,输入该文件的路径和名称,然后单击【保存】按钮,即可将其保存。

4. 关闭文件

切换到要关闭的文档编辑窗口,选择【文件】|【关闭】命令,关闭文件。

若文件尚未保存，则会出现提示对话框，提示要保存文件。单击【是】按钮则保存文件，单击【否】按钮则不保存文件，单击【取消】按钮则放弃关闭操作。

3.3.2 设置网页的页面属性

在创建新网页时，默认的页面总是以白色为背景，没有背景图像、没有标题。制作一个网页页面时，一般需要先对网页的页面标题、背景图像和颜色、文本和超级链接的颜色、文件的文字解码方式和文件中各元素的颜色等属性进行设置。

选择【修改】|【页面属性】命令，打开【页面属性】对话框，如图 3-15 所示。设计者可对网页页面的各项参数进行设置，各项参数具体意义如下：

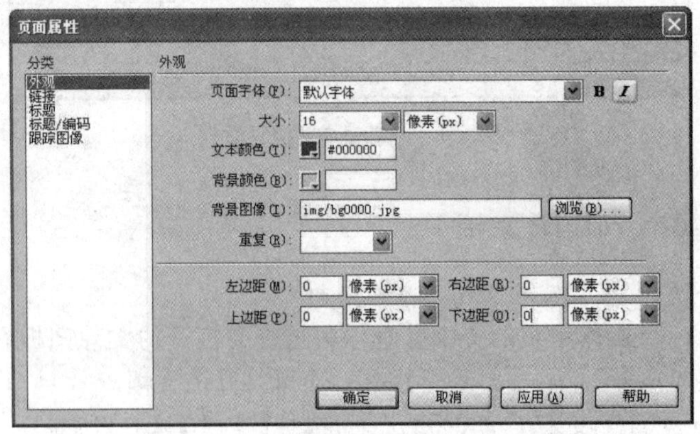

图 3-15 【页面属性设置】对话框

1. 外观

在【分类】列表中选择【外观】选项，主要参数意义如下：

(1) 在【页面字体】下拉列表中选择网页上主要的文字字体。

(2) 在【大小】下拉列表中选择网页上主要的文字的大小。

(3) 在【文本颜色】下拉列表中选择网页上文字的颜色。

在设计网页时就会以设置好文字的【页面字体】、【大小】和【文本颜色】输入文本，要改变网页文本的格式可以在属性面板中完成。

(4) 在【背景颜色】文本框中，设置页面的背景颜色。如果同时使用背景图像和背景颜色，下载图像时会出现颜色，然后图像覆盖颜色。如果背景图像包含任何透明像素，则背景颜色会透过背景图像显示出来。

(5) 在【背景图像】文本框中，输入页面背景图片的路径和文件名，或者单击文本框右边的【浏览】按钮，在打开的【选择图像源】对话框中选择背景图片的路径和文件名，如图 3-16 所示。选中文件后单击【确认】按钮确认。

(6) 在【重复】下拉列表中选择设置背景图像的显示方式，通常选择【重复】选项。

(7) 在【左边距】、【右边距】、【上边距】和【下边距】文本框中，设置整个页面到浏览器

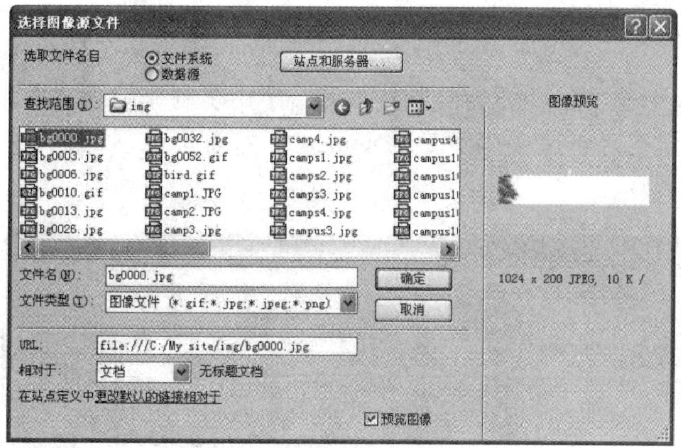

图 3-16 【图片文件选择】对话框

左、右侧边缘和顶部、底部边缘的距离，通常设置为 0。

2. 链接

在【分类】列表中选择【链接】选项，如图 3-17 所示。主要参数意义如下：

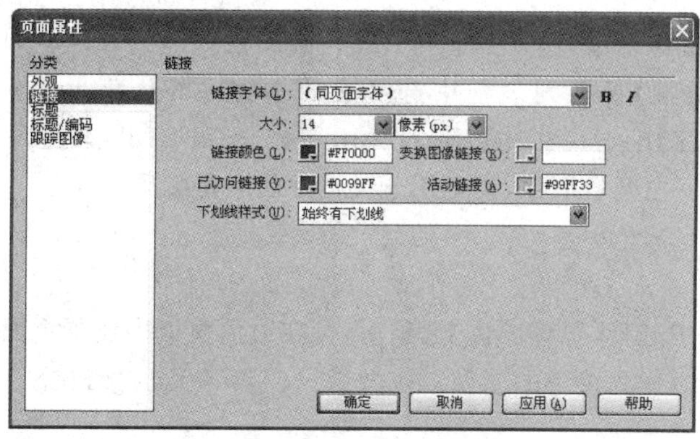

图 3-17 设置中超级链接属性

(1) 在【链接字体】、【大小】和【链接颜色】文本框中，设置网页文件中默认的超级链接文本的字体、大小和颜色。

(2) 在【变换图像链接】、【访问过的链接】、【活动链接】和【下划线样式】文本框中，设置网页文件中超级链接的样式。

3. 标题

在【分类】列表中选择【标题】选项，可在对话窗口中设置页面标题的字体、文字大小等参数。标题的设置可以帮助站点访问者在浏览该网页时明了所查看的内容。如果不给页面加标题，页面会在浏览器窗口、书签列表和历史记录列表中显示为无标题文档。

4. 标题/编码

在【分类】列表中选择【标题/编码】选项，可指定用于制作网页页面时所用语言的文档编码类型，以及指定要用于该编码类型的 Unicode 标准化表单，如图 3-18 所示。主要参数意义如下：

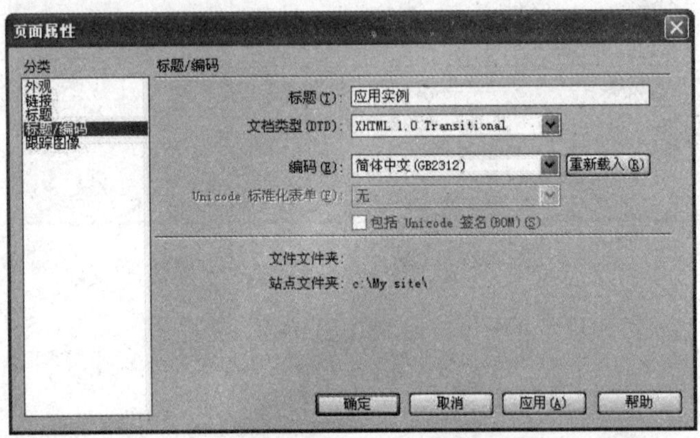

图 3-18　设置【标题/编码】属性

(1) 在【标题】文本框中，输入当前网页文档的标题。

(2) 在【文档类型】下拉列表框中选择文档类型。可从菜单中选择【XHTML 1.0 Transitional】或【XHTML 1.0 Strict】，使 HTML 文档与 XHTML 兼容。

(3) 在【编码】下拉列表框中，设置用于文档中的字符编码方式。

5. 跟踪图像

在【分类】列表中选择【跟踪图像】选项后，可在对话窗口中设置页面的跟踪图像，所谓跟踪图像是指设计时作为参考的图像。该图像只供参考，当文档在浏览器中显示时并不显示该图像。

(1) 在【跟踪图像】文本框中，输入页面跟踪图像的路径和文件名，或者单击文本框右边的【浏览】按钮，在打开的【选择图像源】对话框中选择跟踪图像的路径和文件名。选中文件后单击【确认】按钮确认。

(2) 在【图像透明度】下拉列表框中，可设置跟踪图像的透明度。页面属性设置完毕后，单击【确认】按钮确认。

3.3.3 设置网页元素的颜色

在网页设计时，经常要对页面背景、文字、链接、激活的链接设置颜色。一种颜色可以由色调、亮度、饱和度来定义，也可以由其所含的红、绿、蓝(RGB)色的比例所对应的值来定义。例如在 Dreamweaver 8 中对文字设置颜色，可选择【文本】|【颜色】命令，打开【颜色】对话框，如图 3-19 所示。在这个对话框中可以选择【基本颜色】，也可以通过右侧的色

板和滑块来选择新的颜色，并把选中的新颜色添加到【自定义颜色】中去。还可以用 Dreamweaver 8 中颜色的工具【吸管】来检测选取颜色。

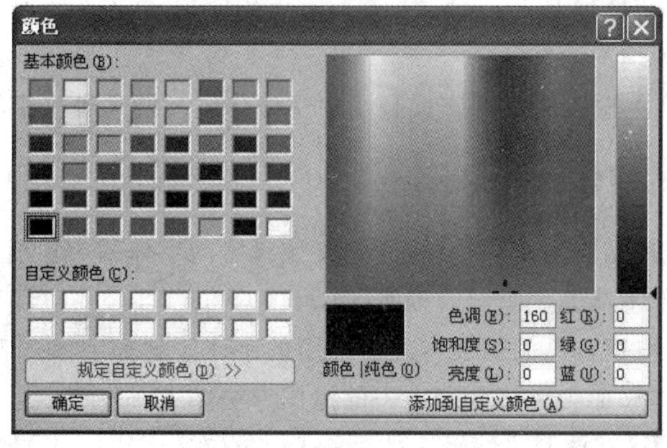

图 3-19 【颜色】对话框

在 HTML 语言中，颜色可用十六进制数字表示，其范围是 000000H～FFFFFFH。Windows 操作系统中，在 256 色模式下显示的颜色在网页制作中被称为安全色(实际上，只有 216 个颜色是 Web 安全色)。如果颜色超出该范围，在不同的浏览平台上可能显示不同的颜色，从而可能会破坏网页的整体效果。

在 3.3.2 节中，对页面的背景、文字等元素设置颜色时，系统打开颜色选取窗口，如图 3-20 所示。用吸管在颜色区移动时，窗口中的颜色框将放大显示该颜色，单击即可选取该颜色。另外在设置颜色时，也可直接在选取颜色的文本框中输入表示颜色的带“#”号的十六进制数字，如：#FFFFFF 表示白色、#FF0000 表示红色。

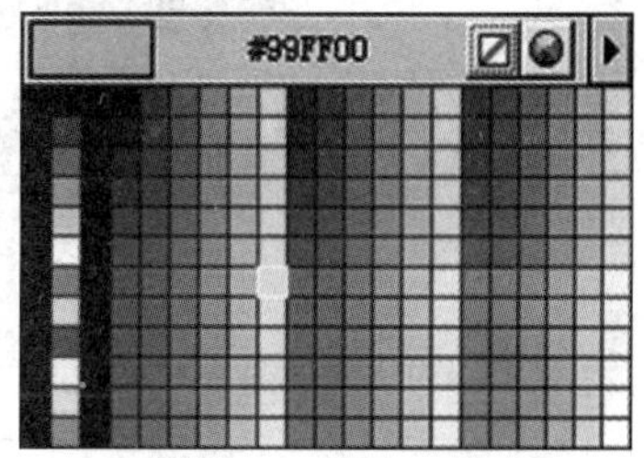

图 3-20 颜色选取窗口

在网页设计时单击属性面板中【文本颜色】按钮，鼠标指针就变成吸管，用吸管来测试图片上的颜色，然后将获得的带“#”号的十六进制数字输入到颜色设置的文本框中，用这种方法可以较方便、准确地完成颜色的设置。

3.3.4 网页文本的编辑

Dreamweaver 8 是一种“所见即所得”的网页设计工具，设计者可直接输入西文字符或利用中文操作系统的某种汉字输入法输入汉字，然后用 Dreamweaver 8 的文本格式化工具对文本进行格式化，在网页编辑窗口中能直接见到文本格式化的结果。

1. 网页中文本输入

网页中文本输入的方法如下：

(1) 页面文本输入还可以选择【文件】|【导入】|【导入 Word 文档】命令，直接导入

Word 文档。

(2) 在文字处理软件的窗口中选定需要的文本，按 Ctrl+C 快捷键将选中的文本复制到剪贴板，然后再切换到 Dreamweaver 8 网页编辑窗口，按 Ctrl+V 快捷键将选中的文本粘贴到指定的位置。

(3) 直接从键盘上输入西文字符或利用中文操作系统的某种汉字输入法输入汉字。

2. 设置汉字的字体列表

在网页设计时，若需要输入汉字，应先定义该汉字的字体列表。所谓字体列表就是设计者经常要用的多种字体的一个组合列表。Dreamweaver 8 预先已经定义了一个默认的字体列表，设计者可根据自己的需要将经常要用的字体添加到字体列表中去。

将各种汉字字体添加到字体列表中去的操作方法如下：

(1) 选择【文本】|【字体】|【编辑字体列表】命令，在【可用字体】列表中选择字体，并用按钮≪将选中的字体移到【选择的字体】列表中候选；用按钮≫删除【选择的字体】列表中候选的字体，如图 3-21 所示。

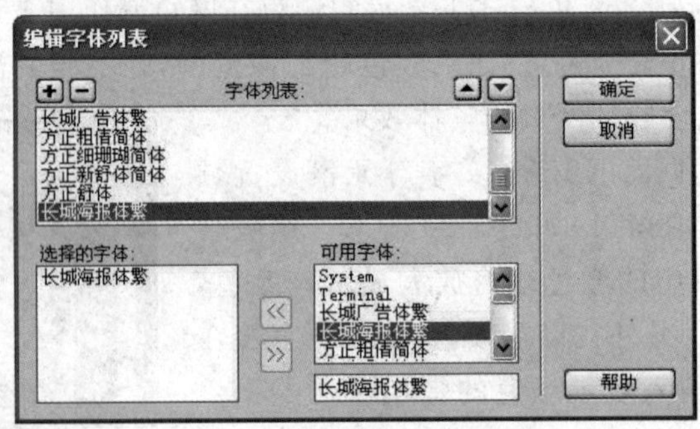

图 3-21 【编辑字体列表】对话框

(2) 在【编辑字体列表】对话框中，可用加号+按钮增加或用减号按钮-删除一种字体。

所选择的字体必须已经安装在计算机系统内才能使用，否则系统会使用默认字体显示(一般为宋体)。

在设置【页面属性】的【页面字体】和设置【属性】面板的【字体】时，都可以编辑字体列表。

3. 输入网页中的空格

在编辑网页中文字时，常常要在文档中插入空格。插入空格的操作方法有以下 3 种：

(1) 将汉字输入方式设置为全角方式，按空格键可输入空格。

(2) 在【属性】面板中，选择【格式】下拉列表框中的【预先格式化的】选项，然后就可在编辑网页时输入空格。

(3) 按 Shift+Ctrl+Space 快捷键插入空格。每按一次快捷键可插入一个空格。

4. 文本换行

在网页文字编辑时，文本的换行有如下几种方法：

(1) 自动换行：在输入文字时，一行长度超过了文档窗口的显示范围，则后面输入的文字将自动换到下一行。自动换行的好处在于不管浏览器的窗口大小，网页文字都将按照窗口大小自动换行。

(2) 按 Enter 键换行：输入文字后按 Enter 键换行，则文字分成段，上下段之间空一行。

(3) 按 Shift+Enter 快捷键换行：输入文字后按 Shift+Enter 快捷键换行，则文字分行不成段，上下行之间无空行。

(4) 用特殊字符换行：单击【插入】栏的【文本】选项，在【文本】选项卡中单击按钮，可实现与按 Shift+Enter 快捷键相同的换行效果。

5. 文本的属性设置

网页中的文本有各种表现形式，文本的各种变化形式在 Dreamweaver 8 的文本【属性】面板中就可以很方便地完成其设置，如图 3-22 所示。文本的【属性】面板是 Dreamweaver 8 的默认的属性面板，其中各项参数的意义如下：

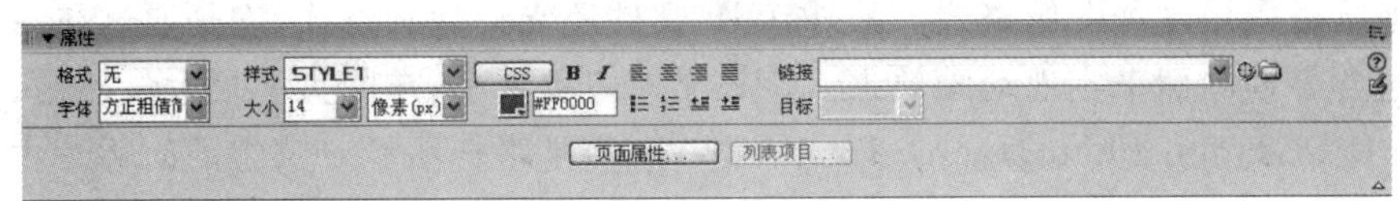

图 3-22　文本的属性面板

(1) 在【格式】下拉列表框中，设置当前文本段落的格式。

(2) 在【样式】下拉列表框中，显示当前应用于所选文本的样式。如果没有对所选内容应用过任何样式，则下拉列表显示【无 CSS 样式】。如果已对所选内容应用了多个样式，则下拉列表是空的。单击【CSS】按钮可以打开【CSS】面板。

(3) B I 是文字加粗、斜体、左对齐、居中、右对齐等格式化的按钮。

(4) 在【链接】下拉列表框中，为选定文本设置超级链接地址。是链接定位器，用于创建超级链接。是用浏览的方式选中被链接的文档。

(5) 在【字体】下拉列表框中设置选中文字的字体。在【大小】下拉列表框中，设置选中文字的大小。在#0066FF框中可选择文字的颜色，或在右边的文本框中直接输入表示颜色的带“#”号的十六进制数字。

(6) 是设置无序项目符号、有序项目符号、左缩进、右缩进的格式化按钮。

(7) 在【目标】下拉列表框中，选择被链接文件的窗口打开方式。该下拉列表框中的 4 种显示方式如下：

_blank：在新的浏览器窗口中显示链接的目标文档。

_parent：将链接文件加载到包含该链接的父框架集或窗口中。如果包含链接的框架不是嵌套的，则链接文件加载到整个浏览器窗口中。

_self：在同一框架或本窗口中显示链接的目标文档。

_top：将链接文件加载到整个浏览器窗口中，并由此删除所有框架。

(8) 展开或折叠属性面板的切换按钮。

(9) 是 HTML 标记编辑器。是帮助信息按钮。

对网页中文本设置属性时，只需先选定要进行属性设置的文本，然后在文本的【属性】面板中选择相应的参数完成属性设置。

3.3.5 网页图像的编辑

网页中除了文本之外，另外一个主要元素就是图像。图像不但能美化页面，而且能更加直观地表达网页的主题和想要传递的信息。

1. 网页图像格式简介

图像文件有各种各样的格式，在用 Dreamweaver 8 设计网页时主要用到 3 种格式的图像文件，它们是 GIF、JPEG 和 PNG。

(1) GIF(Graphics Interchange Format)是图像交换格式的简称。它采用图像无损压缩方式，可以较好地解决跨平台的兼容性问题。它只支持 256 种颜色的色彩，对色彩要求不高的地方可采用这种图像格式。另外，GIF 文件还支持动画格式，它是通过在一个动画文件中包含多帧画面来实现动画效果。GIF 文件体积较小，在网页上被大量使用。

(2) JPEG(Joint Photographic Experts Group)是联合图像专家组的简称。主要用于处理分辨率较高色彩丰富的图像，它可以提供上百万种颜色，由于采用了特殊的压缩算法，在图像失真很小的情况下对图像进行高效的压缩，从而在网络中减少了下载的时间。

(3) PNG(Portable Network Graphic)是便携网络图像的简称。PNG 格式是一种替代 GIF 格式的无专利权限制的格式，它包括对索引色、灰度、真彩色图像以及 Alpha 通道透明的支持，Fireworks 生成的文件就是 PNG 格式的文件，它保留所有原始层、矢量、颜色和效果信息(例如阴影)，并且在任何时候所有元素都是完全可编辑的。这种图像的格式受到 W3C 组织的大力推荐，在网络上已得到广泛的应用。

如果设计者在网页中插入了图像，当网页页面被浏览时，系统就会调用位于站点中的图像文件。为了保证图像调用是正确的，该图像文件应先复制到当前站点之中，这样就可以避免图像浏览时出错。

2. 插入网页图像的方法

在网页中插入图像的操作方法如下：

(1) 将鼠标指针移到网页中图像的插入位置上。

(2) 选择【插入】|【图像】命令，或单击【插入】栏中【常用】选项卡的按钮，在打开的【选择图像源】对话框中，选择图像文件的路径和文件名，如图 3-16 所示。

(3) 在对话框中，单击【文件系统】单选按钮，直接在本地硬盘上选择图像文件，或者单击【数据源】单选按钮，从数据库中选取图像文件。

(4) 选中图像文件后，可以在对话框的右边用预览方式显示图像。

(5) 在对话框下面的 URL 文本框中，会显示当前选中的图像文件的 URL 地址。

(6) 在【相当于】下拉列表框中，如果选择【文档】命令，要插入图像的网页文档应该先保存在本地站点中，此时图像文件是以相对路径插入网页文档；如果选择【站点根目录】命令，则图像文件是以基于站点根目录的路径插入网页文档。

(7) 单击【确认】按钮确认，便可在网页中插入图片。

如果要插入图像的网页文件是新建的还未保存过的文件，系统会提示设计者应先保存该文件，如图 3-23 所示。

注意：在创建完新网页时，应先设置网页页面属性，接着马上就将该网页保存在本地站点下。然后再在网页上插入图像文件，此时图像文件以相对路径插入。一定要注意，图像文件不要以绝对路径插入，否则可能在浏览该网页时发生图像文件路径的错误，导致图像不能显示。

如果所选的图像文件不在本地站点中，Dreamweaver 8 会显示如图 3-24 所示的提示对话框。单击【是】按钮，则将选中的图像文件保存在本地站点的文件夹中；如果不想把选中的图像文件保存在本地站点的文件夹中，则单击【否】按钮。

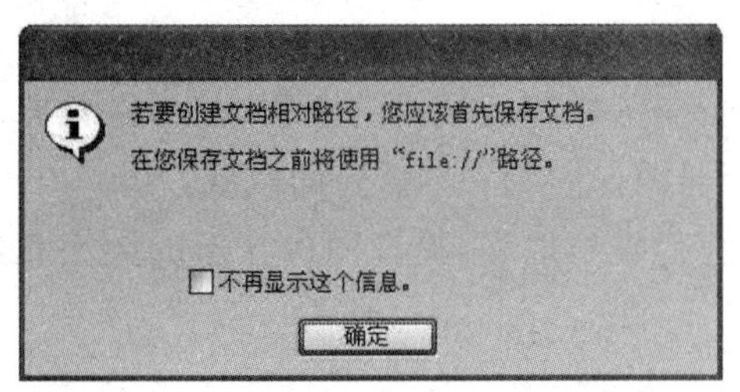

图 3-23 【提示信息】对话框

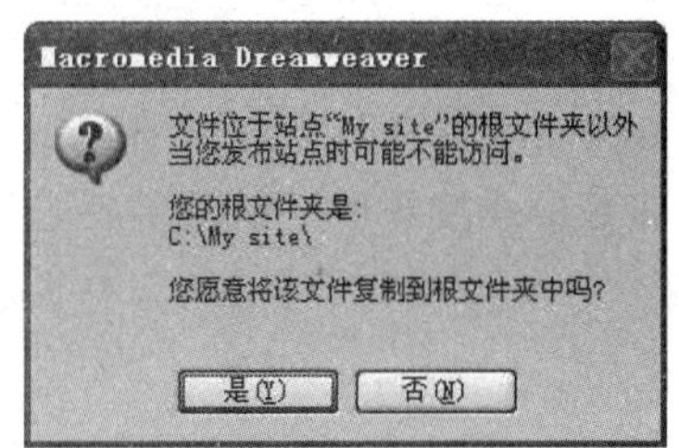

图 3-24 【提示信息】对话框

3. 图像的属性设置

在网页编辑窗口中选中插入的图像，在 Dreamweaver 8 属性面板中显示的信息都是该图像的属性，如图 3-25 所示。图像的属性面板中各项参数的意义如下：

图 3-25 在网页中插入的图像及其图像【属性】面板

(1) 在【图像】文本框中可以设置该图像的名称。

(2) 在【宽】和【高】文本框中设置的是该图像的宽度和高度。插入图像后，Dreamweaver 8 会自动给出图片原来的宽度和高度。这时若调整图片的宽度和高度，可以放大或缩小图片的显示尺寸。但改变的只是图像在浏览器中显示的尺寸，图像文件本身并没有任何变化。不要指望用 Dreamweaver 8 来缩小图像尺寸，来提高页面下载速度。单击【宽】和【高】文本框右边的按钮，可将【宽】和【高】的值重设为图像的原始大小。

(3) 在【源文件】文本框中输入插入图像的路径和文件名称。可单击文本框右边的图标，以浏览的方式得到图像文件的路径和名称。

(4) 在【链接】文本框中设置图像超级链接的 URL 地址，此时该图像被设置为一个超级链接的源端点。

(5) 在【替代】文本框可输入图像的说明文字。当浏览者浏览页面时，在图像位置上将先显示【替代】文本框中的文字。这样在图像没显示出来之前，浏览者就能知道图像所要显示的内容。

(6) 选中要编辑的图像后，单击【编辑】区中的按钮，可在 Dreamweaver 8 中编辑当前的图像。【编辑】区中 6 个按钮的功能如下：

① 单击按钮，打开外部编辑器 Fireworks 进行图像编辑。设计者也可以右击图像，在快捷菜单中选择【编辑方式 Fireworks】命令；或按住 Ctrl 键，然后双击图像，也能打开 Fireworks 进行图像编辑。

② 单击按钮，打开【优化】对话框，对当前图像完成优化处理。

③ 单击按钮，可调整裁剪控制点直到当前图像的区域符合所需大小，在裁剪边界框内部双击或按 Enter 键裁剪所选区域，从当前图像中删除不需要的区域。

④ 单击按钮，可对已调整大小的图像进行重新取样，提高图像在新的大小和形状下的品质。

⑤ 单击按钮，可调整图像的亮度和对比度设置。

⑥ 单击按钮，可调整图像的清晰度。

(7) 在【地图】中可标注和创建客户端图像地图。选择创建热点的工具，可建立图像的多个超级链接的热点，具体操作方法在第 4 章中介绍。

(8) 在【垂直边距】和【水平边距】两个文本框中设置图片四周空出的尺寸。

(9) 在【目标】下拉列表框中指定图像超级链接的目标文件的显示方式。如果图像无链接，此项设置无效。

(10) 在【低品质源】文本框中指定另一个图像，这个图像一般是原图的低品质替换图形。在原图没有显示出来之前先显示这幅图，让浏览者能大体了解图形的内容。

(11) 在【边框】文本框中可输入以像素为单位的图像边框的宽度。默认为无边框。

(12) 3 个按钮定义图像在页面中的对齐方式。左对齐，居中对齐，右对齐。

效果和文本在页面中的对齐方式一样，这里不再赘述。

(13) 在【对齐】下拉列表中是设置同一行中图像和文本的对齐方式，其选项功能如下：

① 【默认值】采用浏览器默认的图像对齐方式。通常是基线对齐。

② 【基线】是将文本(或同一段落中的其他元素)基准线与图像底部对齐。

③ 【顶端】是将图像的顶端与当前行中最高项(图像或文本)的顶端对齐。

④【居中】是将图像的中部与当前行的基线对齐。

⑤【底部】是将文本(或同一段落中的其他元素)基准线和图像底部对齐。

⑥【文本上方】将图像的顶端与文本行中最高字符的顶端对齐。

⑦【绝对中间】将图像的中部与当前行中文本的中部对齐。

⑧【绝对底部】将图像底部与文本的底部完全对齐。

⑨【左对齐】将所选图像放置在左边,文本在图像的右侧换行。如果左对齐文本在行上处于对象之前,它通常强制左对齐对象换到一个新行。

⑩【右对齐】将图像放置在右边,文本在对象的左侧换行。如果右对齐文本在行上处于对象之前,它通常强制右对齐对象换到一个新行。

3.3.6 建立网站相册

利用 Dreamweaver 8 不仅可以自行设计网页页面,还可以协同图像处理软件 Fireworks 帮助用户完成网页设计中的一些重复性的工作。

在很多网站的网页中都有网页图片库,又称为网站相册。这是一种在页面上排列很多小的缩略图片,单击某个小的缩略图片就可以链接到该图片放大显示的页面。制作这种网站相册的网页很简单,只需要制作同一图片大小各一张,再建立图片页面之间的链接即可实现网站相册的显示。但是如果图片数量很多,这种重复性的劳动工作量是巨大的,利用 Dreamweaver 8 与 Fireworks 8 协同可以很轻松地自动完成这些工作。

创建网站相册操作步骤如下:

(1) 选择【命令】|【创建网站相册】命令,在打开的【创建网站相册】对话框中输入各类参数,如图 3-26 所示。将需要制作成相册的图片放在一个单独的文件夹中,(即源图像文件夹)。同时将本地站点设为目标文件夹,用来存放系统生成的缩略图片和网页文件。

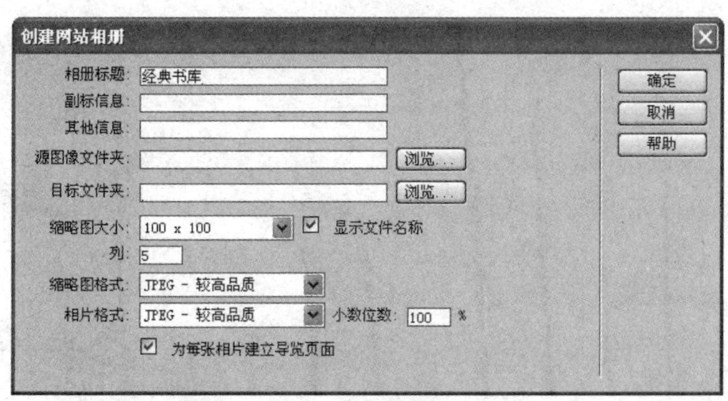

图 3-26 【创建网站相册】对话框

(2) 在【相册标题】、【副标信息】、【其他信息】文本框中输入网站相册的标题、副标题和其他补充信息,其中【相册标题】是必须输入的。

(3) 在【源图像文件夹】和【目标文件夹】文本框中指定图片的源文件夹和目标相册存放的位置。【源图像文件夹】一般是设置为本地站点下的源图像文件夹,【目标文件夹】就设为本地站点。

(4) 设置【缩略图大小】的参数,每张缩略图片可选择 36×36、72×72、100×100、144×144、200×200 像素 5 种选项,在【列】文本框中设置每行放置几张图片,选中【显示文件名称】复选框,则在网站相册的缩略图下方显示文件名称。

(5) 设置【缩略图格式】和【相片格式】为 JPEG-较高品质,并为每张图片创建导览页面。

(6) 单击【确定】按钮后,Dreamweaver 8 自行启动 Fireworks 8 为网站相册完成批处理操作。Fireworks 8 自动将【源图像文件夹】中所有图片按指定的大小处理成缩略图,并在【目标文件夹】中存放制作完成的缩略图和相片。

(7) 当 Fireworks 8 将网站相册制作完成后,会在 Dreamweaver 8 的窗口中显示"相册已经建立"的对话框。

(8) 单击【确定】按钮后,Dreamweaver 8 将自动创建并打开网站相册的页面,按 F12 功能键可浏览网站相册的页面。

创建好网站相册后 Dreamweaver 8 在目标文件夹中创建了"缩略图"、"图像"、"页面"三个文件夹和名为 index. htm 网站相册的首页,如果目标文件夹中已经有名为 index . htm的网页,则网站相册的网页会自动被命名为 index1. htm。

3.4 简单网页的制作实例

制作如图 3-27 所示的网页。

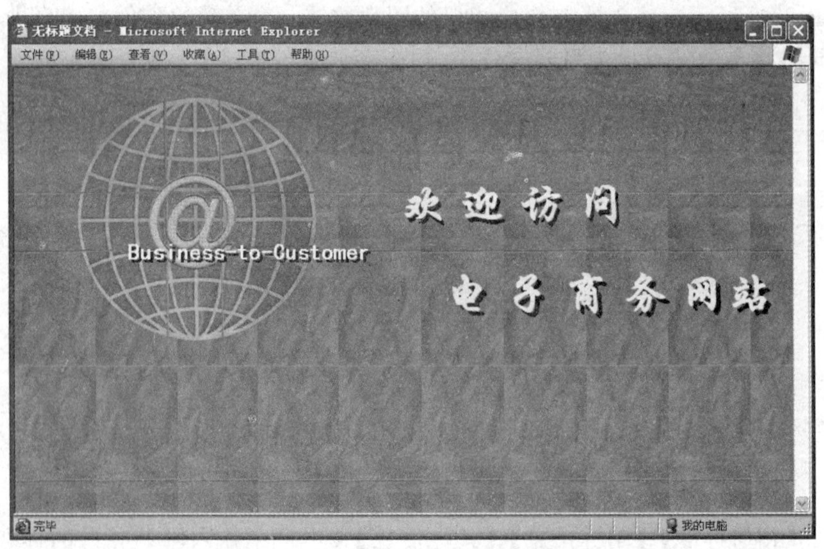

图 3-27 简单网页的制作实例

本例的制作要求如下:

(1) 页面的背景图片为:bg0100. jpg。

(2) 在合适的位置插入图片：earth. gif 。

(3) 在网页中输入横排带阴影的文字："Business-to-Customer"和"欢迎访问电子商务网站"。

(4) 将网页用 exa3-1. htm 为文件名保存在本地站点 My site 中。

制作分析：

本例虽然是要完成一个简单网页的制作，但是涉及了网页制作的完整流程。学习者应该严格按照"准备素材"、"创建本地站点"、"设置新网页的页面属性"、"保存网页到本地站点中"和"编辑、调试、保存网页"的步骤进行操作。

本例中采用了层作为文字和图像在网页上的定位工具，在第 4 章中还会介绍更为有效的网页元素定位工具"布局表格和布局单元格"。本例涉及的文字和图像的输入及编辑是网页制作中的基本操作，学习者必须正确和熟练地掌握这些操作。

在学习中必须记住 3 个要点：

- 正确创建本地站点，以后在编辑网页时，还要仔细检查本地站点的设置是否正确。
- 创建和编辑的网页以及网页中的全部元素都必须保存在本地站点下。
- 网页中插入的素材应该用相对路径插入。

完成本例的操作步骤如下：

(1) 将配套盘上本章素材文件夹中 material 子文件夹复制到当前硬盘的根文件夹中，然后改名为 My site。

(2) 启动 Dreamweaver 8，在【起始页】中选择创建新的【HTML】项目，此时创建了一个未命名的空白网页。

(3) 选择【站点】|【新建站点】命令。单击【高级】标签，在【高级】选项卡中设置【本地信息】。

(4) 在【站点名称】文本框中输入"应用实例"，单击【本地根文件夹】文本框右边的图标，选择当前硬盘根文件夹下的 My site 文件夹，将其设置为本地站点的根文件夹。

(5) 单击【默认图像文件夹】文本框右边的图标，选择文件夹 My site 下的 img 为默认的图像文件夹。在【链接相对于】选项中，选择【文档】选项。其他参数默认，并单击【确认】按钮完成新站点创建。

(6) 在 Dreamweaver 8 网页编辑器窗口中为新网页设置页面属性，选择【修改】|【页面属性】命令，在【页面属性】对话框中做各项参数的设置。

(7) 在【分类】列表中选择【外观】选项，设置【页面字体】为：华文行楷(需先编辑字体列表，将华文行楷加入字体列表)，在【大小】下拉列表框中选择文字的大小为：24 像素，设置【文本颜色】为：黑色。

(8) 单击【背景图像】右边的【浏览】按钮，选择本地站点的文件夹 img 中的文件 bg0100. jpg，在【重复】下拉列表中选择【重复】选项，使选择的图像重复布满网页。将【左边距】、【右边距】、【上边距】、【下边距】分别设置为 0 后，单击【确认】按钮。

(9) 在【分类】列表中选择【标题/编码】选项，在【标题】文本框中输入：实例一，其他参数默认，然后单击【确认】按钮确认。

(10) 选择【文件】|【另存为】命令，将网页用 exa3-1. htm 为名保存在本地站点 My

site 中。

(11) 选择【插入】|【布局对象】|【层】命令;或选择【插入】栏【布局】选项,单击绘制层按钮,在网页文档窗口合适的位置上绘制插入图像定位用的层 Layer1,并将光标插入在层中。

(12) 选择【插入】栏【常用】选项,单击"插入图像"按钮,在打开的【选择图像源文件】对话框中,选择要插入的图像文件,将 img 文件夹中的图像文件 earth. gif 插入层中,并将包含图像的层调整至合适处。

(13) 单击图像 earth. gif 将其选中,在【属性】面板中,单击【编辑】区域中的按钮,启动外部图像编辑器 Fireworks 对图像进行编辑,此时系统显示如图 3-28 所示的【查找源】对话框,单击【是】按钮,可保存修改的图像文件;单击【否】按钮,不保存修改的图像文件。本例单击【否】按钮,不保存图像文件。

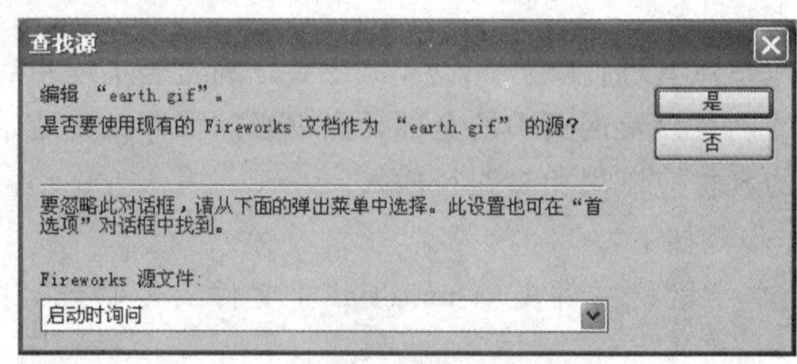

图 3-28 【查找源】对话框示意图

(14) 在打开的图像处理软件 Fireworks 的文档编辑窗口中,单击文本工具A,在【属性】面板中设置文字的属性,字体为"Arial Black",大小为"16",颜色为"# 000000"(黑色)。在合适的位置上为图像添加文字"Business-to-Customer",如图 3-29 所示。

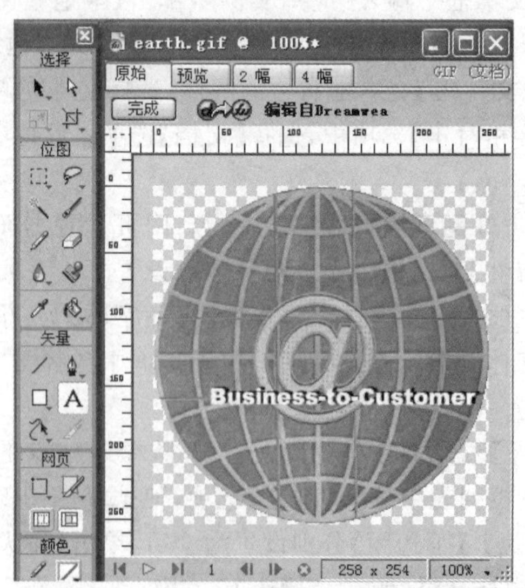

图 3-29 图像处理软件 Fireworks 的文档编辑窗口示意图

(15) 选中文字，按快捷键 Ctrl＋C 和快捷键 Ctrl＋V，将文字复制一份，并把文字颜色改为"＃FFFFFF"(白色)，适当调整文字，使文字产生阴影效果。单击文档窗口左上角的【完成】按钮，返回 Dreamweaver 8。

(16) 选择【插入】栏【布局】选项，单击绘制层按钮，在网页文档窗口合适的位置上绘制插入文字定位用的层 Layer2 和 Layer3，并在层中输入文字"欢迎访问电子商务网站"。

(17) 在【属性】面板中设置文字的属性，字体为"华文行楷"，大小为"16"，层 Layer2 中文字颜色为"黑色"，层 Layer3 中文字颜色为"白色"，适当调整层的位置，使文字产生阴影效果。

(18) 按 F12 键预览网页，选择【文件】|【保存】命令，将网页以 exa3-1.htm 为名保存在本地站点 My site 中。

第4章 层与表格及其应用

知识点

- 层的创建、编辑和应用的方法
- 表格的创建、编辑和应用的方法
- 布局表格与布局单元格的创建、编辑和应用的方法

4.1 层的创建和基本操作

层是网页中用来放置文本、图像、动画、视频和表单等网页元素的载体。层在Dreamweaver 8网页编辑窗口中可以自由移动，改变层在网页中的位置，便可实现层中网页元素位置的改变，实际上层的应用技术也是一种网页元素的定位技术。层与行为、时间轴配合使用后，可以控制多个层的叠放次序，层的显示或隐藏，以及可以很方便地设计出动感页面效果和滚动字幕、下拉列表框等网页特效。

1. 创建和删除层

在网页中创建一个新层可以单击【插入】栏的【布局】选项中的【绘制层】按钮，或选择【插入】|【布局对象】|【层】命令来插入层。在同一个页面中，可以创建多个层。在创建好的层中还可以继续创建层来实现层的嵌套。嵌套层可称为子层，包含嵌套层的那个层称为父层，嵌套层永远在其父层上方，创建层和嵌套层的操作步骤如下：

(1) 单击【插入】面板组的【常用】选项卡中的【描绘层】按钮，此时光标变为“十”形状。

(2) 在网页编辑区中选择插入层的位置，然后拖动鼠标便可绘制一个层，此时在网页编辑区窗口中出现一个层，如图4-1所示。在光标所在位置上创建了一个默认属性的层。

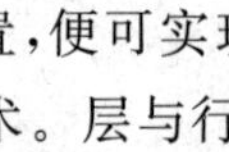

图 4-1 未被选中激活的层

(3) 将光标插入到已建好的层中，然后选择【插入】|【布局对象】|【层】命令，可在已建的层中插入一个嵌套层。

嵌套层的子层可以在其父层中间，也可以在其父层外边，嵌套层永远在其父层上方。

2. 激活和选中层

一个层在被激活后，才能将文本、图像、表格、表单、多媒体等网页元素插入到层中，单击层中任意位置，就可激活层，此时光标在层中闪烁，层的左上角出现选择柄，边框线由灰色变为蓝色，如图 4-2 所示。选中层后，才能对层设置属性和进行调整、移动等操作，如图 4-3 所示。

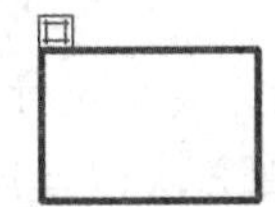

图 4-2 被激活的层

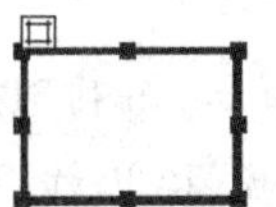

图 4-3 被选中的层

选中层的多种方法如下：

(1) 先激活层，再单击层左上角的选择柄回，可选中该层。

(2) 单击层的边框，也可选中层。

(3) 如果在当前网页编辑窗口中没有层被激活和选中，按住 Shift 键，单击层中任意位置，就可选中该层。按住 Shift 键，单击每一个要选中的层，可选中多个层。

(4) 如果已经选中了多个层，按住 Ctrl+Shift 快捷键，再单击要选中的层，可仅选中该层，同时取消对其他层的选择。

(5) 按 F2 功能键或选择【窗口】|【层】命令，在打开的【层】面板中单击该层的名称，就可选中该层。

(6) 按住 Shift 键，在【层】面板中单击每一个要选中的层的名称，可选中多个层。

3. 调整、移动和对齐层

1) 调整层的大小尺寸

创建层后，可通过以下方法调整层的大小尺寸。

(1) 选中需要调整的层，此时在层的边框四周出现 8 个蓝色活动块，用鼠标指针拖曳某个活动块，即可调整层的大小。

(2) 选中需要调整的层，在层【属性】面板的【宽】和【高】两个文本框中输入层的宽度和高度尺寸，可精确调整该层的尺寸。

2) 移动层

移动层的 2 种方法如下：

(1) 用鼠标指针移动层时，可将指针移到层左上角的选择柄上，或将鼠标指针移到层的边框线上，当鼠标指针变成四个十字状箭头时，拖动鼠标即可移动该层。

(2) 选中要移动的层，在层【属性】面板的【左】和【上】两个文本框中输入层左上角坐标，便可精确设置这个层在网页中的目标位置。

3) 对齐层

对齐层的方法如下：

先选中多个要对齐的层，选择【修改】|【排列顺序】命令的下一级菜单中的【左对齐】、

【右对齐】、【对齐上缘】、【对齐下缘】命令，可对齐选中的层。选择【设成宽度相同】和【设成高度相同】命令，可使选中的层具有相同的宽度和高度。

4.2 层的属性设置

1. 设置层的属性

创建了层以后，可利用层的【属性】面板设置层的名称、位置、大小尺寸、背景颜色或背景图像、层的可见性、堆栈顺序、层标记、当层内容溢出时的处理方法以及层中可见区域的位置和尺寸等。

选中层的选择柄就可打开层的【属性】面板，如图 4-4 所示。

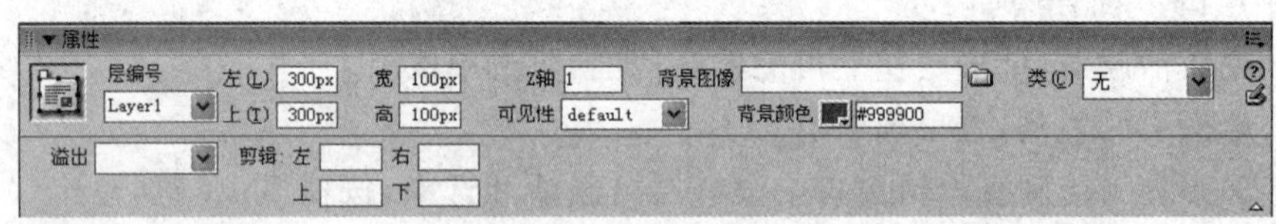

图 4-4 层的【属性】面板

层的【属性】面板中的各项设置的意义如下：

(1) 在【层编号】文本框中设置当前层的名称。层名称中不能带有符号，也不能以数字开头，可以是英文字母和数字。

(2) 在【左】和【上】文本框中设置当前层相对于页面或父层的左上角的距离。

(3) 在【宽】和【高】文本框中设置层的宽度和高度。

(4) 在【Z 轴】文本框中可设置当前层的层次属性值。

可以把整个网页的页面看成 X-Y 平面，把网页上层的 Z 轴值可看成 Z 轴的坐标值。这个值决定了当前层放置在哪个层面上，一般 Z 轴值大的层放在上面，Z 轴值小的层放在下面。

(5) 在【可见性】下拉列表中可以设置层的可见性。下拉列表中的 4 个选项分别是 Default(默认状态)、Inherit(继承父层的可见性)、Visible(设置层为可见)、Hidden(设置层为隐藏)。

(6) 在【背景图像】和【背景颜色】文本框中可设置层的背景图片和背景颜色。

(7) 在【溢出】下拉列表中，确定当层的内容超出层范围时处理的方式。

其中溢出部分的处理的 4 个选项分别为 Visible(增加层尺寸，显示超出部分的内容)、Hidden(保持层尺寸不变，隐藏超出部分的内容)、Scroll(增加滚动条)、Auto(当内容超出层尺寸时，自动增加滚动条)。

(8) 在【剪辑】文本框中设置层的可视区域，【左】、【上】、【右】、【下】文本框中输入的数值表示层可视区域与层边界之间的距离。

2. 层的控制和操作

Dreamweaver 8 中的层面板是一种能方便、轻松、直观地对层进行控制和操作的工

具。选择【窗口】|【层】命令,或按 F2 功能键,可打开层面板,如图 4-5 所示。

在层面板中可以完成对层改名,选定层,修改层的可见性,设置层的叠放次序以及设置层嵌套等操作,操作方法如下:

(1) 选定某个层:只需在【层】面板列表中单击该层,即可选定这个层。

(2) 更改层名:双击层名称,层名称处出现光标,便可删除原来的层名称,输入新的层名称。

(3) 显示、隐藏层:单击【层】面板左边的显示与隐藏列,可显示或隐藏该层。如果在该列中显示一个睁眼的图标,表示显示该层;如果在该列中显示一个闭眼的图标,表示隐藏该层;如果在该列中不显示任何图标,表示该层继承其父层的可见性。

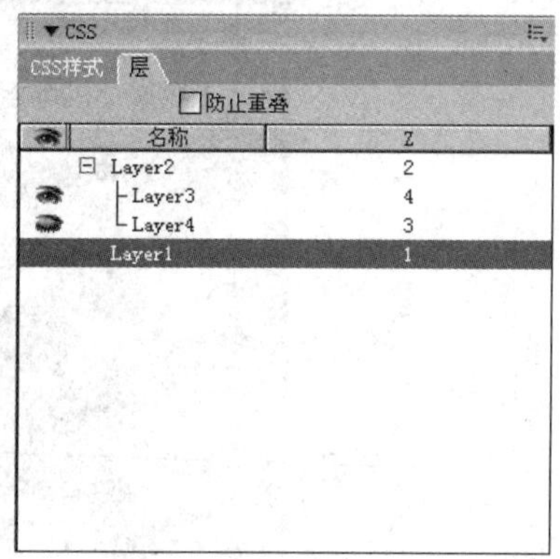

图 4-5 【层】面板

(4) 改变层的叠放次序:单击该层控制窗口的 Z 列,便可修改该层的层次属性值。或者用鼠标指针拖曳层,也可以调整该层的叠放次序。

(5) 创建和取消嵌套层:按住 Ctrl 键,然后在【层】面板中拖曳子层到父层上,当父层上出现黑框时松开鼠标,便可创建一个嵌套层,如图 4-5 所示。子层可随父层移动而移动,可继承父层的可见属性,也可另外设置可见属性。只需用鼠标指针将子层拖离父层,便可取消嵌套层。

(6) 禁止层重叠:选中【层】面板【防止重叠】复选框,表示对层操作时禁止各层重叠。要创建嵌套层时必须取消该复选框。

在图 4-5 所示的【层】面板中,Layer1 在最底层,Layer3 和 Layer4 是 Layer2 的嵌套层,在最上层。嵌套层在页面上显示时并不一定位于其父层之中,它的 HTML 代码嵌套在其父层的 HTML 代码中,移动父层时嵌套层会一齐移动。如果从页面上看到某一层位于另一层之中,它们的 HTML 代码互不包含,就不是嵌套层。

4.3 层的应用实例

例 4.1 制作具有下列要求的网页,网页示意如图 4-6 所示。

(1) 页面的背景图片为 bg0040.gif。

(2) 在页面合适的位置上插入 4 个层,层的大小为 150 × 150 像素。

(3) 在层中插入【鼠标经过图像】,原始图像分别是 ch04 素材文件夹中的 tu1_1.jpg、tu2_1.jpg、tu3_1.jpg、tu4_1.jpg,鼠标经过图像分别是 ch04 素材文件夹中的 tu1.jpg、tu2.jpg、tu3.jpg、tu4.jpg。

(4) 创建 2 个层,层中输入文字"书——精神的粮食",设置【字体】为"方正舒体",【大小】为"7",【颜色】为"#993300",【样式】为"粗体",将层中文字格式化。并将下面一个层中文字由黄色改为黑色。

(5) 将 2 个文字层略微错开叠放在一起,设计出文字阴影效果,如图 4-6 所示。

图 4-6　应用实例示意图

(6) 网页文件以 exa4-1. htm 为名保存在在本地站点 My site 中。

制作分析:

本例是用层作为网页元素定位方式的网页实例,制作时要注意层在网页文档窗口和浏览器窗口中位置可能会有偏差,需要调整好。另外,在完成网页制作前,需要正确创建本地站点。新建网页并设置页面属性后,需要将网页保存在本地站点中,这样以后在网页上添加的网页元素就是以相对路径插入的。

本例的操作步骤如下:

(1) 将配套盘上文件夹 ch04 中的素材复制到本地站点的根文件夹 My site 中。

(2) 在网页文档窗口中,选择【修改】|【页面属性】命令,在【页面属性】对话框中做各项参数设置。

(3) 在【外观】分类中,单击文本框【背景图像】右边的【浏览】按钮,选择本地站点的 img 文件夹中的图像文件 bg0040. gif 后,单击【确认】按钮,将背景图像设置为【重复】,将【左边距】、【右边距】、【上边距】、【下边距】分别设置为 0,然后单击【确定】按钮确认。

(4) 在【标题/编码】分类中,输入【标题】的内容为:层的应用实例。

(5)【页面属性】的其他参数默认,单击【确认】按钮完成页面属性设置。

(6) 在网页合适位置上插入 4 个层,层的大小为 150×150 像素,如图 4-6 所示。

(7) 按题意插入【鼠标经过图像】。选择【插入】|【图像对象】|【鼠标经过图像】命令,在【插入鼠标经过图像】对话框中按题意设置【原始图像】和【鼠标经过图像】,如图 4-7 所示。

(8) 在网页合适位置上画 2 个 400×60 像素的层: Layer5 和 Layer6,按题意输入文字“书——精神的粮食”。

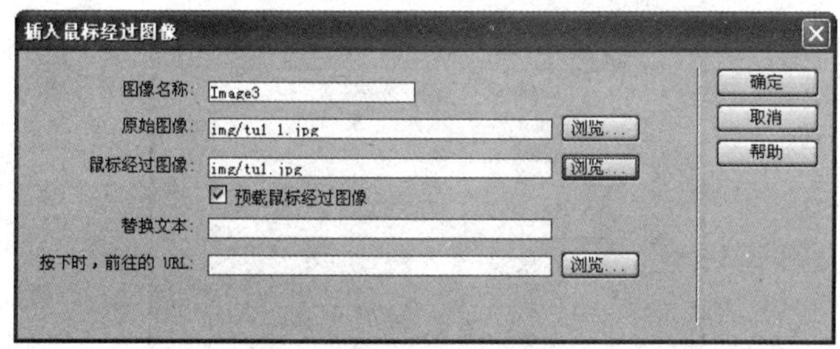

图 4-7 插入【鼠标经过图像】示意

(9) 选中层 Layer5 中文字，在属性面板中设置【字体】为"方正舒体"，【大小】为"7"，【颜色】为"＃993300"，【样式】为"粗体"，将 Layer6 中文字颜色改为黑色，其他参数同 Layer5 中文字的设置。

(10) 将层 Layer6 略微错开和 Layer5 叠放在一起，设计出文字阴影效果。

(11) 按 F12 键预览网页，并以 exa4-1.htm 为名将文件保存在本地站点 My site 中。

4.4 创建表格的基本操作

表格不但在组织页面数据时非常有用，而且在网页元素的布局安排上也起着重要的作用，利用表格可以控制文本和图像等对象在页面上的位置。网页一般可用表格和层来对网页元素定位，用层定位的网页元素有时浏览时会发生位置偏移，用表格定位是比较理想的方案。对于页面元素布局不规则的网页则可用布局表格和布局单元格来对网页元素定位，布局表格和布局单元格是使用方便的网页元素定位工具。

设计者用 Dreamweaver 8 能很方便地在表格中输入数据，插入文本、图像和多媒体对象。也可以很方便地对表格进行编辑修改，改变其外观和结构，增加、删除、拆分、合并表格的单元格、行和列，可以修改单元格、行、列以及表格的属性，实现表格的嵌套，表与层互相转换等操作。

4.4.1 新建表格

在网页制作时要新建一个表格，可选择【插入】|【表格】命令，或选择【插入】栏【布局】选项，单击【表格】按钮▦，也可用 Ctrl＋Alt＋T 快捷键，此时网页编辑窗口中会弹出【表格】对话框，如图 4-8 所示。在此对话框中，可设置表格的属性，然后单击【确定】按钮确认，便可在网页中光标所在位置上插入表格。

【表格】对话框中各项参数具体意义如下：

(1) 在【行数】和【列数】文本框中可设置表格的行数和列数。

(2) 在【表格宽度】文本框中设置表格的宽度，并在右侧的下拉列表中选择表格宽度的单位，选项分别为像素和百分比，其中百分比是指表格与浏览器窗口的百分比。

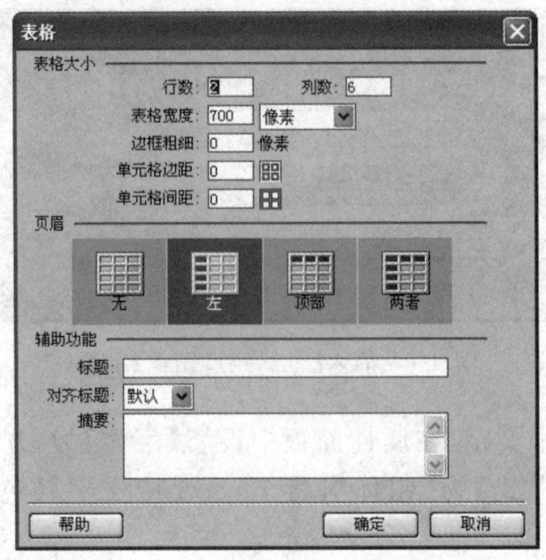

图 4-8　插入【表格】对话框

(3) 在【边框粗细】文本框中设置表格外框线的粗细。

(4) 在【单元格边距】文本框中设置单元格的内容和单元格边框之间空白处的宽度。

(5) 在【单元格间距】文本框中设置表格中各单元格之间的宽度。

(6) 在【页眉】区域中,可选择【无】选项对表格不启用列或行标题;选择【左侧】选项可以将表格的第一列作为标题列,以便为表中的每一行输入一个标题;选择【顶部】选项可以将表的第一行作为标题行,以便为表中的每一列输入一个标题;选择【两者】选项能够在表中输入列标题和行标题。

(7) 在【辅助功能】区域中,可以在【标题】文本框中输入一个显示在表格外的表格标题;可在【对齐标题】下拉列表中指定表格标题相对于表格的显示位置;在【摘要】文本框中给出了表格的说明,但是该文本不会显示在用户的浏览器中。

在网页上插入一个表格后,可根据需要在某些单元格中插入文本、图像或各种多媒体对象。在插入文字对象前必须先将光标定位在该单元格中,然后可直接输入文字或将复制在剪贴板中的文字对象粘贴进单元格内。

在表格中插入图像或其他多媒体对象的方法是先将光标定位在某一单元格内,然后单击【插入】栏【布局】选项中的【图像】或【媒体:flash】按钮,在下拉列表中选择要插入的相应选项,便可插入图像或其他多媒体对象。

4.4.2　设置表格和单元格的属性

1. 设置表格的属性

新建表格后,可在表格属性面板中设置表格属性来改变表格的外观特性。

先在网页编辑器窗口中选中整个表格,此时表格的属性面板如图 4-9 所示。

表格属性面板中参数的具体意义如下:

(1) 在【表格 Id】文本框中可输入表格名称。

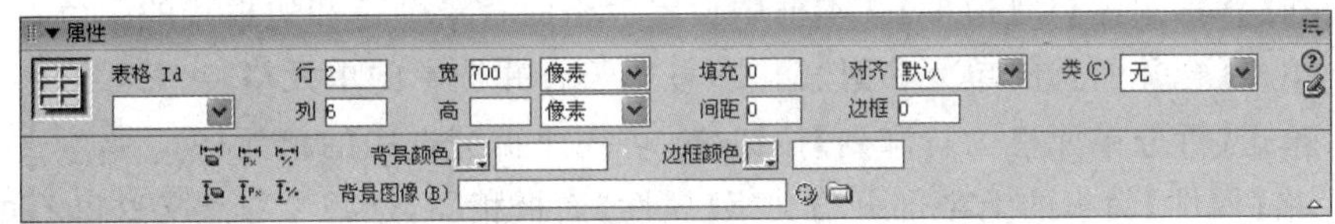

图 4-9 表格的【属性】面板

(2) 在【行】、【列】、【宽】、【高】、【填充】、【间距】、【边框】等参数设置方法与【表格】对话框的参数设置方法相同,不再赘述。

(3) 在【对齐】下拉列表中可选择表格的对齐方式。

(4) 单击【清除列宽】按钮 及【清除行高】按钮,可清除表格属性面板中列宽和行高的数据。

(5) 单击【将表格宽度转换成像素】按钮和【将表格高度转换成像素】按钮,可将表格宽度和高度的单位由百分比方式转换成像素。

(6) 单击【将表格宽度转换成百分比】按钮和【将表格高度转换成百分数】按钮可将表格宽度和高度的单位由像素方式转换成百分比。

(7) 在【背景颜色】和【边框颜色】文本框中分别可设置表格的背景颜色和边框线的颜色。

(8) 在【背景图像】文本框中输入表格背景图片的路径和文件名。

2. 设置单元格的属性

在对表格的操作过程中,为了突出显示某一部分数据的重要性,常常会设置选中的行、列或者是某几个单元格的属性。选中一个或多个单元格后,打开单元格的【属性】面板,如图 4-10 所示。

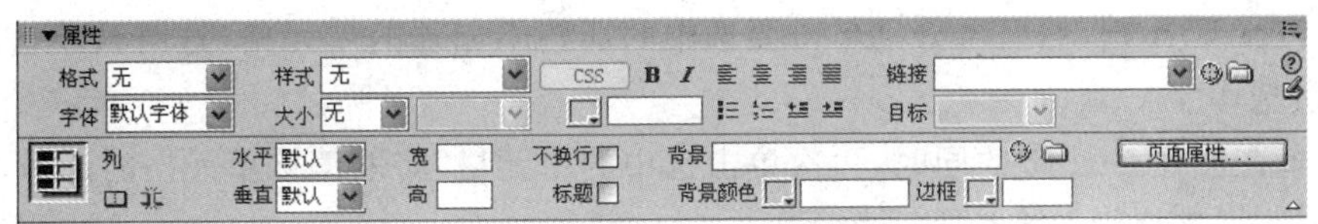

图 4-10 单元格的【属性】面板

其中各项参数意义如下:

(1) 在【水平】和【垂直】下拉列表中可以选择单元格内容水平对齐和垂直对齐的方式,4 种水平对齐方式为“默认”、“左对齐”、“居中”、“右对齐”,5 种垂直对齐方式为“默认”、“顶端对齐”、“中间对齐”、“底部对齐”、“基线对齐”。

(2)【宽】和【高】文本框中输入以像素为单位的单元格的宽度和高度。若输入的数据以百分比为单位,则可在数据后面加百分比符号 % 。

(3) 选中【不换行】复选框,可设置文本自动换行。

(4) 在【标题】复选框中,选择是否将单元格设置为表格的标题。默认情况下,标题单元格中的内容将被设为粗体,并且居中对齐。

(5) 在【背景】文本框中设置背景图片的文件名和路径。

(6) 在【背景颜色】和【边框】文本框中设置表格的背景颜色和边框线的颜色。

(7) 单击【合并所选的单元格】按钮□,可用于合并选中的单元格。

(8) 单击【拆分单元格为行和列】按钮⊞,可用于拆分选中的单元格。

单元格【属性】面板的上半部分与文字【属性】面板相同,这些参数意义这里不再叙述。

4.4.3 选取表格和单元格

要对表格编辑操作,首先要掌握表格行、列以及单元格的选择方法。在 Dreamweaver 8 中选择表格元素的方法与 MS Office 软件中表格元素的选择方法相同,以下是选择表格元素的操作方法。

1. 选择单元格

(1) 选中某个单元格的 2 种方法如下:

① 先单击要选择的单元格,然后拖动鼠标指针到相邻的单元格中,当被选中的单元格四周出现粗边框线时释放鼠标,即可选中该单元格。

② 单击要选择的单元格,然后单击状态栏左侧标签选择器的<td>,便可选中该单元格。

(2) 选中多个相邻的单元格 2 种方法如下:

① 单击第 1 个单元格,然后拖动鼠标指针到最后一个单元格,即可将这组相邻的单元格选中。

② 单击第 1 个单元格,然后按住 Shift 键,再单击这组相邻单元格的最后一个单元格,就可选中这组相邻的单元格。

(3) 选择多个不相邻的单元格的方法如下:

① 按住 Ctrl 键,然后再分别单击要选中的那些不相邻的单元格,这时被单击的单元格就可被选中。

② 若在按住 Ctrl 键的同时,再次单击选中的单元格,将取消该单元格的选择。

(4) 选择表格行的 2 种方法如下:

① 将鼠标指针指向表格的左边框线,当光标变为"➡"时单击,可选中该行,此时如果拖动鼠标指针可同时选择多行。

② 先单击某行的单元格,然后单击状态栏左侧标签选择器的<tr>,便可选中该行。

(5) 选择表格列的方法如下:

将鼠标指向表格的上边框线,当光标变为"⬇"时单击,可选中该列,此时如果拖动鼠标指针可同时选择多列。

2. 选择表格

选择整个表格有以下 4 种方法:

(1) 先单击某个单元格,然后单击状态栏左侧标签选择器的<table>,便可选中该表格。

(2) 先单击表格中某一单元格，然后选择【修改】|【表格】|【选择表格】命令，也可选中整个表格。

(3) 先单击表格中某一单元格，按两次 Ctrl+A 组合键，也可选中整个表格。

(4) 单击表格的右边框线或下边框线，可选中整个表格。

4.4.4 表格的嵌套

在 Dreamweaver 8 中，对于表格的嵌套没有特别的限制，表格完全可以像文本和图像一样直接插入到其他表格的单元格中，然后通过对单元格的拆分和合并等编辑操作，完成更复杂表格的嵌套操作。

嵌套的表格往往用作页面布局，它起到了页面元素定位的作用，此时表格边框线的宽度应该设为 0，否则将会影响页面的美观。

将光标插入当前表格的某个单元格内，然后可选择【插入】|【表格】命令，在【表格】对话框中输入新表格的属性，这样便可以在当前单元格内再插入一个表格，这就是表格的嵌套操作。

在网页表格中理论上可以有多层嵌套，但是表格多层嵌套后会直接影响浏览速度，故表格嵌套层数不宜过多。

4.5 表格的编辑修改与格式化

1. 改变表格或单元格的大小

在表格实际应用中，往往会根据需要对表格的尺寸进行调整。修改表格尺寸的方法有两种：一种是用鼠标拖曳表格线或表格的活动块来调整表格的大小；另一种是用表格的【属性】面板来修改表格尺寸。

1) 用鼠标拖曳调整表格大小

用鼠标拖曳调整表格大小的操作步骤如下：

(1) 选中整个表格。

(2) 表格四周被黑色边框线和 8 个活动块框住。

(3) 用鼠标指针对准活动块，指针变成双向箭头后拖曳活动块，就可调整表格的尺寸。

(4) 将鼠标指针指向要调整的行和列的边框线。

(5) 此时鼠标指针变为“↤||↦”和“÷”形状，拖曳鼠标便可调整行高和列宽。

2) 用表格的【属性】面板调整表格和单元格的行高及列宽

(1) 先选中整个表格，在表格的【属性】面板中直接修改【宽】和【高】的数值，可修改表格的尺寸。

(2) 选中某个单元格，在表格的【属性】面板中直接修改【宽】和【高】的数值，就可调整该单元格所在行和列的行高及列宽。

2. 表格行、列的增加和删除

在网页设计的过程中常常会根据需要增加和删除表格中的行或列，这类操作可以通过表格的【属性】面板和【修改】菜单来完成。

1）通过【属性】面板完成增加与删除表格的行和列

选中当前表格，在表格的【属性】面板的【行】和【列】文本框中记录了当前表格的行列数，可以通过调整其中的数值来增加和删除表格的行数、列数，用这种方法完成表格增、删行与列的操作都是针对表格的最下边的行和最右边的列而言的。

2）通过【修改】菜单完成增加与删除表格行和列

用【修改】菜单完成增加与删除表格行和列的操作方法如下：

(1) 选中表格的某个单元格或将光标插入该单元格中。

(2) 选择【修改】|【表格】|【插入行】命令或选择【修改】|【表格】|【插入列】命令，在该单元格上边增加一行或在该单元格左边增加一列。

(3) 选择【修改】|【表格】|【插入行或列】命令，此时屏幕弹出【插入行或列】对话框，在对话框中设置插入行还是列，插入行、列的数量，在当前行(列)上边(前边)还是下边(后边)插入行(列)，如图 4-11 所示。

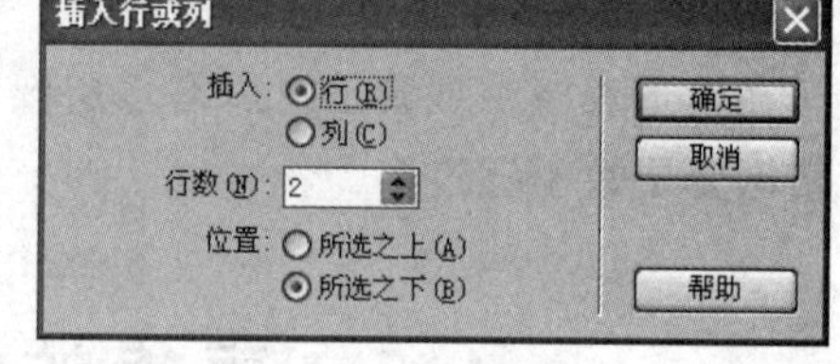

图 4-11 【插入行或列】对话框

(4) 选中表格中的某行或列，选择【编辑】|【清除】命令，便可删除该行或列。

(5) 将光标插入在表格的某个单元格中，选择【修改】|【表格】|【删除行】或【修改】|【表格】|【删除列】命令，也可删除该行或列。

(6) 将光标插入在表格的某个单元格中右击，在快捷菜单中选择【表格】|【删除行】或【表格】|【删除列】命令，也可完成删除该行或列的操作。

3. 单元格的拆分和合并

在表格编辑操作过程中，还常常会根据需要对表格的某些单元格进行拆分和合并的操作。

1）单元格的合并操作

单击表格属性面板右下角的按钮，将表格的【属性】面板全部展开，选中要合并的几个单元格，这些单元格四周会被出现的粗框线框住，单击表格【属性】面板左下方的合并按钮，完成单元格的合并操作。

2）单元格的拆分操作

单击表格属性面板右下角的按钮，将面板全部展开，将光标定位在要拆分的单元格中，单击表格属性面板左下方的拆分按钮，此时屏幕弹出【拆分单元格】对话框，如图 4-12 所示。在【拆分单元格】对话框中设定拆分方式。若要上下拆分单元格，选择【行】选项；若要左右拆分单元格，选择【列】选项，在【行数】或【列数】文本框中输入拆分单元格的数值，单击【确定】按钮完成单元格的拆分操作。

若单元格拆分前有内容，单元格拆分后内容要做相应的调整。

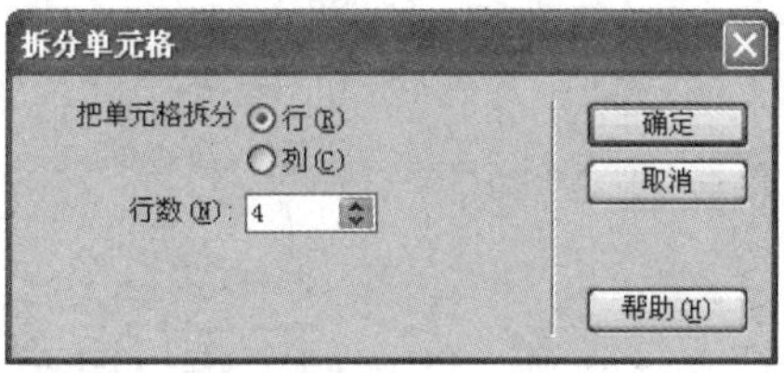

图 4-12 【拆分单元格】对话框

4. 表格的样式化

表格样式化是利用 Dreamweaver 8 中提供的 17 种预先设置好的表格格式，对页面上当前选中的表格进行快速格式化。用系统提供的表格样式可以统一网页上表格的形式，简化对表格格式化的过程。

应用表格样式格式化表格的操作步骤如下：

(1) 选中网页上要套用格式的表格。

(2) 选择【命令】|【格式化表格】命令，此时屏幕弹出【格式化表格】对话框，如图 4-13 所示。

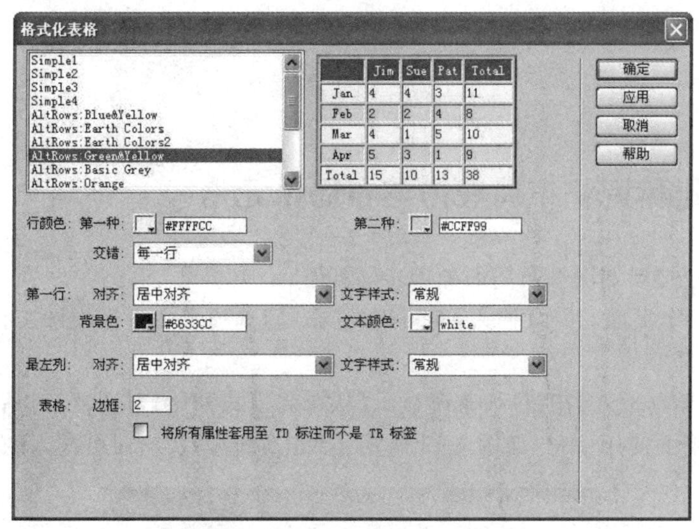

图 4-13 【格式化表格】对话框

(3) 从列表框中选择内置的某种表格格式，此时在对话框右侧可以看到预览的效果。对话框中的参数还可以重新设置，参数的意义如下：

- 【行颜色】是设置表格中行的颜色方案。
- 【第一种】与【第二种】是分别输入表格行使用的第 1、2 种颜色。
- 在【交错】下拉列表中，可以选择两种以上的颜色在表格中交替显示的方式。
- 在【第一行】区域中可分别设置表格顶行的对齐方式、字形、背景颜色和文本颜色。
- 在【最左列】区域中可分别设置表格左边第一列的对齐方式和文字样式。
- 在【边框】文本框中，可以设置表格边框线的宽度。
- 如果选中对话框底部的复选项，则该操作将属性值全部写在＜td＞标注中，而不写在<tr>标签中。

(4) 设置完成后，单击【应用】按钮观察效果。如果正确无误，可单击【确定】按钮确认。

4.6 页面的布局表格和布局单元格

Dreamweaver 8 网页页面布局有两种工作模式，分别是【标准模式】和【布局模式】。Dreamweaver 8 默认的工作模式是【标准模式】，在【标准模式】模式下，用表格或嵌套表格可对网页的页面元素进行定位。但在规划网页页面布局时，使用【布局模式】来对网页的页面元素进行定位更为方便。在【布局模式】中，系统设置了一些很方便、直观、人性化的功能，使设计者在【布局模式】中对页面的布局处理起来更加得心应手。

在 Dreamweaver 8 的【插入】栏的【布局】选项中有【标准模式】和【布局模式】2 个按钮，单击这 2 个按钮可进行 2 种模式的切换，如图 4-14 所示。

图 4-14　切换为标准模式

4.6.1 创建和调整布局表格与布局单元格

用【布局视图】规划网页布局的操作步骤如下：

(1) 新建一个页面，并在【插入】面板组的【布局】选项卡中进行视图工作模式切换，如图 4-14 所示。

(2) 单击【布局模式】按钮后，系统显示【从布局模式开始】对话框，对话框中显示一些简单的布局视图的使用信息，如图 4-15 所示。单击【确定】按钮便可进入【布局模式】。

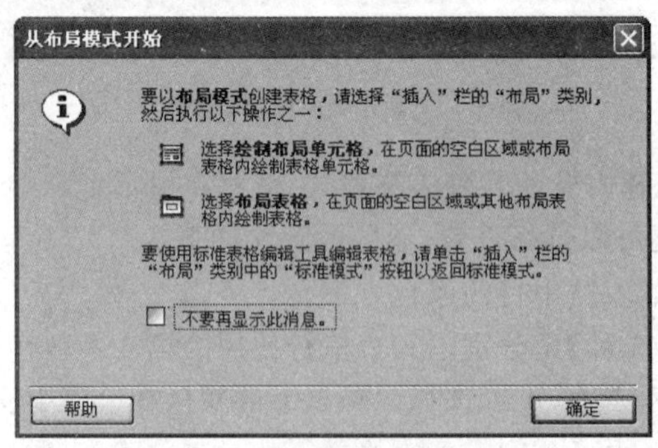

图 4-15 【从布局模式开始】对话框

(3) 单击【布局模式】区域中的【布局表格】按钮，将鼠标指针移到网页编辑窗口中，此时鼠标指针变为“＋”形状，在指定位置处拖曳鼠标指针，就可以在网页编辑窗口中画出布局表格。在绘制布局表格的地方不能有任何文字和图片。

(4) 如果在同一页面上还需要绘制其他的布局表格,按住 Ctrl 键重复上述步骤可以连续画多个布局表格。

(5) 在布局表格中必须画好布局单元格后才可以插入文字或图片等对象。单击【布局模式】区域中的【布局单元格】按钮,在布局表格中根据需要画出多个布局单元格。

(6) 在布局单元格中,可以根据页面需要输入文字或插入图片等对象,如图 4-16 所示。

图 4-16 网页中插入布局表格和布局单元格

(7) 如果要调整布局表格或布局单元格的大小及其中内容的属性,可选中布局表格或布局单元格,并在布局表格或布局单元格的【属性】面板中完成它们的属性设置。

4.6.2 标准模式和布局模式的应用实例

例 4.2 制作满足下列要求的网页,网页效果如图 4-17 所示。

(1) 页面的背景图片为:bg0005.jpg。

(2) 在合适的位置插入图片:bg0012.jpg 和 welcome.jpg。

(3) 在网页中输入竖排的文字:

"普罗米修斯为人们带来了火的种子,所以我们热爱这个崭新的世界,为了她的光明。现在我们的书也将引领你走进另一个世界,为了它的绚烂"。

(4) 将网页以 exa4-2.htm 为名保存在本地站点 My site 中。

制作分析:

从网页样张上可以看出本例网页上的文字、图像等页面元素排列很规则,可以用表格

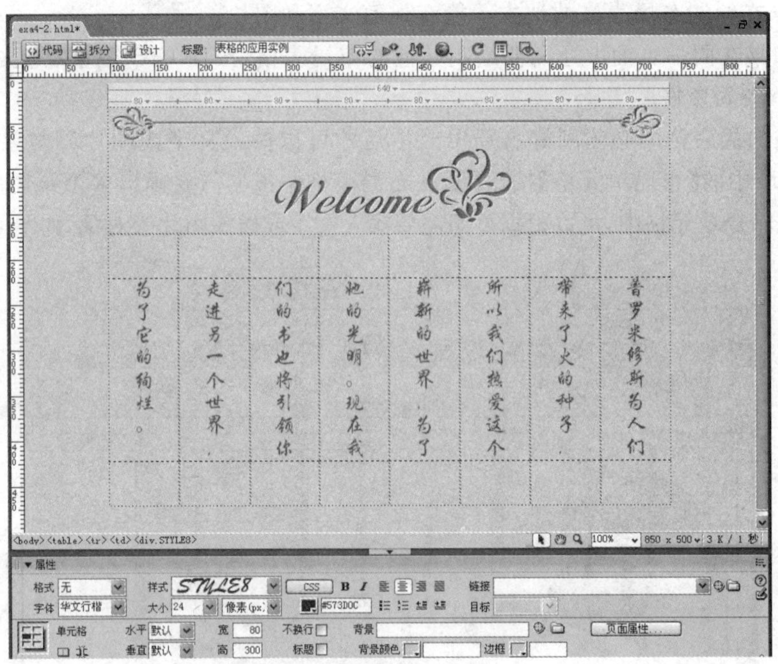

图 4-17　应用实例示意图

对页面元素定位。用于定位的表格是 3 行 8 列，分别合并第 1 行和第 2 行的单元格后，插入指定的图像；在第 3 行的单元格中按题意输入文字，按 Shift＋Enter 快捷键完成文字的换行。

操作步骤如下：

(1) 检查本地站点根文件夹 My site 中与本例有关的素材是否正确。

(2) 选择【站点】|【管理站点】命令，检查当前站点设置是否正确。

(3) 在网页文档窗口中，选择【修改】|【页面属性】命令，在【页面属性】对话框中做各项参数的设置。

(4) 在【外观】分类中，单击文本框【背景图像】右边的【浏览】按钮，选择本地站点的 img 文件夹中的图像文件 bg0005.jpg 后，单击【确认】按钮；将背景图像设置为【重复】；将【左边距】、【右边距】、【上边距】、【下边距】分别设置为 0；然后单击【确定】按钮确认。

(5) 在【标题/编码】分类中，输入【标题】的内容为：表格的应用实例；【页面属性】的其他参数默认；单击【确认】按钮完成页面属性设置。

(6) 选择【文件】|【保存】命令，将网页以 exa4-2.htm 为名保存在本地站点 My site 中。

(7) 选择【插入】|【表格】命令，在【表格】对话框中设置表格参数。

① 设置【行数】为 3，【列数】为 8，【宽度】为 640 像素。

② 设置表格的【边框粗细】为 0，即不使用边框效果，【单元格边距】和【单元格间距】为 0。

③ 设置【页眉】为“无”，其他参数默认，确认后在网页文档窗口插入表格。

(8) 在表格的【属性】面板中，选择表格的【对齐】方式为“居中对齐”。分别选中表格第1行和第2行的单元格，单击表格左下角的【合并所选单元格】按钮，分别将表格第1行和第2行各合并为一个单元格。

(9) 选择【插入】|【图像】命令，在第1行合并后的单元格中插入img文件夹中的文件bg0012.jpg，选中该图像，在【属性】面板中，将【宽】设置为640像素。

(10) 将光标定位在第2行合并后的单元格中，用上述相同的方法插入文件welcome.jpg，在【属性】面板中单击【居中】按钮，使图像在单元格中居中。

(11) 选中第3行的全部单元格，在【属性】面板中，设置单元格的【宽】为80像素，【高】为300像素。

(12) 在表格中输入文本内容，输入文字前要设置文字的颜色、字体和字号。在文字的【属性】面板中，单击【文本颜色】框右下角的三角形按钮，用颜色选取吸管测试“welcome”字符的颜色为#573d0c，将其设置为中文文字的颜色；设置【字体】为“华文行楷”，设置文字【大小】为24像素。

(13) 输入题目要求的文字，每输入1个文字按Shift+Enter快捷键完成文字的换行，然后按功能键F12预览网页。

(14) 选择【文件】|【保存】命令，将网页以exa4-2.htm为名保存在本地站点My site中。

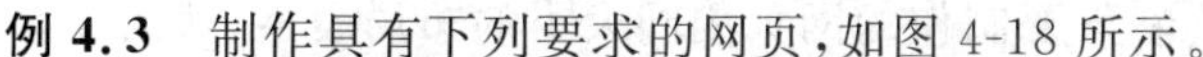

例4.3 制作具有下列要求的网页，如图4-18所示。

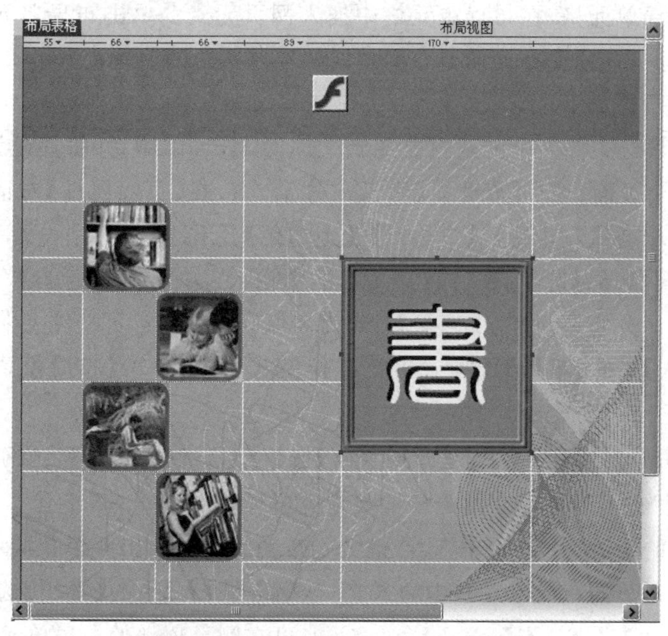

图4-18 布局模式的应用实例示意图

(1) 创建名为exa4-3.html的网页文件，网页的背景图片为bg0040.gif，网页文件保存在My site文件夹中。

(2) 在网页中创建800×600像素的布局表格，在网页顶部位置上插入1个800×80

像素的布局单元格，在网页左边合适的位置上插入 4 个 79×79 像素的布局单元格，在网页右边合适的位置上插入 1 个 170×170 像素的布局单元格。

(3) 在网页的顶部区域的布局单元格中插入 ch04 素材文件夹中的 Flash 文件 shu. swf。

(4) 在网页的左边插入的 4 个布局单元格中分别插入 ch04 素材文件夹中的图片文件 t4_1. gif、t4_2. gif、t4_3. gif、t4_4. gif。

(5) 在网页右边的布局单元格中插入 ch04 素材文件夹中的逐帧动画文件 shu_1. gif。

(6) 预览页面效果后，保存网页文件。

制作分析：

本例的网页页面上要插入大小不一、位置各异的图像、gif 逐帧动画和 Flash 动画等网页元素，用层和表格对这些页面元素定位都不合适。用层对网页元素定位，在不同的浏览器中显示时，会出现定位偏差的问题，而且网页上层用得过多还会影响网页的浏览速度。用表格对布局不规则的网页元素定位，制作时比较困难。

本例可采用布局表格和布局单元格对网页页面元素定位，布局表格和布局单元格作为定位工具操作方便、效率较高，特别适用于布局不规则的网页设计。

在创建新网页文档后，可先绘制与要制作的网页相同大小的布局表格，然后在布局表格中逐个绘制布局单元格，在布局单元格中插入网页元素。单击布局单元格的边框线将其选中，可用鼠标指针拖曳直接调整布局单元格在网页上的位置。

本例的操作步骤如下：

(1) 将本章素材文件夹中的素材复制到文件夹 My site 中，并将其设为本地站点。

(2) 新建一个页面，选择【修改】|【页面属性】命令，在【页面属性】对话框中设置背景图片为 bg0040. gif，将【左边距】、【右边距】、【上边距】、【下边距】分别设置为 0。在【分类】列表中选择【标题/编码】选项，在【标题】文本框中输入：实例二，其他参数默认，然后单击【确认】按钮确认。并将网页以 exa4-3. html 为名保存在 My site 文件夹中。

(3) 在【插入】栏的【布局】选项中进行工作模式切换，单击【布局模式】按钮后，进入【布局模式】。

(4) 单击【布局模式】区域中的【布局表格】按钮，将鼠标指针移到网页编辑窗口中，此时鼠标指针变为"+"形状，在指定位置处拖曳鼠标画出 800 ×600 像素的布局表格。

(5) 在页面的合适位置上按住 Ctrl 键分别按题目要求画出 6 个布局单元格。

(6) 在网页顶部的布局单元格中插入光标，单击【插入】栏的【常用】选项的【Flash】按钮，或选择【插入】|【媒体】|【Flash】命令，此时可在网页顶部的布局单元格中插入 Flash 文件 shu. swf。

(7) 在网页其他 5 个布局单元格中分别插入光标，单击【插入】面板【常用】选项卡的【图像】按钮，或选择【插入】|【图像】命令，此时可在网页其他 5 个布局单元格中插入图像文件 t4_1. gif、t4_2. gif、t4_3. gif、t4_4. gif、shu_1. gif。

(8) 按 F12 键预览页面,屏幕显示如图 4-19 所示的结果后,保存文件。

图 4-19　应用实例浏览结果

第5章 超级链接与框架网页及其应用

知识点

- 各种超级链接的创建与应用
- 框架网页的创建、编辑和保存的方法

5.1 超级链接及其应用

5.1.1 超级链接概述

超级链接能把 Internet 上众多的网站和网页联系起来，为畅游网络提供了方便，真正实现了网络无国界，是网页制作中使用得比较多的一种技术。

超级链接是用预先准备好的文本、按钮、图像等对象与其他对象建立一种链接，也就是在源端点和目标端点之间建立一种链接。源端点是超级链接的起始端点，也称为源锚；目标端点是链接的对象，也称为目标锚。

超级链接按源端点的链接划分，可分为超文本链接和非超文本链接两类。超文本链接的源锚文本下方有下划线。非超文本链接是用除文本之外的其他对象构建的链接，源锚可以是图像或其他多媒体对象。

超级链接按目标端点的链接划分，可分为外部链接、内部链接、电子邮件链接等。

在超级链接中，链接路径是通过 URL 来确定的。根据使用的协议不同，URL 的形式也不同，常用的形式有 HTTP、FTP 和 File 几种。

(1) HTTP 开头的 URL 一般指向 WWW 服务器，通常又称为网址。

(2) FTP 开头的 URL 主要用于文件的传递，包括文件的上传和下载。

(3) File 开头的 URL 主要访问本地计算机中的文件信息。

在超级链接中，使用完整的 URL 地址的链接路径称为绝对路径。绝对路径指明目标端点所在的具体位置。在超级链接中，指明目标端点与源端点的相对位置关系的路径称为相对路径。

5.1.2 创建超级链接的方法

在 Dreamweaver 8 中可以很方便地为文本、图像、多媒体等对象创建超级链接，创建超级链接的方法有以下几种。

(1) 在网页文档窗口中选中超级链接源端点的对象，然后选择【修改】|【创建链接】命令，打开【选择文件】对话框窗口，选中超级链接目标端点便可创建链接。

(2) 在网页文档窗口中选中超级链接源端点的对象后右击，在快捷菜单中选择【创建链接】命令，打开【选择文件】对话框窗口，选中超级链接目标端点便可创建链接。

(3) 在网页文档窗口中选中超级链接源端点的对象，然后在【属性】面板的【链接】文本框中输入超级链接目标端点及路径便可创建超级链接，或单击【链接】文本框右边的按钮，打开【选择文件】对话框窗口，选择超级链接目标端点便可创建超级链接，如图 5-1 所示。

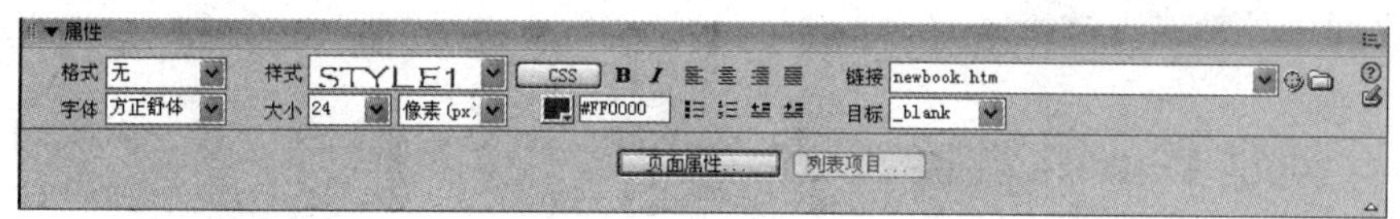

图 5-1 【属性】面板

(4) 在网页文档窗口中选中源端点，然后单击【属性】面板的【链接】文本框右侧的【指向文件】按钮，在站点管理器窗口中选择目标端点，便可创建超级链接，如图 5-2 所示。

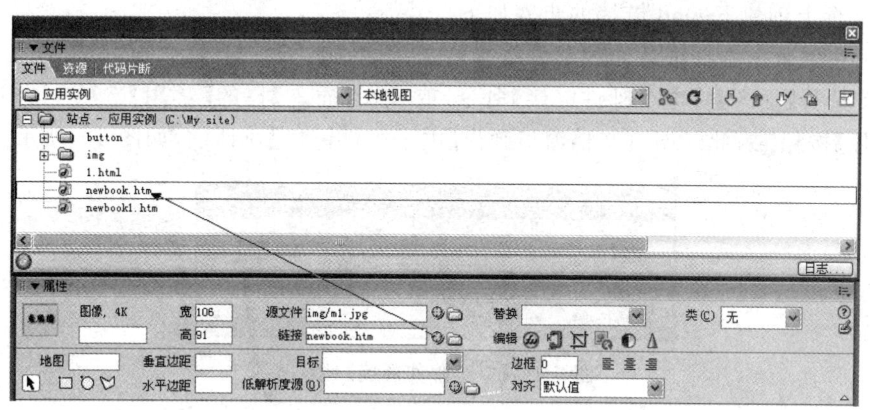

图 5-2 利用【指向文件】按钮创建超级链接

5.1.3 创建锚点链接

在网页的设计中，要创建某个网页的某个指定位置的超级链接被称为创建网页的锚点链接。创建网页的锚点链接可分两步完成，先在某个网页的某指定位置处创建超级链接的目标端点(即锚点)，并为其命名。然后在超级链接源端点处建立该锚点的超级链接。

在浏览网页时，单击超级链接的源端点，马上就可以转跳到锚点处浏览网页内容。

在网页上创建锚点链接的操作步骤如下：

(1) 在被连接的网页上选择要插入锚点的位置。

(2) 选择【插入】|【命名锚记】命令；或者单击【插入】栏的【常用】选项中的按钮；也可用鼠标指针将该按钮拖到网页目标端点处。

(3) 在弹出的【命名锚记】对话框中，输入锚点的名称，如图 5-3 所示，并单击【确定】按钮确认。

图 5-3 【命名锚记】对话框

(4) 打开源端点所在的网页，选定图片或一段文本作为源端点。

(5) 若源端点和目标端点在同一网页中，可在【属性】面板的【链接】文本框中输入：#锚点名字，这样就建立了网页的内部锚点链接。若锚点的源端点和目标端点不在同一网页中，则要在【属性】面板的【链接】文本框中输入：文件名.htm#锚点名字，才能建立不同页面之间的外部锚点链接。

5.1.4 创建 E-mail 链接

E-mail 链接的方式在很多网页中都被广泛地采用，当浏览者单击该链接时，系统会启动电子邮件发送程序(如 Outlook Express)，并将网页设计者的邮件地址放在【收件人】文本框中，为浏览者发送电子邮件做好准备，这种链接方式方便了信息的交流与反馈。

在网页上创建 E-mail 链接的步骤如下：

(1) 在网页上选择准备作为邮件链接的文字，例如："请与我联系"、"请提意见"等。

(2) 选择【插入】|【电子邮件链接】命令，或者在【插入】栏的【常用】选项中单击【电子邮件链接】按钮，此时网页文档窗口弹出【电子邮件链接】对话框，如图 5-4 所示。

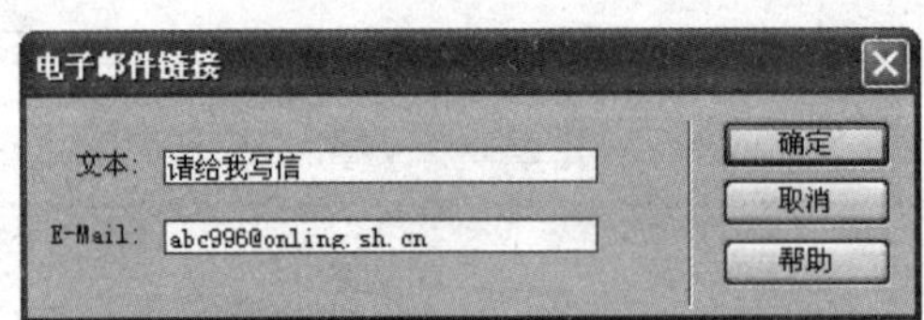

图 5-4 【电子邮件链接】对话框

(3) 在 E-mail 编辑框中输入自己的电子邮件地址，然后单击【确定】按钮确认。

在网页上创建 E-mail 链接另一种方法的操作步骤如下：

(1) 在网页上选中准备作为邮件链接的源端点对象。

(2) 在【属性】面板的【链接】文本框中输入："mailto:电子邮件地址"，如图 5-5 所示。

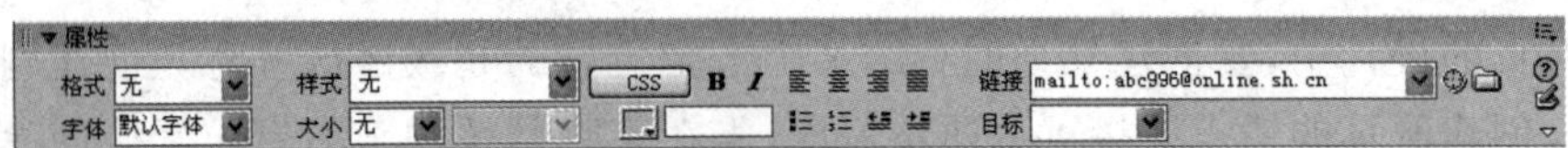

图 5-5 在【属性】面板中设置 E-mail 链接

(3) 按回车键确认，便可创建一个电子邮件链接。

5.1.5　创建导航条

通常在网页的首页上可设置一个导航条，这样既可为浏览者浏览网站提供一个索引，又能引导浏览者浏览整个网站的不同页面。导航条又称导航栏，可由一幅或多幅按钮图像组成，按钮图像的状态可根据浏览者的鼠标动作而改变。当鼠标移到、移出或单击图像时，该图像就会被替换成另一幅图像。在创建导航条之前应先准备好导航条中要用的图像。这些图像分别表示导航条某个按钮不同的状态。在网页上创建导航条的操作步骤如下：

(1) 在网页上选择插入导航条的位置。

(2) 选择【插入】|【图像对象】|【导航条】命令，此时在网页文档窗口中会弹出【插入导航条】对话框，如图 5-6 所示。

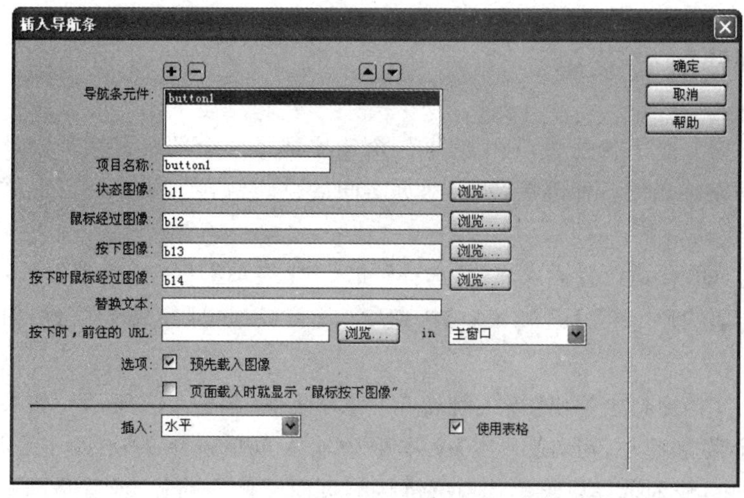

图 5-6　【插入导航条】对话框

(3) 在【项目名称】文本框中输入导航条元素的名称，所输入的名称将在【导航条元件】列表框里显示。可用按钮▲ ▼调整导航条中元素的次序。

(4) 分别单击【状态图像】、【鼠标经过图像】、【按下图像】、【按下时鼠标经过图像】4 个文本框右侧的【浏览】按钮，选择图像。这些图像的意义分别如下：

- 【状态图像】，该图像为页面载入时的初始图像。
- 【鼠标经过图像】，该图像为鼠标移到【导航条】按钮上时所显示的图像。
- 【按下图像】，该图像为鼠标单击【导航条】按钮时所显示的图像。
- 【按下时鼠标经过图像】，该图像为单击【导航条】按钮后，将鼠标移去时所显示的图像。

(5) 在【替换文本】的文本框中，输入该【导航条】按钮的替换文字。

(6) 在【按下时，前往的 URL】文本框中，输入要链接的网页地址，并可在右侧的下拉列表中选择以何种方式打开要链接的网页。

(7) 如果要在打开网页时先将图像装载到内存中,可选中【预先载入图像】复选框。

(8) 如果要在导航条上显示【按下时鼠标经过图像】的图像,可选中【页面载入时就显示鼠标按下图像】复选框。

(9) 在【插入】下拉列表中选择【水平】或【垂直】选项,在网页上就可以水平或垂直方式放置导航条。

(10) 如果要将导航条插入表格中,则选中【使用表格】复选框。

(11) 单击 + - 按钮,将该【导航条】按钮加入导航条中或从导航条中移去。

(12) 重复步骤第 3~11 步,插入导航条中的其他按钮。

(13) 完成后,单击【确定】按钮确认,并返回网页文档窗口。

(14) 按 F12 功能键预览网页。

如果要修改导航条可以选择【修改】|【导航条】命令,在弹出的【修改导航条】对话框中修改导航条。

5.1.6 创建跳转菜单

跳转菜单是一个下拉列表,其中的每一个选项都是一个超级链接。设计者可以用跳转菜单创建网站站点的各种链接,实现网页之间的跳转链接。要在网页上添加一个跳转菜单,其操作步骤如下:

(1) 在网页的合适位置插入光标,选择【插入】|【表单】|【跳转菜单】命令,或者在【插入】栏的【表单】选项中单击【跳转菜单】按钮,就可以拖曳【跳转菜单】按钮到当前网页的光标处。

(2) 网页文档窗口会弹出【插入跳转菜单】对话框,如图 5-7 所示。如果要在跳转菜单中创建一个菜单选项,可在【文本】文本框中输入菜单选项的文字,在【选择时,转到URL】文本框中,输入选择该菜单选项所链接的页面文件和路径,或者是网站的域名。单击 + 按钮添加这个菜单项。

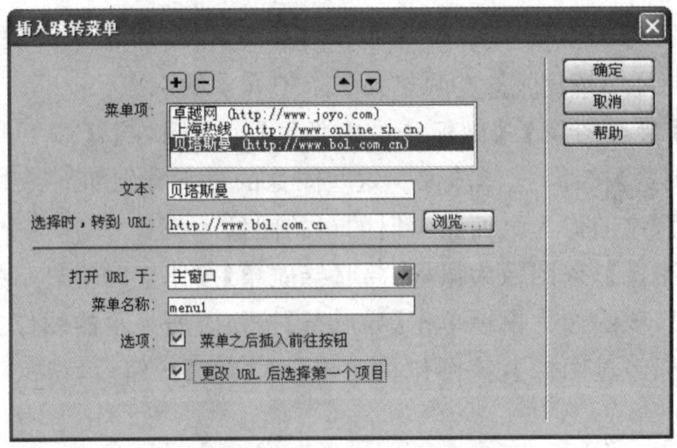

图 5-7 【插入跳转菜单】对话框

(3) 在【文本】文本框中，输入跳转菜单其他菜单选项的名字，并输入该菜单项对应的URL，可创建新的跳转菜单选项。

(4) 在【打开 URL 于】下拉列表中，选择链接的网页文件的显示方式。

(5) 如果在跳转菜单右边添加一个【前往】按钮，可选中【菜单之后插入前往按钮】复选框，如图 5-8 所示。如果要在选择了某个菜单选项后重新返回第 1 个菜单项，可选中【更改 URL 后选择第一个项目】复选框。

(6) 完成设置后，单击【确定】按钮确认。

(7) 按 F12 功能键预览网页，显示结果如图 5-8 所示。

图 5-8　带跳转按钮的跳转菜单

跳转菜单的编辑修改较为方便，可以通过【属性】面板或【行为】面板来修改跳转菜单中的选项，可以添加、删除或重命名一个菜单选项，也可以改变菜单选项的排列顺序或修改每个菜单选项的超级链接地址。

修改跳转菜单的操作步骤如下：

(1) 在网页文档中，选中要修改的跳转菜单。

(2) 在【属性】面板中，显示的跳转菜单如图 5-9 所示，单击【列表值】按钮。

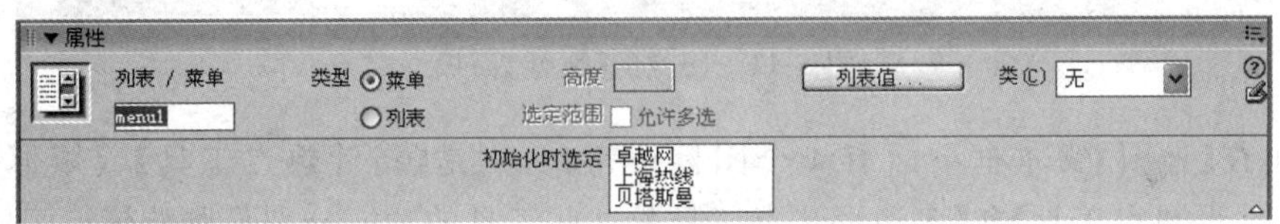

图 5-9　转跳菜单的【属性】面板

(3) 在弹出的【列表值】对话框中，修改菜单选项，如图 5-10 所示。

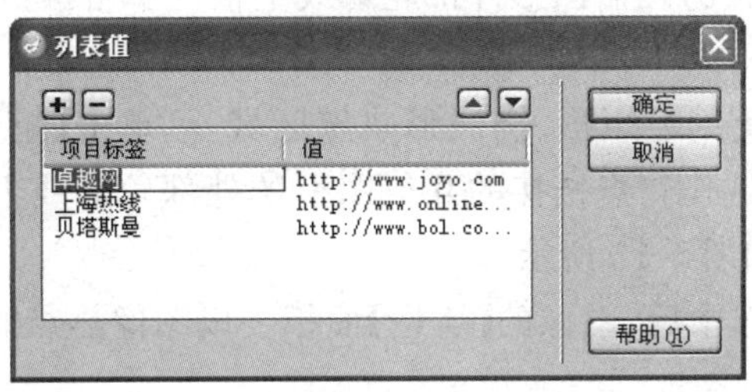

图 5-10　【列表值】对话框

(4) 修改完成后，单击【确定】按钮确认。

修改的跳转菜单也可用另一种方法，其操作步骤如下：

(1) 在网页文档中，选中要修改的跳转菜单。

(2) 选择【窗口】|【行为】命令，打开【行为】面板。单击 + 按钮，打开【添加行为】的菜单，并单击【跳转菜单】选项。

（3）在弹出的【跳转菜单】对话框中修改跳转菜单。

（4）修改完成后，单击【确定】按钮确认。

5.1.7 创建热点链接

热点链接又称映射图链接，在一个图像中创建几个不同的几何图形区域，以这些几何图形区域为超级链接的源端点，然后分别为这个图像的几个不同的几何图形区域建立超级链接，图像中建立超级链接的几何图形区域称为热点。浏览网页时，当热点被单击后就会完成相应的超级链接操作，不同的热点对应于不同的超级链接，这就是图像的热点链接。

创建图像热点链接的操作步骤如下：

（1）在网页文档窗口中插入一幅图像，并选中这幅图像。

（2）此时在图像的【属性】面板左下方有一个名为【地图】的文本框，如图 5-11 所示，可在其中输入热点链接的名称。若不输入内容，Dreamweaver 8 将会自动加上一个热点链接的名字。

图 5-11　图像的【属性】面板

（3）在【地图】文本框下面有 4 个图标按钮，分别是【指针热点工具】、【矩形热点工具】、【椭圆形热点工具】和【多边形热点工具】，这些工具的功能分别是调整热点区域，创建矩形、椭圆形和不规则多边形的热点区域。

（4）如果要在图像上创建多边形热点区域，可单击【多边形热点工具】的按钮，然后用鼠标依次在选作热点链接的几何图形外部轮廓线上依次单击，可定义一个多边形的热点，如图 5-12 所示。

（5）如果要在图像上创建矩形、椭圆形热点区域，可单击【矩形热点工具】或【椭圆形热点工具】按钮，然后在选作热点链接的几何图形的外部轮廓线上拖曳鼠标指针，可定义矩形或椭圆形的热点，如图 5-12 所示。

（6）当一个热点被选中后，图像的【属性】面板变成图像热点的【属性】面板，如图 5-12 所示。

（7）单击图像热点的【属性】面板中【链接】文本框右边的图标，选择当前热点的链接文件，或者直接在【链接】文本框中输入链接文件的路径和名称。

（8）在【目标】下拉列表框中设置链接的目标对象的显示方式。

（9）在【替代】文本框中输入所定义的热点的说明文字。在浏览网页时，当鼠标指针停在热点上将会显示【替代】文本框中的说明文字。

（10）重复以上步骤(7)～(9)，完成其他热点的编辑。

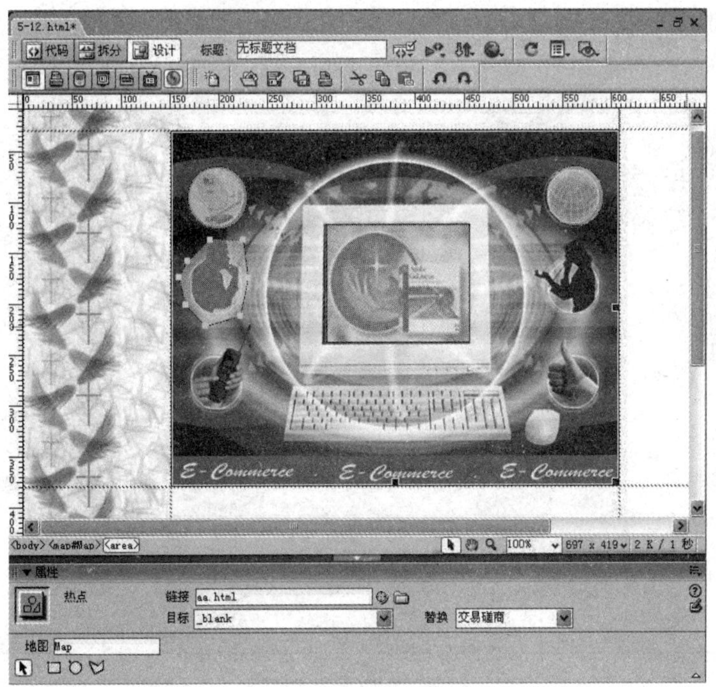

图 5-12　定义热点链接

如果热点选择有误的话，可按 Del 键将其删除。也可单击【地图】文本框下面的图标，用鼠标指针拖曳热点上的控制点调整热点，改变其大小，或用键盘的上、下、左、右编辑键移动选定的热点，改变其位置。

5.2　超级链接应用实例

例　制作具有下列要求的网页，如图 5-13 所示。

(1) 网页文件名为：exa5-1. htm，网页的背景图片为 img 文件夹中的 bg0040. gif，网页文件保存在 My site 文件夹中。

(2) 在网页的顶部区域输入标题文字“人生的伴侣 · 知识的源泉”，按图 5-13 所示样张格式化文字，预览页面效果。

(3) 在网页的合适位置上插入导航条，导航条的 6 个按钮对应的图片分别是 button 文件夹中的 a1. gif、a2. gif、a3. gif、…、f2. gif、f3. gif、f4. gif。每个按钮可以链接一个 doc 文件夹中的 HTML 文件。

(4) 在网页左侧的合适位置上插入跳转菜单，跳转菜单的菜单选项分别为：上海热线(http://www. online. sh. cn)、新浪(http://www. sina. com. cn)、贝塔斯曼(http://www. bol. com. cn)。

(5) 在网页的合适位置上插入鼠标经过图像，原始图像为 img 文件夹中的图像文件

图 5-13　应用实例图示

tu1_2. gif、tu2_2. gif、tu3_2. gif，鼠标经过图像为 img 文件夹中的图像文件 tu1_1. gif、tu2_1. gif、tu3_1. gif。

(6) 在网页合适位置上插入 170×170 像素的逐帧动画文件 shu. gif 和 Flash 动画文件 shu2. swf。

(7) 仿照图 5-13，在网页的底部区域插入 800×80 像素的 Flash 动画文件 shu1. swf，并在网页合适位置上插入图像 wyfy. jpg，用该图像文件建立 E-mail 链接，E-mail 地址自定。

(8) 预览页面效果后，保存网页文件。

制作分析：

本例网页页面元素较多，排列不很规则，用布局表格和布局单元格对网页元素定位比较合适。本例网页元素涉及鼠标经过图像、gif 逐帧动画、Flash 动画以及各类超级链接，应该根据这些元素的特点选择正确的插入方式，并正确设置其属性。

本例的操作步骤如下：

(1) 将本章素材文件夹中的素材复制到文件夹 My site 中，并将其设为本地站点。

(2) 新建一个页面，选择【修改】|【页面属性】命令，在【页面属性】对话框中设置背景图像为 bg0040. gif，将【左边距】、【右边距】、【上边距】、【下边距】分别设置为 0。

(3) 在【分类】列表中选择【标题/编码】选项，在【标题】文本框中输入：实例三，其他参数默认，然后单击【确认】按钮确认，并将网页以 exa5-1. htm 为名保存在 My site 文件夹中。

(4) 在【插入】栏的【布局】选项中进行工作模式切换，单击【布局模式】按钮后，进入

【布局模式】。

单击【布局模式】区域中的【布局表格】按钮，将鼠标指针移到网页编辑窗口中，此时鼠标指针变为"＋"形状，在指定位置处拖曳鼠标指针画出 800 ×600 像素的布局表格。

(5) 在页面的合适位置上按住 Ctrl 键分别按题目要求从上至下画出 520×45 像素、160×30 像素、600×30 像素、3 个 80×80 像素、2 个 170×170 像素、180×35 像素、800×80 像素的布局单元格。

(6) 在网页的顶部的布局表格中输入标题文字"人生的伴侣 · 知识的源泉"，并选中这些文字。在【属性】面板中，设置字体为"隶书"，格式为"标题 1"，大小为 36，作用于标题文字"人生的伴侣 · 知识的源泉"。

(7) 在网页第二行 600×30 像素的布局单元格中插入光标，选择【插入】|【图像对象】|【导航条】命令，或者在插入浮动面板的【常用】选项卡中单击【导航条】按钮，此时在网页文档窗口中会弹出【插入导航条】对话框。

(8) 在【项目名称】文本框中设置第 1 个按钮的名称为：a；单击【浏览】按钮，在 4 个按钮状态的文本框中分别输入 button 文件夹中的 a1. gif、a2. gif、a3. gif、a4. gif 4 个文件的路径和名称；在【按下时，前往的 URL】文本框中输入该按钮链接对象的名称和路径，选中【预先载入图像】和【使用表格】选项。选择【插入】下拉列表中的水平方向放置导航条。

(9) 重复步骤(8)，可设置其他 5 个按钮。

(10) 在网页第 2 行 160×30 像素的布局单元格中插入光标，选择【插入】|【表单】|【跳转菜单】命令。在弹出【插入跳转菜单】对话框中创建一个菜单选项，可在【文本】框中输入菜单选项的文字"上海热线"，在【选择时，转到 URL】文本框中，输入选择该菜单选项所链接的网站域名 http://www. online. sh. cn，单击按钮添加这个菜单项。

用同样的方法创建其他的跳转菜单选项，完成跳转菜单选项的创建后确定。

(11) 在网页左侧 3 个 80×80 像素的布局单元格中分别插入光标，选择【插入】|【图像对象】|【鼠标经过图像】命令，分别插入原始图像文件 tu1_2. gif、tu2_2. gif、tu3_2. gif，鼠标经过图像文件 tu1_1. gif、tu2_1. gif、tu3_1. gif。

(12) 选择【插入】|【图像】命令，在网页中间 170×170 像素的布局单元格中插入 img 文件夹中的逐帧图像文件 shu_1. gif。

(13) 在网页底部的布局单元格中插入光标，选择【插入】|【媒体】|【Flash】命令，可在网页底部的 800×80 像素和网页中间 170×170 像素的布局单元格中分别插入 Flash 文件夹中的动画文件 shu1. swf 和 shu2. swf。

(14) 在网页左侧下方 180×35 像素的布局单元格中插入 img 文件夹中的图像文件 wyfy. jpg，选中该图像，在【属性】面板的【链接】文本框中，输入 mailto：＋＜E-mail 地址＞ 建立 E-mail 链接。

(15) 预览网页后，将网页文件以 exa5-1. htm 为名，保存在 My site 文件夹中。

5.3 框架的基本操作

1. 框架的概述

利用框架技术设计的网页就是把网页页面划分成相对独立的若干个区域，每个区域都相当于一个独立的网页页面，这些区域里的页面既各自独立又相互有联系。也就是说，在一个浏览器窗口中，用框架制作的网页能同时显示多个不同的 HTML 文档，就好像在一个浏览器窗口中平铺了几个子窗口，在各个子窗口中分别显示不同的内容，从而使网页的版面更友好、结构更清晰。

框架(Frames)技术是由框架集(Frameset)和框架(Frame)2 部分组成。框架集顾名思义就是框架的集合，它定义了各框架的结构、数量、大小尺寸及装入框架中的页面文件名和路径等有关框架的属性，框架集并不在浏览器中显示，只是存储所属框架的有关信息，框架集中的全部框架网页文件构成一个完整的网页页面。框架则是框架集的组成元素，各框架页面是整个页面的一部分，是一个矩形区域，它具有网页所有的属性和功能，与框架集中其他框架网页页面的关系是平等的。

2. 创建框架与框架集

用框架技术制作的网页可以将一个页面分割成上下或左右结构的框架，把单页面拓展成多页面，满足浏览者在一个页面内迅速浏览更多内容的需求。

创建一个框架常用的 3 种操作方法如下：

(1) 选择【插入】|【HTML】|【框架】命令，然后在级联子菜单中选择框架的类型。级联菜单中的选项分别是：

①【左对齐】表示左侧框架、【右对齐】表示右侧框架、【对齐上缘】表示顶部框架、【对齐下缘】表示底部框架；

②【下方及左侧嵌套】表示底框架套左框架，【下方及右侧嵌套】表示底框架套右框架；

③【左侧及下方嵌套】表示左框架套底框架，【右侧及下方嵌套】表示右框架套底框架；

④【上方及下方】表示顶框架和底框架；

⑤【左侧及上方嵌套】表示左框架套顶框架，【右侧及上方嵌套】表示右框架套顶框架；

⑥【上方及左侧嵌套】表示顶框架套左框架，【上方及右侧嵌套】表示顶框架套右框架。选择其中一个选项便可插入框架。

(2) 单击【插入】栏的【布局】选项，单击【框架】按钮可打开如图 5-14 所示的下拉菜单，选择其中某种形式的框架选项便可创建框架。单击【顶部和嵌套的左侧框架】按钮创建的框架如图 5-15 所示。

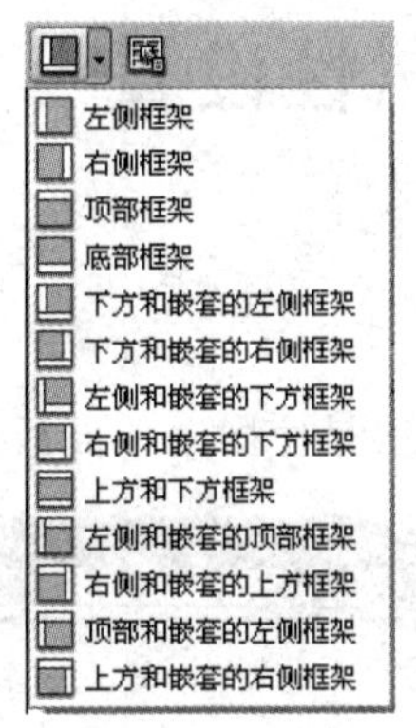

图 5-14 【插入】面板组中【框架】选项卡中的框架类型

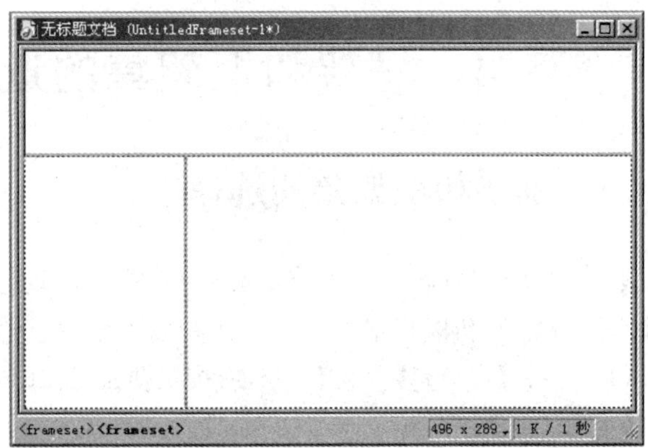

图 5-15 顶部和嵌套的左侧框架

(3) 在网页编辑器窗口中选中已插入的框架,然后按住 Alt 键的同时,用鼠标指针纵向拖曳或横向拖曳框架边框线,就可以加入上下结构或左右结构的框架。

3. 框架的调整、拆分和删除

在用框架技术设计网页时,经常会根据需要调整框架的结构和大小尺寸,可用拆分框架的方法或直接用鼠标指针拖曳框架的边框线完成框架的调整。

1) 拆分框架

拆分框架的操作如下:

(1) 单击要拆分的框架内部,使光标定位在该框架中。

(2) 选择【修改】|【框架页】命令,然后选择【拆分左框架】、【拆分右框架】、【拆分上框架】、【拆分下框架】4 个命令中的一个命令来完成框架的拆分。

(3) 或按住 Alt 键不放,再用鼠标指针拖曳边框线,也可以拆分框架。

2) 调整框架

拖曳鼠标调整框架的步骤如下:

(1) 将鼠标指针放在两个框架的边框上,鼠标指针变成双箭头。

(2) 用鼠标指针拖曳边框到合适的位置,然后释放鼠标,可以调整框架的大小。

(3) 如需要精确定义框架的尺寸时,在框架集的【属性】面板中设置参数可以精确地调整框架尺寸。

3) 删除框架

删除框架是创建框架的逆向操作,其操作方法如下:

将鼠标指针指向要删除的框架边框,当指针变成双向箭头时,拖动鼠标指针到上一级框架的上下或左右边框线处,松开鼠标即可删除框架。

当框架面板中的信息显示为【没有名称】,表明当前无框架。

5.4 框架和框架集的选择与属性设置

5.4.1 框架和框架集的选择

要对框架操作前，先要选择框架和框架集，比较好的操作方法是使用框架面板和鼠标操作。选择框架和框架集的操作方法有以下 3 种。

(1) 选择【窗口】|【框架】命令，或按快捷键 Shift+F2，打开【框架】面板，如图 5-16 所示。然后在框架面板中单击框架的边框线，可选择由多个框架构成的框架集。如果单击某个框架区域则可选中该框架。

(2) 在网页文档窗口中按住 Alt 键，然后单击要选中的框架的任意位置，便可选中该框架。

(3) 如果选中一个框架，按住 Alt 键，然后按键盘上的左、右箭头键，可以选中同一级别的框架。按住 Alt 键，然后按键盘上的向上箭头键，可以选中当前框架的上一级框架，连续重复操作，可以选中整个框架集。

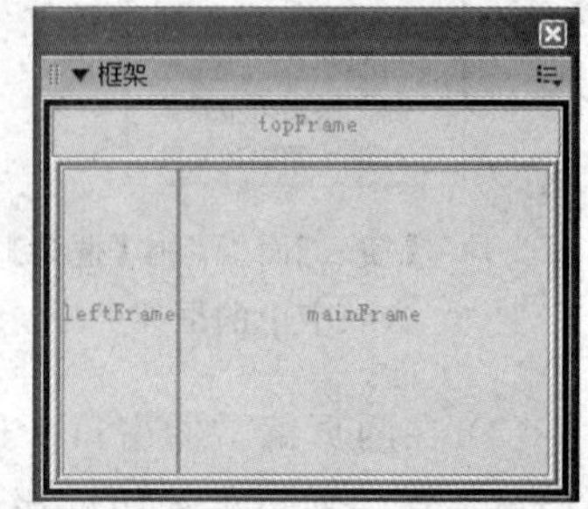

图 5-16 框架的面板

某个框架被选中时，框架的边框上会显示虚线。

5.4.2 框架和框架集的属性设置

框架和框架集有各自的属性面板。框架的【属性】面板可用来设置框架名称、框架的源文件、框架的滚动特性、框架边框特性等框架属性。框架集的【属性】面板可用来设置框架集中的框架的大小、框架边框线的颜色和宽度。

1. 设置框架集的属性

Dreamweaver 8 默认框架集属性是无边界、无滚动条、禁止改变框架的大小。在打开的框架集【属性】面板中可以改变框架集的属性，设置框架集属性的操作步骤如下：

(1) 单击两个框架的公共边框线，或单击【框架】面板中框架的最外围的边框线，选择要改变属性的框架集。

(2) 此时屏幕显示的便是框架集的【属性】面板，如图 5-17 所示。

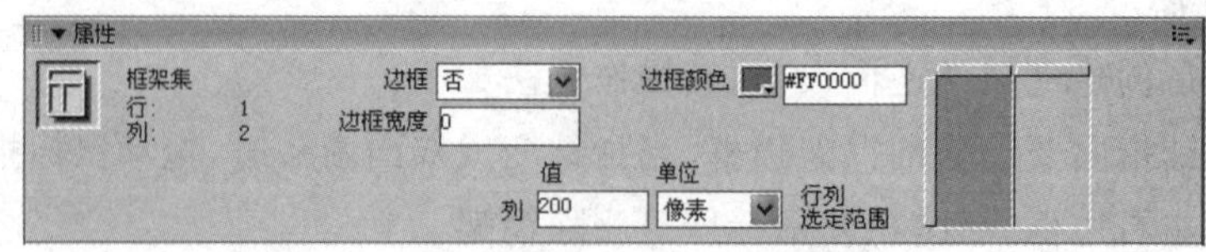

图 5-17 框架集的【属性】面板

在框架集的【属性】面板中，各项参数的意义如下：

① 在【边框】下拉列表框中可选择框架边框在浏览器窗口中显示的情况。选择【是】选项，以立体效果显示框架的边框；选择【否】选项，不显示框架的边框；选择【默认】选项，由浏览器决定是否显示框架。

② 在【边框宽度】文本框中可设置当前框架集的边框宽度。

③ 在【边框颜色】中可设置当前框架集的边框颜色。

④【行列选定范围】右边的示意图中深色为框架被选中部分，浅色为框架未被选中部分。

⑤ 在【值】文本框和【单位】下拉列表中指定当前选中框架的行或列的尺寸与单位。设置框架行、列尺寸有 3 种单位：【像素】表示用像素作单位；【百分比】表示用百分比作单位；【相对】表示与框架组其他子框架的相对宽度。

(3) 完成设置后，在网页文档窗口能直接见到定义好的框架集。

2. 设置框架的属性

创建框架后可以打开框架的【属性】面板，来设置和改变框架的属性。设置框架属性的操作步骤如下：

(1) 按住 Alt 键并单击网页文档窗口中某个框架，或单击【框架】面板中的相应的框架，可选中一个框架。

(2) 此时网页编辑区下方显示的便是框架的【属性】面板，如图 5-18 所示。

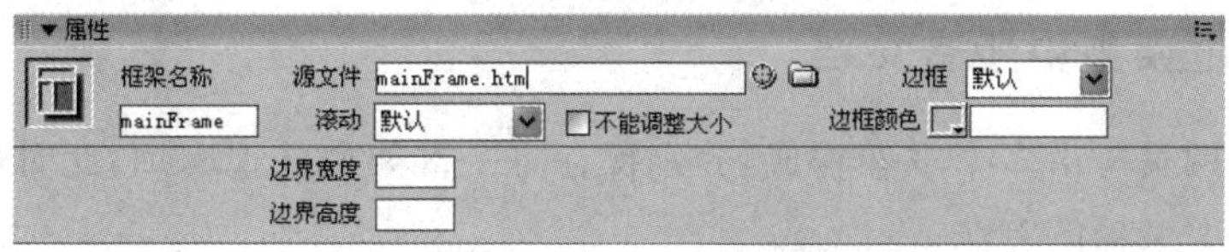

图 5-18　框架的属性面板

框架的【属性】面板中，各项参数具体意义如下：

① 在【框架名称】文本框可设置该框架的名称，框架名称将被用于超级链接的【目标】下拉列表中。框架名称只能用字母、数字及下划线，不允许用连字符、引号、句号或空格。

② 在【源文件】文本框可指定框架打开的源文件，设置框架源文件的 URL。

③ 在【滚动】下拉列表框中可设置是否允许有滚动条。

④ 在【边框】下拉列表框中可设置框架边框在浏览器窗口中显示的情况。选择【是】选项，以立体效果显示框架的边框；选择【否】选项，不显示框架的边框；选择【默认】选项，由浏览器决定是否显示框架。

⑤ 选中【不能调整大小】复选项为禁止改变框架的尺寸。

⑥ 在【边框颜色】文本框中可设置框架边框的颜色。

⑦ 在【边界宽度】文本框中可设置当前框架的内容与框架左右边界的距离。

⑧ 在【边界高度】文本框中可设置当前框架的内容与框架上下边界的距离。

5.5 框架和框架集的保存

框架里的内容主要是HTML文档,在一个网页中创建了框架结构后,可在【属性】面板中设置框架源文件的URL。框架结构的网页制作完成后,可以分别保存每个框架文档,也可单独保存框架集文档,还可以将整个框架集与它的各个框架文档一起保存。不同的方式的操作方法如下所述。

1. 保存框架文档

(1) 在网页编辑区窗口中,选中要保存的框架。

(2) 选择【文件】|【保存框架页】命令,就可保存该框架文件。

(3) 若该框架文件尚未保存过,则系统会打开文件【另存为】对话框,输入正确的文件名和路径,单击【保存】按钮便可保存该框架文档。若该框架文件已保存过,则该操作在原有的基础上保存该框架文档。

2. 保存框架集文档

(1) 在网页编辑区窗口中,单击框架最外层边框,选中框架集。

(2) 选择【文件】|【框架集另存为】命令,可保存框架集文档。

3. 保存框架集中所有文档

如果当前网页是由多个框架构成,分别保存每个框架文件很麻烦,此时可采用一次保存框架集中所有文档的方法。

(1) 选择【文件】|【保存全部】命令。

(2) 系统先保存框架集文档,然后再保存框架集中其他框架文档。

(3) 若框架集中有尚未保存过的框架文件,则系统会打开文件【保存为】对话框,输入正确的文件名和路径,单击【保存】按钮便可保存该框架文档。若所有框架文件以前都已保存过,则该操作在原有的基础上保存所有的框架文档。

选择【文件】|【保存全部】命令可将整个框架集与它的各个框架文档一起保存,使用这个命令操作效率较高。

5.6 框架与超级链接的应用实例

制作一个如图5-19所示的网页页面,页面是顶部和嵌套的左侧框架结构,左框架的列宽为150像素,插入4个按钮图像a1.jpg、a2.jpg、a3.jpg、a4.jpg;顶框架行高为80像素,插入Flash文件shu1.swf。浏览网页时,单击页面左框架中的按钮,可在主框架(MainFarme)中显示不同的被链接的网页页面,网页文件以exa5-2.htm为名保存在My site 文件夹中。

图 5-19 框架应用实例示意图

制作分析：

本例是框架结构的网页，在制作时要注意以下 3 点。

(1) 要用【框架】面板和【属性】面板结合，准确设置顶框架和左框架行高和列宽。

(2) 要正确设置被链接的网页显示的目标窗口。

(3) 要正确保存框架集文件和各子框架的网页文件。

完成本例的操作步骤如下：

(1) 将本章素材文件夹中的素材复制到文件夹 My site 中，并将其设为本地站点。

(2) 新建一个页面，选择【插入】|【HTML】|【框架】|【上方及左侧嵌套】命令，在页面中插入如图 5-19 所示的框架。

(3) 打开【框架】面板和【属性】面板，单击【框架】面板中外框的边框线，此时的框架可以看成上下 2 行。在【属性】面板的【行列选定范围】中，选中上半部分，在【行】文本框中输入 80，【单位】为像素，如图 5-20 所示，把顶框架的行高设为 80 像素。

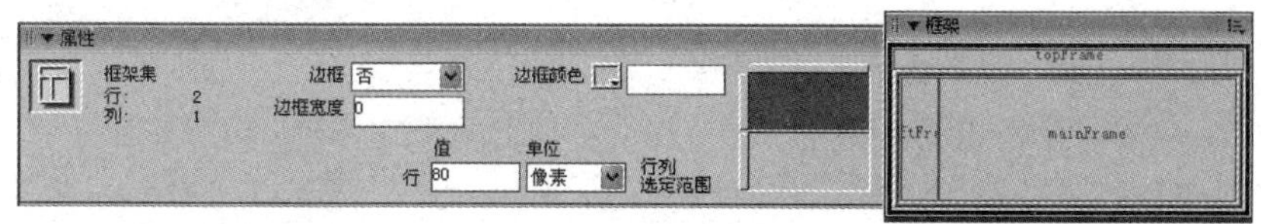

图 5-20 设置顶框架的行高

(4) 单击【框架】面板中内框的边框线，此时的框架可以看成左右 2 列。在【属性】面板的【行列选定范围】中，选中左半部分，在【列】文本框中输入 150，【单位】为像素，如图 5-21 所示，把左框架的列宽设为 150 像素。

(5) 选择【修改】|【页面属性】命令，分别给 leftFrame、mainFrame 设置背景颜色为：

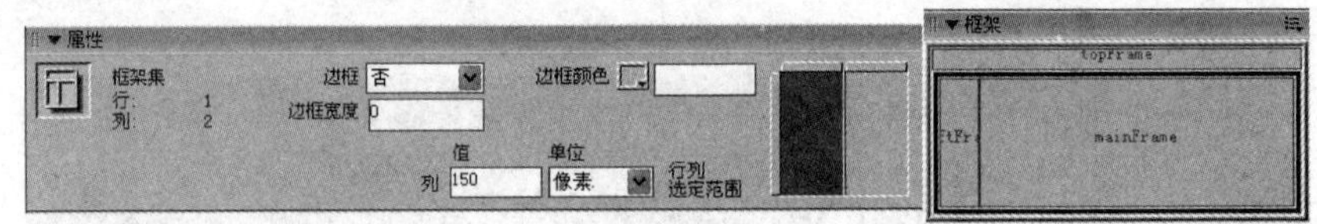

图 5-21　设置左框架的列宽

#CCFFFF、#99FFCC。

(6) 单击【插入】面板【常用】选项卡的【Flash】按钮，在框架 topFrame 的合适位置上插入用 Flash 制作的动画文件 shu. swf。

(7) 将 doc 文件夹中 book. doc 的内容复制到框架 mainFrame 中，并对文字进行格式化。

(8) 在 leftframe 中插入 120×160 像素的层，在层中插入宽度为 120 像素的 4 行 1 列的表格。在表格中分别插入 img 文件夹中的图像文件 a1. jpg、a2. jpg、a3. jpg、a4. jpg。

(9) 选中按钮“现代文学”，在图像【属性】面板的【链接】文本框中设置链接对象为 doc 文件夹中的 literature. htm，在【目标】下拉列表中选择链接对象显示的框架为 mainframe。

(10) 用同样的方法分别选中“生活艺术”、“文化教育”、“科学技术”3 个按钮，为其建立名为 art. htm、edu. htm、scie. htm 的链接，并设置链接对象显示的目标框架为 mainframe。

(11) 选择【文件】|【保存全部框架】命令，以 exa5-2. htm 为名保存框架集文件，以 t. htm、m. htm、l. htm 为名保存顶框架、左框架和主框架文件，这些文件都保存在 My site 文件夹中。

(12) 按 F12 键预览页面，单击“现代文学”按钮，在 mainframe 中可显示有关网页的页面。

第6章 行为与时间轴及其应用

知识点

- 行为的概述和应用
- 时间轴动画的创建、编辑与应用
- 行为和时间轴的综合应用

6.1 行为的概述

行为(behavior)顾名思义就是以某种方式完成的动作,在网页设计中通过行为可以实现浏览者与计算机的人机交互。事实上 Dreamweaver 8 中预置的行为是由许多 JavaScript 程序构成的,在网页设计时,设计者在不了解 JavaScript 语言的情况下,直接利用 Dreamweaver 8 中预置的行为,便能制作出精美的动态交互式网页。

Dreamweaver 8 的行为是事件(Event)和动作(Action)两部分的组合。动作是指在浏览网页时可完成的一些特殊功能,如拖曳层、隐藏和显示层、播放音乐、交换图像等;事件是完成某一动作的具体方式,如 onMouseOver(鼠标指针指向对象)、onMouseOut(鼠标指针移离对象)、onClick(单击)、onDblClick(双击)等,利用行为可以不必编程就很方便地制作出一些带有交互效果的网页。在浏览这种带有行为的交互网页时,当某一事件被响应后便会触发执行相对应的动作。

给网页中对象附加行为时,需要指定动作和事件以便触发它。不同的动作可以被相同的事件触发,因此必要时还要指定动作发生的先后顺序。

6.1.1 行为面板及其使用方法

在网页中为页面对象添加和修改行为可使用【行为】面板来完成。选择【窗口】|【行为】命令,或按快捷键 Shift + F4,便可打开【行为】面板,如图 6-1 所示。

【行为】面板上各按钮的功能如下:

(1) +按钮被单击后,从弹出的菜单中选择可以发生的动作,然后再完成相应参数的设置。

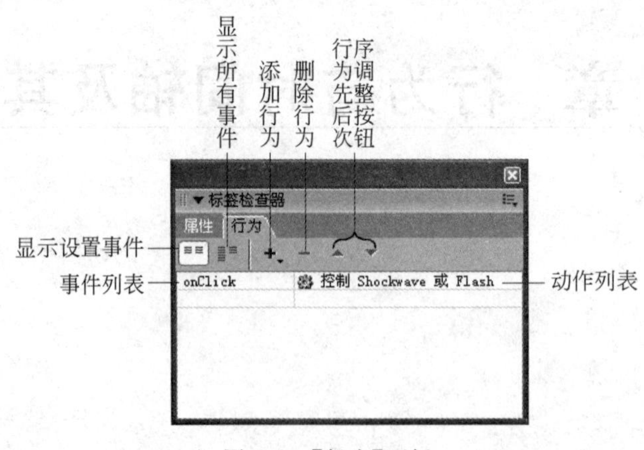

图 6-1 【行为】面板

(2) ▬按钮被单击后,将删除【行为】面板中已经选定的某个行为。

(3) ▲ ▼按钮被单击后,将选定的行为上(下)移一行。

(4) 【显示设置事件】按钮被单击后,可显示当前对象已设置的所有事件。

(5) 【显示所有事件】按钮被单击后,可显示当前对象可设置的所有事件。

6.1.2 添加和修改行为

利用【行为】面板可在网页中添加、修改行为,给网页对象添加行为的步骤如下:

(1) 选中网页中的一个对象,该对象可以是图像、文本或层。

(2) 选择【窗口】|【行为】命令,打开【行为】面板。

(3) 单击【行为】面板上的+按钮,屏幕显示【动作】菜单,如图 6-2 所示。根据需要选择其中一种动作,并在对话框中设置该动作的参数。

(4) 在如图 6-2 所示的菜单中,选择【显示事件】命令,并在级联菜单中选择一种合适的浏览器,如图 6-3 所示。

(5) 在【事件】列表中显示当前动作的默认事件,单击该事件后,【行为】面板的当前事件中会出现一个下拉三角形按钮,单击该下拉三角形按钮,屏幕显示事件菜单,如图 6-4 所示。设计者可从该菜单中选择一种事件来代替默认事件。

网页中一个对象附加了行为后,可以根据需要利用【行为】面板修改触发动作的事件,添加、删除及修改动作的参数。修改行为的操作步骤如下:

(1) 选定某个附加了行为的对象。

(2) 按快捷键 Shift + F4,打开【行为】面板。

(3) 根据需要完成如下操作。

① 要删除一个行为,可先将其选中,然后单击▬按钮或

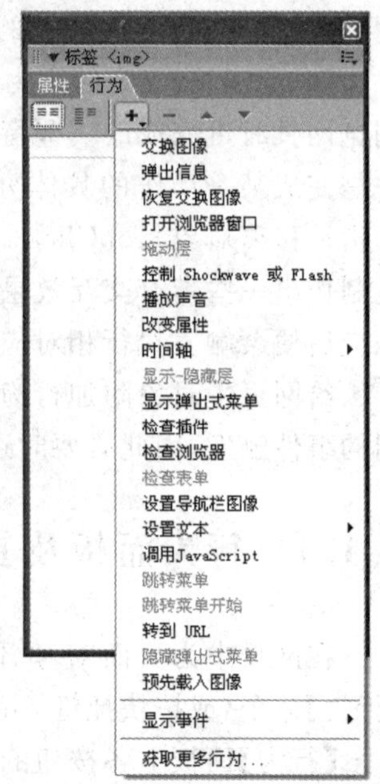

图 6-2 【动作】菜单示意图

按 Delete 键。

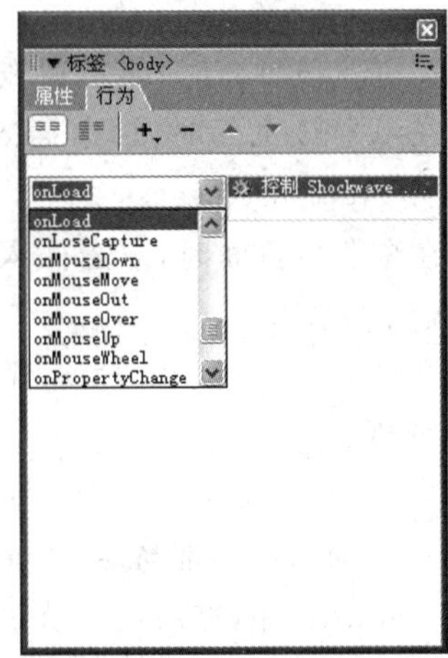

4.0 and Later Browsers
HTML 4.01
IE 4.0
IE 5.0
IE 5.5
✔ IE 6.0
Netscape 4.0
Netscape 6.0

图 6-3 【显示事件】级联菜单

图 6-4 【事件】菜单示意图

② 要改变一个动作的参数,可双击这个行为,在弹出的对话框中修改各参数项,然后单击【确定】按钮确认。

③ 要改变一个事件,可选中该行为,并单击事件列表的下拉三角形按钮,在下拉式菜单中选择需要的事件。

④ 要更改已设定事件的动作顺序,可先选定这个行为,然后单击【行为】面板上的向上或向下的▲、▼按钮,就可更改某事件的动作顺序。

6.1.3 行为的简单应用

下面用实例来说明事件和动作在网页中的用法。

例 6.1 设计制作一个符合下列要求的网页文件。

(1) 在网页中创建 2 个大小为 104×90 像素的层,在层 Layer1 中插入 img 文件夹中的图像 camp1.jpg,在层 Layer2 中插入 img 文件夹中的带有说明文字的图像 m1.jpg,如图 6-5 所示。隐藏层 Layer2。

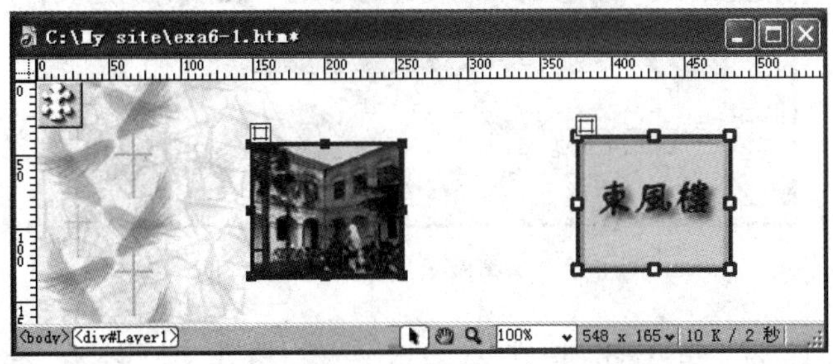

图 6-5 应用实例示意图

(2) 在浏览该页面时,只显示层 Layer1 的图像 Camp1.jpg。当鼠标指针指向该图像时，显示带有说明文字的图像 m1. jpg；移开鼠标指针时，隐藏带有说明文字的图像 m1. jpg。

（3）在浏览该页面时，能随意拖动插入图像 Camp1. jpg 的层 Layer1。

（4）在浏览该页面时，单击插入图像 Camp1. jpg 的层 Layer1，播放文件夹 music 中的声音文件 Applause. wav。

（5）在浏览该页面时，双击插入图像 Camp1. jpg 的层 Layer1，在状态栏中显示文字“欢迎光临网上书店”。

（6）网页以 exa6-1. htm 为名保存在本地站点根文件夹 My site 中。

制作分析：

本例要在层 Layer1 上添加显示、隐藏层、拖曳层、播放声音、显示状态栏文字等行为。题目中要求添加的行为都与层 Layer1 有关，故操作时要先选中层 Layer1，注意不能选中层中图像 Camp1. jpg，然后逐个添加上述的行为。

完成本例的操作步骤如下：

（1）将本章素材文件夹中的素材复制到文件夹 My site 中，并将其设为本地站点。

（2）新建一个页面，选择【修改】|【页面属性】命令，在【页面属性】对话框中设置背景图像为 bg0006. jpg，将【左边距】、【右边距】、【上边距】、【下边距】分别设置为 0。

（3）在【分类】列表中选择【标题/编码】选项，在【标题】文本框中输入：应用实例，其他参数默认，然后单击【确认】按钮确认，并将网页以 exa6-1. htm 为名保存在 My site 文件夹中。

（4）在网页合适的位置上插入 2 个层，在 Layer1 中插入图像文件 Camp1. jpg，在 Layer2 中插入图像文件 m1. jpg。

（5）按功能键 F2，打开【层】面板，选中层 Layer2，单击【层】面板中按钮，使其显示闭合的眼睛图标，即将该层的属性设置为不可见。

（6）按快捷键 Shift + F4，打开【行为】面板。选中层 Layer1，单击行为添加按钮，选择【显示—隐藏层】动作，在弹出的【显示－隐藏层】对话框中选中层 Layer2，并单击【显示】按钮设置显示该层，如图 6-6 所示。单击【确定】按钮，【显示－隐藏层】的动作被添加到【行为】面板中。

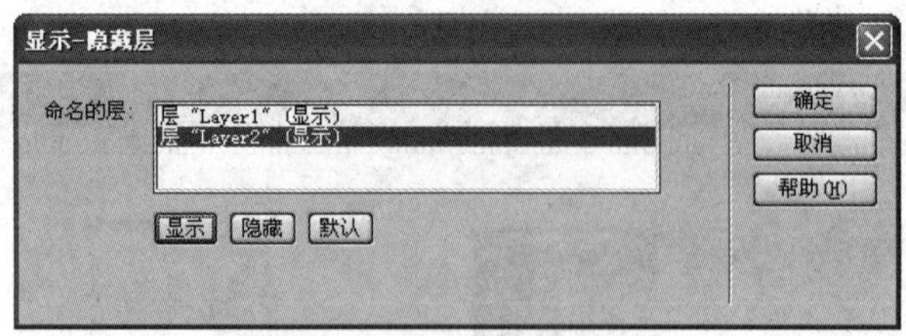

图 6-6　设置显示层 Layer2 示意图

（7）选中该行为，并单击事件列表中下三角形按钮，在菜单中选择事件【onMouseOver】，其意义为“鼠标指向对象”，表示当鼠标指针在层 Layer1 上时，显示层 Layer2。此时层 Layer2 中说明文字的图像被显示。

(8) 仿照步骤 6～7，给层 Layer1 添加【显示—隐藏层】的动作。在弹出的【显示一隐藏层】对话框中选中层 Layer2，并单击【隐藏】按钮设置隐藏该层，如图 6-7 所示。

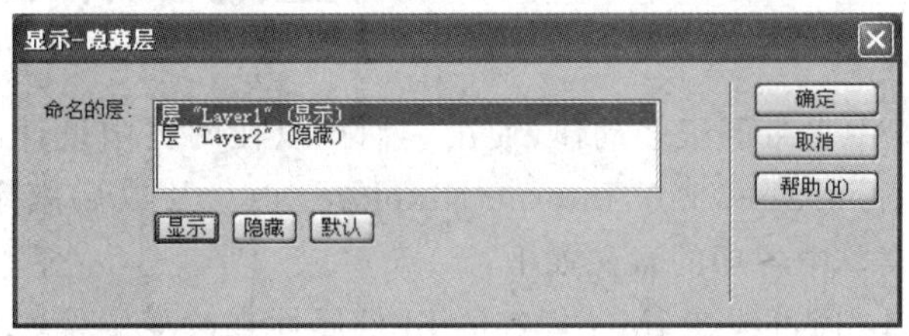

图 6-7　设置隐藏层 Layer2 示意图

选择事件【onMouseOut】，其意义为“鼠标移去”，表示当鼠标指针从层 Layer1 上移去时，隐藏层 Layer2。

(9) 选中层 Layer1，并单击行为添加按钮，在动作菜单中选择【拖动层】命令，在事件菜单中选择【onMouseMove】命令。使得在浏览该页面时，能随意拖动插入图像 Camp1. jpg 的层 Layer1。

(10) 选中层 Layer1，并单击行为添加按钮，选择【播放声音】动作，在弹出的【播放声音】对话框中输入文件夹 Music 中的声音文件 Applause. Wav，并单击【确定】按钮确认，如图 6-8 所示。

图 6-8　播放声音对话框示意图

(11) 选中该行为，并单击事件列表中下三角形按钮，在菜单中选择事件【onClick】，其意义为单击层 Layer1 时，播放声音文件 Applause. wav。

(12) 选中层 Layer1，并单击行为添加按钮，在动作菜单中选择【设置文本】|【设置状态栏文本】命令，在【设置状态栏文本】对话框中输入“欢迎光临网上书店”，并单击【确定】按钮确认，如图 6-9 所示。

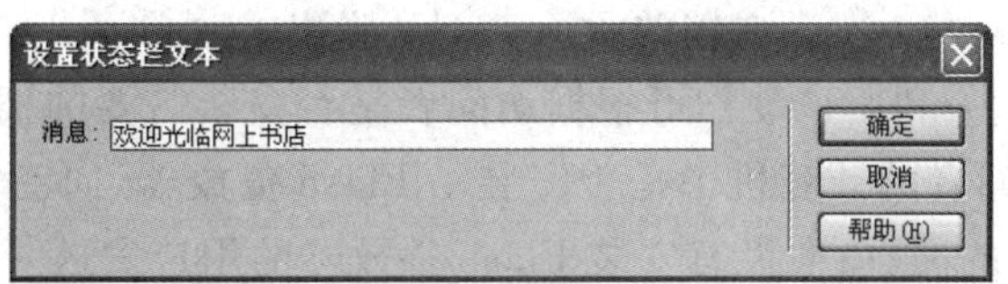

图 6-9　设置状态条文本对话框示意图

(13) 选中该行为，并在事件菜单中选择【onDblClick】命令，其意义为双击层 Layer1 时，在状态栏中显示文字“欢迎光临网上书店”。

(14) 保存当前网页后，按功能键 F12 浏览该页面。

6.2 Dreamweaver 8 内置的动作和事件

Dreamweaver 8 中自带了很多动作,使用它们可以在网页中设计出各种效果。在本节中列出的动作是 Netscape 6.0、Internet Explorer 6.0 及以后版本支持的动作。在【行为】面板中动作菜单中各项的意义如下:

(1)【交换图像】:通过改变 IMG 标签的 SRC 属性来改变图像。利用该动作可创建活动按钮或其他图像效果。

(2)【弹出信息】:此动作可以很方便地在网页上显示带指定信息的 JavaScript 对话框。

(3)【恢复交换图像】:用于将在 Swap Image 动作中设置的后一张图像,恢复为前一张图像。此动作会自动添加在连接了 Swap Image 动作的对象中。

(4)【打开浏览器窗口】:在触发该行为时打开一个新的浏览器窗口,并在新窗口中打开 URL 地址指定的网页。还可设置新窗口的尺寸,是否显示导航栏、滚动条等属性。

(5)【拖动层】:允许用户用该动作完成拖动层的操作。

(6)【控制 Shockwave 或 Flash】:利用该动作可控制 Shockwave 或 Flash 动画的【播放】、【停止】、【倒带】或指定【前往帧】等操作。

(7)【播放声音】:在网页中加入音乐。

(8)【改变属性】:通过设定的动作触发行为,动态改变对象属性值。

(9)【时间轴】级联菜单中有以下 3 个命令。

①【播放时间轴】:可以启动播放时间轴动画。

②【停止时间轴】:可以停止播放时间轴动画。

③【转到时间轴帧】:此动作可以转到时间轴动画的某个指定的帧,然后开始播放时间轴动画。在时间轴面板的行为通道中设置此动作及时间轴动画的某部分循环播放的次数。

(10)【显示-隐藏层】:显示、隐藏一个或多个层的可见性,这个动作在与浏览者交互信息时是非常有用的。

(11)【显示弹出式菜单】:该动作用来创建或编辑 Dreamweaver 弹出式菜单,或者打开并修改已插入 Dreamweaver 文档的 Fireworks 弹出式菜单。

(12)【检查插件】:利用该动作可根据访问者是否安装需要的插件,而发送不同的页面。例如,可检测访问者的计算机中是否安装了 Flash 播放器,向已安装 Flash 播放器的用户发送包含 Flash 的网页;向没有安装 Flash 播放器的用户发送一个可以下载 Flash 播放器的网址。

(13)【检查浏览器】:利用该动作可根据访问者所使用的浏览器版本,发送不同的页面。

(14)【检查表单】:检查指定的文本框中的内容,以确保浏览者输入的数据格式正确无误。

(15)【设置导航条图像】：将图像转换成导航条图像或改变导航条中的图像显示，也可更新、编辑导航条的图像。

(16)【设置文本】：级联菜单中有以下 4 个命令。

①【设置层文本】：利用指定内容替换某个页面上层中的内容及格式。但不改变原来层的属性(如背景颜色、背景图像等)。

②【设置框架文本】：动态设置框架文本，以特定的内容替换框架格式和内容。

③【设置文本域文字】：可以用指定的内容取代文本框中内容。

④【设置状态条文本】：可在浏览器左下角的状态栏中显示文本信息。

(17)【调用 JavaScript】：执行输入的 JavaScript 代码。

(18)【跳转菜单】：设计者通过选择【插入】|【表单对象】|【跳转菜单】命令，可在网页上创建一个跳转菜单。若要编辑修改这个跳转菜单，可在【行为】面板中双击【跳转菜单】动作，在【跳转菜单】对话框中修改跳转菜单的各项参数。

(19)【跳转菜单开始】：可以给跳转菜单添加不同的事件。

(20)【转到 URL】：这个动作用于在当前窗口或指定的框架中打开一个新的页面。

(21)【隐藏弹出式菜单】：可以给弹出式菜单添加事件使其隐藏。

(22)【预先载入图像】：此动作可以在浏览器的缓冲存储器中载入不立即在网页页面上显示的图像，这样在下载较大的图像文件时可以避免浏览者长时间等待。它主要用于时间轴、行为或 JavaScript 变换图像等。

动作是执行某个特定任务的一段 JavaScript 的程序，事件则是指明了执行动作的方法。在【行为】面板中单击 + 按钮，选择【显示事件】命令，在【显示事件】的级联菜单中选择能浏览网页的浏览器版本。选择的浏览器版本不同，事件列表中的事件选项也不同，事件列表中常用选项的意义如下：

- onAbort：在装载一幅图像时，单击浏览器的【停止】按钮，可触发该事件。
- onAfterUpdate：当页面中的数据元素完成了数据源更新后，触发该事件。
- onBeforeUpdate：当页面中的数据元素被修改时，触发该事件。
- onBlur：取消选中对象时，触发该事件。
- onFocus：选中指定对象时，触发该事件。
- onBounce：当编辑框中的内容到达其边界时，将触发该事件。
- onChange：改变页面中数值时，将触发该事件。例如，当用户在菜单中选择了一个项目，或者修改了文本区中的数值，然后在页面任意位置单击均可触发该事件。
- onClick：单击选定对象(如超级链接、图像、图像映像、按钮)，将触发该事件。
- onDblClick：双击选定对象，将触发该事件。
- onError：在页面或图像发生装载错误时，将触发该事件。
- onFinish：当选取框内容已经完成了一个循环后，将触发该事件。
- onHelp：当用户单击浏览器的帮助按钮或从菜单中选择帮助时，将触发该事件。
- onKeyDown：当用户按下任何键时，将触发该事件。
- onKeyPress：当用户按下并释放任何键时，触发该事件。它相当于 onKeyDown 与 onKeyUp 事件的联合。

- onKeyUp：按下任意键后释放该键时，触发该事件。
- onLoad：当图像或页面完成装载后，将触发该事件。
- onMouseDown：当浏览者按下鼠标按钮（不释放鼠标按钮）时，将触发该事件。
- onMouseMove：当鼠标指针停留在对象边界内时，触发该事件。
- onMouseOut：当鼠标指针离开对象边界时，将触发该事件。
- onMouseOver：当鼠标首次移动指向特定对象时，将触发该事件。
- onMouseUp：当按下鼠标按钮被释放时，将触发该事件。
- onMove：移动窗口、框架或对象时，将触发该事件。
- onReadyStateChange：当指定对象的状态改变时，将触发该事件。
- onReset：当表单被复位到其默认值时，将触发该事件。
- onResize：当用户调整浏览器窗口或框架的尺寸时，将触发该事件。
- onRowEnter：当捆绑数据源的当前记录指针改变时，将触发该事件。
- onRowExit：当捆绑数据源的当前记录指针将要改变时，触发该事件。
- onScroll：当用户拖动上、下滚动条时，触发该事件。
- onSelect：在文本区域选定文本时，触发该事件。
- onStart：当编辑框中的内容开始循环时，触发该事件。
- onSubmit：提交表单时，触发该事件。
- onUnload：离开页面时，触发该事件。

6.3 时间轴的概述

在网页设计过程中，使用时间轴技术能让网页中的对象随时间的变化活动起来，从而创建出多姿多彩的动感网页。动感网页中的动画效果其实质是在网页上依次快速连续地显示与某个图像相关联的多幅图像，因显示速度较快，使人产生图像活动的感觉。

如果用人工的方法实现一个物体移动的动画是相当麻烦的，必须准备这个物体的数十幅差别不算很大的图像，然后连续播放，才能形成动画效果。用 Dreamweaver 8 的时间轴技术实现动画效果较为方便，只需在不同的时间内改变某个对象的位置、尺寸、可见性等属性，便能实现动画效果。时间轴动画的单位是帧，每一帧是动画的一幅瞬间图。

时间轴动画是在特定的时间内，在指定的动画运动轨迹上，显示一系列有关联特性的静态图像的组合。

6.3.1 使用时间轴面板

时间轴动画是通过【时间轴】面板来制作完成的。在【时间轴】面板中的每一列代表一帧，帧的显示速度是由帧频率（Fps）决定的，如图 6-10 所示。例如：Fps 是 15，表示 15 帧的动画在一秒钟内显示完。

【时间轴】面板最上面一行是标题栏，下面是控制栏，在控制栏中可设置时间轴动画的

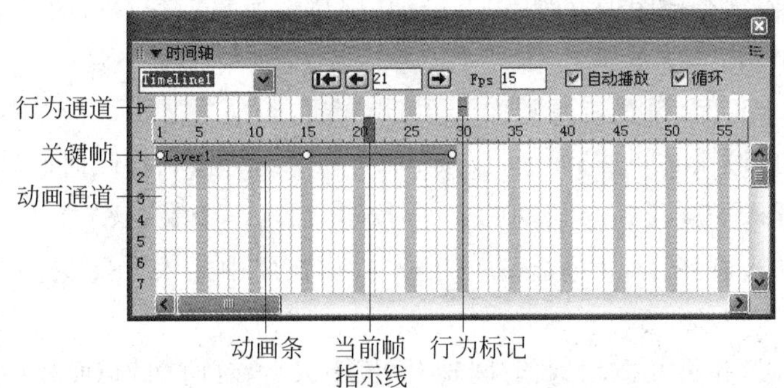

图 6-10　时间轴面板示意图

各项参数。标有大写字母 B 的是行为通道，在行为通道中带有行为标记的帧附加了行为。面板中间是时间标尺，标尺上有个红色小块是当前帧标记，表明了当前帧的状况。下面是动画条，在一个网页页面上可设置描述多个对象运动的动画条。

【时间轴】面板中的各项参数的具体意义如下：

(1)【时间轴列表】：Timeline1 是时间轴选择列表，在同一个文档中可以设置多个时间轴，当用户创建多个时间轴时，利用该下拉列表可选择当前时间轴。

(2)【播放控制选项】：42 这 3 个按钮的功能分别是切换到第 1 帧、切换到当前帧的上一帧、切换到当前帧的下一帧，文本框中是当前帧的序号，若输入某个帧序号值，便可切换到该帧。单击两个按钮并按住鼠标左键不放，可预览动画效果。

(3)【播放速度设置】：Fps 15 在 Fps 文本框中设置每秒要播放的速度，默认值为 15 帧/秒。该数值越小，播放速度越慢。动画的帧频率等于帧总数(即长度)除以动画所持续的时间的商。公式为：帧总数＝持续秒数×帧频率。动画的长度就是指定的时间轴从起点到终点所有的帧数。可以随意调整以上 3 个参数，设置希望得到的动画效果。

(4)【自动播放】复选框：若选中该复选项，表示网页打开后，时间轴动画自动开始播放。

(5)【循环播放】复选框：若选中该复选项，表示网页打开后，循环播放时间轴动画。系统自动在动画的最后一帧后面插入【转到时间轴帧】的行为，设计者在【行为】面板中双击要改行为后，可加以修改。

时间轴能移动的主要对象是层，如果希望移动文本或图像之类的对象，可以将它们先放置在层中，然后再设置为时间轴动画。下面用一个简单的实例，具体介绍时间轴的用法。

6.3.2　创建时间轴动画

时间轴动画一般是通过控制层来实现图像、文本或其他对象活动的。将图像或文本插入层中，通过时间轴控制层的变化，就能制作出图像、文本或其他对象的动画效果。

例如要设计一幅图像从网页的一边移动到另一边，可以按下面的应用实例来完成操作。

例 6.2 制作一个使图像文件 bird.jpg 从屏幕左边移动到右边的动画。

完成本例的操作步骤如下：

(1) 新建一个页面，设置背景图像 bg0026.jpg。

(2) 选择【窗口】|【时间轴】命令，或按 Alt + F9 组合键，打开【时间轴】面板。

(3) 单击【插入】栏的【布局】选项中的按钮，插入一个层。

(4) 单击【插入】栏的【常用】选项中的按钮，在层中插入 img 文件夹中的图像文件 bird.gif。

(5) 选中该层，并将其拖动到【时间轴】面板中去。在【时间轴】面板中形成一段 15 帧的动画条，如图 6-11 所示。

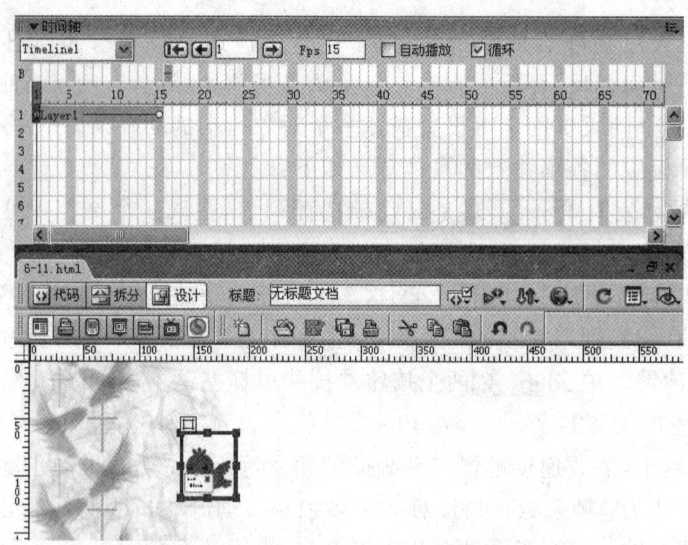

图 6-11 创建时间轴动画条

(6) 选中时间轴中第 15 帧，将红色当前帧标记移到该帧，然后将层从页面左边移动到页面右边，此时可以看见网页中出现了一条水平移动的轨迹，如图 6-12 所示。

(7) 选中时间轴上方的【自动播放】和【循环】复选框，此时在动画条最后一帧的后一帧上附加了返回第一帧的行为。

(8) 保存页面后，选择【文件】|【在浏览器中预览】|【iexplore 6.0】命令，或按功能键 F12 预览页面。可以看到带有小鸟图像的层在页面中不断从屏幕左边移动到右边。

在图 6-12 所示的【时间轴】面板中，动画条的第一帧和最后一帧都标有一个小圆圈，这个圆圈被称为关键帧。关键帧是动画条中一种被定义特有属性的帧，如对象在网页中的位置、对象显示的时间等。在 Dreamweaver 8 中制作简单的时间轴动画时，设计者只需定义起始位置和结束位置的两个关键帧的属性，两个关键帧之间其他帧的属性由 Dreamweaver 8 自动设置。

设计者可用鼠标指针拖曳最后一个关键帧来改变动画条的长度，或直接拖曳动画条改变动画开始或结束的时间。

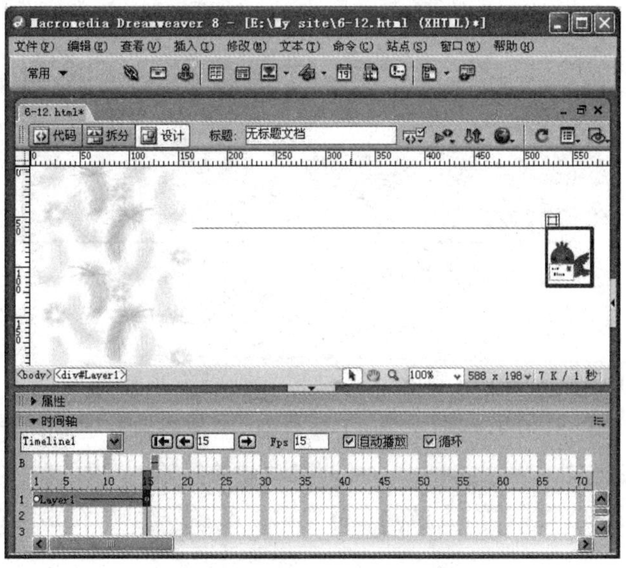

图 6-12 生成动画轨迹示意图

6.3.3 生成和编辑动画路径

上节所述的例子只是一种沿着直线运动的动画。Dreamweaver 8 允许设计者对动画的直线路径重新修改编辑，利用插入关键帧的方法来实现更为复杂的动画路径。

在设置了时间轴动画的基本状态之后，可利用【时间轴】面板增加、减少动画的帧，增加、减少动画的关键帧，修改对象运动的轨迹，改变动画的开始时间，等等，其操作步骤如下：

(1) 通过拖曳动画条结束帧标记，可以增加动画的帧，用同样的方法可以减少动画的帧。此时所有关键帧之间的相对位置不变，即动画均匀调整。例如，给前面例题增加 30 帧，只需拖曳动画条右侧结束帧标记至标尺 45 帧处即可，如图 6-13 所示。

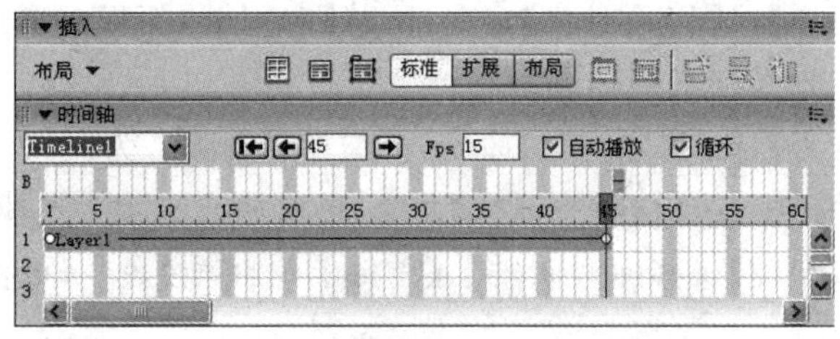

图 6-13 【时间轴】面板增加帧示意图

(2) 分别选中时间轴面板中的第 10、20、30、40 帧，右击，选择快捷菜单中的【增加关键帧】命令，或单击时间轴面板右侧 按钮，选择【增加关键帧】命令，在动画条中的第 10、20、30、40 帧处增加关键帧，如图 6-14 所示。

(3) 如果在当前动画条上已经插入了关键帧，在增加或减少动画的帧时不希望调整其他关键帧的位置，可在拖动结束帧标记时按住 Ctrl 键，此时动画条中关键帧的位置

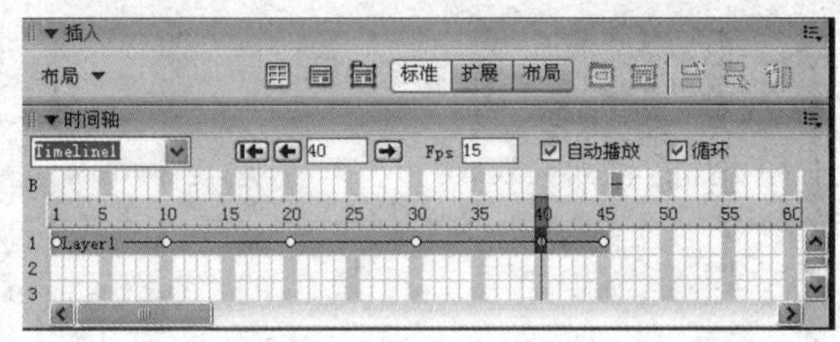

图 6-14 【时间轴】面板增加关键帧示意图

不变。

(4) 通过拖动关键帧标记可调整该关键帧在画面上出现的时间。例如,在上例中按住 Ctrl 键将原来的第 20 关键帧拖至第 15 帧位置,则层对象在运动时会前快后慢。

(5) 通过直接向左、右拖曳动画条,可调整动画的开始、结束的时间。例如,原来动画自第 1 帧开始,至第 15 帧结束,通过向右拖曳动画条,可使动画在第 5 帧开始,在第 20 帧结束。

(6) 要移动整个层对象和运动轨迹。可单击动画条上任意非关键帧处,选中整个动画条,然后单击层控制柄口拖动该对象,可移动整个动画对象和其运动的轨迹。

(7) 要在网页中增加动画对象,实际上就是在【时间轴】面板中增加动画条,可右击,在快捷菜单中选择【增加时间轴】命令;也可在选择【修改】|【时间轴】|【增加对象到时间轴】命令;还可选中某个层对象后,直接将其拖至【时间轴】面板中。

(8) 利用插入的关键帧可将动画直线运动的轨迹改为曲线运动。分别选中时间轴面板中的动画条的第 10、20、30、40 关键帧,然后拖曳层控制柄口,改变层对象的运动轨迹,如图 6-15 所示。按功能键 F12 预览网页,小鸟的图像将沿新轨迹上下运动,在层对象的运动轨迹拐角处就是关键帧所处的位置。

(9) 选中对象后右击【时间轴】面板,然后从弹出的快捷菜单中选择下述命令,可完成相应的操作如下:

① 选择【添加对象】或【移除对象】命令,可从【时间轴】面板中增加或删除对象,实际上就是增加或删除该对象所对应的动画条。

② 选择【添加行为】或【移除行为】命令,可增加或删除行为。

③ 选择【增加关键帧】或【移除关键帧】命令,可增加或删除关键帧。

④ 选择【增加时间轴】、【移除时间轴】、【重命名时间轴】命令,可对时间轴完成增加、删除或改名的操作。

(10) 预览网页后,将文件以 exa6-2. htm 为名保存在 My site 文件夹中。

从本例可以看出用时间轴技术制作的动画操作比较简单,设计者不必设置每一帧的属性,而只要设置关键的几个帧即可确定对象运动的轨迹。关键帧之间的帧被称为中间帧(或普通帧),它们的状态由系统自动产生。要注意的是,时间轴动画不是所谓的 GIF 动画,而是真正用 Java Script 代码编写的动画。

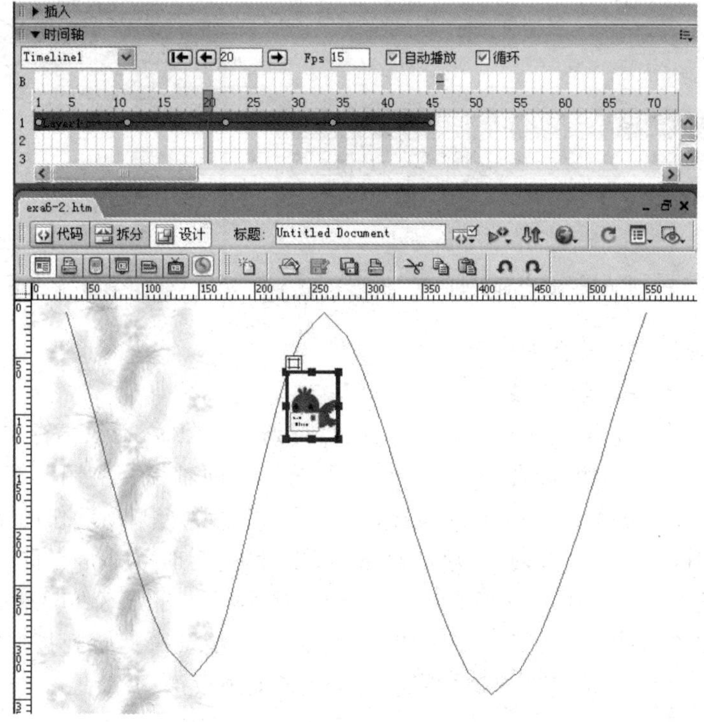

图 6-15　改变时间轴轨迹的页面

6.3.4　在时间轴中加入行为

在 Dreamweaver 8 中，可以给时间轴的某些帧附加行为，然后用时间轴便可控制动画对象的动作。在动画运行到附加行为的某帧位置时，自动执行该行为对应的动作，从而可制作出很多有趣的效果。例如在上面例题中，动画运动到某帧时播放音乐，动画运动到某帧时隐藏或显示层，在时间轴的某些关键帧上附加相应的行为，便可完成所述的功能。下面通过应用实例来说明在时间轴中加入行为的操作。

例 6.3　在上面例题的第 5 帧处播放声音 Applause. wav；在第 15 帧处隐藏动画对象；在第 36 帧处显示动画对象。

完成本例的操作步骤如下：

(1) 单击要附加行为的第 5 帧，将其选中。再单击【时间轴】面板右上角的按钮，打开时间轴的菜单，在菜单中选择【添加行为】选项，打开【行为】面板。

(2) 在【行为】面板上单击按钮，打开动作菜单。选择【播放声音】动作，此时系统将打开【播放声音】对话框，如图 6-16 所示。

(3) 单击【浏览】按钮，选择 music 文件夹中声音文件 Applause. wav，然后单击【确定】按钮，返回【行为】面板，此时可以看到新加入的行为。在【行为】面板的事件列中，可以看到该行为响应的事件为 onFrame5，表示当动画播放到第 5 帧时事件得到响应，触发动作播放声音，如图 6-17所示。切换到【时间轴】面板，可以看到在附加行为后，行为通道上

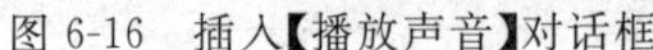

图 6-16 插入【播放声音】对话框

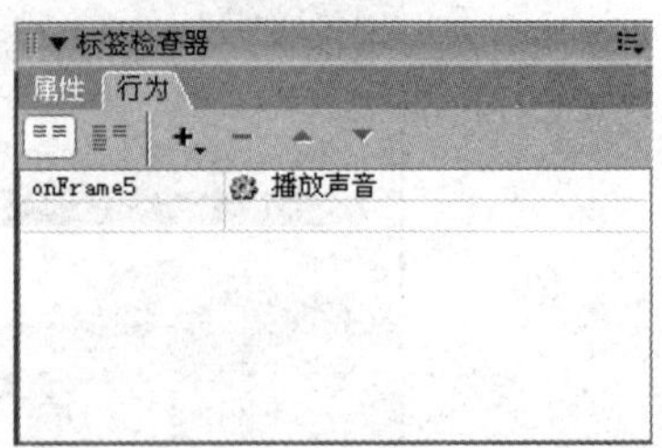

图 6-17 添加新行为后的【行为】面板

的第 5 帧处出现浅蓝色的行为标记。

(4) 设置完毕,单击【确定】按钮。

(5) 按功能键 F12 浏览网页页面,当动画运行到第 5 帧时,播放声音文件。

通过上面的应用实例,读者想必已经明白行为和时间轴综合应用的特点了。行为实际上是事件(event)与动作(action)的联合,事件用于指明执行某项动作的条件和方式,如鼠标指针移到对象上方、离开对象、单击对象、双击对象、定时等都是事件;动作实际上是一段执行特定任务的预先写好的 JavaScript 代码,如打开窗口、播放声音、停止 Shockwave 电影等都是动作。用时间轴控制动画行为,使动画运行到指定帧这个事件被响应时,触发某个动作,从而实现较为复杂的交互式动画效果。

6.4 用时间轴改变图像和层的属性

用时间轴除可以控制层的位置变化以外,还可以替换图像,改变层的可见性,层的叠放次序和层的大小等属性。动画对象的这些属性变化,主要是通过在不同的关键帧上设置对象的不同属性来实现的。

6.4.1 用时间轴控制层的可见性

动画在播放过程中,可在时间轴的关键帧上设置层的显示属性来改变层的可见性,或者在关键帧处添加隐藏或显示层的行为,从而使浏览网页时,动画对象产生时隐时现的效果。下面通过应用实例来说明用时间轴控制层的可见性。

例 6.4 在 6.3.3 节小鸟动画的例题中(如图 6-15 所示),第 15 帧处隐藏动画对象,第 36 帧处显示对象,动画对象循环播放 5 次后停止。

完成本例的操作步骤如下:

(1) 选择【文件】|【打开】命令,打开文件 exa6-2.htm。

(2) 选择【窗口】|【时间轴】命令,或按快捷键 Alt + F9,打开【时间轴】面板。

(3) 选中要附加行为的第 15 帧,再单击时间轴面板右上角的按钮,打开时间轴的菜单,在菜单中选择【添加行为】命令,打开【行为】面板。

(4) 在【行为】面板中单击按钮,打开附加动作菜单。选择【显示-隐藏层】动作,此时系统将打开【显示－隐藏层】对话框，单击【隐藏】按钮，隐藏层对象 Layer1。

(5) 用上述步骤(3)、步骤(4)同样的方法对第 36 帧设置显示层的行为。

(6) 选中【时间轴】面板上的【循环播放】的选项，此时在动画条结束帧的后一帧上附加了【转到时间轴帧】行为。在【行为】面板中双击该行为，系统弹出【转到时间轴帧】对话框，在【循环】文本框中输入 5，表示循环 5 次。利用【转到时间轴帧】行为，可以实现直接跳转到时间轴动画上的某一个帧所在的位置，如图 6-18 所示。

图 6-18 【转到时间轴帧】对话框

在【循环】文本框中，可以输入当前帧到【转到帧】文本框中输入的帧之间循环播放的次数，如果不输入数据，表明一直循环播放。值得注意的是，只有当将该行为附加到时间轴上时，才可以在这里输入循环次数，否则这里必须保留空白。

(7) 设置完毕，单击【确定】按钮。按功能键 F12 浏览网页页面。

(8) 将文件以 exa6-3.htm 为名保存在 My site 文件夹中。

本例是对层添加了显示、隐藏行为，另外一种处理方法是在关键帧处，设置层的显示、隐藏属性，也可以使网页中的对象有相同的效果。

6.4.2 用时间轴控制图像替换

在浏览网页时，经常可以看到网页中有些图片像幻灯片一样，随着时间的推移不断地交替变化。下面通过应用实例来介绍用时间轴控制图像轮流替换的方法。

例 6.5 制作一个网页页面，页面上的四幅图像轮流显示，如图 6-19 所示，每隔 2/3 秒钟显示其中一幅图像。

完成本例的操作步骤如下：

(1) 新建一个页面，设置背景图像 bg0006.jpg。

(2) 选择【窗口】|【时间轴】命令，或按 Alt ＋ F9 组合键，打开【时间轴】面板。

(3) 单击【插入】栏的【常用】选项中的按钮，在层中插入 img 文件夹中的图像文件 shu2.jpg。

(4) 选中图像，将其拖入【时间轴】面板。

(5) 将时间轴动画条增加至 40 帧，并在 10、20、30 帧处设置关键帧。

(6) 分别选中第 10、20、30 帧，在【属性】面板的【源文件】文本框中，输入该关键帧处替换图像的路径和文件名。在第 10、20、30 帧 3 个关键帧处的替换图像文件分别是 img 文件夹中的 shu3.jpg、shu4.jpg、shu1.jpg 文件。

(7) 设置完毕，按功能键 F12 浏览网页页面。

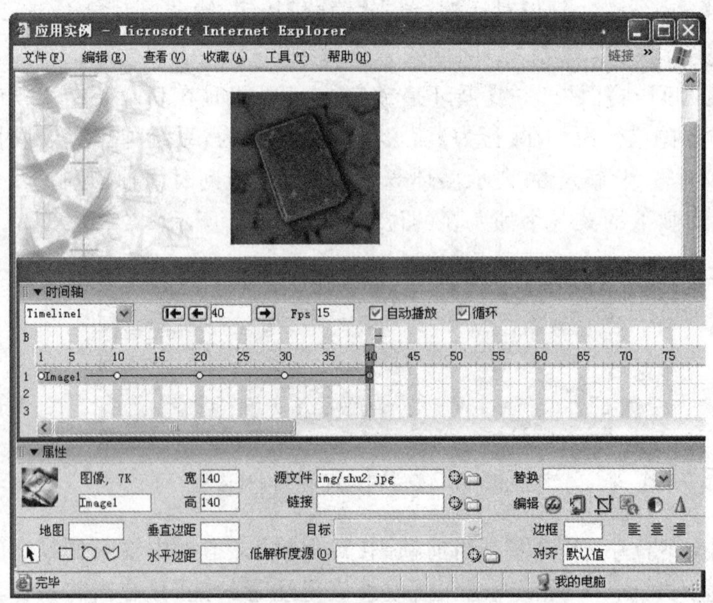

图 6-19　用时间轴控制图像替换示意图

(8) 将文件以 exa6-4.htm 为名保存在 My site 文件夹中。

6.4.3　用时间轴改变层的大小

改变时间轴关键帧处的图像属性,不但可以控制图像替换,制作出不同图像在页面上轮流显示的效果;而且还可以通过改变时间轴关键帧处层的属性,来改变层的大小,制作出动感效果。下面通过应用实例来介绍用时间轴改变层的大小。

例 6.6　制作一个网页页面。浏览网页时,网页页面的左边缓慢显示出红色线条,线条的高度为 10 像素。

制作分析:

在网页上绘制 10×10 像素的层,并设置层的背景颜色,将该层添加到时间轴面板中,延长动画条至 100 帧。每间隔 5 帧插入一个关键帧,在每个关键帧处改变层的属性,层的高度不变,宽度依次增加 50 像素,从而使得随着时间轴动画播放,网页出现动感效果。

操作步骤:

(1)新建一个页面,设置背景图像 bg0006.jpg,背景图像设置为纵向重复,并设置其他必要的网页页面属性。

(2)在网页上插入一个大小为 10×10 像素的层。选中层,在【属性】面板中设置层的【背景颜色】为#FF0000(红色)。

(3)选择【窗口】|【时间轴】命令,或按 Alt+F9,打开【时间轴】面板。

(4)单击【时间轴】面板右上角的按钮,打开时间轴的快捷菜单,在快捷菜单中选择【添加对象】命令,添加时间轴动画条。用鼠标拖曳动画条最后一个关键帧,使动画条的帧增加至 100 帧,如图 6-20 所示。

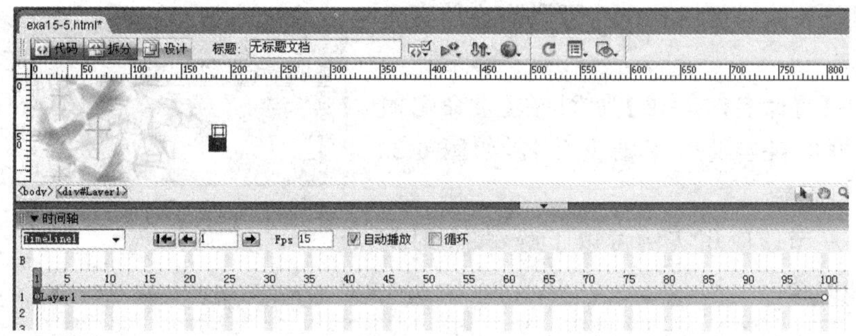

图 6-20　在网页中插入层和创建时间轴动画条

(5)在动画条上每隔 5 帧设置一个关键帧。

(6)分别选择第 5、10、15、20、25…100 关键帧,然后在【属性】面板上,设置每个关键帧处层的属性,层的【高】为 10 像素,【宽】的值为每个关键帧递增 50 像素,如图 6-21 所示。

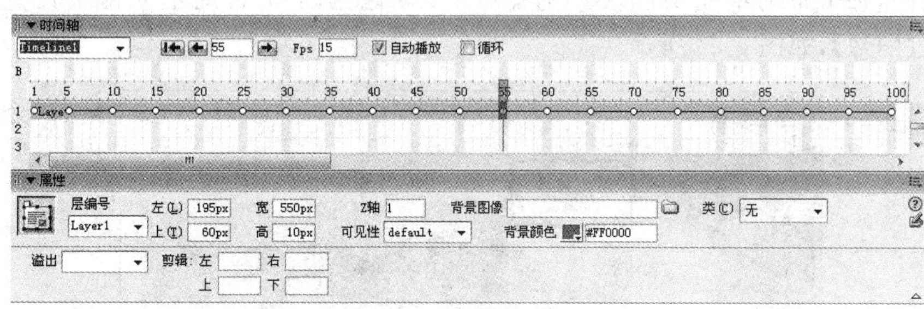

图 6-21　添加动画条和关键帧

(7)选中【时间轴】面板上【自动播放】复选项。

(8)设置完毕,按功能键 F12 浏览网页页面,红色矩形线条缓慢地在页面上画出。

(9)将文件以 exa6-5. html 为名保存在 My site 文件夹中。

上述例子是在一个时间轴中加入一个动画条,在实际用中也可根据需要在一个时间轴中加入多个动画条,并可用鼠标拖曳某个动画条来改变某一动画对象播放的先后时间。

6.4.4　多条时间轴的管理

在一个网页页面中设计者可以用一个时间轴管理多个动画(即每个动画由一个动画条控制),但是如果在同一个网页页面中的动画过多或动画类型不同,则可用多个时间轴分别控制多个不同的动画。

添加、删除和重命名时间轴的操作步骤如下:

(1) 选择【窗口】|【时间轴】命令,或按 Alt ＋ F9 组合键,打开【时间轴】面板。

(2) 单击【时间轴】面板右上角的▤按钮,打开时间轴的菜单,在菜单中选择以下命令分别完成不同的任务。

① 选择【添加时间轴】命令,可添加时间轴,然后在新的时间轴中添加管理动画的动画条。

② 选择【移除时间轴】命令，可删除当前选中的时间轴。

③ 选择【重命名时间轴】命令，在【重命名时间轴】对话框中对当前时间轴重命名，如图 6-22 所示。

图 6-22 【重命名时间轴】对话框示意图

通过下一节的应用实例可以了解，多个时间轴和多个动画条的应用。

6.5 行为和时间轴的应用实例

这是一个行为、时间轴和鼠标经过图像的综合应用实例，在网页中创建一个 2 行 2 列的布局表格，每个布局单元格的大小为 150×100 像素，4 个布局单元格中设置了 4 幅【鼠标经过图像】，如图 6-23 所示。

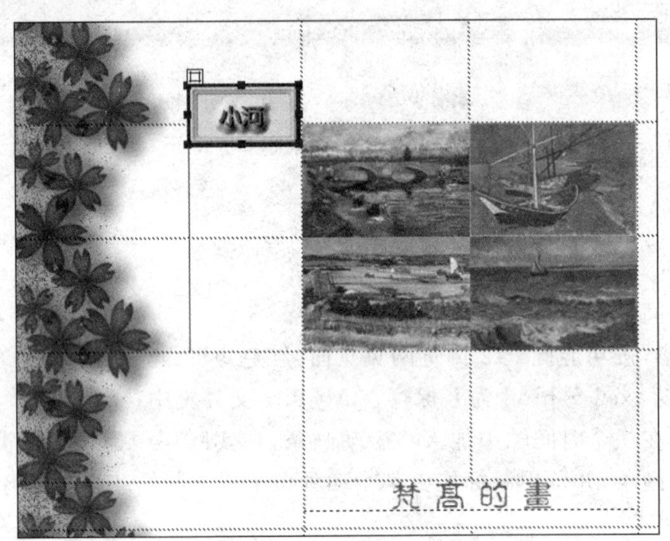

图 6-23 应用实例示意图

在网页中插入一个带有 anniu. gif 图像的层，这个层围绕 4 幅【鼠标经过图像】组成的矩形运动，当这个层在矩形的某一条边上运动时，相对应的 1 幅【鼠标经过图像】就发生翻转。预览网页后，以 exa6-6. htm 为文件名将文件保存在 My site 文件夹中。

制作分析：

在 4 幅【鼠标经过图像】组成的矩形的 4 条边上，创建带有 anniu. gif 图像的层的时间轴动画。该层在围绕 4 条时间轴轨迹运动，并给这个层附加行为。当该层运动到当前时间轴的最后一帧时，触发对应的【鼠标经过图像】还原的动作【恢复交换图像】；当层运动到当前时间轴的第一帧时，触发对应的【鼠标经过图像】的动作交换图像。

完成本例的操作步骤如下：

(1) 新建一个页面，设置背景图像 bg0000.jpg，以 exa6-6.htm 为名将文件保存在 My site 文件夹中。

(2) 单击【插入】栏【布局】选项中的【布局模式】按钮，将网页编辑方式切换成【布局视图】模式。绘制大小为 150×100 像素的 2 行 2 列的布局单元格，如图 6-23 所示。

(3) 选择【插入】|【图像对象】|【鼠标经过图像】命令，在 4 个布局单元格中插入 img 文件夹中的原始图像文件 tu1_1.jpg、tu2_1.jpg、tu3_1.jpg、tu4_1.jpg 和翻转图像文件 tu1.jpg、tu2.jpg、tu3.jpg、tu4.jpg，如图 6-23 所示。

(4) 在 4 幅【鼠标经过图像】组成的矩形 4 条边上，创建 4 条时间轴动画条，动画对象为带有 anniu.gif 图像的层，并在矩形 4 条边的合适位置上创建运动轨迹，如图 6-24 所示。

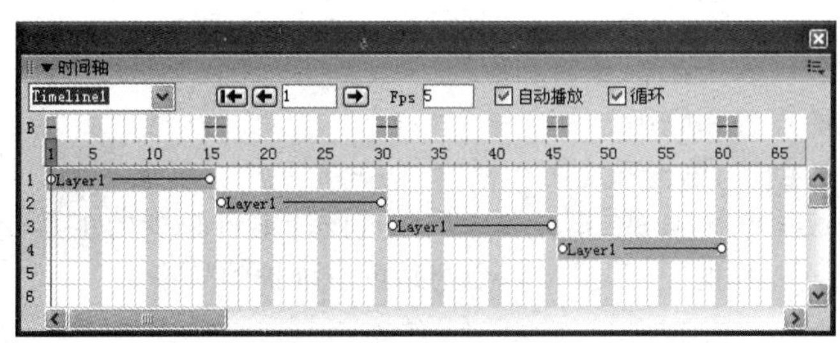

图 6-24 应用实例的时间轴示意图

(5) 选中第 1 条时间轴动画条的第 1 帧，在快捷菜单中选择【增加行为】命令，添加行为【事件】为：OnFrame1，【动作】为：【交换图像】。

(6) 双击该行为，在弹出的【交换图像】对话框中设置参数，如图 6-25 所示。在【图像】文本框中显示了当前网页中的所有图像名，选中第 1 幅图像 Image 1，并在【设定原始档为】文本框中输入该图对应的【交换图像】的文件名和路径，单击【确定】按钮确认。

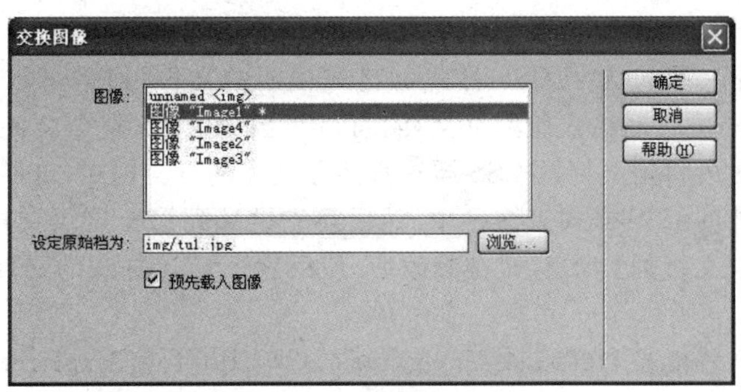

图 6-25 【交换图像】对话框

(7) 选中该动画条的最后一帧，在快捷菜单中选择【增加行为】命令，添加行为，【事件】为：OnFrame15，【动作】为：【恢复交换图像】。

(8) 用同样的方法为其他轨迹的动画条设置相应的行为。

(9) 选中时间轴面板中【自动播放】和【循环】的复选项，自动和循环播放时间轴动画。

(10) 预览网页文件后，以 exa6-6.htm 为文件名将文件保存在 My site 文件夹中。

第 7 章 层叠样式、模板与库

知识点

- 层叠样式表(CSS)创建、编辑和应用
- CSS 滤镜的设置和应用
- 模板和库的创建、编辑和应用

在 Dreamweaver 8 中,样式、模板和库是网页设计不可缺少的工具,它们可以统一网页的风格,节省页面制作的时间,提高整个网站更新维护的效率。

7.1 层叠样式表概述

样式是预先定义好的、格式化网页文档的工具。本节中介绍的层叠样式表(Cascading Style Sheets,以下简称 CSS 样式表)是由 W3C(Word Wide Web Consortium)组织批准的一种网页元素定义规则,是一种可以对网页文档内容进行精确格式化控制的工具,它能够控制大多数常用的文本格式属性,如字体、大小尺寸、对齐方式等,还可以控制位置、特殊效果、鼠标翻转等很多网页元素的属性。

CSS 样式表是一个包含了 CSS 样式和格式说明的文件,通常可以存放在本地站点下。利用 CSS 样式可自动格式化网页文档,可以为部分文件、整个文件和整个网站定义样式。设计网站时可将定义好的 CSS 样式直接存储在网页文档中,也可以将 CSS 样式定义在网页文档之外的 CSS 样式表文件中,然后将它链接到多个网页文档中,完成网页的格式化。当一个定义好的 CSS 样式被修改后,使用这个 CSS 样式的网页文档的格式也都将自动更新。

CSS 样式表文件能被 Netscape Navigator 4.0 与 Internet Explorer 4.0 或更高版本的浏览器所支持。

7.2 层叠样式表的创建与编辑

在 Dreamweaver 8 中,选择【窗口】|【CSS 样式】命令,或者按 Shift+F11 组合键,也可以单击【属性】面板的【CSS】按钮,就可以打开【CSS样式】面板,如图7-1所示。使用

【CSS 样式】面板可以完成查看、创建、编辑和删除 CSS 样式的操作，并且可以将外部样式表附加到当前网页文档，完成格式化网页文档的操作。

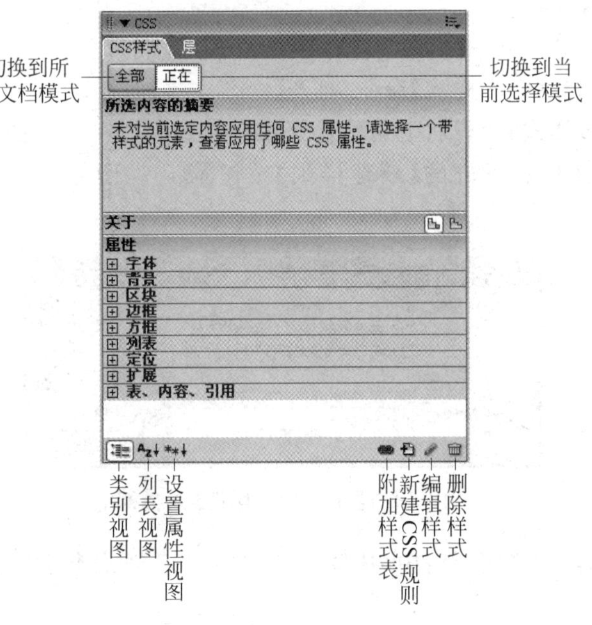

图 7-1 【CSS 样式】面板

在【CSS 样式】面板下方左下角有【类别】视图、【列表】视图和【设置属性】视图 3 个按钮，右下角有 4 个对 CSS 样式进行操作的按钮，这些按钮的作用如下：

【类别】视图：Dreamweaver 支持的 CSS 属性分为 8 个类别，字体、背景、区块、边框、方框、列表、定位和扩展。每个类别的属性都包含在一个列表中，可以单击类别名称旁边的＋或－按钮，展开或折叠这个类别。

【列表】视图：按字母顺序显示 Dreamweaver 所支持的所有 CSS 属性。

【设置属性】视图：仅显示那些已设置的 CSS 属性。

附加样式：单击此按钮，可选择一个外部样式表文件，并将其链接或导入到当前文档。

新建样式：单击此按钮，可打开【新建样式】对话框，新建一个样式。

编辑样式：单击此按钮，可打开【编辑样式】对话框，编辑制定的样式。

删除样式：选中列表中的样式后，单击此按钮可删除该样式。

7.2.1 创建 CSS 样式和 CSS 样式表

新建一个 CSS 样式，该样式的保存方式有 3 种。

(1) 仅作用于当前网页文档的 CSS 样式，则与网页文件一起保存。

(2) 存放在某个已建好的外部 CSS 样式表文件中。应先附加该样式表文件，然后将新建的 CSS 样式存放其中。

(3) 存放在一个新建的 CSS 样式表文件中。应先新建该样式表文件，然后将新建的

CSS 样式存放其中。

在【CSS 样式】面板中，设计者可以创建 CSS 样式，在一个 CSS 样式表文件中可以包含一个或多个 CSS 样式。

创建 CSS 样式和 CSS 样式表的操作步骤如下：

(1) 选择【窗口】|【CSS 样式】命令，打开【CSS 样式】面板。

(2) 单击【CSS 样式】面板右上角的快捷菜单按钮，在弹出的菜单中，选择【新建】命令，或单击浮动面板右下方的【新建样式】按钮，打开【新建 CSS 规则】对话框，如图 7-2所示。

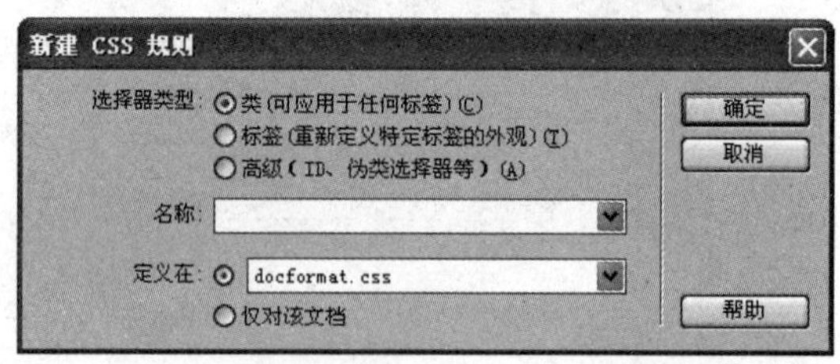

图 7-2 【新建 CSS 样式】对话框

(3) 在【选择器类型】选项组中，选择要定制的 CSS 样式类型单选项。该选项组中 3 个选项的意义如下：

① 选中【类(可应用于任何标签)】单选项后，可在【名称】下拉列表框中输入样式的名称，该名称必须以“.”开始，确认后便可以创建一个应用于文本范围和选择区域的 Class 属性的样式。

② 选中【标签(重新定义定义特定标签的外观)】单选项后，则可在【标签】下拉列表框中输入一个 HTML 标记，或从下拉列表框中选择一个标记，这样便可以重新定义定制的 HTML 标记的格式，如图 7-3 所示。

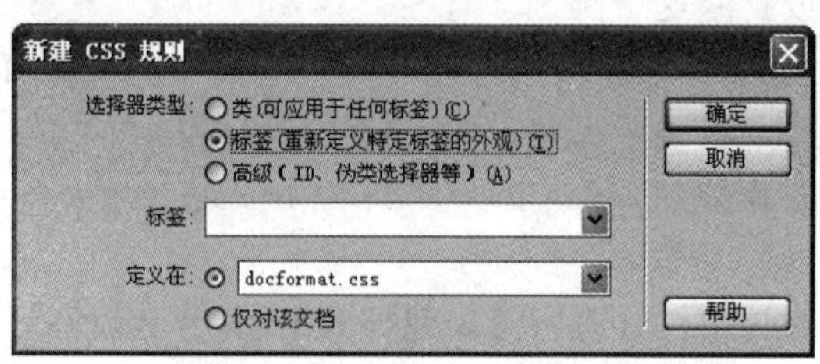

图 7-3 选择 Redefine HTML Tag 后的对话框

③ 选中【高级(ID、伪类选择器等)】单选项后，则可为特殊的标签组合或含有特定 ID 属性的标签定义样式。在【选择器】文本框中输入一个选择器的标签，或从【选择器】下拉列表框中选择一个标签，如图 7-4 所示。

如果要创建一个新样式，应选中【类(可应用于任何标签)】单选项后，在【名称】下拉列表框中输入新样式的名称。

(4) 在【定义在】选项组的下拉列表框中，选择当前要创建的 CSS 样式定义在那个样式表文件中。可以是定义在新的样式表文件中，也可以是将 CSS 样式定义在某个已经创建好的样式表文件中。

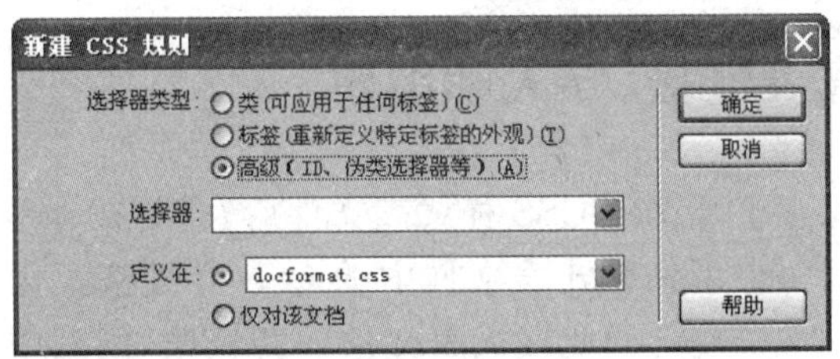

图 7-4　选择 Use CSS Selector 后的对话框

若要创建仅仅作用于当前文档的新样式，可选【仅对该文档】单选项。

(5) 完成设置后单击【确定】按钮，在【CSS 样式定义在】对话框中设置各类别的属性，如图 7-5 所示。

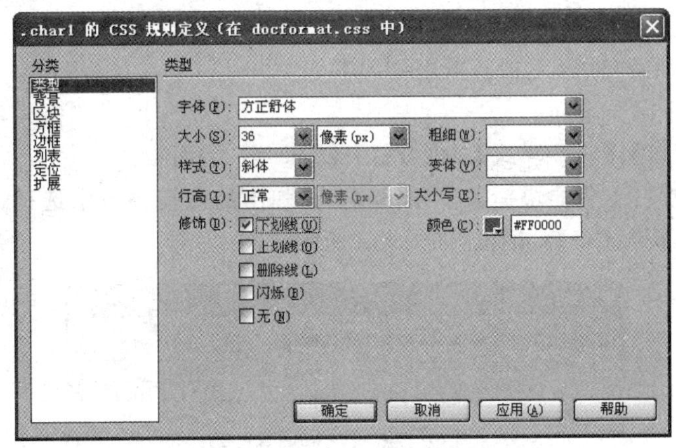

图 7-5　【定义样式】对话框

(6) 单击【确定】按钮完成样式的创建。

例 7.1　创建名为 .char1 的 CSS 样式，并将这个样式定义在新建的 docformat.css 的 CSS 样式表文件中。其参数设置：字体为“方正舒体”，大小为“36 像素”，样式为“斜体”，颜色为“#FF0000”，修饰为“下划线”。

完成本例的操作步骤如下：

(1) 选择【窗口】|【CSS 样式】命令，打开【CSS 样式】面板。

(2) 在【CSS 样式】面板中右击，打开快捷菜单，选择【新建】命令。

(3) 在【新建 CSS 规则】对话框中选择【类(可应用于任何标签)】单选项，在【名称】文本框中输入：.char1，并在【定义在】下拉列表中选择【新建样式表文件】命令。单击【确定】按钮确认。

(4) 在【保存样式表文件为】对话框中，选择【文件系统】单选项，输入新创建的 CSS 样式表文件保存的路径和文件名，CSS 样式表文件名为 docformat.css，并确定样式表文件的类型，最后确定样式表文件相对于【文档】的 URL 地址。

(5) 此时在弹出的【.char1 的 CSS 规则定义(在 docformat.css 中)】对话框中，按题意设置各项参数，如图 7-5 所示。

(6) 单击【确定】按钮完成 CSS 样式的创建。

7.2.2 外部样式表链接、导入和编辑

当设计者创建和保存了外部的CSS样式表文件后，此时在本地网站中就存在了一个CSS样式表文件。然后每个用该样式表文件中的CSS样式格式化的网页文档都可以与这个样式表文件建立一种链接。当此样式表文件一经修改，网站中所有链接到此样式表的网页都会发生相应的更新。这样就利用CSS样式表实现了对多个网页文档的进行批量修改的操作。

如果要对样式表编辑修改可以打开含有该CSS样式表的网页文档，或在当前网页文档中附加外部CSS样式表，此时在当前的网页文档中能够完成CSS样式的复制、删除、添加、修改和保存等操作。另外，也可以导出当前网页文档中存在的所有样式表，使它们成为外部独立的CSS样式表。

外部样式表的链接、导入和编辑步骤如下：

(1) 新建一个网页页面。

(2) 选择【窗口】|【CSS样式】命令，打开【CSS样式】面板。

(3) 单击面板右上角的快捷菜单按钮，在弹出的快捷菜单中选择【附加样式表】命令，打开【链接外部样式表】对话框，如图7-6所示。

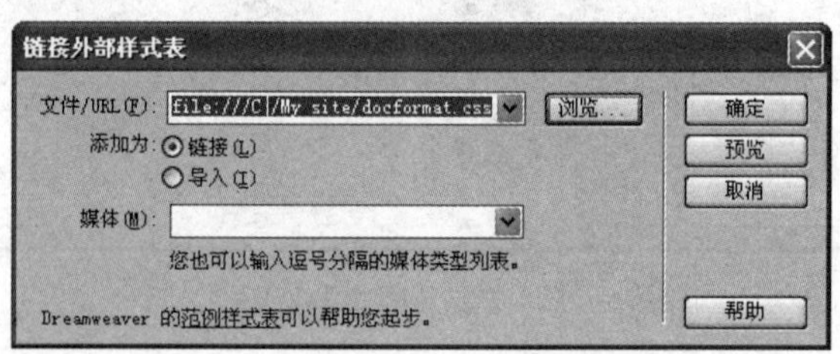

图7-6 【链接外部样式表】对话框

(4) 在【文件/URL】文本框中输入要链接或导入的样式表文件的路径和名称，或单击【浏览】按钮，在打开的【选择样式表文件】对话框中，选择要链接的CSS样式表文件，不妨假设要链接本地站点下的docformat.css文件。

(5) 在【添加为】选项组中，可选择用哪种方法调用外部CSS样式表。两个选项的意义如下：

① 选择【链接】单选项，可创建当前文档和外部样式表之间的链接，在HTML代码中创建一个link href标签，并引用已发布的样式表所在的URL。Microsoft Internet Explorer和Netscape Navigator都支持此方法。

② 选择【导入】单选项，如果是嵌套的样式表，必须使用导入指令。系统引用已发布的样式表的URL，将选中的外部CSS样式表文件导入到当前网页文档中。

(6) 通常情况下应选择【链接】单选项，选择好CSS样式表文件后，单击【确定】按钮，完成外部样式表的链接。

(7) 要对外部样式表进行编辑时，可单击【CSS样式】面板的【全部】按钮，切换到所有文档模式。在【所有规则】窗口中，展开CSS样式表，并选中要编辑的CSS样式，如选择样

式 .char1 进行编辑，如图 7-7 所示。

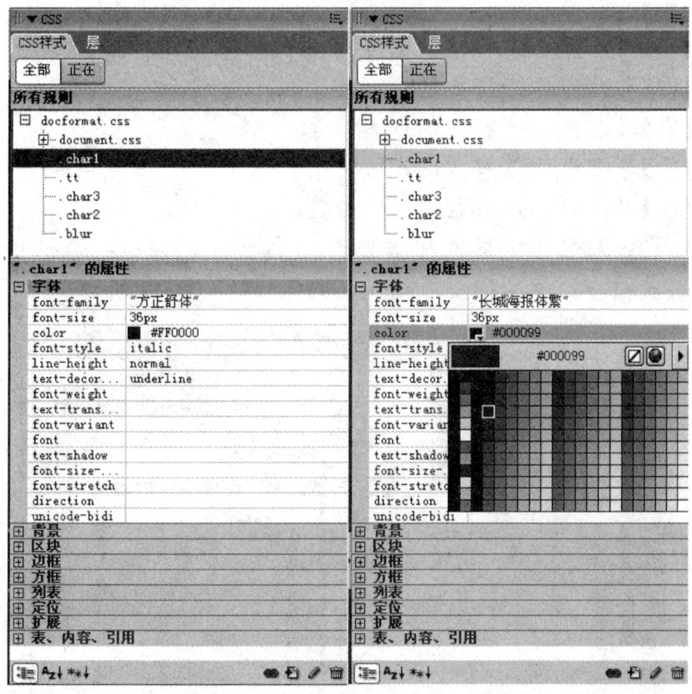

图 7-7 【.char1】属性修改前后的示意图

(8) 在【.char1 的属性】窗口中，选择要修改的颜色属性，如图 7-7 所示。也可以选中样式 .char1，右击，在快捷菜单中选择【编辑】选项，此时在弹出的【.char1 的 CSS 样式定义(在 docformat.css 中)】对话框中，修改该样式的各项参数，如图 7-8 所示。

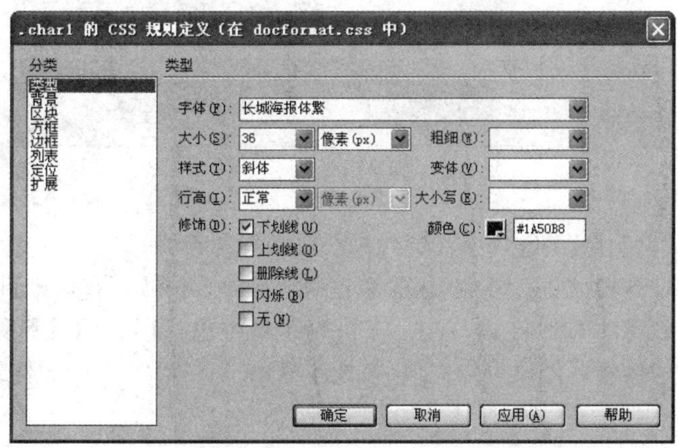

图 7-8 编辑当前 CSS 样式的对话框

(9) 在【.char1 的 CSS 样式定义(在 docformat.css 中)】对话框中，【分类】列表中显示类别的意义如下：

① 选择【类型】可设置 CSS 样式的文本类型参数。

② 选择【背景】可设置 CSS 样式的背景参数。

③ 选择【区块】可设置 CSS 样式的块参数。

④ 选择【盒子】可设置 CSS 样式的框参数。

⑤ 选择【边框】可设置 CSS 样式的边框参数。

⑥ 选择【列表】可设置 CSS 样式的列表参数。

⑦ 选择【定位】可设置 CSS 样式的定位参数。

⑧ 选择【扩展】可设置 CSS 样式的扩展参数。

(10) 当某个 CSS 样式中的属性被修改后，在网页编辑窗口中会打开该 CSS 样式表的文件，单击网页编辑窗口中的【docformat. css】标签，如图 7-9 所示。

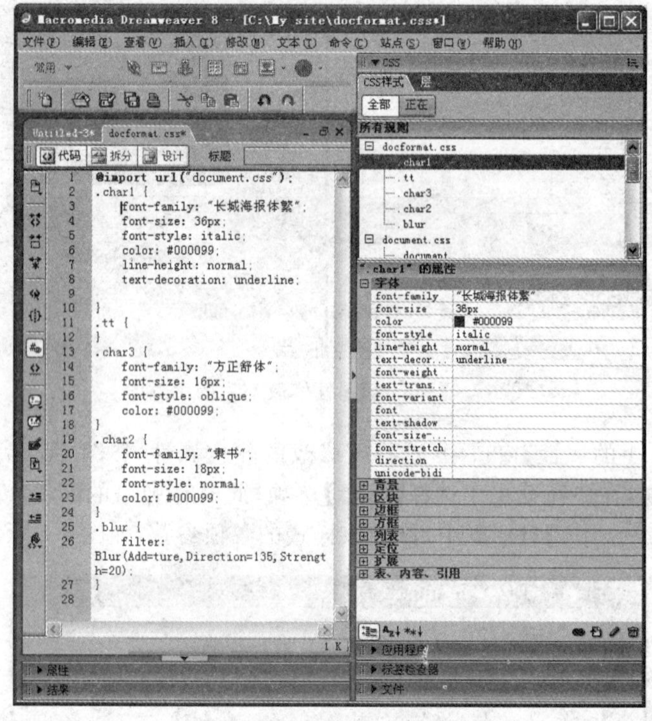

图 7-9　网页文档窗口中的 CSS 样式表文件

(11) 选择【文件】|【保存】命令，保存修改 CSS 样式后的 CSS 样式表文件。

(12) 若要对 CSS 样式进行复制、删除和重命名操作，可在【所有规则】窗口中，展开 CSS 样式表，并选中要编辑的 CSS 样式，右击，在快捷菜单中选择【复制】、【删除】和【重命名】选项，便可完成相应的操作。修改操作完成后，按步骤(10)、(11)保存 CSS 样式表文件。

7.3　CSS 样式表的应用

设计者可以利用 CSS 样式为设计的网页添加很多特殊的效果，如文字的特效、阴影；图像的淡入淡出、翻转模糊、波浪效果；鼠标指针和超级链接的各种多姿多彩的变化等，从而使设计的网页变得更加赏心悦目。

7.3.1 滤镜的概述

滤镜是 CSS 样式表中功能最丰富、效果最奇特的工具之一，调整 Dreamweaver 8 中 CSS 样式表的十几种滤镜的参数，就能在网页上制作出多姿多彩、令人炫目的各种效果。

将外部的 CSS 样式表文件链接到当前的网页文件中，或者直接在当前的网页文件中创建新的 CSS 样式表文件，然后打开【CSS 样式定义】对话框，在【分类】列表中选择【扩展】类别，在【过滤器】下拉列表框中便可对选中的滤镜设置参数，如图 7-10 所示。

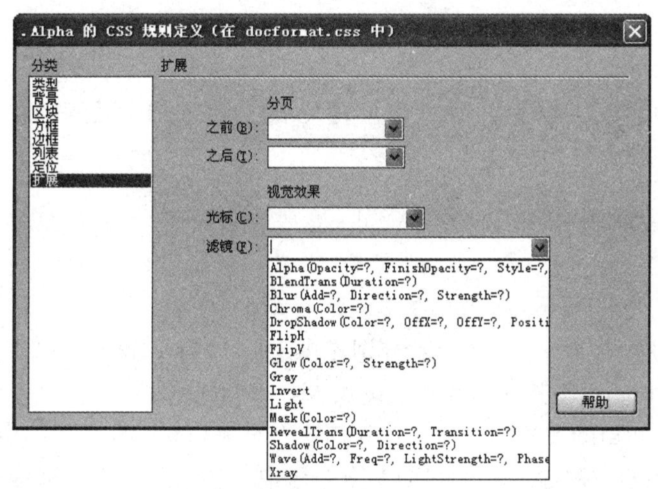

图 7-10 【CSS 样式定义】对话框

7.3.2 透明度滤镜的应用

用 Alpha 滤镜可以通过具体的数值来指定网页中对象点、线、面的透明度，使得网页中对象的透明度发生变化，制作出一些特殊的视觉效果。

Alpha 滤镜的语法是：

```
{filter: Alpha (Opacity =?, FinishOpacity =?, Style =?, StartX =?, StartY =?,
FinishX=?, FinishY=?))
```

Alpha 滤镜的参数意义如下：

① Opacity 表示滤镜作用后对象的不透明度，其值为 100 时表示对象完全不透明；其值为 0 时表示对象完全透明。

② FinishOpacity 与 Opacity 同时使用的一个参数，如果要制作出渐变的效果，就可以使用该参数来指定结束时的不透明度，其数值范围是 0～100。

③ Style 是当以上两个参数都设定后，用它指定渐变区域的形状特征。它的值为 0 表示无渐变；值为 1 表示直线渐变；值为 2 表示圆形渐变；值为 3 表示矩形渐变。

④ StartX、StartY、FinishX、FinishY 分别是渐变开始和结束的坐标值。

例 7.2 在本地站点 My site 中，分别建立 2 个名为 exa7-1.htm 和 exa7-2.htm 的网页页面，在 2 个网页上完成如下要求的操作。

(1) 为网页 exa7-1.htm 和 exa7-2.htm 分别设置页面背景图像 bg0001.jpg 和 bg0006.jpg。

(2) 在 exa7-1.htm 文档的合适位置处创建大小为 400×70 像素的层 Layer1，并在层 Layer1 中输入标题文字"书——人生的伴侣"，居中对齐。在页面合适的位置上创建大小为 400×300 像素的层 Layer2，并在层 Layer2 中插入 img 文件夹中的图片文件 shu11.jpg。

(3) 创建 CSS 样式表文件 format.css，并分别为样式.char1 和.Filter 设置下述参数。

① 【类型】中参数【字体】为：方正舒体；【大小】为：36 像素；【颜色】为：红色。

② 【扩展】中参数【过滤器】为：

```
Alpha(Opacity=100,FinishOpacity=0,Style=2,StartX=0,StartY=0,FinishX=550,
FinishY=450)
```

将 CSS 样式表文件 format.css 保存在本地站点 My site 中。

(4) 将 CSS 样式.char1 和.Filter 分别作用于层 Layer1 和 Layer2 中的对象，预览网页文档 exa7-1.htm 后，将其保存在本地站点 My site 中。

(5) 在 exa7-2.htm 文档的合适位置处创建大小为 400×70 像素的层 Layer1，并在层 Layer1 中输入标题文字"书——知识的源泉"，居中对齐。在页面合适的位置上创建大小为 400×300 像素的层 Layer2，并在层 Layer2 中插入 img 文件夹中的图片文件 shu12.jpg。

(6) 链接外部样式表文件 format.css，并修改样式.char1 中参数【字体】为：方正舒体；【大小】为：极大；【颜色】为：蓝色，保存修改的结果。

(7) 将 CSS 样式.char1 和.Filter 分别作用于层 Layer1 和 Layer2 中的对象，预览网页文档 exa7-2.htm 后，将其保存在本地站点 My site 中。

(8) 浏览 exa7-1.htm 网页页面，观察修改样式表文件后对网页文档的变化。

制作分析：

本例是要创建 2 个网页，并创建 CSS 样式和 CSS 样式表文件。在第一个网页中将新建的 CSS 样式作用于文字和图像，保存 CSS 样式表文件。在第二个网页中附加 CSS 样式表文件，修改和保存其中的 CSS 样式，并作用于第二个网页中的文字和图像。浏览第一个网页可以发现网页元素的样式已经变为修改后的样式。

本例是 CSS 样式和 CSS 样式表文件创建、编辑、应用和保存的综合性例题，在滤镜属性设置时应搞清每个参数的含义。

完成本例的操作步骤如下：

(1) 在新建的页面中按题意要求设置背景图片 bg0001.jpg，并在合适的位置上插入层 Layer1 和 Layer2。在层中分别输入标题文字"书——人生的伴侣"和 img 文件夹中的图片文件 shu11. jpg，将页面保存为 exa7-1. htm。

(2) 选择【窗口】|【CSS 样式】命令，打开【CSS 样式】面板。

(3) 单击面板右上角的菜单按钮，在弹出的菜单中选择【新建】命令，打开【新建 CSS 样式】对话框。

(4) 在【选择器类型】选项中选择【类(可应用于任何标签)】单选项；在【名称】文本框中输入 . char1 ；在【定义在】选项中，选择【新建样式表文件】单选项，单击【确定】按钮确认。

(5) 在【保存样式表文件为】对话框中，输入样式表文件路径、名称和类型，单击【保存】按钮，将样式表文件 format. css 保存在本地站点 My site 中。

(6) 在【. char1 的 CSS 规则定义(在 format. css 中)】对话框的【分类】列表中，选择【类型】选项并按题意设置参数【字体】为“方正舒体”【大小】为“36 像素”，【颜色】为“红色”，并单击【确定】按钮确认。

(7) 单击面板右上角的菜单按钮，在弹出的菜单中选择【新建】命令，打开【新建 CSS 样式】对话框。

(8) 在【类型】选项中选择【类(可应用于任何标签)】单选项；在【名称】文本框中输入 . Filter ；在【定义在】选项中，选择【format. css】单选项，并单击【确定】按钮确认。

(9) 在【. filter 的 CSS 样式定义(在 format. css 中)】对话框中，选择【分类】列表的【扩展】选项，按题意设置【过滤器】的参数为：

Alpha(Opacity = 100, FinishOpacity = 0, Style = 2, StartX = 0, StartY = 0, FinishX=550, FinishY=450)，单击【确定】按钮就建立了新的 CSS 样式。

(10) 单击网页文档窗口左上角的 format. css 标签，网页窗口切换到样式表文件 format. css 的代码视图，检查代码无误后，选择【文件】|【保存】命令，保存 CSS 样式表文件。

(11) 分别选中层 Layer1 和 Layer2 中的对象，将新建的 CSS 样式分别应用到这 2 个对象上。按功能键 F12，在浏览器中预览应用了 CSS 样式后的页面效果，并按题意保存文件。

注意：此时 exa7-1. htm 上文字颜色是红色。

(12) 按题意要求用同样的方法建立网页 exa7-2. htm，设置背景图片 bg0006. jpg，并在合适的位置上插入层 Layer1 和 Layer2。在层中分别输入标题文字“书——知识的源泉”和 img 文件夹中的图片文件 shu12. jpg，将页面保存为 exa7-2. htm。

(13) 选择【窗口】|【CSS 样式】命令，打开【CSS 样式】面板。

(14) 单击面板右上角的菜单按钮，在弹出的快捷菜单中选择【附加样式表】命令，打开【链接外部样式表】对话框。单击【浏览】按钮，在【选择样式表文件】对话框中，选中本地站点中的样式表文件 format. css，以【链接】的方式将其附加到当前页面的 CSS 面板中。

(15) 选中【CSS 样式】面板中样式. char1，右击，在弹出的快捷菜单中选择【编辑】命令，打开【. char1 的 CSS 规则定义(在 format. css 中)】对话框。

(16) 按题目要求分别修改当前样式中的文字大小和颜色的属性，并将修改后的 CSS 样式应用于 Layer1 和 Layer2 中的对象，然后单击网页文档窗口左上角的 format. css 标

签，网页窗口切换到样式表文件 format. css 的代码视图，检查代码无误后，选择【文件】|【保存】命令，保存 CSS 样式表文件。

(17) 分别浏览 exa7-1. htm 和 exa7-2. htm 网页页面，观察修改 CSS 样式表后网页文档的变化结果。

7.3.3 显示滤镜的应用

可以利用混合(blend)和显示(reveal)两种滤镜在页面上添加动人的淡入淡出、网页转换效果，前者可以使页面中的对象逐渐消失或显示，后者提供了 24 种网页转换的效果。

其语法意义如下：

```
{filter:blendTrans(duration=时间数值)}
{filter:revealTrans(duration=时间数值,transition=过渡类型)}
```

其参数意义如下：

① duration 表示滤镜执行需要的时间，单位为秒。

② transition 表示对象转换的方式，过渡类型的数值为 0～23 中的一个数值，其具体意义如表 7-1 所述。

表 7-1 transition 表示对象转换的方式

转换类型	对应代号	转换类型	对应代号
矩形从大至小	0	随机溶解	12
矩形从小至大	1	垂直向内裂开	13
圆形从大至小	2	垂直向外裂开	14
圆形从小至大	3	水平向内裂开	15
向上推开	4	水平向外裂开	16
向下推开	5	向左下剥开	17
向右推开	6	向左上剥开	18
向左推开	7	向右下剥开	19
垂直形百叶窗	8	向右上剥开	20
水平形百叶窗	9	随机水平细纹	21
水平棋盘	10	随机垂直细纹	22
垂直棋盘	11	随机选取一种特效	23

例 7.3 利用显示滤镜(RevealTrans)改变网页 exa7-1. htm 的切换效果。

完成本例的操作步骤如下：

(1) 打开本地站点中的网页文档 exa7-1. htm。

(2) 单击【插入】栏的【HTML】选项中的【Meta】按钮，或者选择【插入】|【HTML】|【文件头标签】|【Meta】命令，打开【Meta】对话框，如图 7-11 所示。

(3) 在【属性】下拉列表中选择【HTTP－equivalent】选项，在【内容】文本框中输入 Revealtrans(Transition＝23,duration＝5. 0)，表示网页切换效果的延续时间(duration)为 5 秒，网页切换效果方式(Transition)为随机特效。

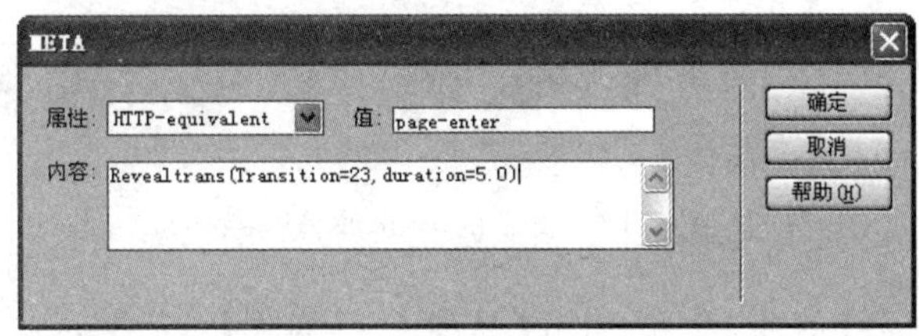

图 7-11　插入 Meta 对话框

(4) 在【值】文本框中可输入下列参数之一。

①【Page-Enter】表示进入网页切换效果。

②【Page-Exit】离开网页切换效果。

③【Site-Enter】进入站点网页切换效果。

④【Site-Exit】离开站点网页切换效果。

(5) 完成参数设置后，单击【确定】按钮，并保存网页文档。

(6) 当单击一个超级链接进入 exa7-1.htm 这个页面时就可以看到网页的切换效果了。

7.3.4　模糊滤镜的应用

模糊滤镜 Blur 是 CSS 的滤镜之一，将其应用到网页文本上可以产生出立体字的效果。模糊滤镜能为制作网页的立体字标题带来方便，与其他立体字效果的处理方法相比，能使页面的下载速度明显增快。将 Blur 滤镜应用到图片上，也能得到意想不到的效果。

模糊滤镜 Blur 的语法是：

```
{filter:Blur(Add=add,Direction=direction,Strength=strength)}
```

模糊滤镜 Blur 参数的具体意义如下：

① Add 用来指定对象的模糊效果，其值是一个可以是逻辑判断值 True(默认值)或者 False，也可以是除 0 之外的任何数值。

② Direction 用来设置模糊的方向，模糊效果是按顺时针的方向进行的，其中 0 度代表垂直向上，然后每 45 度为一个定位，该参数只有 8 个方向有效，分别是 0、45、90、135、180、225、270、315 度。

③ Strength 的数值表示模糊的宽度有多少像素，其数值是正整数，决定了模糊强度。

例 7.4　创建网页 exa7-3.htm，输入如图 7-12 所示的文字，新建 CSS 样式.blur，文本的【类型】设为"华文新魏"，颜色为＃003399，大小为 36 像素。【扩展】的滤镜设为 Blur(Add＝True,Direction＝135,Strength＝20)，并将该 CSS 样式作用于文字。

完成本例的操作步骤如下：

(1) 新建网页文件 exa7-3.htm，用布局表格和布局单元格对文字定位，在布局单元格中输入如图 7-12 所示的文字。

(2) 选择【窗口】|【CSS 样式】命令，打开【CSS 样式】面板。右击【CSS 样式】面板，在

书——人类精神的粮食

图 7-12　文字的 Blur 滤镜效果

弹出的快捷菜单中选择【新建】命令，打开【新建 CSS 样式】对话框。

(3) 在【类型】选项中选择【类(可应用于任何标签)】单选项；在【名称】文本框中输入 . Blur ；在【定义在】选项中，选择【format. css】单选项，并单击【确定】按钮确认。

(4) 在【. Blur 的 CSS 样式定义(在 format. css 中)】对话框中，选择【分类】列表的【类型】选项，设置字体为“华文新魏”，颜色为＃003399，大小为 36 像素。

(5)选择【扩展】选项，设置【过滤器】的参数为：Blur(Add＝True，Direction＝135，Strength＝20)，单击【确定】按钮就新建立了 CSS 样式. Blur。

(6) 选中布局单元格，将 CSS 样式应用到这个布局单元格上。按功能键 F12 预览，可以得到图 7-12 所示的显示效果。

7.4　模板的应用

在网页的制作过程中，常常会制作很多布局结构和版式风格相似而网页内容不同的页面，这种类型的网页每个页面都要一次次制作，不但效率低而且很乏味。Dreamweaver 8 的模板是一种预先设计好的网页样式，在制作风格相似的页面时，只要套用这种模板便可以设计出风格一致的网页。

在创建一个模板时，必须设置模板的可编辑区域和锁定区域，这样这个模板才有意义。当模板在编辑时，设计者可以修改模板的任何可编辑区域和锁定区域。而当设计者在编辑修改基于模板的网页时，只能修改那些标记为可编辑的区域，此时网页上的锁定区域是不可编辑的。

新建模板时必须明确模板是建在哪个站点中。模板文件都保存在本地站点下的 Templates 文件夹中，模板文件的扩展名为 . dwt。

任何套用了同一个模板的网页与模板本身都建立了一种链接关系，当模板改变时，所有使用这种模板的网页都将随之改变。模板技术可以帮助设计者把网页的布局和内容分离，快速制作大量风格布局相似的网页页面，这样设计出的网页更规范，设计制作和更新维护网页的效率更加高。

在本节中主要讲述创建和保存模板、改变和使用默认的模板、将模板应用于页面设计和更新整个站点等内容。

7.4.1　创建与保存模板

模板创建的方法可以是新建一个空白的模板，然后对它进行编辑后保存，也可以利用一个现成的网页，设置好可编辑区，转存为模板。

在设置模板的可编辑区域时，可编辑区域名称中不能使用以下的字符：

单引号(')、双引号(")、大于号(>)、小于号(<)、连接符(&)。

1. 新建一个空白模板

新建一个空白模板的操作步骤如下：

(1) 在网页文档窗口中先选择要创建模板的站点。选择【站点】|【编辑站点】命令，然后选择站点名。不妨选择本地站点为 My site。

(2) 选择【窗口】|【资源】命令，或按功能键 F11，可打开【资源】面板，单击面板左边的模板按钮，如图 7-13 所示。

(3) 单击【资源】面板右边的按钮，打开下拉菜单，选择【新建模板】命令。

(4) 然后在【资源】面板下方的模板列表中，输入新建模板的名字。

(5) 再单击【资源】面板右下方的按钮，在空白的模板中添加内容。不妨在模板中插入一个层。

(6) 选中该层，单击【插入】栏【常用】选项中的【模板】下拉列表的【可编辑区域】按钮，系统弹出【新建可编辑区域】对话框，如图 7-14 所示。

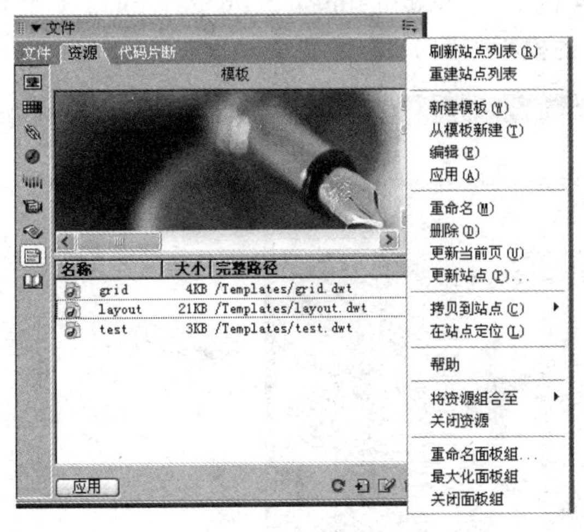

图 7-13 【资源管理】面板

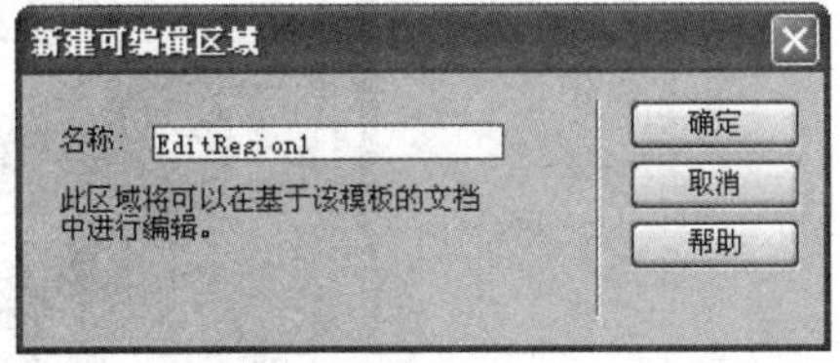

图 7-14 设置新的可编辑区域

(7) 在【新建可编辑区域】对话框的【名称】文本框中，输入可编辑区域的名字，并单击【确定】按钮确认。

(8) 选择【文件】|【另存】命令，将新创建的模板文件保存到 Templates 文件夹中。

2. 利用一个现成的网页文件来创建一个模板

利用一个现成的网页文件来创建一个模板的操作步骤如下：

(1) 选择【文件】|【打开】命令，在网页编辑窗口打开一个名为 test.htm 的文档，这是个用布局表格设计的网页，利用它来创建一个模板。

(2) 选择【文件】|【另存为模板】命令，系统弹出【另存为模板】对话框，如图 7-15 所示。

(3) 单击【站点】下拉列表右端按钮，设置该模板在哪个网站中使用。不妨假设选择的本地站点为 My site。

(4) 在【现存的模板】列表框中显示的是当前网站中已经建好的模板，在【另存为】文本框中输入新建模板的名称，不妨假设新建模板名为："Template1"。单击【保存】按钮即可保存模板。此时新建的模板文件会保存在网站根文件夹下的 Templates 文件夹中。

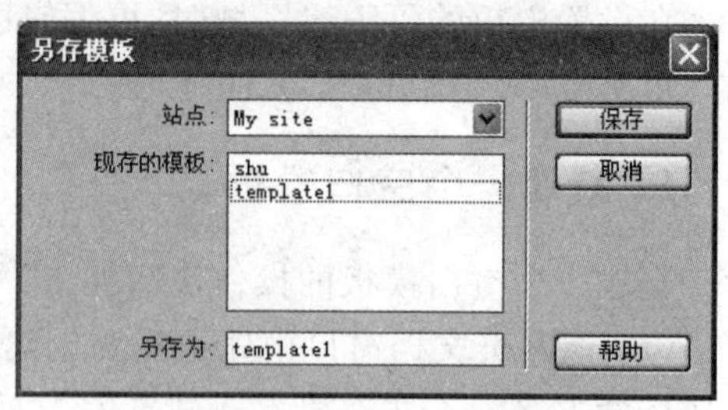

图 7-15　模板【另存为】对话框

(5) 这时该模板的所有区域都被锁定为不可编辑区，要使模板能应用于网页制作，还要在模板上设置可编辑区。

(6) 分别选中模板上的图片，本例要将它们设置成名为：image1、image2、image3、image4 的可编辑区域。

(7) 选中网页中的左边图片区域右击，在快捷菜单中选择【模板】|【新建可编辑区域】命令，在弹出的【新建可编辑区域】对话框中，如图 7-14 所示，给选中的区域设置可编辑属性，分别在【名称】文本框中输入可编辑区域的名字 image1、image2、image3、image4，然后单击【确定】按钮确认。设置完可编辑区域的模板如图 7-16 所示。

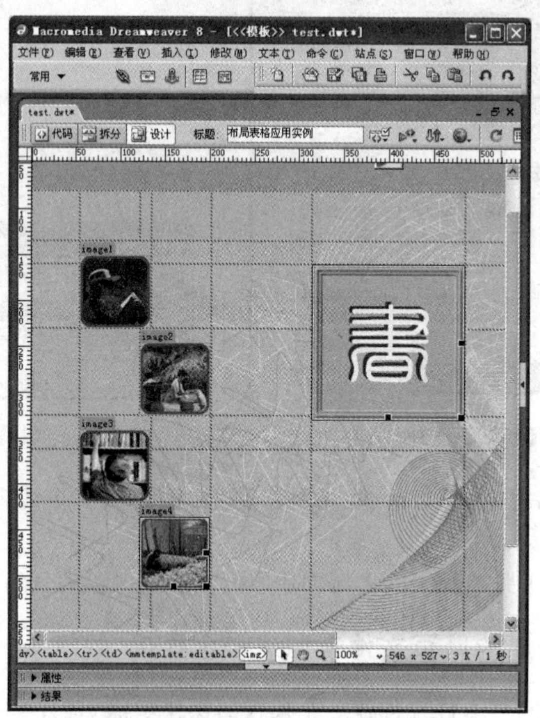

图 7-16　设置完可编辑区域的模板

(8) 选择【文件】|【另存为模板】命令，将该模板保存在本地站点中。

注意

- 对于表格布局的模板定义可编辑区域时还要注意，可将整个表格或表格的某个单元格定义为可编辑区域，但是不能同时将多个单元格定义为一个单独的可编辑区域。
- 层和层中的内容是不同的元素，设计者如果定义了层为可编辑区域，那么在编辑网页时可改变层的位置和层中的内容。设计者如果定义了层的内容为可编辑区域，那么在编辑网页时只能改变层中的内容而不能改变层的位置。

7.4.2　应用与修改模板

模板创建好后，设计者可以利用模板创建新的网页，或将模板应用到已建立的网页上。后一种方法在应用中可能会碰到诸如原网页中的模板和新模板的可编辑区域如何进行对应的问题，处理起来有些麻烦，所以比较好的方法还是利用模板来创建新的网页。

1. 应用模板制作网页

应用模板制作网页的操作步骤如下：

(1) 选择【文件】|【新建】命令，在弹出的【新建文档】对话框中，单击【模板】标签，对话框变成【从模板新建】的对话框，如图 7-17 所示。在此选项卡左侧的【模板用于】列表中，选择新建的网页页面存放的站点以及所用的模板名称，此时在右边的预览窗口中会显示选中的模板。

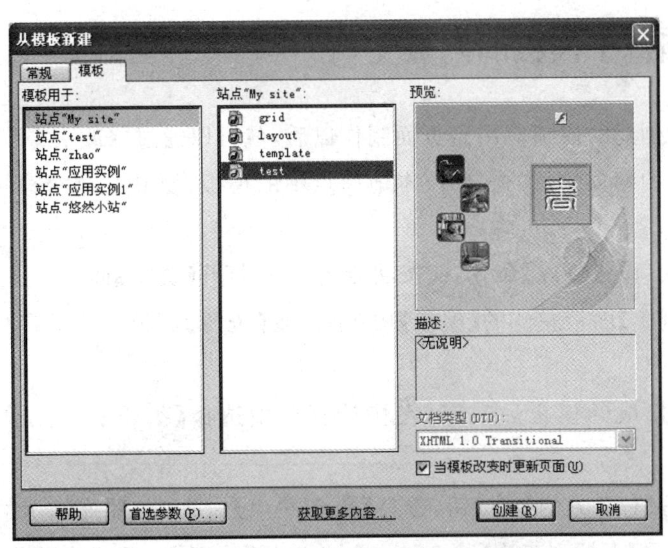

图 7-17　【从模板新建】对话框

(2) 选中【当模板改变时更新网页】的复选项，这样当模板被修改后，用此模板创建的网页也会被修改。

(3) 单击【创建】按钮，此时在网页编辑窗口建立了一个由模板生成的网页，设计者可根据需要在可编辑区域输入相关内容。

2. 修改模板

将模板应用到网页页面制作之前，或已经将模板应用于页面制作以后都可以对模板进行修改。在 Dreamweaver 8 中，当前站点的模板、链接、色彩、图片、动画、库项目等资源都存放在【资源】面板中，利用【资源】面板可以很方便地完成模板的修改操作。

模板的修改操作的操作步骤如下：

(1) 选择【窗口】|【资源】命令，或按功能键 F11，打开【资源】面板，如图 7-13 所示。

(2) 单击【资源】面板右侧的【模板】按钮，在【资源】面板下方的模板列表中选择要修改的模板。

(3) 选中要修改的模板后右击，在快捷菜单中选择【编辑】命令，便可打开要修改的模板。

(4) 在模板中要设置可编辑区域的位置上右击，选择快捷菜单中【新建可编辑区域】命令，并在【新建可编辑区域】对话框输入可编辑区域的名字，单击【确定】按钮后，便定义了一个新的可编辑区域。

(5) 要取消模板上可编辑区域的操作可先选中该区域，选择【修改】|【模板】|【删除模板标记】命令，便可取消模板上该区域的可编辑定义。

(6) 模板修改完成后，选择【文件】|【另存为模板】命令保存修改后的模板。

7.4.3 更新基于模板的网页文档

当设计者将创建的模板应用到页面制作以后，就可以通过修改一个模板，来实现修改所有应用此模板的网页的目的。修改本地站点中的模板，更新与这个模板有关的网页的操作步骤如下：

(1) 选择【窗口】|【资源】命令，或按功能键 F11，打开【资源】面板。

(2) 单击【资源】面板左侧的【模板】按钮，在【资源】面板下方的模板列表中选择要修改的模板。

(3) 选中要修改的模板后右击，在快捷菜单中选择【编辑】命令，便可对模板完成修改。

(4) 单击面板右上方的按钮，选择【更新站点】命令，在系统显示的【更新页面】对话框中，选择【查看】下拉列表为【整个站点】，并选择【更新】对象为当前模板作用的网页，并选择【显示记录】复选项，如图 7-18 所示。

(5) 单击【更新页面】对话框中的【开始】按钮，便可更新当前站点中与这个模板有关的网页。

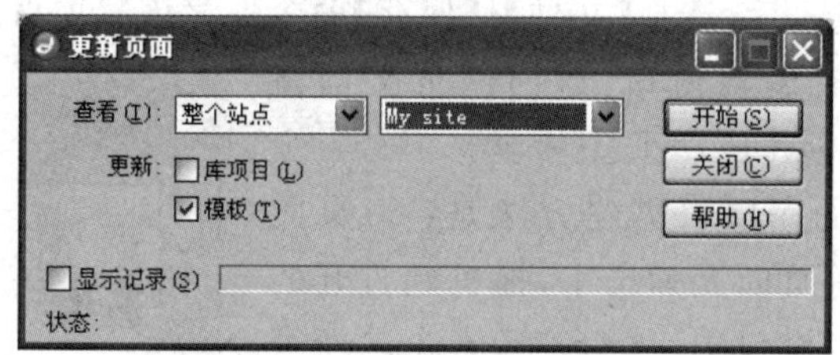

图 7-18 【更新页面】对话框

7.5 库的应用

在创建网站的过程中，不同的网页页面上可能经常会反复用到很多相同的网页元素，如图片、表格、文本、按钮、动画、Java 小程序、插件等网页元素，如果要逐一修改这些用于页面的元素是一件很麻烦的事情。

Dreamweaver 8 可以把网站页面中经常反复要用的元素存入一个库中，这些存入库中的元素称为库项目。在网页制作时可将库项目的一个副本直接插入到网页中，同时还插入了对该库项目的引用。保证了当对该库项目编辑修改后，引用该库项目的网页能自动更新。从而可以方便地实现整个网站各页面上与库项目的相关内容一次更新。

Dreamweaver 8 中的库项目和模板一样，可以规范网页格式、避免多次重复操作。它们的区别是模板对网页的整个页面起作用，库项目则只对网页的部分区域起作用。

每个网站站点可以定义不同的库，其中的库项目存放在每个站点的本地根文件夹下的 Library 文件夹中。打开该文件夹，就可对各个库项目的文件进行重命名、删除等操作。库项目文件的扩展名是 .lbi。

在本节中将介绍如何使用【库】管理窗口创建与应用一个库项目、编辑一个库项目和用库项目更新网站。

7.5.1 创建和应用库项目

创建库项目的操作比较简单，其操作步骤如下：

(1) 单击【资源】面板右边的按钮，在打开的菜单中选择【新建库项】命令，或者直接在库列表窗口中右击，在快捷菜单中选择【新建库项】命令，可创建一个库项目，如图 7-19所示。

(2) 在库列表窗口中，为新建的库项目命名。

(3) 在库列表窗口中，选中新建的库项目后单击窗口底部的按钮，或者直接双击该库项目，可以打开库项目的编辑窗口。

(4) 在该窗口中可以像编辑网页页面一样进行各种操作，可以插入文字、图片、表格等网页元素。

(5) 完成库项目输入后，选择【文件】|【保存】命令保存该库项目。

(6) 关闭该库项目编辑窗口，返回网页文档窗口，一个新的库项目便创建成功了。

另一种比较简便的库项目创建方法是：将页面中的文字、图片、按钮等页面元素选中，拖曳到打开的【资源】面板的【库】管理窗口中，并为该元素命名便可创建一个库项目。

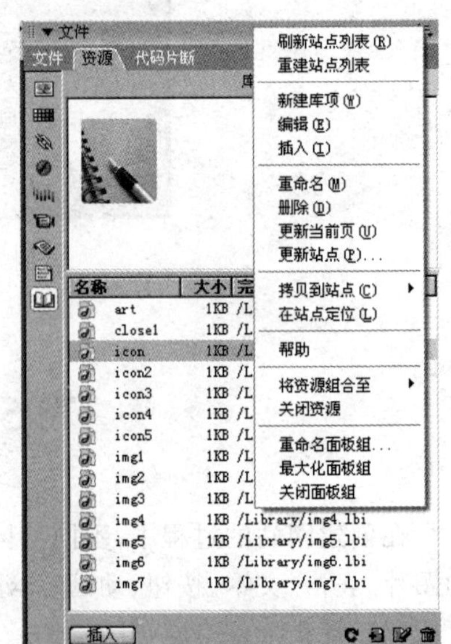

图 7-19 【库】面板

在网页中应用库项目，实际就是把库项目插入到相应的页面中，其操作步骤如下：

(1) 打开或新建一个要插入库项目的网页，将光标定位在合适的插入位置上。

(2) 选择【窗口】|【资源】命令，或按功能键 F11，打开【资源】面板。

(3) 从中选择需要插入的库项目，如“icon”，可按下述 3 种方式之一插入库项目。

① 单击【库】管理窗口右上方的按钮，选择【插入】命令。

② 或单击【库】管理窗口左下方的【插入】按钮。

③ 也可以直接拖动库项目“icon”到当前页面的插入点处。

(4) 当前网页页面将会出现“icon”这个库项目的副本。

7.5.2 编辑库项目

创建好的库项目有时会根据需要进行不同的修改，修改库项目的方法如下：

1. 重命名一个库项目

重命名一个库项目的操作步骤如下：

(1) 选择【窗口】|【资源】命令，并打开【库】管理窗口。

(2) 选中要重命名的库项目。

(3) 单击【库】管理窗口右上方的按钮，选择【重命名】命令对库项目重命名，或右击，在弹出的快捷菜单中完成库项目的重命名操作。

2. 删除一个库项目

删除一个库项目操作步骤如下：

(1) 选择【窗口】|【资源】命令，并打开【库】管理窗口。

(2) 选中要删除的库项目。

(3) 单击【库】管理窗口右上方的按钮，选择【删除】命令。在弹出的确认对话框中，单击【是】按钮，完成库项目的删除操作。

3. 修改库项目

如要对库项目进行修改，可按下述操作步骤完成操作。

(1) 选择【窗口】|【资源】命令，并打开【库】管理窗口。

(2) 在库列表窗口中，选中要修改的库项目后单击窗口底部的按钮，或者直接双击该库项目，打开库项目的编辑窗口。

(3) 在该窗口中可以像编辑网页页面一样对库项目进行修改。

(4) 完成库项目修改后，选择【文件】|【保存】命令保存该库项目，并关闭当前库项目窗口。

如果要对已插入到网页上的库项目进行修改，可按下述操作步骤完成操作。

(1) 在网页中选中已插入的库项目。

(2) 在库项目的【属性】面板中，单击【从源文件中分离】按钮，如图 7-20 所示。或者右击网页中选中的已插入的库项目，在快捷菜单中选择【从源文件中分离】命令。

图 7-20　库项目的【属性】面板

(3) 此时屏幕显示：如果将网页上该库项目从网页中分离出来的话，当以后更新库项目的时候将不会对网页上该库项目进行更新。单击【确定】按钮，将所选择的库项目从站点的库项目中分离出来。

(4) 此时在网页文档窗口中所选择的库项目已变为可编辑状态，可以直接在网页文档窗口中对其进行修改。

(5) 保存页面后，按 F12 键在浏览器中预览使用库项目创建的页面。

7.5.3　用库项目更新网站

同模板一样，当你在本地站点中对库项目进行了修改后，Dreamweaver 8 也可以一次性更新站点中所有使用这个库项目的页面，其操作步骤如下：

(1) 启动 Dreamweaver 8，定义一个本地站点，打开任意一个网页文档。

(2) 选择【窗口】|【资源】命令，或者直接使用键盘快捷键 F11，打开【资源】面板，单击面板左边的库按钮，打开【库】管理窗口。

(3) 在库列表中，选中要修改的库项目。双击该库项目，打开库项目编辑窗口，对该库项目修改。

(4) 选择【文件】|【保存】命令，保存修改后的库项目。

(5) 单击【库】管理窗口右上方的按钮，选择【更新站点】命令，系统显示如图 7-21 所示的【更新页面】对话框，单击【开始】按钮，对站点中应用该库项目的网页页面实施更新。

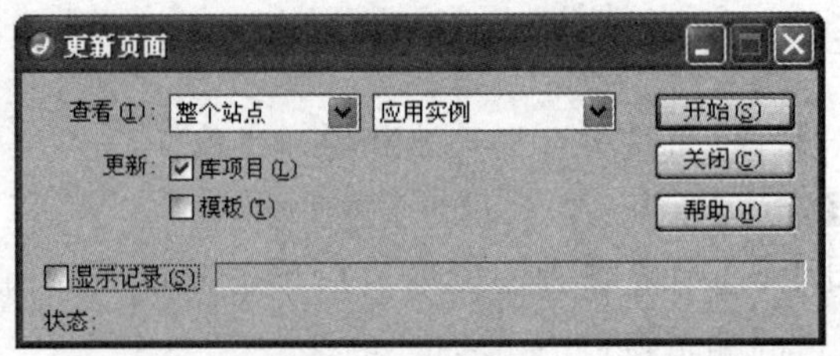

图 7-21 【更新页面】对话框

(6)【更新页面】对话框的状态框中将显示站点检查的情况，一共有多少个文档使用这个库项目、有多少个使用了这个库项目的文件被更新、有多少个使用了这个库项目的文件没被更新，以及更新整个站点所用的时间等信息。

第8章 表单及其应用

知识点

- 交互式表单的特点
- 表单及表单域的应用
- 表单应用实例

8.1 交互式表单概述

表单(Form)技术可以实现浏览者同Internet服务器之间信息的交互传送,它是网络信息收集处理的一种重要的方式。通过表单可以从网络的用户端收集信息,然后将收集来的信息经过服务器处理后再反馈给用户。无论是电子商务、网上调查,还是留言板、聊天室,都要求网页能够接收浏览者输入的信息,而表单就是网站获取用户信息最重要的手段之一。

表单有两个重要的组成部分。

1. 由Dreamweaver 8生成的表单的HTML页面。

2. 用于处理浏览者在表单域中输入的信息的服务器端应用程序或客户端脚本。

浏览者在网页上看到有关表单的页面,只是供浏览者输入信息的表单页面。当浏览者按要求在表单中填写有关信息,单击表单的递交(Submit)按钮之后,表单内容就会上传到服务器,并且由事先编好的服务器端程序来处理这些信息,最后服务器再将处理结果发送给浏览者的浏览器。由此可见,表单的应用必须依赖于服务器端脚本才能真正发挥其功能。

8.2 创建表单

表单主要的功能是接收输入的信息。浏览者输入的信息可以是多种多样的,这些不同类别的信息可以由不同的表单域分别接收。因为每个表单域对应一个项目,所以每个表单域都要添加一个标识,提醒用户在这个表单域中应该输入的内容。

在网页中创建一个表单的方法有3种。

(1) 将光标定位在要插入表单的位置上，选择【插入】|【表单】|【表单】命令，便可在网页的指定位置上插入一个红色虚线构成的表单区域。

(2) 将光标定位在要插入表单的位置上，单击【插入】栏【表单】选项中的【表单】按钮，便可在网页的指定位置上插入一个表单区域。

(3) 直接将【插入】栏【表单】选项中的【表单】按钮拖入网页文档窗口的表单插入区域。

用以上3种方法创建的表单区域，在页面上用红色虚线框表示。红色虚线框确定了当前表单的边框，这种红色边框的大小是不能被编辑的。当设计者在表单区域中插入对象后，表单的区域会自动调整其大小。

在创建表单后，就可以在表单中插入各种表单域。要在网页中插入表单域有两种方法，一种方法是利用网页文档窗口的菜单命令，选择【插入】|【表单】命令，在其级联菜单中选择相应的命令插入表单域；另一种方法是切换到【插入】栏【表单】选项，从中选择要插入的表单域。本章主要介绍直接从【表单】选项中选择有关表单域，然后将其插入到网页中。

下面先简要介绍Dreamweaver 8的表单域的作用。

① 文本字段：用来输入文字或数字。

② 文本区域：插入的文本可显示为单行、多行，但是浏览者输入文字较麻烦，故在表单中应少用文本框，尽可能使用其他的表单对象。

③ 按钮：表单中一般有两个按钮，一个是【提交】按钮，单击此按钮可把浏览者输入的信息发送给服务器；另一个是【重置】按钮，用来清除表单中的内容，把当前表单还原为初始状态。

④ 复选框：复选框可以单独使用，也可以成组使用，有选中与不选中两种状态。

⑤ 单选按钮：单选按钮常用于一组互斥选择(如"男"、"女"等)。

⑥ 单选按钮组：创建一组在表单中使用的单选按钮。

⑦ 列表按钮：常用于提交一组可供浏览者进行选择的列表选项。其表现方式为当单击它右侧的按钮时，弹出一个下拉列表。浏览者可单击列表中某一选项。它在功能上与单选按钮相似，可以提供浏览者在多个备选项中做一个选择，它占有网页的面积比单选按钮小得多。

⑧ 文件域：文件域有一个文本框和一个浏览按钮。让浏览者从本地计算机上用表单向服务器上传文件。

⑨ 隐藏域：表单的隐藏域在浏览时是看不到的，浏览者也不能执行该操作。利用隐藏域可以实现浏览器同服务器在后台不公开地交换信息。

⑩ 图片域：用于显示图片，也可用作【确认】按钮。

⑪ 跳转菜单：插入一个跳转菜单，每个菜单选项都可链接到一个网页或文件。

8.2.1 创建表单的文本框

表单中的文本框是网页中常见一种表单元素，网页中表单的文本框包括3种形式。

(1)【单行文本框】是浏览者只能输入一行信息的文本区域。

(2)【多行文本框】是可由网页设计者限定文本的行数，并决定是否显示滚动条，浏览者可在这种文本框中输入多行文本信息。

(3)【密码】文本框是一种可以让浏览者输入密码信息的文本框，输入的字符都以“＊”号显示在屏幕上。

下面将介绍创建一个带有文本框的最基本的表单，通过创建这个简单的表单来了解表单创建的过程，其操作步骤如下：

(1) 单击【插入】栏【表单】选项。

(2) 此时在【插入】栏【表单】选项中显示的各种对象，如图 8-1 所示。

图 8-1 【插入】栏【表单】选项

(3) 在网页文档窗口中，确定要插入表单的位置。

(4) 单击【表单】选项中的【表单】按钮，便可在网页编辑区中生成一个表单。此时表单被一个红色虚线框界定。单击红色虚线框，可以选中表单区域，在【属性】面板中显示了这个表单区域的属性，如图 8-2 所示。

图 8-2 表单的【属性】面板

表单的【属性】面板中各属性具体意义如下：

① 在【表单名称】文本框中输入指定表单的名称，表单的名称必须唯一。

② 在【动作】文本框中可以输入一个 URL，用来指定处理表单信息的服务端的程序。也可以输入 mailto：邮件地址，用 E-mail 方式来发送表单中的数据。

③ 在【方法】下拉列表中指定一个处理表单数据的方法，其下拉列表中的各项意义如下所述。

默认：使用浏览器的默认方式，一般为 GET 方式。

GET：表示把表单值附加到 URL，并发送给服务器一个 GET 请求。

POST：以消息方式发送表单的值，并发送给服务器一个 POST 请求。

④ 在【目标】下拉列表中指定一个窗口方式，在该窗口中显示调用程序所返回的数据。

⑤ 在【MIME 类型】下拉列表可以指定对提交给服务器进行处理的数据使用 MIME 编码类型。

(5) 将光标插入到表单内，输入标识提示文字“您的姓名：”。

(6) 单击【表单】选项中的【文本字段】按钮，就会在表单中生成一个【文本字段】表单域，如图 8-3 所示。

(7) 单击文本框表单域将其选中，此时显示【文本字段】的【属性】面板，如图 8-3 所示。

【文本字段】的【属性】面板各项属性意义如下：

① 在【文本域】文本框中输入当前表单域的名称，系统将以此名称保存文本框表单域

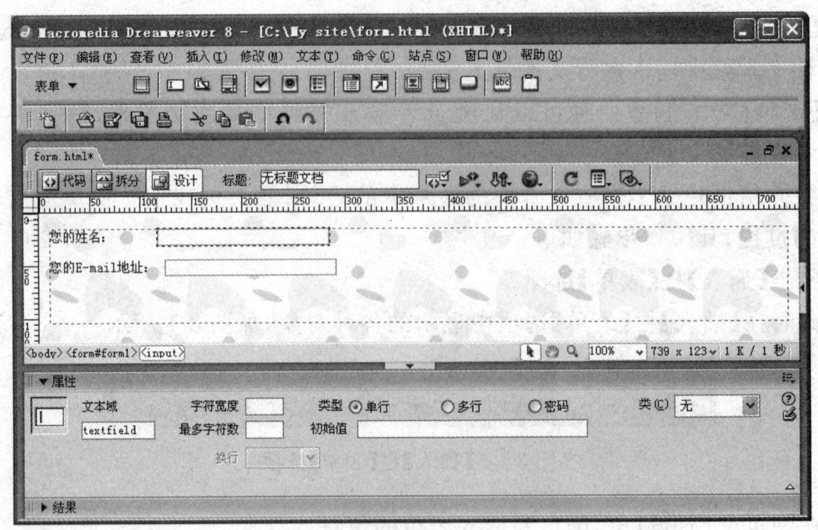

图 8-3　创建表单文本字段示意图

中的内容。

② 在【字符宽度】文本框中输入当前表单域的宽度，即设置文本框中每行所允许输入的字符数目。

③ 在【最大字符数】文本框中设置文本框表单域中最多可允许输入的字符数。

④ 在【类型】区域中确定文本框的类型，3个单项选择分别是单行、多行、密码。

⑤ 在【初始值】文本框中输入表单域的预先设置的值。

⑥ 在【换行】中设置多行文本框表单域的换行方式。当选择【类型】为多行单选项时，【换行】下拉列表就被激活，可选择设置多行文本表单域中不同的换行方式。

(8) 用同样的方法在表单的下一行生成“您的 E-mail 地址：”的文本框表单域，如图 8-3所示。

(9) 在【文本字段】的【属性】面板中的【字符宽度】文本框中输入 45。并选中单行选项，表示此文本框为单行类型。

至此，一个带有文本框的简单表单便创建成功了。

8.2.2　建立表单的单选按钮和复选框

单选按钮和复选框是表单中用得较多的元素，而且是网页设计者与浏览者进行交流的最有效的手段。

1. 创建表单的单选按钮

网页中表单的单选按钮一般都是成组出现的，在页面设计时既要为单选按钮组定义一个标识，也要为每一个单选按钮定义一个标识。创建单选按钮的操作步骤如下：

(1) 在表单的合适位置插入光标，并输入单选按钮组的标识文字，例如“性别：”。

(2) 然后单击【表单】选项中的按钮，并输入这个单选按钮的标识文字，例如

"男"。

(3) 选中这个单选按钮,打开单选按钮的【属性】面板,如图 8-4 所示。

图 8-4　单选按钮的【属性】面板

(4) 在【单选按钮】文本框中输入单选按钮的名字"性别"。并在【选定值】文本框中给单选按钮赋值"男"。

(5) 并为这个单选按钮设置初始状态,【初始状态】为【已勾选】状态。

(6) 用同样的方法添加另一个标识为"女"的单选按钮。

(7) 在【单选按钮】文本框中输入单选按钮的名字"性别"。并在选定值文本框中给单选按钮赋值"女"。

(8) 并为这个单选按钮设置初始状态,【初始状态】为【未选中】状态,如图 8-5 所示。

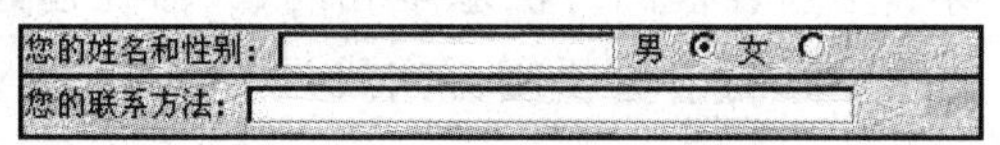

图 8-5　表单的单选按钮

2. 创建表单的复选框

网页表单中的复选框可以单个出现也可以成组出现,单个复选框可用于答案为是或否的问题,成组的复选框可用于一个或多个选项选取的问题。一般情况下,复选框组的标识文字放在复选框之前,而每一个复选框的标识文字放到复选框的后面。

当一个复选框被选中后向服务器发送什么值是一件需要认真思考的问题。服务器端必须有一个接收程序(如用 CGI、ASP、PHP 等编制的程序),用来接收表单发来的数据,并将这些数据处理后以网页的形式发送给用户端的浏览器。复选框名称和选定值的设置应该要按照服务器端接收程序的约定来完成。

下面将介绍创建复选框的过程,其操作步骤如下:

(1) 在表单的合适位置插入光标,并输入复选框组的标识文字,例如"您经常关注本网上书店的哪些栏目?"。

(2) 将光标插入到合适的位置,然后单击【表单】选项中的按钮☑,并输入这个单选按钮的标识文字,如图 8-6 所示。

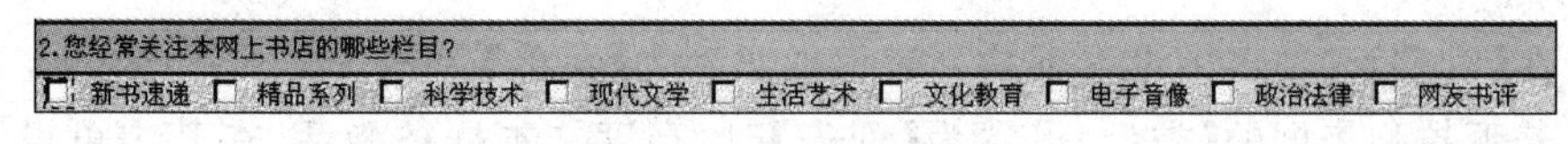

图 8-6　表单的复选框

(3) 选中该复选框,在复选框的【属性】面板中为其设置名称和赋值,如图 8-7 所示。

【属性】面板中各项参数意义如下所述。

① 在【复选框名称】文本框中,给选中的复选框起一个名字,也就是选中该复选框后

图 8-7　表单复选框的【属性】面板

向服务器发送信息时所用的变量名。

② 在【选定值】文本框中，输入选中该复选框后要向服务器发送的内容。

③ 在【初始状态】中，选中【已勾选】单选项表示该复选框初始状态已被选中。选中【未选中】单选项表示该复选框初始状态为待选状态。

复选框【属性】面板设置的参数应按照与服务器端程序的约定来完成。

8.2.3　创建表单的列表框

给表单添加列表框与下拉列表框的方法基本相同，只需在创建了空白列表后，在列表【属性】面板的【类型】中选择不同的单选项便可完成设置。选择【菜单】单选项，可创建下拉列表框；选择【列表】单选项，可创建列表框。下面来介绍创建表单的列表框方法，其操作步骤如下：

(1) 在表单的合适位置上插入光标，然后输入下拉列表框的标识文字，例如“您的职业：”。

(2) 单击【表单】选项中的按钮，此时表单的光标位置上显示一个很小的下拉列表框。

(3) 选中新建的下拉列表框，显示下拉列表框的【属性】面板，如图 8-8 所示。

图 8-8　下拉列表框的【属性】面板

【属性】面板中各项参数的意义如下：

① 在【列表/菜单】文本框中设置下拉列表框的名称。在此文本框中输入下拉列表框的名称为 select。

② 在【类型】选项区中设置下拉列表框的类型为【菜单】。

③ 若下拉列表框的【类型】设置为【列表】时，高度文本框被激活，在其中可设置该列表框可显示的行数。

④ 选中【选定范围】复选框，可将下拉列表设置成一次选择多个选项。可以通过按住 Ctrl 键，再单击选择不相邻的任意多个选项，也可以通过按住 Shift 键来选中两次单击选项之间所有连续的选项。

⑤ 单击【列表值】按钮，可以进行列表值的设置。

⑥ 在【初始化时选定】列表中，会显示通过列表值设置的列表项目文字。

(4) 在【属性】面板中单击【列表值】按钮，打开【列表值】对话框，如图 8-9 所示。

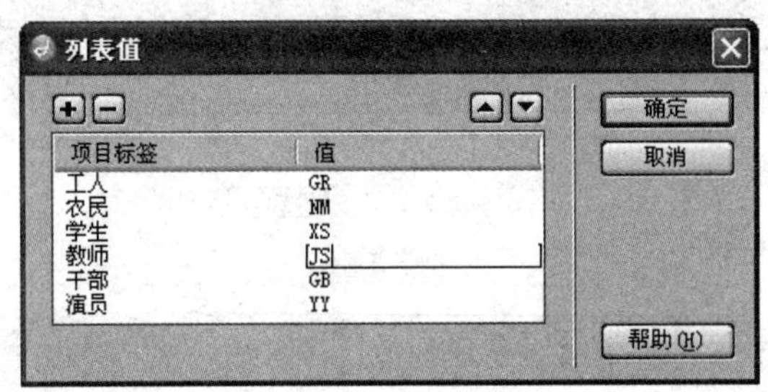

图 8-9 【列表值】对话框

(5) 单击项目标签按钮的下方，在出现的文本框中输入“工人”。

(6) 按 Tab 键或单击值按钮，在出现的文本框中输入选项的赋值“GR”。

(7) 单击按钮，重复步骤(5)、步骤(6)添加新的列表选项。

(8) 如果要删除某个选项，可以在【列表值】对话框中选中该项，然后单击按钮即可。

(9) 可用列表值对话框中的按钮调整下拉列表框的选项次序。

(10) 单击【确定】按钮，此时列表项目显示在【属性】面板的【初始化时选定】列表窗口中。

(11) 按 F12 键，在浏览器中单击下拉列表框的按钮，可以看到列表框的下拉菜单。

8.2.4 创建表单的提交和重置按钮

在网页中的表单必须添加【提交】按钮，才能将浏览者填写的信息上传到服务器。在 Dreamweaver 8 另外还设置了一个用于清除表单中填写数据的【重置】按钮。几乎所有网页中的表单都包含【提交】和【重置】按钮。在表单中创建【提交】和【重置】按钮的操作步骤如下：

(1) 在表单合适的位置上确定插入点，然后 2 次单击【表单】选项卡中的按钮。

(2) 在表单中就会生成 2 个按钮，如图 8-10 所示。

(3) 选中第 1 个按钮，在按钮的【属性】面板中设置参数。输入【按钮名称】为“Submit”；在【标签】文本框中输入该按钮上的文字“提交”；在【动作】选项组中选择【提交表单】单选项。

(4) 选中第 2 个按钮，在按钮的【属性】面板中设置参数。输入【按钮名称】为“Reset”；在【标签】文本框中输入该按钮上的文字“重置”；在【动作】选项区中选择【重设表单】单选项。添加按钮后的表单如图 8-10 所示。

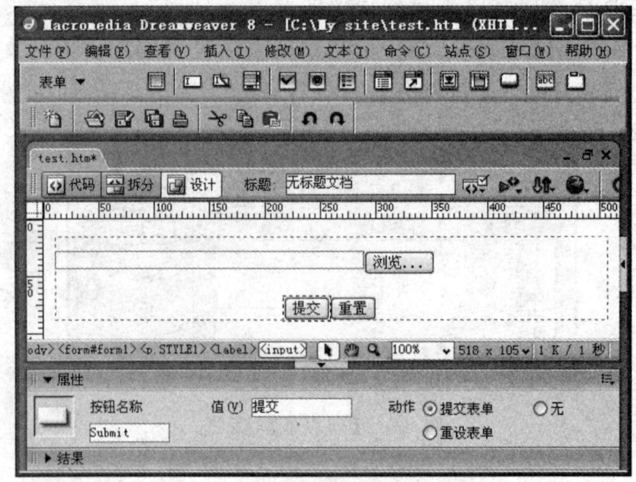

图 8-10　表单按钮的【属性】面板

8.2.5　其他表单域的应用

前几节介绍了 Dreamweaver 8 常用表单域的特点和使用方法，另外还有一些表单域在网页设计时可以完成一些特殊的功能。

1. 表单的图像域

图像域是一个比较有用的表单域，它的主体是一个图片。在浏览时单击这个图片，表单就会向服务器发送表单中各个表单域的值。图像域可以代替【提交】按钮，一个图像域有两个值，分别表示单击图像域时鼠标指针的纵坐标和横坐标。在表单中创建图像域的操作步骤如下：

(1) 在表单合适的位置上确定插入点，然后再单击【表单】选项中的按钮。

(2) 在打开的【选择图像源】对话框中，选择一个图片将其插入到表单中。

(3) 选中该图像，在图像的【属性】面板中可以设置表单的图像属性，如图 8-11 所示，设置方法同操作普通图像类似。

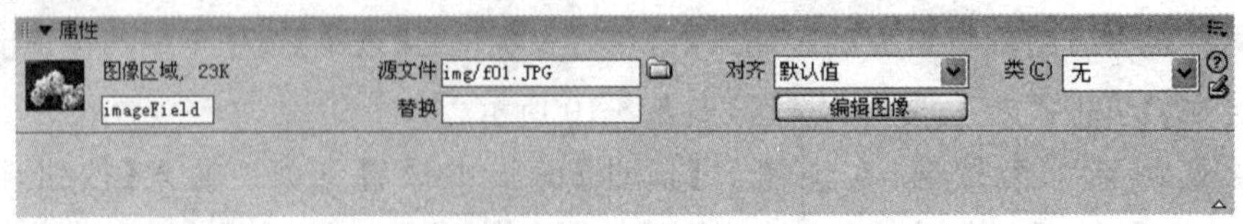

图 8-11　表单图像域的【属性】面板

表单图像域【属性】面板的基本参数的意义如下：

① 在【图像区域】文本框中可输入图像域的名称。

② 在【源文件】文本框中输入要选定图像的路径和文件名。

③ 在【替代】文本框中可输入图像的替换文字。当浏览器不能显示图像时，输入的文字将代替图像，显示在浏览器中。

④ 在【对齐】下拉列表框中设置图像的对齐方式。

⑤ 单击【编辑图像】按钮，可以启动外部图像编辑器 Fireworks 8，编辑该图像。

2. 表单的隐藏域

隐藏域是一种在浏览器上看不到的表单域，也不用对其执行操作，利用隐藏域可以实现浏览器同服务器在后台交换信息。由于它是不可见的，所以也不需要为它添加标识文字。

在表单中，插入隐藏表单域的操作步骤如下：

(1) 在表单合适的位置上确定插入点，然后再单击【表单】选项中的按钮。

(2) 在网页文档窗口的插入点处可以看到一个图标。

(3) 双击图标，选中表单的隐藏域，在表单隐藏域的【属性】面板中可以设置表单隐藏域的属性，如图 8-12 所示。

图 8-12　表单隐藏域的【属性】面板

隐藏表单域【属性】面板的基本参数意义如下：

① 在【隐藏区域】文本框中，输入表单隐藏域的名称。

② 在【值】文本框中输入隐藏表单域的初始值。

3. 表单的文件域

利用表单的文件域可以从本地计算机向服务器上传文件。表单的文件域包括一个文本框和一个浏览按钮。在浏览器中单击【浏览】按钮，打开选择文件的对话框，在对话框中选择相应的文件，然后单击表单中的提交按钮便可将文件发送到服务器上。

在表单中，插入文件表单域的操作步骤如下：

(1) 在表单合适的位置上确定插入点，然后再单击【表单】选项中的按钮。

(2) 在网页文档窗口的插入点处可以创建一个文本框和浏览按钮，如图 8-13 所示。

(3) 选中表单的文件域，在表单的文件域的【属性】面板中可以设置表单文件域的属性。

文件表单域【属性】面板的基本参数意义如下：

① 在【文件域名称】文本框中输入文件表单域的名称。

② 在【字符宽度】文本框中输入文件域最大字符宽度。

③ 在【最多字符数】文本框中输入文件域最多字符数。

(4) 按 F12 键预览 Web 页面，单击【浏览】按钮，系统弹出【选择文件】对话框，浏览者

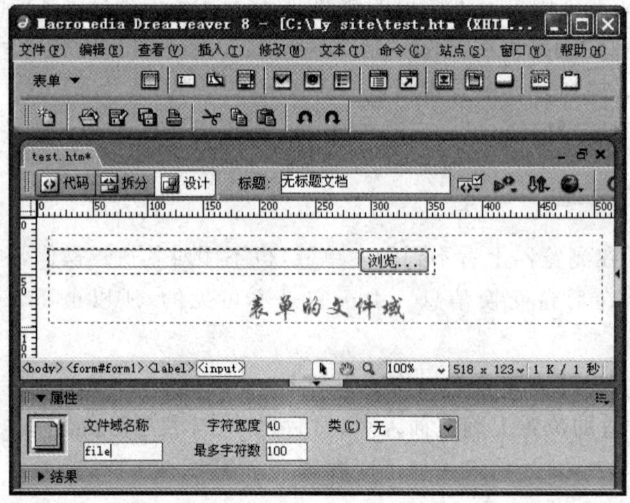

图 8-13　表单的文件域

可选择确定本地计算机所要上传的文件，完成文件上传的操作。

在 Web 页面中若要插入表单的转跳菜单，可单击表单子面板的按钮。这部分内容已在第 5 章中作了介绍，这里不再赘述。

8.3　表单的应用实例

例　创建一个如图 8-14 所示的信息反馈的表单，并根据输入的数据类型设置表单域的验证行为，使得当在表单中输入了无效数据后，递交表单时会显示错误提示信息。

图 8-14　信息反馈的表单

制作分析：

本例是一个常规的表单网页，制作时应该注意所有表单元素都必须放在表单的红色虚线框内。对重要的数据区域可添加行为来验证数据的正确性。

操作步骤如下：

(1) 创建一个名为 validate.htm 的网页文件，选择【修改】|【页面属性】命令，设置页面背景图像为 img 文件夹中的图像文件 bg0096.jpg，单击【插入】栏【表单】选项中的【表单】按钮，此时网页中出现一个被红色虚线界定的区域，即在网页编辑区中生成了一个表单区域。

单击红色虚线框可以选中表单区域，在【属性】面板中可设置这个表单区域的属性。

① 在【表单名称】文本框中输入"表单实例"。

② 在【动作】文本框中输入"mailto：<收件人邮件地址>"。

③ 在【方法】下拉框中选择【Post】选项，表示表单用邮件方式发送。

(2) 将光标插入红色虚线框内，输入表单的标题文字"请发表对本网站的意见"，并在【属性】面板中完成文字的格式化。将光标插入在表单合适的位置上，输入标识提示文字"姓名："。单击【插入】栏【表单】选项中的【文本字段】按钮，就可在表单中生成一个【文本字段】表单域。

① 在【文本字段】表单域的【属性】面板中的【文本域】文本框中，输入文本域的名称为"textfield"，系统将以此名称保存文本表单域中的内容。

② 在【字符宽度】文本框中输入表单域的宽度为 20。

③ 在【类型】区域中选择文本框的类型为【单行】。

(3) 仿照步骤(2)在表单合适的位置上，分别创建单行文本域"学号："、"您的邮件地址："，并分别给那些文本域命名为"textfield2"、"textfield3"。

单击【插入】栏【表单】选项中的【文本区域】按钮，插入文本域"您的意见"，"textfield4"，文本域的宽度自定。

(4) 将光标插入在表单合适的位置上，两次单击【插入】栏【表单】选项中的【按钮】按钮，便可在表单中生成两个按钮。

① 单击第 1 个按钮，在按钮的【属性】面板的【标签】文本框中输入"提交"；然后选中【动作】单选区域中的【提交表单】单选按钮，将其设置为提交按钮。

② 单击第 2 个按钮，在【属性】板的【标签】文本框中输入"清除"，然后选中【动作】单选区域中的【重设表单】单选按钮，将其设置为复位按钮。

(5) 选择【窗口】|【行为】命令，或按快捷键 Shift+F3 打开【行为】面板。

选中名为 textfield 的文本域，单击【行为】面板上的按钮，在下拉菜单中选择【检查菜单】命令。在如图 8-15 所示的【检查菜单】对话框中显示了表单中的 4 个文本域。

(6) 在【命名的栏位】列表中，选择【文本"textfield"在表单"form1"】选项，该项对应表单中"姓名"文本域。选择【值】区域中的【必需的】复选项，并选择【可接受】选项区域中的【任何东西】单选项，将该文本域设置成必需填写的栏目，而且可以接受任何字符。

(7) 选择【文本"textfield2"在表单"form1"】选项，该项对应表单中"学号："文本域。选择【值】区域中的【必需的】复选项，然后选择【可接受】选项区域中的【数字从】单选项，并在文本框中填写 100000～999999，表示"学号"文本域是必需填写的栏目，而且只可以接受从 100000～999999 的数字。

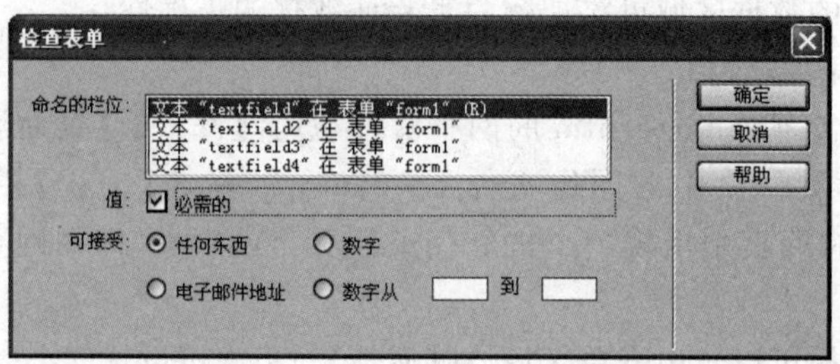

图 8-15 【检查表单】对话框

(8) 选择【文本“textfield3”在表单“form1”】选项，该项对应表单中“您的电子邮件地址”文本域。选择【可接受】选项区域中的【电子邮件地址】单选项，表示该文本域只能接受电子邮件地址。

(9) 选择【文本“textfield4”在表单“form1”】选项，该项对应表单中“您的意见”文本域，选择【可接受】区域中的【任何东西】单选项，表示该文本域能接受任何字符。单击【确定】按钮，完成表单域数据验证的行为设置。

(10) 按 Ctrl+S 快捷键，保存网页文件。按功能键 F12 预览网页，当浏览者在表单域中输入不合法的数据，提交表单后会显示如图 8-16 所示的错误信息。

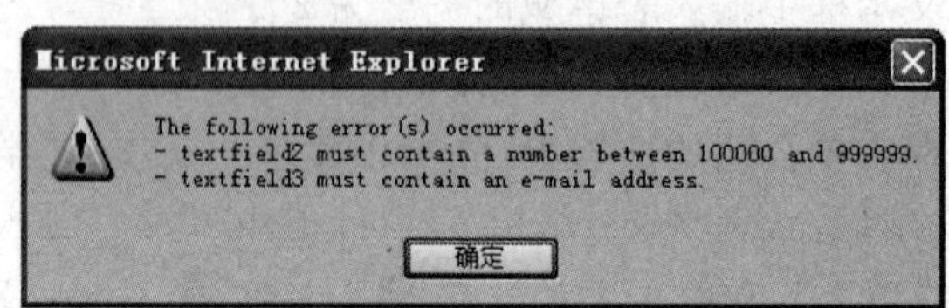

图 8-16 验证表单后的提示信息

第3部分

Web 应用程序开发

第9章 Web应用程序概述

知识点

- Web应用程序的基本概念
- ASP应用服务器技术
- VBScript脚本语言简介
- 数据库的基础知识
- IIS Web服务器

9.1 什么是Web应用程序

运用前面章节所述的方法,已经可以建立一个完整的网站,并提供访问者静态的信息。但是,这样一个网站只能提供信息,性质等同于一个出版物,不能称之为一个真正的Web应用,这样的静态网站是不能用于电子商务活动的,电子商务活动要求网站提供与使用者交互的手段。那么,什么才是Web应用程序呢?

Web应用程序是一组Web页面,这些Web页面可以与访问者交互,与其他Web页面交互,并与Web服务器上访问的各种资源(例如数据库)交互,来完成一个特定的功能。所谓交互,是指以提问回答的方式交换需要的信息。Web应用程序是以大量运用动态页面为特征的。动态页面是与静态页面相对应的概念。静态页面的内容完全确定,Web服务器在用户请求该页时不做任何改变地将该页发给用户。动态页面的部分或全部内容是不确定的,最终用户所看到的动态页面所呈现出来的内容只在用户向Web服务器请求该页时才确定。

利用Web应用程序,用户可以方便地完成信息的采集、保存、快速查询和分析。网上商店、网上问卷、用户反馈表、电子图书馆、搜索引擎等都是Web应用程序的生动实例。

以上海热线为例,如图9-1所示。

旅游网站的旅游快讯是动态页面的很好的例子,用户看到页面在不同的日期不同的时刻都可能不同。用户每次请求该页面时,Web服务器都会根据当时数据库中的实际内容,来生成当时有效的页面。

图 9-1　唱片店实例

有关旅游网站 Web 应用程序实例的信息请查阅：

http://tttrip.online.sh.cn/news.asp

9.2　Web 应用程序的工作方式

9.2.1　静态页面的处理流程

静态页面的内容在页面设计者设计时就完全确定了，由一系列静态的 HTML 标签元素组成。Web 服务器上保存的静态页面传到用户端时是不变的。下面是一个静态页面的例子。

```
<html>
<head>
<title>静态页面实例</title>
</head>
<body>
<strong>静态页面实例</strong><br>
```

```
源码传到用户端不会有变化
</body>
</html>
```

处理静态页面的工作由Web服务器完全承担。当用户单击网页上的超级链接,选择浏览器中的书签或直接在浏览器的地址栏中输入URL地址来请求一个静态页面时,浏览器会向Web服务器发送对该页面的请求;Web服务器接收到该请求后,会根据请求所指出的页面地址,根据服务器上虚拟目录和实目录的对应关系找到该页面文件;然后Web服务器把该页面文件通过HTTP协议原封不动的传给用户端的浏览器。其处理流程如图9-2所示。

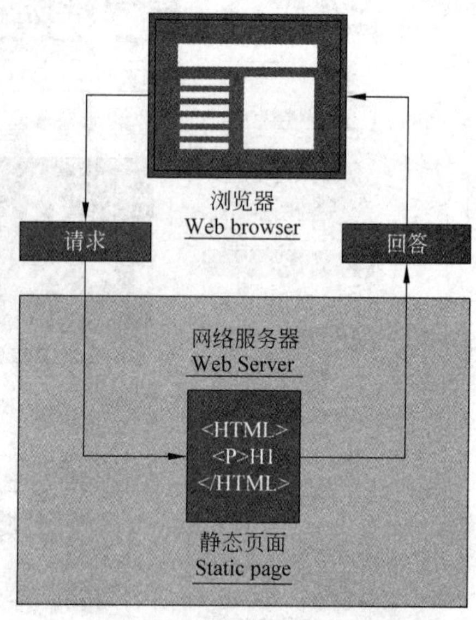

图9-2 静态页面的处理流程

简而言之,静态页面的处理流程如下:

(1) 浏览器发出对静态页面的请求。

(2) Web服务器寻找该页面。

(3) Web服务器发送返回该页面给浏览器。

9.2.2 简单动态页面的处理流程

对Web应用程序而言,处理流程就没有这么简单,由于对动态页面有部分的页面内容会在请求时生成,处理上增加了一些层次。动态页面是在静态页面的基础上添加服务器端脚本或标签编写的。当Web服务器接收到对动态页面的请求,找到该页面后,并不马上传回用户,而是先把页面传给一个专门负责处理动态元素的处理层次来生成最终传回用户端的页面内容。这个处理层次被称为应用服务器。

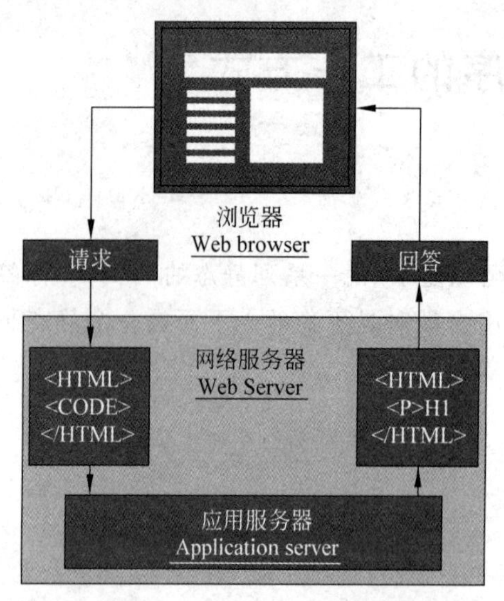

图9-3 简单动态页面的处理流程

应用服务器执行动态页面中的服务器端脚本或标签,执行的动作包括对服务器端可访问的资源的操作(例如文件操作、数据库操作、会话信息等)和生成结果。生成结果是把原来页面中的服务器端脚本或标签替换成一系列静态的页面元素,生成什么结果内容由服务器端脚本或标签控制。因此,应用服务器返回给Web服务器的是一个静态页面,再由Web服务器将这个静态的结果页面传给用户。对简单的动态页面,不涉及外部资源访问,处理流程仅增加应用服务器这一个层次。图9-3是这个流程的示意图。

这个流程概括起来说，就是：

(1) 浏览器发出对动态页面的请求。

(2) Web 服务器找到该页面，传给应用服务器。

(3) 应用服务器扫描页面，执行有关代码，生成结果。

(4) 应用服务器把结果页面返回给 Web 服务器。

(5) Web 服务器发回该结果页面给浏览器。

下面是一个 ASP 动态页面的例子：

```
<html>
<head>
<title> 简单动态页面实例</title>
</head>
<body>
<strong><%=now()%></strong><br>
应用服务器会将上面的服务器端脚本替换掉
</body>
</html>
```

在用户端浏览器的某一次执行看到的是如图 9-4 所示的结果页面。

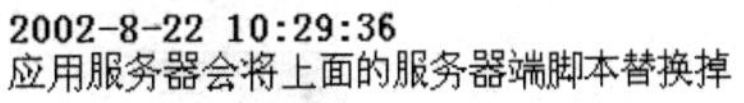

2002-8-22 10:29:36
应用服务器会将上面的服务器端脚本替换掉

图 9-4 简单动态页面的结果实例

如果在用户端浏览器查看该页面的源代码，可以看到服务器端脚本<%=now()%>已经被替换成该函数的执行结果：2002-8-22 10:29:36。以下是用户端看到的页面源代码。

```
<html>
<head>
<title> 简单动态页面实例</title>
</head>
<body>
<strong>2002-8-22 10:29:36</strong><br>
应用服务器会将上面的服务器端脚本替换掉
</body>
</html>
```

由于脚本在服务器上而不是在客户端运行，传送到浏览器上的 Web 页是在 Web 服务器上生成的，所以不必担心浏览器能否处理脚本，Web 服务器已经完成了所有脚本的处理，并将标准的 HTML 传输给浏览器。由于只有脚本的结果返回到浏览器，所以服务器端脚本不易复制，用户看不到当前正在浏览的页面创建时的脚本命令。

9.2.3 复杂动态页面的处理流程

当需要访问外部资源时，Web 应用程序的处理流程会增加更多的处理层次。这种情况下，动态页面的服务器脚本中将包含访问外部资源的代码，可能对外部资源作检索、更新、添删等操作，并可把操作结果或者抽取的外部资源数据编排好生成替换服务器脚本的静态内容。外部资源的最典型的例子是数据库，但并不只限于数据库，文件系统、企业应用网关（如企业资源计划（ERP）/客户关系管理（CRM）/供应链管理（SCM）等）、传统主机应用网关（IBM 的交易处理中间件（CICS））等都是典型的外部资源。

以数据库作为外部资源的情况为例，当 Web 服务器接收到对动态页面的请求，找到该页面后，把页面传给应用服务器；应用服务器执行动态页面中的服务器端脚本或标签，当遇到访问数据库的代码时，应用服务器发送代码中的 SQL 命令给数据库服务器；数据库服务器执行 SQL 命令，把结果所得的数据集返回给应用服务器；应用服务器执行脚本中的后续代码，生成替换脚本的静态内容，生成过程中如何利用数据库服务器返回的数据集，由脚本代码控制；应用服务器将最终生成的静态页面返回给 Web 服务器；再由 Web 服务器将这个静态的结果页面传给用户，图 9-5 是这一过程的示意图。

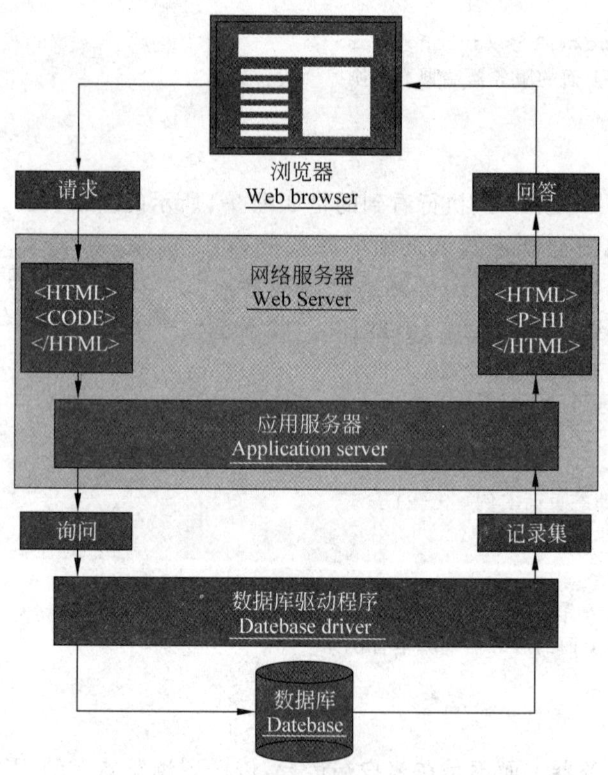

图 9-5　复杂动态页面的处理流程

因此，Web 应用程序的一般处理流程概括起来说，就是：

(1) 浏览器发出对动态页面的请求。

(2) Web 服务器找到该页面，传给应用服务器。

(3) 应用服务器扫描页面，执行代码。

(4) 遇外部资源访问代码，应用服务器发送资源访问命令给资源服务器。

(5) 资源服务器执行资源访问命令，返回结果数据集。

(6) 应用服务器执行余下的代码，插入数据到结果页面。

(7) 应用服务器把结果页面返回给 Web 服务器。

(8) Web 服务器发回该结果页面给浏览器。

9.3 VBScript 脚本语言简介

Web 应用程序的工作流程中最关键的部件之一就是应用服务器，Dreamweaver 8 支持所有最新的应用服务器技术，支持用直接手写或利用可视化对象和行为来快速开发数据库驱动的动态 Web 应用程序。Dreamweaver 的服务器代码库支持所有主流的应用服务器技术，包括 ColdFusion、ASP、ASP. NET、JSP 和 PHP，使得在一个开发环境上开发集成多种类型的站点和后端技术成为可能。

Microsoft Active Server Pages(ASP)是一种基于脚本语言的应用服务器技术。本教材主要以 ASP 为主，讲解 Dreamweaver 8 下的 Web 应用程序开发方法。ASP 本身并不是一种脚本语言，但它却为嵌入 HTML 页面中的脚本语言提供了运行的环境，在 ASP 程序中常用的脚本语言有 VBScript 和 JavaScript 等语言。

VBScript 脚本语言是一种介于 HTML 语言和 Visual Basic 高级语言之间的一种语言，也可以称为简化了的 Visual Basic 语言。它接近于高级语言，但却比高级语言简单易学，当然其功能也没有高级语言那么强。VBScript 脚本程序既可以在客户端浏览器中执行，也可以在服务器端执行，一般 ASP 程序中的 VBScript 语言是放在服务器端执行的。

学习网站建设应该要掌握一些脚本语言的知识，下面就 VBScript 脚本语言的语法做一些简单介绍。

9.3.1 VBScript 代码的基本格式

当 VBScript 代码放在服务器端执行时有 2 种格式。

格式 1：

```
<%VBScript 代码 %>
```

格式 2：

```
<Script Language="VBScript" Runat="Server">
   VBScript 代码
</Script>
```

有时为了某种需要，可能也会将 VBScript 代码放在客户端执行，此时的语法如下：

格式 3：

```
<Script Language="VBScript">
   VBScript 代码
</Script>
```

9.3.2 VBScript 的数据类型

在 Visual Basic、C++ 等高级语言中,有整数、字符、浮点数等不同的数据类型,但在 VBScript 中,只有一种数据类型,称为 Variant,也叫做变体类型。Variant 是一种特殊的数据类型,根据不同的使用方式,它可以包含不同的数据类别信息。Variant 变量中保存的数据类型称为变量的子类型。

例 9.1

```
Variable=2003                    'VBScript 会将它当成整数对待
Variable="2003"                  'VBScript 会将它当成字符串对待
Variable="中国上海"              'VBScript 会将它当成字符串对待
Variable=20.03                   'VBScript 会将它当成实数对待
```

从以上例子可以看出,VBScript 会根据赋值自动确定数据变量的数据子类型。要注意的是在 ASP 中 VBScript 用的标点符号都是在英文状态下输入的。

VBScript 也会根据代码的上下文自动转换数据的子类型。

例 9.2

```
Variable_1="2003"                '这里 Variable 1 作为一个字符串变量来工作
Variable_2=Variable_1+3          '这时 VBScript 就会自动将 Variable 1 转换成整数变
                                 量,然后参与运算
```

一般情况下,Variant 变量会将其代表的数据子类型自动转换,但有时候,也会遇到一些数据类型不匹配造成的错误。这时,可以使用 VBScript 的转换函数来强制转换数据的子类型。Variant 的数据子类型如表 9-1 所示。

表 9-1 Variant 的数据子类型

子 类 型	说 明
String	变长字符串类型
Byte	其值是 0～255 之间的无符号整数
Integer	其值是－32 768～32 767 之间的带符号的整数
Long	取值范围是 －2 147 483 648～2 147 483 647 之间的长整型整数
Single	包含单精度浮点数
Double	其值是双精度浮点数
Date(Time)	其值代表某个日期和时间的数字
Boolean	其值是 True 和 False
Currency	取值范围是－922 337 203 685 477.580 8～922 337 203 685 477.580 7
Empty	变量未初始化时,如果代码中将其作为数字,其值就是 0;如果代码中将其作为字符串,其值就是一个零长度字符串("")
Null	不包含任何有效数据的变量
Object	包含一个对象

9.3.3 VBScript的常量

常量是在整个脚本中保持不变的量。常量可以代表字符串、数字等常数，常量一经声明，其值将不能再更改。声明常量的意义就在于可以在程序的任何部分使用该常量来代表特定的数值，从而方便程序的编写。用 Const 语句在 VBScript 中创建常量。

例 9.3

```
Const PI=3.1415926              '表示数值型常数
Const Val=100                   '表示数值型常数
Const char1="中国"              '表示字符串型常数
Const char2="100"               '表示字符串型常数
Const birthday=#2003-1-12#      '表示日期或时间常数
```

如表 9-2 所示是用于连接常量和变量构成表达式的运算符。

表 9-2 表达式的运算符

算术运算符		比较运算符		逻辑运算符	
描述	符号	描述	符号	描述	符号
求幂	^	等于	=	逻辑非	Not
负号	−	不等于	<>	逻辑与	And
乘	*	小于	<	逻辑或	Or
除	/	大于	>	逻辑异或	Xor
整除	\	小于等于	≤	逻辑等价	Eqv
求余	Mod	大于等于	≥	逻辑隐含	Imp
加	+	对象引用比较	Is		
减	−				
字符串连接	&				

VBScript 继承了 Visual Basic 的所有类别的运算符，包括算术运算符、比较运算符、逻辑运算符和连接运算符。

其中算术运算符用于连接运算表达式；比较运算符用于比较数值或对象，其返回值为 True 或 False，比较运算常用于如“If A=B Then…”之类的条件表达式中；连接运算符 & 用于连接两个字符串；而逻辑运算符主要用于连接条件表达式，表示各个条件之间的关系，其返回值也是 True 和 False，例如在逻辑语句“if a=30 and b=50”中，使用了 And 运算符，只有当两个条件都满足时，其返回值才是 True。

例 9.4

```
<%
Const PI=3.1415926
R=50
S=PI * R^2                '求半径 R 为 50 的圆面积
%>
```

9.3.4 VBScript 的变量

在 VBScript 中,变量是不用先声明就可以直接使用的。然而,在编程时应该养成声明变量的良好习惯,因为这样有助于防止错误发生。声明一个变量明确地告诉服务器有一个特定名称的变量,这样就可以在脚本中引用该变量。在 VBScript 中声明一个变量可以使用 Dim 语句,如下例子所示。

```
Dim Mystring
Mystring="This is my string"
```

从上述例子中也可以看出 VBScript 变量的赋值也与许多高级语言相同,变量放在等号的左边,赋值语句放在等号的右边,并且赋值语句也可以是表达式形式。像许多高级语言一样,VBScript 变量根据作用域的不同也可分为过程级变量和全局级变量。

变量的作用域可以根据需要由声明它的位置决定,变量声明的位置也决定哪些脚本命令可以访问何种变量。在过程内部声明的变量具有局部作用域。每执行一次过程,变量就被创建一次,然后消亡。而过程外部的任何命令都不能访问它。在过程外部声明的变量具有全局作用域,其值能被 ASP 页上的任何脚本命令访问和修改。

然而,全局变量仅在单个 ASP 页中可用,要使它在单个 ASP 页之外可用,就必须把变量定义在 Session 对象下或 Application 对象下,这样变量对一个用户所请求的 ASP 应用程序中的所有页都是可用的。

例 9.5

```
<%
    Dim User_name                  '声明单个变量
    Dim a,b,c,Sum,char3            '声明多个变量
    Sum=a+b-c*2                    '完成算术运算
    Char3="欢迎" & user_name       '连接运算符用于字符串连接
%>
```

9.3.5 VBScript 的数组

数组的命名、声明、赋值和使用与前面介绍的变量基本上是一样的,所不同的是要确定数组中的项目数。

例 9.6

```
<%
Dim a(3)
a(0)=10
a(1)=a(0)+20
a(2)=a(0)+a(1)+30
a(3)=a(0)+a(1)+a(2)
```

```
Sum=a(0)+a(1)+a(2)+a(3)
%>
```

VBScript 中的数组从 0 开始计数，所以上面定义的数组 a(3)有 4 个变量。也可以根据需要声明多维数组，下面的例子将定义一个 3 行 4 列的数组。

例 9.7

```
<%
    Dim a(2,3)              '定义一个 3 行 4 列的数组
    a(1,2)=100              '给数组中某个变量赋值
%>
```

还可以声明一个动态数组，声明数组时可以不确定数组项目数，使用该数组时再确定数组的大小。

例 9.8

```
<%
Dim a()             '定义一个动态数组
Redim a(3)          '使用时需要 Redim 这个数组
a(3)="中国"
Redim a(5)          '可以任意多次定义这个数组
a(5)="上海"
%>
```

9.3.6 VBScript 的函数

合理使用函数可以简化程序，提高效率。VBScript 继承了 Visual Basic 中的一些函数。下面介绍一些常用的函数。

1. 转换函数

在 VBScript 的数据类型中介绍 Variant 变量一般情况下会将其代表的数据子类型转换成合适的数据类型。但有时也会产生数据类型不匹配的错误，此时可用 VBScript 的转换函数来强制转换数据子类型。数据转换函数见表 9-3。

表 9-3 转换函数

函　数	功　能
CStr(Variant)	将变量 Variant 转化为字符串类型
CDate(Variant)	将变量 Variant 转化为日期类型
CInt(Variant)	将变量 Variant 转化为整数类型
CLng(Variant)	将变量 Variant 转化为长整数类型
CSng(Variant)	将变量 Variant 转化为 Single 类型
CDbl(Variant)	将变量 Variant 转化为 Double 类型
CBool(Variant)	将变量 Variant 转化为布尔类型

下面【应用实例】中的 CStr 就是将 Num 由整数子类型强制转换为字符串子类型。在实际应用中经常会用到各种转换函数来强制转换数据子类型。

例 9.9

```
<%
    Dim a(2),Num
    Num=2010
    a(1)="中国"
    a(2)="上海"
    a(0)=a(1)&a(2)&CStr(Num)&"年世博会"
%>
```

2. 输入输出函数

输入、输出函数只能运行于客户端,可以在客户端产生弹出窗口,与用户进行交互活动。这两个函数作用很大,一些简单的用户信息输入、验证若放在客户端完成,就可以既加快程序的运行又减轻服务器的负荷。输入、输出函数的格式见表 9-4。

表 9-4 输入、输出函数

函　数	格　式
输出函数 MsgBox	MsgBox(prompt [,button][,title])
输入函数 InputBox	InputBox(prompt [,title][,default])

格式中参数的意义如下:

(1) prompt——显示窗口中的文字。

(2) title——可选项,显示窗口标题中的文字。

(3) button——可选项,用来指定窗口的外观和按钮的类型。

(4) default——可选项,用来指定窗口中文本输入框内的默认字符串。

例 9.10 客户端用户名输入和确认。

【程序代码】

```
<html>
<head>
<title> 输入、输出函数应用实例</title>
</head>
<body bgcolor="#99FFFF">
    <Script Language="VBScript">
    <! --
    Dim name
    name=InputBox("您的正确的用户名是:","输入用户名")
    MsgBox "您是本网站的正式用户: "&name
    -->
</Script>
</body>
</html>
```

程序运行结果如图 9-6、图 9-7 所示。

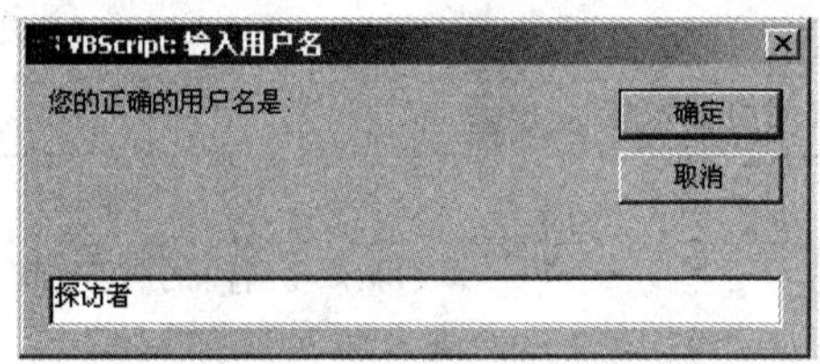

图 9-6　输入用户名对话框

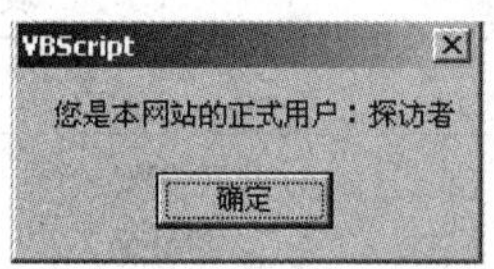

图 9-7　用户确认对话框

3. 字符串函数

在网站开发时常常会要处理用户注册时输入的用户名、密码等，在留言板中的留言标题、内容、留言人等信息，完成这些工作都要用到字符串函数对字符串截头去尾，大小写转换，等等。常用字符串函数及功能如表 9-5 所示。

表 9-5　常用字符串函数及功能

函　数	语　法	功　能
Len	Len(string)	返回 string 字符串里的字符数目
Trim	Trim(string)	将字符串前后的空格去掉
Mid	Mid(string,start,length)	从 string 字符串的 start 字符开始取得 length 长度的字符串，如果省略第 3 个参数表示取从 start 字符开始到字符串结尾的字符串
Left	Left(string,length)	从 string 字符串的左边取得长度为 length 的字符串
Right	Right(string,length)	从 string 字符串的右边取得长度为 length 的字符串
LCase	LCase(string)	将 string 字符串里的所有大写字母转化为小写字母
UCase	UCase(string)	将 string 字符串里的所有小写字母转化为大写字母
StrComp	StrComp(str1,str2)	返回 str1 字符串与 str2 字符串的比较结果，如果两个字符串相同，则返回 0

例 9.11

字符串函数的应用实例。

【程序代码】

```
<%
    User_name=Ucase("zhaozuyin")              '将字符串转换成大写
    Char=Mid(User_name,5,5)                   '取字符串的一部分"ZUYIN"
    User_name=LCase(Char)                     '将字符串"ZUYIN"改为小写
%>
<%=User_name%>                                '显示 User_name 的内容
<%=char%>                                     '显示 char 的内容
```

4. 日期和时间函数

在网站的某些页面上经常需要显示来访者访问网站的日期和时间，或记载留言者留言的日期和时间,这就需要在代码中用到 VBScript 的日期和时间函数。常用的日期和时间函数及功能如表 9-6 所示。

表 9-6　常用的日期和时间函数及功能

函　　数	语　　法	功　　能
Now	Now()	取得系统当前的日期和时间
Date	Date()	取得系统当前的日期
Time	Time()	取得系统当前的时间
Month	Month(date)	取得 date 给定日期的月份
Day	Day(date)	取得 date 给定日期是几号
WeekDay	WeekDay(date)	取得 date 给定日期是星期几
Year	Year(date)	取得 date 给定日期的年份
DateDiff	DateDiff("Var",Varl,Var2) Var:日期或时间间隔因子 Var1:第一个日期或时间 Var2:第二个日期或时间,应该比 Varl 晚	计算两个日期或时间的间隔
DateAdd	DateAdd("Var",Var1,Var2) Var:日期或时间间隔因子 Var1:日期或时间间隔倍数 Var2:日期或时间的基准	对两个日期或时间作加法
FormatDateTime	FormateDateTime(Date,vbShortDate) FormateDateTime(Date,vbLongDate) FormateDateTime(Time,vbShortTime) FormateDateTime(Time,vbLongTime)	显示短日期格式 显示长日期格式 显示短时间格式 显示长时间格式

表 9-7　日期或时间间隔因子

间隔因子	Yyyy	M	D	Ww	H	S
说明	年	月	日	星期	小时	秒

例 9.12

如图 9-7 所示,日期或时间间隔因子的用法举例如下:

```
DateDiff("d",Date(),"9/10/2002")    '返回距离 2002 年 9 月 10 日 50 周年校庆还有几天
DateAdd("ww",2,Date())              '返回两个星期后的今天是几号
```

例 9.13

日期和时间函数的应用实例,运行结果如图 9-8 所示。

【程序代码】

```
<html>
<head>
<title>日期和时间函数应用实例</title>
</head>
<body bgcolor="#99FFCC">
```

```
<%
    Dim d(3),t
    d(0)="今天的日期："&Date()
    d(1)="今天星期几："&WeekDay(date)
    d(2)="两周以后是几号？"&DateAdd("ww",2,Date())
    d(3)="到 2004 年国庆节还有几天？"&DateDiff("d",Date(),"10/1/2004")
    t="当前的时间："&time()
    Response.write t
%><br>                                    '<br>为回车
<%=d(0)%><br>                             '以下 4 句为显示数组 d(i)的内容
<%=d(1)%><br>
<%=d(2)%><br>
<%=d(3)%><br>
</body>
</html>
```

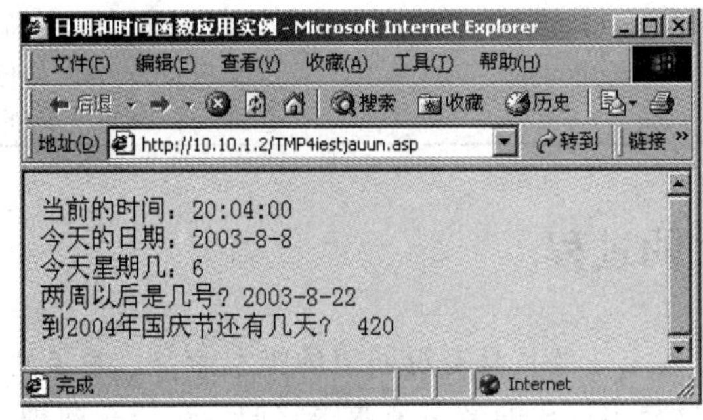

图 9-8　日期和时间应用实例

5. 检验函数

在登录某些网站的聊天室、BBS 论坛时，一般该网站都会要求用户先注册，填写诸如用名、密码等信息，这些信息会被作为字符串读入到 ASP 程序中，而且在多数情况下，为了预防某些访问者填写无用或非法信息，ASP 程序必须对用户填写的内容进行检验，如某些必填项是否填写了，输入项的格式是否正确，等等，此时，就会用到检验函数，常用的检验函数如表 9-8 所示。

表 9-8　常用检验函数及功能

函　　数	功　　能
VarType(Variant)	检查变量 Variant 的值，函数值为该变量的数据类型
IsEmpty(Variant)	检查变量 Variant 的值，如果 Variant 是 Empty，则函数值为 True
IsNull(Variant)	检查变量 Variant 的值，如果 Variant 是 Null，则函数值为 True
IsObject(Variant)	检查变量 Variant 的值，如果 Variant 是对象类型，则函数值为 True
IsNumeric(Variant)	检查变量 Variant 的值，如果 Variant 是数字类型，则函数值为 True
IsArray(Variant)	检查变量 Variant 的值，如果 Variant 数组类型，则函数值为 True
IsDate(Variant)	检查变量 Variant 的值，如果 Variant 是日期类型，则函数值为 True

检验函数一般常常会和条件语句结合起来应用，应用实例在 9.3.8 节 VBScript 的条件语句中再作叙述。

6. 常用的数学函数

常用的数学函数一般常常会和条件、循环语句结合起来应用，如表 9-9 所示，应用实例在 9.3.9 节 VBScript 的循环语句中再作叙述。

表 9-9 常用的数学函数及功能

函　数	语　法	功　能
Abs	Abs(number)	返回 number 的绝对值
Sqr	Sqr(number)	返回 number 的平方根
Int	Int(number)	返回不大于 number 的最大的整数
Cos	Cos(number)	返回 number 的余弦值
Sin	Sin(number)	返回 number 的正弦值
Log	Log(number)	返回 number 的对数值
Tan	Tan(number)	返回 number 的正切值
Rnd	Rnd()	返回一个 0～1 之间的随机数

9.3.7 VBScript 的过程

过程是一组能执行指定任务且具有返回值的脚本命令。为了使程序可重复利用和简洁明了，在脚本中可以反复用过程的名字来调用它们。过程有两种，一种是 Sub 子程序，一种是 Function 函数。与许多高级语言相同，两者的区别在于：Sub 子程序只执行程序而不返回值，而 Function 函数可以将执行代码后的结果返回给请求程序。

子程序的命名规则与变量名的命名规则相同。过程定义可出现在＜Script＞和＜/Script＞标记内部且必须遵循声明脚本语言的规则。用 HTML＜Script＞标记时，必须使用两个属性来保证服务器端能够处理脚本。

使用＜Script ＞标记的语法如下：

```
<Script Runat="SERVER" LANGUAGE="VBScript">
```

过程的内容

```
</ Script >
```

这里的 Runat＝SERVER 属性通知 Web 服务器在服务器上处理脚本。若不设置该属性，脚本将由客户端浏览器处理。LANGUAGE 属性决定此脚本块所用的脚本语言。

除了＜ Script Runat＝"Server"＞和＜ / Script ＞外，服务器端脚本也可以用一对＜％和％＞来括起来，Dreamweaver 8 采用的是后一种方式。

1. Sub 子程序

Sub 子程序的语法如下：

```
Sub 子程序名(参数 1,参数 2,…)
…
End Sub
```

或

```
Sub 子程序名()
…
End Sub
```

其中,"参数 1,参数 2,…"是指由调用过程传递的常数、变量或表达式。利用这些参数可以传递数据。如果 Sub 过程无任何参数,则 Sub 语句必须使用空括号。

Sub 过程的调用有两种方式。

(1) 使用 Call 语句:

```
Call 子程序名(参数 1,参数 2,…)
```

(2) 不使用 Call 语句:

```
子程序名 参数 1,参数 2,…
```

例 9.14

显示欢迎某用户光临电子商务网站的信息,并显示访问的日期和时间,如图 9-9 所示,其编程说明如下:

图 9-9 Sub 子程序运行结果

程序中的 User_name 是实际参数,而子程序中的 name 是形式参数,实参和形参可以同名,也可以不同名。程序中的 User_name 是实际参数已经作了声明,子程序中的形式参数 name 不能再作声明。子程序中用到的 Response. Write char3 语句是输出变量的值。

【程序代码】

```
<html>
<head>
      <title>Sub 子程序应用实例</title >
</head>
<body>
      <%
```

```
        Dim User_name,output                            '声明一个变量作为实参
        User_name="探访者"
            Call Welcome(User_name)                     '调用子程序,显示欢迎信息
            output="日期与时间:"&Now()
'下面是子程序,用来显示欢迎用户的信息
Sub Welcome(name)
Dim char3                                               '不能再声明 name 了
char3=name&":您好,欢迎光临本网站!"
Response.Write char3                                    '显示 char3 的值
End Sub
%><br>
<%=output%>                                             '显示 output 的值
</body>
<html>
```

2. Function 函数

Function 函数的语法如下:

```
Function 函数名(参数 1,参数 2,…)
…
End Function
```

或

```
Function 函数名()
…
End Function
```

Function 函数中的参数 1,参数 2,…是指由调用过程传递的常数、变量或表达式。若 Function 函数无任何参数,则 Function 函数必须使用空括号。与 Sub 子程序不同的是 Function 函数通过函数名返回一个值,这个值是在过程的语句中赋值给函数名的, Function 函数返回值的数据类型是 Variant。

Function 过程调用方式是直接引用函数名,实现函数的调用,而且函数名必须用在变量赋值语句的右边或表达式中。

例 9.15

已知三角形三条边 a、b、c,求三角形面积,其编程说明如下:

本题是用海伦公式求三角形面积。Function 过程中的 a、b、c 为形式参数,其值由实际参数给出,在过程中不能再定义。过程中的 s1 是局部变量,可声明后使用。因为 VBScript 对变量可不声明就使用,故局部变量 s1 不声明程序也能调试通过。

【程序代码】

```
<html>
<head>
    <title>Function 函数应用实例</title>
```

```
</head>
<body>
<%
    '以下是计算三角形面积的过程
    Function s(a,b,c)
        dim s1
        s1=(a+b+c)/2
        s=sqr(s1*(s1-a)*(s1-b)*(s1-c))
    End Function
    Dim Result
    Result=s(3,4,5)
    Response.Write "三角形面积等于"&Cstr(result)
%>
</body>
</html>
```

9.3.8 VBScript 的条件语句

一个网站必须要有对用户输入的信息进行判断的程序，如用户注册登录时，判断用户填写的信息是否齐全、密码是否正确等，此时就需要用条件语句来完成判别工作。

在 VBScript 中的条件控制语句有 4 种形式。

1. If…Then…End if 语句

格式 1：

```
If 条件语句 Then
    语句组
End if
```

功能：若条件语句为 True，则执行下面的语句，否则跳出该条件语句。

2. If…Then…Else…End if 语句

格式 2：

```
If 条件语句 Then
    语句组 1
Else
    语句组 2
End if
```

功能：若条件语句为 True，则执行下面的语句组 1，否则执行语句组 2。

3. If…Then…Else 语句可以按照需要进行嵌套使用

格式 3：

```
If 条件语句 1 Then
    语句组 1
Else If 条件语句 2 Then
    语句组 2
…
Else
    语句组 n+1
End if
```

功能：若条件语句 1 为 True，则执行下面的语句组 1，然后跳出 If 语句；否则，若条件语句组 2 为 True，则执行下面的语句 2，然后跳出 If 语句；…；若条件都不符合，执行语句组 n+1。

4. Select Case 结构

Select Case 结构提供了 If…Then…Else If 结构的一个变通形式，可以从多个语句块中选择执行其中的一个。Select Case 语句提供的功能与 If…Then…Else 语句类似，但是可以使代码更加简练易读。

格式 4：

```
Select Case 表达式
Case 结果 1
    语句 1
Case 结果 2
    语句 2
…
Case 结果 i
    语句 i
…
Case 结果 n
    语句 n
Case Else
    语句 n+1
End Select
```

功能：先对表达式进行运算，这个运算可以是数学运算或字符串运算。然后将运算结果依次与结果 1 到结果 n 比较，当找到与计算结果相等的结果 i 时就执行语句 i，执行完毕就跳出 Select Case 判别语句。当运算结果与所有的结果都不相等时，就执行 Case Else 后面的语句 n+1，然后跳出 Select Case 判别语句。

例 9.16

求分段函数值 $Y=\begin{cases}2\times X+115, & X\geqslant 50\\ 2\times X-19, & X<50\end{cases}$

【程序代码】

```
<html>
<head>
    <title>求分段函数的应用实例</title>
</head>
<body bgcolor="#99FFCC">
<%
    Dim x,y
        x=Int(Rnd() * 100)
        if x> =50 then
            y=2 * x+15
            Response.Write "当 X="&CStr(x)&"时,函数值 Y="&CStr(y)
        else
            y=2 * x- 19
            Response.Write "当 X="&CStr(x)&"时,函数值 Y="&CStr(y)
        End if
%>
</body>
</html>
```

9.3.9 VBScript 的循环语句

VBScript 的循环语句常用于重复执行一组语句，例如，求累加或阶乘，或重复从数据库中一次读出或写入多条记录。VBScript 中的循环语句有 4 种常见的形式。

1. For…Next 循环语句

For…Next 循环语句是一种强制型循环语句，其格式与功能如下所述。

格式：

```
For  循环变量=初值  To 循环终值 [Step 步长]
    语句组
Next
```

功能：循环执行的次数是由循环变量、循环终值和步长决定，循环变量在循环体中增加或减少，每次执行循环体中的语句后，循环变量的值便与循环终值比较，当循环变量的值大于或小于循环终值便退出循环，否则继续执行循环体中的语句。

Step 步长是可选参数，步长可以为正、负、整数和小数，默认时步长为 1。

例 9.17

产生 10 个随机数，取整后判别其奇偶性。

【程序代码】

```
<html>
```

```
<head>
<title>判别随机数的奇偶性的应用实例</title>
</head>
<body bgcolor="#99FFCC">                          '设置背景颜色
<%
Dim Num
    for i=1 to 10
    Num=Int(Rnd() * 10000)                        '得到随机数
    if Num/2=Int(Num/2) then                      '判别 Num 的奇偶性
        Response.Write "产生的随机数是偶数"&CStr(Num)
    else
        Response.Write "产生的随机数是奇数"&CStr(Num)
    End if
    next
%>
</body>
</html>
```

2. Do…Loop 循环语句

Do…Loop 循环语句是一种条件型循环语句，当(或直到)条件为 True 之前重复执行循环语句组。

格式：

```
Do While 条件 1
    执行语句组
Loop
```

功能：这是条件入口型循环，当条件 1 为 True 时，进入循环执行语句，然后执行 Loop 语句转到循环入口判别条件；当条件 1 为 False 时，跳出循环。

格式：

```
Do
    执行语句组
Loop While 条件 2
```

功能：这是条件出口型循环，先是无条件的进入循环中执行一次之后，在判别条件 2 是否为 True，如果为 True 时，进入循环执行语句，否则跳出循环。

格式：

```
Do Until 条件 3
    执行语句组
Loop
```

功能：这也是条件入口型循环，重复执行循环执行语句，直到条件 3 为 True 时跳出循环。

格式：

```
Do
    执行语句组
Loop Until 条件 4
```

功能：这也是条件出口型循环，重复执行循环执行语句，直到条件 4 为 True 时跳出循环。

3. While…Wend 循环语句

While…Wend 循环语句是另一种形式的循环语句，其功能与 Do…Loop 语句的功能相似。

格式：

```
While 条件
    执行语句
Wend
```

功能：当条件为 True 时，循环体中的语句才会被执行，直到条件为 False 时，跳出循环。

例 9.18

求 0～100 之间奇数之和。

【程序代码】

```
<html>
<head>
    <title>求 0~100 之间奇数之和的应用实例一 </title>
</head>
<body bgcolor="#99FFCC">
<%
    Dim x,y
        Y=0
        for x=1 to 100                                    '将步长设为 2,可不用条件语句
            if int(x/2)<>x/2 then
            y=y+x
            End if
        next
    Response.Write "0~100 之间奇数之和等于"&CStr(y)
%>
</body>
</html>
```

【程序代码】

```
<html>
```

```
<head>
    <title>求 0~100 之间奇数之和的应用实例二</title>
</head>
<body bgcolor="#99FFCC">
<%
    Dim x,y
        x=1
        y=0
        Do While x<100
            y=y+x
            x=x+2
        loop
        Response.Write "0~100 之间奇数之和等于"&CStr(y)
%>
</body>
</html>
```

请考虑一下,这道题用 Do…Loop 循环语句的其他格式,程序代码是怎样的?

【程序代码】

```
<html>
<head>
    <title>求 0~100 之间奇数之和的应用实例三</title>
</head>
<body bgcolor="#99FFCC">
<%
    Dim x,y
    x=1
    y=0
    While x<100
        Y=y+x
        X=x+2
    Wend
    Response.Write "0~100 之间奇数之和等于"&CStr(y)
%>
</body>
</html>
```

例 9.19

求 S=1!+2!+3!+…+10!

以下给出了这道题的两种解法,仔细体会一下双重循环结构的用法。

【程序代码】

```
<html>
<head>
```

```
    <title>求阶乘和累加的循环应用实例一</title>
</head>
<body bgcolor="#99FFCC">
<%
    s=0
    for i=1 to 10
        t=1
        for j=1 to i
            t=t*j
        next
            s=s+t
    next
        response.write s
%>
</body>
</html>
```

【程序代码】

```
<html>
<head>
    <title>求阶乘和累加的循环应用实例二</title>
</head>
<body bgcolor="#99FFCC">
<%
    s=0
    t=1
    for i=1 to 10
        t=I*t
        s=s+t
    next
    Response.write s
%>
</body>
</html>
```

4. For Each…In…Next 循环语句

这种循环方式比较特别，假如有一个集合或数组，这个循环就对集合或数组中的每一个元素执行一次循环体中的语句，这种功能在实际应用中是非常有用的。

格式：

```
For Each 元素 In 集合或数组名
    语句组
Next
```

功能：

如果集合或数组中至少有一个元素，就会进入 For Each 循环体中执行语句。一旦进入循环，便首先对集合或数组中第一个元素执行循环中的所有语句。只要集合或数组中还有其他的元素，就会对每个元素执行循环体中的语句。当集合或数组中没有其他元素时退出循环语句，执行下面的语句。

例 9.20

累加数组中的数，然后输出结果。

【程序代码】

```
<html>
<head>
    <title>循环语句应用实例</title>
</head>
<body bgcolor="#99FFCC">
<%
    Dim a()
    Redim a(2)
        a(0)=1
        a(1)=5
        a(2)=100
    for each i in a
        x=x+i
    next
%>
<%=x%>
</body>
</html>
```

上述程序代码中的数组如果是一个变长度数组，不管数组中有多少个元素，都不会影响循环语句执行，这种循环语句给编程带来方便，可以提高程序的通用性。上述程序的累加结果是 106。

5. 强行退出循环语句

在一般情况下，都是根据条件判断推出循环，若根据需要要强行退出循环体，在 For…Next循环结构中可用语句 Exit For 来完成此项功能，在 Do…Loop 循环结构中可用语句 Exit Do 来完成此项功能。

例 9.21

```
<%
    Sum=0
    N=10000
    For X=1 TO N
        Sum=Sum+X
```

```
        If Sum>10000 Then               '若 Sum 大于 10000,则强行退出循环
        Exit for
        End if
    Next
%>
```

9.4 ASP 应用服务器技术基础

目前动态网页开发的主流技术是 ASP、JSP 和 PHP,这三者各有所长。它们都需要把脚本语言嵌入到 HTML 文档中,这三者不同之处在于,ASP 学习简单,使用方便;PHP 软件免费,运行成本较低;JSP 多平台支持,转换方便。

Dreamweaver 最出色的地方在于其具备动态网页服务器端的可视化设置功能,同时对各类网络平台与服务器语言提供足够的支持,可支持所有主流的应用服务器技术,包括 ColdFusion、ASP、ASP.NET、JSP 和 PHP,使得在一个开发环境上开发集成多种类型的站点和后端技术成为可能。

ASP 是一种基于脚本语言的应用服务器技术,ASP 的网页页面以.asp 为文件后缀名。网页设计者只要将一些 VBScript 代码嵌入到 HTML 文件中,就能实现动态网页的功能,而不必再学习完整的编程语言或者单独编译程序来创建交互式网页。

本书以 ASP 技术为主,讲解 Dreamweaver 8 下的 Web 应用程序开发。

9.4.1 ASP 内置对象的介绍

ASP 提供了内置对象和大量可安装的 ActiveX 组件,这些对象和组件都可以用来拓展 ASP 的功能。对象一般有方法、属性、集合和事件。其中,方法决定了可以用这个对象做什么事情;属性可以读取对象的状态或者设置对象的状态;集合是由很多不同的与对象有关系的键和值配对组成的。

对象是 ASP 最重要的核心,ASP 提供了几个重要的内置对象,通过这些对象成员可以完成服务器与客户端之间的请求与响应,以下简要说明一些常用的 ASP 对象。

9.4.2 Request 对象

在网站应用过程中,服务器和客户端信息交流是最常见的。而事实上,如留言板、BBS 论坛、网上商店等都经常需要从客户端获得用户输入的信息(比如用户的注册、客户的订单等),客户端通过浏览器在表单里输入信息后,怎样才能传到服务器的数据库里保存呢? 过去采用 CGI 处理,很麻烦。而 ASP 提供了一个非常简单好用的内部对象 Request,利用这个对象就可以使服务器轻松地取得客户端的信息。

使用 Request 对象可以访问任何用 HTTP 请求传递的信息,典型的信息是从

HTML 表单中用 POST 方法或 GET 方法传递的。Request 对象还能够访问发送给服务器的二进制数据,如上传的文件。

Request 的语法结构如下:

Request[.集合|属性|方法](变量)

Request 对象包含 3 类成员,分别为集合、属性和方法,其中集合包含了客户端的数据内容,如表 9-10 所示是 Request 对象的集合成员。Request 对象的属性和方法各有一个,在 ASP 网页中很少使用,所以这里不再针对其作说明。

表 9-10 Request 对象的集合成员

集　　合	说　　明
Cookies	传送至服务器端的所有 Cookie 对象的集合
Form	当<form>标签的方法设为 Post 时,表单所有字段值的集合对象
QueryString	当<form>标签的方法设为 Get 时,表单所有字段值的集合对象,由合并在 url 网址列字符串后面的"键|值"对所组成
Server Variables	客户端对服务器提出需求,同时传送至服务器的 HTTP 标题与服务器等数据

在本节中将介绍最常用的获取方法:Form 获取方法和 QueryString 获取方法。

1. Form 获取方法

语法:

```
Request.获取方法(变量)
```

例 9.22

```
<%
strUserName=Request.Form(" user_name")          '获取表单中的用户名
%>
```

在登录到一个商务网站时经常会碰到要求填写用户名、密码等一些信息,这其实就是用 HTML 提供的 FORM 表单实现的。填写完毕后,单击【确定】或【提交】按钮就可以将输入的信息传送到服务器上,然后可以调用相应的程序来处理那些信息。

在 HTML 中完整的 FORM 语法如下:

```
<form action=处理程序的网址
        method=get | post
        name=该 FORM 表单的名称
        enctype=数据传送 MIME 类型
        onreset=按下 reset 按钮所调用的程序
        onsubmit=按下 submit 按钮所调用的程序
        target=输出窗口或分页名称>
        …
        form 元素
        …
</form>
```

FORM 的语法虽然很复杂，但最常用的也就是 action、method 和 name。在 ASP 中获取 FORM 表单中的信息就是用 Form 获取方法来实现的。

在用 Form 获取方法获取信息时，method 方法一定要用 post，也可以不写，不写时则默认为 post。FORM 表单和 Form 获取方法的区别：前者是 HTML 提供的表单，并是不属于 ASP 的，后者是特指 ASP 的 Request 对象获取信息的一种方法。两者的关系就是 ASP 用 Form 获取方法来获取 FORM 表单中的信息。

2. QueryString 获取方法

从一个网页向另一个网页传递信息时，可以利用 Form 获取方法获取表单的信息，还可以利用 QueryString 获取方法取回标识在 URL 后面所有返回的变量及其值。

例 9.23

当客户端送出如下请求时 Request. QueryString 将会得到 name 和 gender 两个变量的值。

```
<a href="success.asp? name=卓群 &gender=男">
```

URL 用?分隔网址和信息串，用 & 连接各参数。其中 name 和 gender 是表单元素或变量的名字。

9.4.3 Response 对象

在 Dreamweaver 8 中制作输出信息的静态网页已经是很容易的事了，而 ASP 是要生成动态网页，要根据客户端的不同请求输出相应的信息，这就要靠 Response 对象来完成向客户端输出信息的功能。在前面 9.3 节中已经在用 Response 对象输出动态网页的信息。下面再对 Response 对象作些解释。

Response 对象用来控制送出给客户端的信息的常用方法和属性如表 9-11 所示。

表 9-11 Response 对象的常用方法和属性

对象成员		说　明
方法	Write	直接送出信息给客户端
	Redirect	重新定位客户端至另一个 URL 位置上去
	Cookies	设置 Cookies 值
	Clear	清除在缓冲区的 HTML 输出数据
	End	停止处理任何 ASP 文件，并返回当时的状况
属性	Buffer	设置为缓冲信息
	ContentType	控制送出的文件类型
	Expires	设置页面保存在客户端浏览器上的时间
	ExpiresAbsolute	刷新被缓存页面的具体时间和日期

在本节中只介绍最常用的 Write 和 Redirect 方法。

在 Response 对象中，Write 方法可以说是最普遍、最常用的方法，它可以把信息从服务器端直接送到客户端，实际上就是在客户端动态显示信息。

① Response.Write 变量数据或字符串

② <%=变量数据或字符串%>

③ Response.Redirect 网址变量或字符串

例 9.24

```
<%
    Response.Write user_name&"您好,网上书店欢迎您!"
%>
```

上面程序中的 user_name 是一个变量，表示用户名。

前面一节中的例子里还用到类似于<%=user_ name%>的输出信息用法，其实这是 Write 方法的省略用法。

例如：

```
<%=user_name&"您好,网上书店欢迎您!"%>
```

在浏览网站时，当用户单击某超级链接时可以从一个页面转到另一个页面，可是有时也希望能自动引导用户到另一个页面，例如：进行网上考试时，当考试结束时间到了，自动引导用户到另一个页面。

例 9.25

```
<%
Response.Redirect "http://www.online.sh.cn"
Response.Redirect "mainmenu.asp"
theURL="http://www.ecupl.edu.cn"
Response.Redirect theURL
%>
```

注意

Response. Redirect 的用法较简单，一般情况下 Response. Redirect 语句应该放在 ASP 文件的开头。若希望将该语句放在 ASP 文件的任意地方使用，就必须在 ASP 文件的开头加上<% Response. Buffer=True%>这句话。

服务器与客户端之间的沟通完全依靠 Request 和 Response 这 2 个对象作连接。

9.4.4 Application 对象

使用 Application 对象可以使所有用户一起使用该对象，达到共享信息的目的。最典型的是聊天室，大家的发言都存放到一个 Application 对象中，彼此就可以看到发言的内容了。也就是说，如果用户 A 和用户 B 同时访问给定的 Web 应用，他们访问到的

Application 对象的内容完全一致。Application 对象没有有效期限制，直到应用程序停止前它是一直存在的。

基于 ASP 的应用程序同所有的 .asp 文件一样是在一个虚拟目录及其子目录中定义的。因此多个用户可以共享 Application 对象，所以必须要用 Lock 和 Unlock 方法以确保多个用户无法同时改变某一属性。

如果设计者不熟悉编程，可以把 Application 对象看做一个应用程序的数据共享的一个级别，在整个应用程序中的所有页面有效且对所有访问该应用程序的用户都有效。

ASP 的内建对象 Application 对象的集合、方法和事件如表 9-12 所示。

表 9-12　Application 对象成员

对象成员		说　明
集合	Contents	存储 Application 对象变量值
	StaticObjects	存储 Application 对象<Object>变量
方法	Contents. Remove(valName)	移走 Contents 集合中的特定元素
	Contents. RemoveAll	移走 Contents 集合中的所有元素
	Lock()	锁定 Application 对象存取
	Unlock()	释放被锁定的 Application 对象
事件	OnStart	ASP 应用程序第一次启动时被触发
	OnEnd	ASP 应用程序结束时被触发

语法：

```
Application("Application 名字")= 变量或字符串信息
```

例 9.26

```
<%
Application.lock
Application("pronunciation")="电子商务网站欢迎您！"   '将信息加到 Application 中
Application.Unlock
%>
```

9.4.5　Session 对象

在 WWW 页面中，利用超级链接可以很方便地从一个页面转到另一个页面。但是，这样便会带来一个问题，怎样记载客户的信息呢？如果在首页客户输入了自己的用户名和密码，在其他页面还需要使用该用户名，那么用什么记住用户名信息呢？

Session 对象可以存储每一位用户客户端的信息。当用户在网页与网页之间跳转时，存储在 Session 对象中的信息一般不会丢失。ASP 服务器系统默认的信息保留时间一般为 20 分钟，如果客户端超出 20 分钟不再向服务器提出请求或刷新 Web 页面，该 Session

信息就会自动结束。

但是与 Application 对象存储的信息不同，Session 对象存储的信息只对单个用户有效，与用户一一对应。用户 A 的 session 对象和用户 B 的 session 对象不一样，因此存储的信息也不同。

当用户请求来自应用程序的 Web 页时，如果该用户还没有会话，则 Web 服务器将自动创建一个 Session 对象，Session 对象有它的有效期，当会话过期或被放弃后，服务器将终止该会话。在 Web 服务器中可以设置会话过期的时限，没有收到来自用户的请求超过一定时限后，服务器将终止与该用户的会话，Session 对象中的所有变量随之释放。

Session 对象的集合、属性、方法和事件如表 9-13 所示。

表 9-13　Session 对象成员

对象成员		说明
集合	Contents	存储 Session 对象变量值
	StaticObjects	存储 Session 对象＜Object＞变量
方法	Contents. Remove(valName)	移走 Session 集合中的特定元素
	Contents. RemoveAll	移走 Session 集合中的所有元素
	Abandon()	结束当前的 Session，创建一个新的 Session
事件	OnStart	一个新用户联机进来时被触发
	OnEnd	一个用户结束联机时被触发
属性	CodePage	设定网页所使用的字符编号
	LCID	存取网页设定的区域识别
	SessionID	表示一个特定用户唯一 Session 识别的 ID
	TimeOut	设定 Session 对象的存活时间

在本节中主要介绍利用 Session 存储信息和 Timeout、Abandon 的使用。

语法：

```
Session("Session 名字")=变量或字符串信息
```

例 9.27

下面是一个关于用法的例子，在 input. asp 中给 Session 赋值，当单击超级链接“显示欢迎信息”转到 success. asp，并显示 Session 中的信息。

【程序代码】

```
<html>
<head>
    <title>Session 用法举例</title>
</head>
<body>
    <%
```

```
    Dim use_name,sex,age
    User_ name="卓群"                  '字符串直接赋值给变量
    Sex="男"
    Session(" name")=user_name        '给 Session 赋值
    Seasion("age")=age
    Response.Write"<a href='success.asp'>显示欢迎信息</a>"
    %>
</body>
</html>
```

success.asp 的代码

```
<html>
<head>
    <title>显示 Session 中的信息 </title>
</head>
<body>
    <%
    Dim x
    X=Session(" name")
    Response.Write X&"您好,网上书店欢迎您!"
    %〉
</body
</html
```

注意：会话状态仅在支持 cookie 的浏览器中保留。在以后的章节中会看到 Session 对象的应用。

9.4.6 表单如何传递数据

使用 ASP Request 对象，可以创建一个简单而且功能强大的脚本来收集和处理 HTML 表单数据。HTML 表单是收集 Web 信息最常用的方法，是在 Web 页上提供用户界面控件的特殊的 HTML 标记的排列。文本框、按钮和复选框都是典型的控件，这些控件使用户和 Web 页实现交互，并且将信息提交给 Web 服务器。

图 9-10 是表单的一个简单实例。在表单中，要求用户输入姓名、性别，单击【提交】按钮可以将这些信息提交给 Web 服务器。

图 9-10 表单的示意图

在图 9-11 中显示 Dreamweaver 8 对表单的属性设置。向 Web 服务器提交信息时，用户的 Web 浏览器请求用【动作】文本框所指定的 .asp 文件处理提交的信息(该属性可以填入一个完整的URL指向.asp文件)。*.asp文件包含了处理表格值(如显示结果表或从数据库查询信息)的脚本。

一个HTML表单可以将信息传给另一个.asp文件,也可以将信息传给自身,即包含该表单的.asp文件自身。这种情况下【动作】文本框中什么都不填。这一过程经常用于验证表单输入的信息的合法性。

那么如何在接受信息的.asp文件中获得表单的输入呢?

这取决于表单的提交方式。客户的信息通过表单的输入标签读入浏览器后,可通过传输介质传送到服务器中。这一过程称做信息提交或上传。信息提交的方式有两种,一种是将信息置于【动作】文本框中引用的网址后面,形成一个特殊格式的URL一起提交给服务器,这种方式称为GET方式;另一种是等待服务器自己来取,这种方式称为POST方式。

在如图9-11所示表单的【属性】面板中,【方法】属性选择了POST方式。POST方式可以上传较大的数据量;而GET上传的数据量较小,仅能传送2KB左右(受到URL长度的限制)。因此,Dreamweaver 8默认选择的提交方式是POST方式。

图9-11 表单的属性面板

上一节中提到的Request对象提供了两种获取方法,分别对应两种提交方式,在很大程度上简化了获取附加在URL请求上的各表单项信息的任务。

QueryString获取方法用于获取跟在GET方式请求的URL的问号后面的文本传递给Web服务器的值。通过使用HTTP GET方法或手工将表单的值添加到URL,表单的值可以被附加在请求的URL之后。

例如,如果先前的表单示例使用GET方法(METHOD = "GET"),且用户输入"杨过"和"男",那么下面的URL请求将被发送给服务器:

```
http://www.demo.com/process.asp? name=杨过 &gender=男
```

URL用"?"分隔网址和信息串,用"&"分隔各项。其中name和gender是表单元素的名字。

当使用HTTP GET方法去向Web服务器传递长而复杂的表格值时,将可能丢失信息,故大多数的Web服务器倾向于严格控制URL查询字符串的长度。如果需要从表单发送大量信息到Web服务器,就必须使用HTTP POST方法。此方法用于在HTTP请求正文中发送表单数据,而且发送的字符的个数可以无限多。ASP Request对象的Form集合用POST方法发送值。

9.5 数据库基础

本章第 2 节提到，应用服务器访问的最典型的一种外部资源就是数据库。关键的商业应用的开发必定要用到数据库的海量处理数据的能力，以及事务处理的能力。

所谓数据库，就是一些关于某个特定主题或目的的相关信息的集合。例如通讯录、辞典、员工人事信息，都可以看做数据库。

目前最流行的是关系模型的数据库。在关系模型下，数据库用表来表示，表是数据库的核心。数据库中的表和现实生活中的二维表格很像。表的每一行称为一个记录(Record)，每一列称为一个字段(Field)。表中抽取满足相同条件的记录的集合称为记录集(RecordSet)。表与表之间通过重叠的关键字段相关联，可以构成更大的逻辑上的表。

要开发具备数据处理功能的 ASP 网页，必须借助两种主要的数据库存取技术：SQL 语言和 ADO 应用程序接口。

SQL 语言是一种为了操作关系型数据库而设计的数据库结构化查询语言，通过特定的语句完成对数据库和表的定义、查询、更新、插入、删除和修改等操作。

ADO 是由微软针对数据库应用所开发出来的一组对象，提供了操作数据库所需的应用程序接口，其中包含创建数据库连接，修改数据库内容和返回从数据库取得的数据等。

ADO 对象与 SQL 语句有着密不可分的关系，ADO 扮演一种连接 ASP 网页与数据库之间的桥梁的角色，还可以传送各种 SQL 指令至底层数据库，完成对数据库的相关操作。

下面几节内容将对 SQL 语言和 ADO 对象进行介绍。

9.5.1 SQL 语言概述

SQL 是英文(Structured Query Language)的缩写，意思为结构化查询语言。SQL 语言的主要功能就是同各种数据库建立联系，进行沟通。按照 ANSI(美国国家标准协会)的规定，SQL 被作为关系型数据库管理系统的标准语言。SQL 语句可以用来执行各种各样的操作，例如更新数据库中的数据，从数据库中提取数据等。目前，绝大多数流行的关系型数据库管理系统，如 Oracle、DB2，Sybase、Microsoft SQL Server、Access 等都采用了 SQL 语言标准。

SQL 语句的种类数目之多是惊人的。使用 SQL 语言可以执行下述功能：从一个简单的表查询，到创建表和存储过程，到设定用户权限。但是构成 SQL 语句的核心内容还是如何从数据库中插入、更新和查询数据。基于这个目的，应该了解的最重要的 SQL 语句如表 9-14 所示。

表 9-14　SQL 语句及功能

命　令	说　明	命　令	说　明
SELECT	从一个表或多个表中检索列和行	UPDATE	更新表中已存在的行的某几列
INSERT	向一个表中增加行	DELETE	从一个表中删除行

这几个语句是 SQL 中语法较复杂,也是使用最频繁的语句,因此是重中之重。

接下来,本节要介绍这几个 SQL 语句,记住,要开发网站的应用程序,这几句 SQL 语句是必须掌握的。但是如果读者一时记不住这些语法,在以后的章节里会看到 Dreamweaver 8 提供的设计工具能够帮助设计者自动生成简单的 SQL 语句。

9.5.2　SELECT 语句的语法

SELECT 语句是 SQL 提供的数据查询语句,它功能丰富,使用灵活,其一般格式如下:

```
SELECT [ALL|DISTINCT]<目标列表达式>[,<目标列表达式>]…
FROM<基表名或视图名>[,<基表名或视图名>] …
[WHERE<记录过滤条件>]
[GROUP BY<列名>[,< 列名>]] …
[HAVING<小组过滤条件>]
[ORDER BY<列名>[ASC|DESC][,<列名>[ASC|DESC]…]] …]
```

表 9-15　SELECT 语句的参数说明

关　键　词	说　明
SELECT	指明要检索的数据的列
FROM	指明从哪(几)个表中进行检索
WHERE	指明返回数据必须满足的条件
GROUP BY	指明返回的列数据通过某些条件来形成组
HAVING	指明必须满足的分组的条件
ORDER BY	指明返回的行的排序顺序

例 9.28

对如图 9-12 所示的表 publication,请用 SQL 语句分别查询该表中所有完整的记录、Name 和 Price 这两个字段的记录、Price 小于 30 元的记录,并将该表中满足上述条件的记录按 Name 字段排序。

编号	Name	ISBNNO	PubDate	Press	Price
1	MPLS和VPN体系结构	ISBN7-115-09509-4	01-8-1	人民邮电出版社	¥42.00
2	Cisco AVVID和IP电讠	ISBN7-5053-7583-0	02-5-1	电子工业出版社	¥27.00

图 9-12　表的示意图

最简单的 SELECT 语句是:

```
SELECT * FROM publication
```

这个简单的查询结果得出的内容为 publication 表中的所有完整的记录。“*”代表所有的列。

如果只想选择书名和价格这两列，可以在 SELECT 后指明需要的列名：

```
SELECT name, price FROM publication
```

如果想进一步缩小返回的结果范围，可以添加 WHERE 子句，用以返回符合 WHERE 后条件的记录：

```
SELECT name, price FROM publication WHERE price<30.00
```

实际使用时，WHERE 子句可以使用多个列作为约束内容，通过 AND 和 OR 以实现多个约束。

如果觉得返回的记录太过凌乱，可以添加 ORDER BY 子句来对记录排序：

```
SELECT name, price FROM publication WHERE price<30.00 ORDER BY name
```

这样返回的结果就按照 name 来排序了。

9.5.3 INSERT 语句的语法

```
INSERT INTO<表名>[(列名 1[,列名 2,…,列名 n])] VALUES (<值 1>[,值 2,…,值 n])
```

表 9-16 INSERT 语句的参数说明

关 键 词	说 明
INSERT INTO	指明插入数据到哪个表，在列名序列中，列出需要指定值的列名
VALUES	按照列名的顺序，给出相应的值

简单来说，当向数据库表格中添加新记录时，在关键词 INSERT INTO 后面输入所要添加的表格名称，然后在括号中列出将要添加新值的列的名称。最后，在关键词 VALUES 的后面按照前面输入的列的顺序对应地输入所有要添加的记录值。

以下是向 publication 表插入一条新记录的例子。

```
INSERT INTO publication (name, ISBNNO, PubDate, Press, Price) VALUES ('新求精德
语强化教程','ISBN7-5608-1968-0','1998-8-1','同济大学出版社',56.00)
```

9.5.4 UPDATE 语句的语法

SQL 语言使用 UPDATE 语句更新或修改满足规定条件的现有记录。

```
UPDATE<表名>SET<列名 1>=表达式 1 [,<列名 2>=< 表达式 2>… ] WHERE<条件>
```

表 9-17　UPDATE 语句的参数说明

关 键 词	说 明
UPDATE	指明对哪个表更新数据
SET	列出需要更新的列名和值对
WHERE	指明哪些记录需要更新,只有满足 WHERE 条件的记录才被更新

例 9.29

可以用以下语句把名为“新求精德语强化教程”的书涨价 10 元:

UPDATE publication SET price=price+10 WHERE name='新求精德语强化教程'使用 UPDATE 语句时,关键一点就是要精确地设定好用于进行判断的 WHERE 条件从句,否则会错误地改掉不想改的记录。

9.5.5　DELETE 语句的语法

SQL 语言使用 DELETE 语句删除数据库表格中的行或记录,参数说明如表 9-18 所示。

```
DELETE FROM<表名>[WHERE<条件表达式>]
```

表 9-18　DELETE 语句的参数说明

关 键 词	说 明
DELETE FROM	指明从哪个表删除数据
WHERE	指明哪些记录需要被删除,只有满足 WHERE 条件的记录才被删除,默认为删除全部记录

例 9.30

可以用以下语句把名为“新求精德语强化教程”的书从表中删除:

```
DELETE FROM publication WHERE name ='新求精德语强化教程'
```

9.5.6　实验数据库介绍

本节将介绍适合实验用的数据库产品。由于应用 Dreamweaver 8 进行 Web 应用开发的过程中,使用的都是标准的数据库访问接口,因此数据库之间的差异对开发者来说变得不那么重要,因此本节对产品仅作简单的介绍。

1. 桌面数据库的代表 Microsoft Access

Access 是一个桌面数据库,因为它的目标用户是单机的个人用户或者小型的工作组,它的数据库的物理存储是文件系统中的一个普通文件,数据库的访问方式也局限于同一台计算机,不提供基于 Client/Server 方式的多用户并发访问能力。因此,Access 主要被用于单用户桌面环境下和小型办公室通过文件共享方式协作。

当然,对于极小型的网站和极小规模的应用,对并发性要求较低,对性能要求不高的环境下，Access 可以用作 Web 服务器端的数据库。

由于熟悉 Access 的人多，容易快速上手。由于自带丰富的客户端界面和使用向导，用 Access 建立和修改数据库结构，输入和修改数据都很方便。除了不能做分布式部署和性能上的局限性外，Access 具备数据库的完整功能，支持标准的 SQL 语言。Microsoft 还曾经专门为 Access 和 VB 提供过基于 Jet 引擎的 DAO 数据访问对象，其对 Access 作为桌面数据库应用工具的重视程度可见一斑。用 Access 作为 Web 应用程序开发练习中的实验数据库，是一种不错的选择。

2. Microsoft SQL Server

Microsoft 一直没有停止过占领中高端企业市场的努力，SQL Server 2000 代表着下一代 Microsoft .NET Enterprise Servers（企业分布式服务器）数据库的发展趋势。SQL Server 2000 是为创建可伸缩电子商务、在线商务和数据仓储解决方案而设计的真正意义上的关系型数据库管理与分析系统。

SQL Server 2000 提供了以 Web 标准为基础的扩展数据库编程功能。丰富的 XML 和 Internet 标准，允许使用内置的存储过程，以 XML 格式轻松存储和检索数据。还可以使用 XML 更新程序容易地插入、更新和删除数据。

SQL Server 2000 可以轻松地通过 Web 访问数据。可以使用 HTTP 来向数据库发送查询，对数据库中存储的文档执行全文搜索，以及通过 Web 进行自然语言查询。

SQL Server 2000 具有强大而灵活的基于 Web 的分析功能。它的分析服务功能被扩展到了 Internet。可以通过 Web 浏览器来访问和控制多维数据。

使用 SQL Server 2000 可以获得良好的可伸缩性和可靠性。通过向上伸缩和向外扩展的能力，SQL Server 满足了苛刻的电子商务和企业应用程序的要求。

SQL Server 2000 可以向上伸缩，利用对称多处理器（SMP）系统，SQL Server Enterprise Edition 最多可以使用 32 个处理器和 64 GB RAM。

通过增强的故障转移群集、日志传送和新增的备份策略，SQL Server 2000 达到了较大的可用性。

SQL Server 已成为颇受众多客户关系管理（CRM）应用程序、商务智能（BI）应用程序、企业资源计划（ERP）应用程序及其他在线商务应用程序厂商和客户青睐的数据产品，这主要应归功于该产品在对称多处理（SMP）硬件方面所具有的可伸缩性和较低的数据库维护需求。SQL Server 2000 不仅支持集中化数据库管理功能，而且还最大程度地实现了管理与优化工作的自动化，从而，减轻了有关管理人员的负担。

SQL Server 2000 还推出了一组复杂的新安全特性：强大而灵活的基于角色的服务器、数据库和应用程序配置安全性；集成的安全性审核工具可以跟踪 18 个不同的安全事件及其子事件；精密的文件和网络加密支持，包括 SSL（安全套接字层）、Kerberos 及委托。SQL Server 2000 已经通过美国政府 C2 级安全性认证。

因此，SQL Server 更适合于开发投入实际运营的较大规模的网络应用程序。如果学习本书的目的是想开发一个实际意义上的用户众多的较大规模的网站的话，建议读者学习 SQL Server。本书也采用 SQL Server 作为后台数据库，以期尽量真实地模拟现实的开发环境。

9.5.7 ODBC 与 ADO

数据库产品很多,但是实际上只有数据库管理员才需要学习各种数据库产品的特性,开发者并不需要知道这些。开发者只要知道数据访问的基本模型,基本的 SQL 语言和数据库基本概念就可以进行大多数开发工作了。这要归功于标准的数据库访问接口。

1. 什么是 ODBC

ODBC(Open Database Connectivity,开放式数据库互联)是微软推出的一种工业标准,一种开放的独立于厂商的 API 应用程序接口,可以跨平台访问各种个人计算机、小型机以及主机系统上的数据库。ODBC 作为一个工业标准,绝大多数数据库厂商、大多数应用软件和工具软件厂商都为自己的产品提供了 ODBC 接口或提供了 ODBC 支持,这其中就包括常用的 SQL Server、ORACLE、DB2 等,当然也包括了 Access。

数据库驱动程序使用 Data Source Name (DSN) 定位和标识特定的 ODBC 兼容数据库,将信息从 Web 应用程序传递给数据库。典型情况下,DSN 包含数据库配置、用户安全性和定位信息。通过 ODBC,可以选择希望创建的 DSN 的类型:用户、系统或文件。

那么什么是 DSN 呢?DSN 是"应用程序用以请求一个连到 ODBC 数据源的连接(conncetion)的名字",换句话说,它是一个代表 ODBC 连接的符号。它隐藏了诸如数据库名、位置、数据库驱动程序、用户名、密码等细节。因此,当建立一个数据库连接时,开发者不用去考虑数据库在哪儿,叫什么名字等细节,只要知道管理员给出的在 ODBC 中的 DSN 即可。

DSN 分 3 种类型:文件 DSN、系统 DSN 和用户 DSN。

- 文件 DSN:这种 DSN 的细节存储在指定文件中。
- 系统 DSN:这种 DSN 可以被任何登录到系统中的用户使用。
- 用户 DSN:这是为特定用户建立的 DSN。只有建立这个 DSN 的用户才能看到并使用它。

后两种情况中,DSN 的细节都储存在 Windows 系统的注册表中。

下一章将详细讲解如何建立 DSN,为开发过程中连接数据库做好准备。

2. ADO 模型概述

ODBC 对开发者来说相当复杂,为方便使用,微软推出过一系列建立在 ODBC 之上的数据访问对象,例如 DAO(Data Access Object)和 RDO(Remote Data Object)用以适应各种不同的数据访问需求。

ActiveX Data Objects(ADO) 则是微软推出的取代 DAO 和 RDO 等各自不同的一系列数据访问对象的统一的数据访问对象技术,ADO 对象是开发数据库应用程序的接口,是提供操作数据库所需的各种对象的集合,它被设计用来同新的通用数据访问层 OLE

DB Provider 一起协同工作。

OLE DB 是一个建立在 ODBC 上的低层数据访问接口，用它可以访问各种数据源，包括传统的关系型数据库，以及其他任何数据格式，例如电子邮件系统、目录服务、文本文件甚至自定义的商业对象。OLE DB 可以看做是一种数据驱动程序，每一种被访问的数据类型，都对应一种 OLE DB Provider，这个 Provider 提供对这种数据的驱动。

ADO 是建立在 OLE DB 上的面向对象的访问接口，方便脚本语言和面向对象的开发工具来使用。ADO 的主要优点是易用、高速、占用内存和磁盘空间少，所以非常适合于作为服务器端的数据库访问技术。它是多线程的，在出现大量并发请求时，也同样可以保持服务器的运行效率，并且通过连接池（Connection Pool）技术以及对数据库连接资源的完全控制，提供与远程数据库的高效连接与访问，同时它还支持事务处理（Transaction），以开发高效率、高可靠性的数据库应用程序。

ADO 由几个对象组成，这几个对象分别负责提供各种数据库操作行为，ASP 网页对数据库的操作大致上可以分为连接、修改和查询 3 部分，据此 ADO 将数据访问抽象为 3 个主要的部分：连接对象（Connection）、指令对象（Command）和记录集对象（RecordSet）。

（1）Connection 创建到数据源（Data Source，即某种数据提供者）的连接，任何数据库的操作行为都必须在连接的基础上进行，因此在使用 ADO 之前，首先必须创建一个 Connection 对象。它有点类似于 Client/Server 数据库应用中同 Server 间的真实网络连接。

（2）Command 是指令对象，在连接建立以后将用户提供的指令传送到数据库，对数据库中数据进行新增、删除和修改处理，发往数据源的指令就是 SQL 命令。

（3）RecordSet 是一种包含特定数据的记录集合对象，是数据源执行 SQL 命令后，返回的结果数据的集合。通常是一个或多个数据表的一部分记录。在实际使用中 RecordSet 类似于数据库概念中的游标（Cursor）。RecordSet 在 Dreamweaver 8 中对应于 SELECT 语句的返回结果。

要建立一次数据库访问首先要创建一个 Connection 对象，然后用基于这个 Connection 对象的 Command 指令对象将一段 SQL 指令送到数据库，进行数据的更改，Recordset 对象则是 ADO 根据特定的 SQL 查询指令，在数据库中取得相关数据内容之后，加载这些取得的数据返回给用户的记录集对象。

因为 ADO 最终是通过 ODBC 来对数据库进行访问的，所以在使用 ADO 之前要先在 ODBC 中添加相应的数据库驱动程序，并创建相应的 DSN（数据源名）。

9.6 IIS Web 服务器介绍

Web 应用程序的运行当然离不开 Web 服务器。Web 服务器的能力直接影响到 Web 应用程序的执行效率、并发访问量等关键因素。本节将会介绍当今主流的 Web 服务器产品。

根据 Netcraft Web Server Survey 2002 年 6 月的调查，Apache、Microsoft、Zeus 和 iPlanet 是这个市场的领导者。基于开放式源代码的 Apache Web Server 拥有约 57%的 Web 服务器市场份额，而 Microsoft IIS 则具备 31%的市场占有率，Zeus Web Server 和 iPlanet Web Server(现在的 Sun ONE Web Server)各占 2.11%和 1.33%的份额。除微软以外，其余各主要服务器的使用都有所减少。Microsoft 公司表示，使用 IIS 的顶级电子商务站点数量明显超越其他竞争性产品，而“财富 500 强”企业中 IIS 的应用数量也大大多于 Apache。

Internet Information Server(简称 IIS)作为 Microsoft Windows 2000 和 Windows XP 系列产品的重要组成部分，支持 Web、FTP、SMTP、NNTP、Media 等各种服务，功能强大且管理简单，完全适用于搭建中小型规模的网站，是全面提供 Internet 和 Intarnet 服务的最受欢迎的选择之一。

有很多功能使得 IIS 可以更好、更可靠地执行。为了更快速更方便地重新启动 IIS，IIS 5.0 的可靠重新启动功能，可以使管理员不必重新启动计算机即可重新启动 Web 服务。为改进可靠性，“应用程序保护”功能提供一种可以在与 Web 服务分开的池中运行应用程序的能力。IIS 5.0 中的“CPU 限制”和“套接字共用”功能也能够改进可靠性。对于应用程序开发人员来说，Web 站点的性能可以通过某些新功能来改进，如无脚本 Microsoft Active Server Pages (ASP) 处理、ASP 自调以及性能增强的 ASP 对象。

IIS 5.0 易于安装和维护。其中的许多功能都支持这种不断增加的易维护要求，包括简化的安装过程、新安全任务向导、解释各进程使用的时间的能力，以及灵活的远程管理等。

IIS 5.0 增加了对重要行业标准安全协议的支持，包括摘要式身份验证、Server Gated Cryptography、Kerberos v5 身份验证协议、传输层安全和 Fortezza。另外，其中的 3 个新任务向导，使得管理员可以更方便地管理站点的安全设置。

因为 IIS 5.0 建立在 Windows 2000 Server 的新技术的基础上，从而扩展了 Web 服务器的应用程序开发环境。这些新技术包括 Active Directory 以及扩展的组件对象模型(COM+)。另外，还有对 IIS Active Server Pages 的增强，如无脚本 ASP 处理，以及改进的流控制和错误处理，让开发人员编写更有效的以 Web 为中心的应用程序。

对服务提供商而言，IIS 5.0 支持更大的吞吐量和更多的站点。使用 IIS 5.0，一个 Web 服务器提供的站点远多于 IIS 4.0 的限制(250 个)。尽管随着站点数量的增加性能将会下降，但大多数硬件配置可以提供 5000 个 Web 站点并每天处理超过 1700 万个请求(使用 4CPU~4GB 内存配置，每天处理 3080~4620 万个请求)。

注意：如果有条件，实验环境就应该选择可以投入实际应用的 IIS，而不是其他小型化的个人用的 Web 服务器。首先，学习本书的目的，一定是想要做实际的开发，因此，不如直接接触实际应用中的产品；其次，用 IIS 建立网站已经简单到并不比那些小型化“玩具”Web 服务器复杂多少的地步。

第10章 建立 Web 应用开发及运行环境

知识点

- IIS 的安装与设置
- 如何管理 IIS 站点
- 实验数据库的安装与设置
- 如何建立数据库连接
- Dreamweaver 8 的站点管理

如果要面面俱到，把所有主流的 Web 服务器、Web 应用服务器、数据库服务器、操作系统平台组成的各种 Web 应用开发和运行的环境的组合全都讲到，既不可行，也无必要。其实一通百通，同类产品的实现思路是极其接近的，何况每种产品都有自己详细的文档，学习起来并不难。作为一个好的网站开发维护人员，没有快速查阅文档的能力是不行的。

在 Windows 系统平台上建立实验环境比较容易，各种服务程序的安装和配置非常简单和直观，因此，本书选择 Windows 2000 Server 作为服务器操作系统平台，这样有利于把注意力放在 Dreamweaver 8 的学习上。如果选择其他操作系统，读者可能会被这些操作系统的各种服务的令人头疼的复杂配置分散了精力。例如在 Linux 系统的环境下建立 Web 服务器对初学者来说就太过复杂，Linux 系统版本变化太快，发行版本太多，可能碰到的问题随各种版本的不同而有各种变化，因此本书中将不涉及 Linux 系统。

Windows 2000 自带的 IIS 5.0 配合相应的应用服务器可以支持 Dreamweaver 8 支持的所有服务器端技术，因此 IIS 是适合实验用的 Web 服务器。基于 IIS 建立实验环境也相当灵活。如果条件有限，可以用单台 Windows 2000＋Dreamweaver 8＋本章所述的组合环境来建立最简单的实验环境；如果条件允许，可以用多台计算机模拟网络化的生产环境部署（production system deployment），即模拟正式投入使用时的环境，例如一台 Windows 2000 Server＋IIS 做 Web 服务器，一台 Windows 98＋Dreamweaver 8 作为开发机，再用一台 Windows 2000 Server＋SQL Server 2000 做数据库服务器。

10.1 安装和设置 IIS

大家可能已经注意到，在前面的章节，已经讲到如何创作 Web 页面的大部分内容，但是 Web 页面存放在哪里？如何在服务器上建立 Dreamweaver 8 可以访问和更新的 Web 站点？对这些问题并没有做完整的解答。这一节将为读者展示站点建立的完整过程。

注意：这里所说的站点是指网络上提供服务的实体站点，而 Dreamweaver 8 中的站点则是一个逻辑的概念，它包含了实体站点的位置信息，以及如何访问实体站点，如何在开发过程中发布更新到实体站点的一系列配置信息。Dreamweaver 8 中的站点实际上是面向内容更新的一个管理模型，或者说可以看成一个开发项目。

10.1.1 IIS 安装与设置

IIS 5.0 是 Windows 2000 的一部分，但不是必须安装的。因此安装 IIS 5.0 就是添加 Windows 2000 的一个组件，安装方法如下：

(1) 打开 Windows 2000 系统的控制面板，双击【添加/删除程序】图标。

(2) 选择【添加/删除 Windows 组件】命令，稍等一会儿即可看到如图 10-1 所示的【Windows 组件向导】对话框，组件列表中的第一项就是 Internet 信息服务(IIS)。

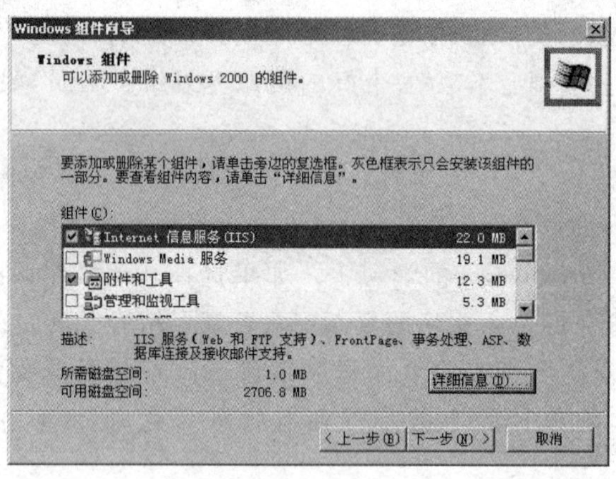

图 10-1 【Windows 组件向导】对话框

(3) 选择【Internet 信息服务(IIS)】选项，单击【详细信息】按钮，可以看到如图 10-2 所示的【Internet 信息服务(IIS)】对话框，可选择需要安装 IIS 的哪些组件。

(4) 在需要安装的组件前的方框内打勾表示选中。其中【Internet 服务管理器】、【World Wide Web 服务器】、【公共文件】是必须要选的。为了方便站点文件管理，也可以选择【文件传输协议(FTP)服务器】。

(5) 单击【确定】按钮，确认并退出 IIS 组件选择，再单击【下一步】按钮，确认并开始 IIS 安装。安装过程中会看到如图 10-3 所示的画面，安装结束后会看到如图 10-4 所示的信息。

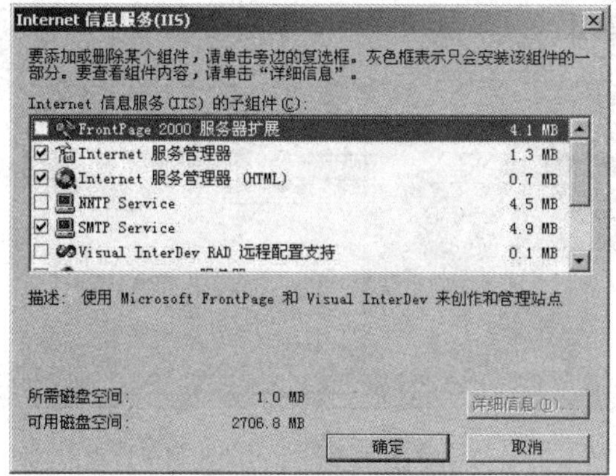

图 10-2　选择 IIS 组件

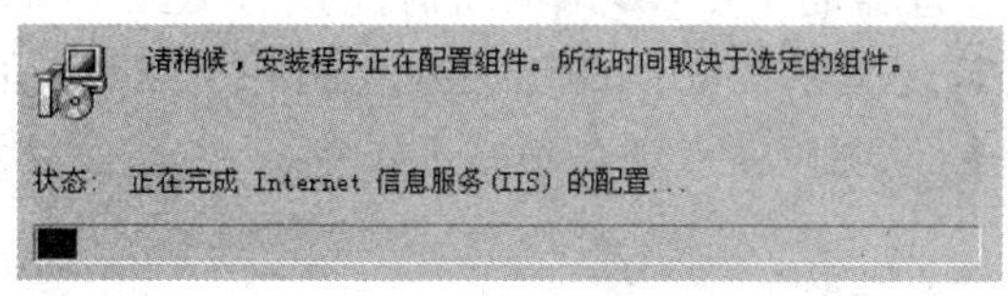

图 10-3　IIS 安装过程

图 10-4　IIS 安装结束信息

(6) 安装完成后，在系统的【程序】|【管理工具】菜单中，将出现 Internet 服务管理器 命令。

【Internet 服务管理器】是管理 IIS 所有组件的界面，选择【Internet 服务管理器】命令，可以打开如图 10-5 所示的【Internet 信息服务】窗口。

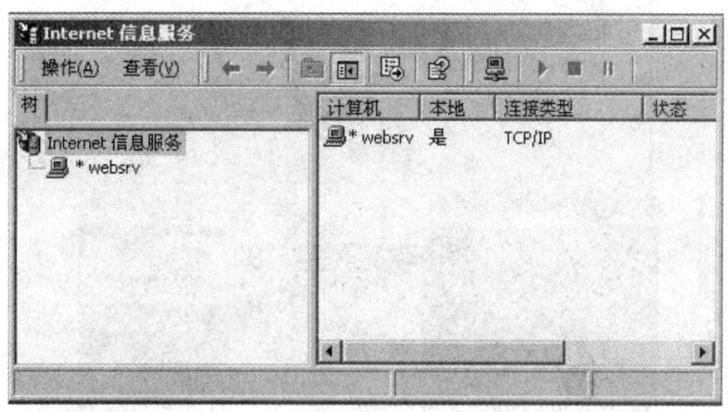

图 10-5　【Internet 信息服务】窗口

窗口的左窗口显示整个 IIS 的管理层次，右窗口则显示当前在左窗格内选中的管理层次的相应内容。初始状态下，窗口的显示如图 10-5 所示。只在【Internet 信息服务】下，显示本服务器的计算机名，不妨假设当前的这台实验用的 Windows 2000 Server 计算机名为“websrv”。

双击计算机名，可以看到配置在该计算机上的各项 Internet 信息服务，如图 10-6 所示。

如果只安装了 WWW 服务，将只能看到【默认 Web 站点】，这是系统默认的已经建立

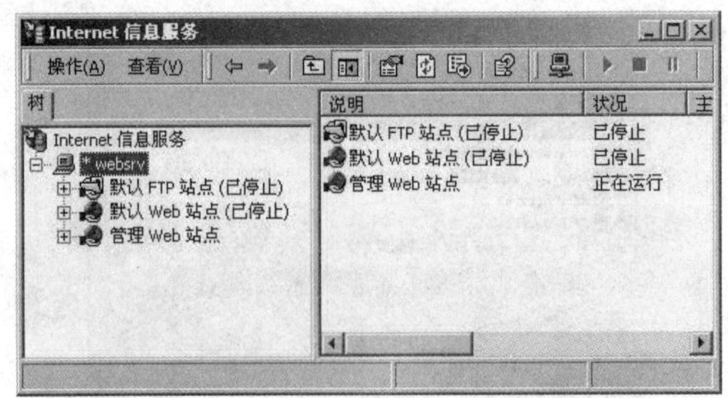

图 10-6 本机安装的 Internet 信息服务

的一个 Web 站点。如果安装了 Internet 服务管理器的 HTML 版，那么将看到【管理 Web 站点】，该站点包含了 Internet 服务管理器的 HTML 版的所有配置的文件。如果安装了 FTP 服务，将看到【默认 FTP 站点】，这是系统默认的已经建立的一个 FTP 站点。如果某一个站点名后面有"(已停止)"字样，说明该站点现在不在工作状态。

10.1.2 启动和停止 IIS 站点

如何启动和停止一个站点呢？其方法如下：

(1) 右击需要启动或停止的站点，出现如图 10-7所示的管理菜单。

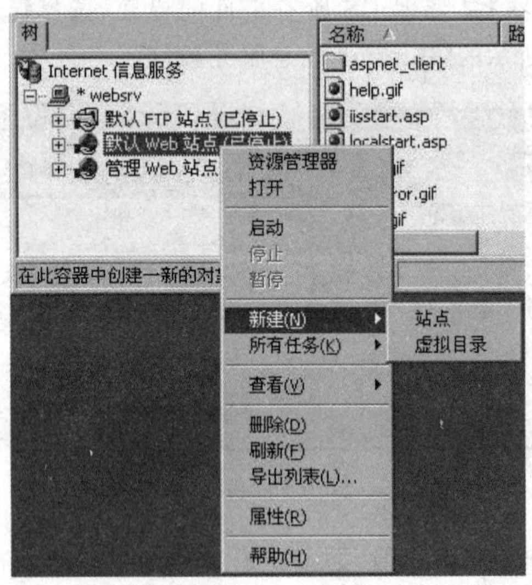

图 10-7 本机安装的 Internet 服务

(2) 对于已经停止的站点，选择【启动】命令来启动站点；对于已经启动的站点，选择【停止】命令来停止站点；当然对于已经启动的站点，也可以选择【暂停】命令来暂停该站点的服务，暂停服务不会释放系统分配给该站点的资源。

10.1.3 建立 IIS 站点

一台 Windows 2000 服务器上，可以建立多个站点来提供服务。在 Internet 上有很多 ISP(Internet 服务提供商)，他们为客户提供虚拟主机空间和站点的服务。这些 ISP 不会给每个客户配备一台完整的服务器，这样既浪费资源，成本又高，也没有必要。因此，ISP 的一台服务器往往会利用类似于 IIS 的这种建立逻辑站点的能力，容纳成百上千个客户站点。那么，如何在 IIS 中建立站点呢？

1. 建立 Web 站点

建立 Web 站点的方法如下：

(1) 在左窗格中右击本服务器下任意一个 Web 站点，出现的快捷菜单会包含如图 10-8所示的子菜单。

(2) 或者在左窗格中右击本服务器，出现的管理菜单如图 10-9 所示。

图 10-8 【新建】子菜单之一

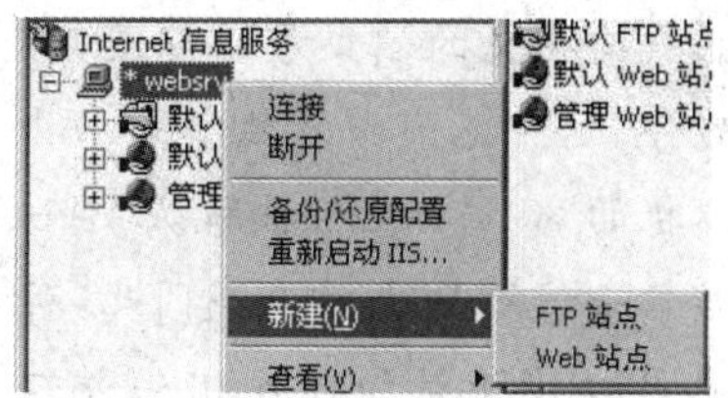

图 10-9 【新建】子菜单之二

(3) 选择图 10-8 中的【站点】命令，或图 10-9 中的【Web 站点】命令，系统将会显示【Web 站点创建向导】对话框，单击【下一步】按钮，将出现如图 10-10 所示的画面。

图 10-10 【Web 站点说明】对话框

(4) 在 Web 站点【说明】文本框中输入站点的名字，它将会显示在【Internet 信息服务】的左窗格里，输入完后，单击【下一步】按钮，进入如图 10-11 所示的【IP 地址与端口设置】对话框。

每一个站点都对应唯一的一对 IP 地址和端口的组合，不同的两个站点这两者的组合必须不同，否则不能同时提供服务。在【输入 Web 站点使用的 IP 地址】下拉列表中选择的 IP 地址必须是已经在系统中定义好的有效的 IP 地址，用户以后就使用这个 IP 地址和下面输入的端口号来访问该站点。例如，按照图 10-11 的设置，用户将用 http://10.10.

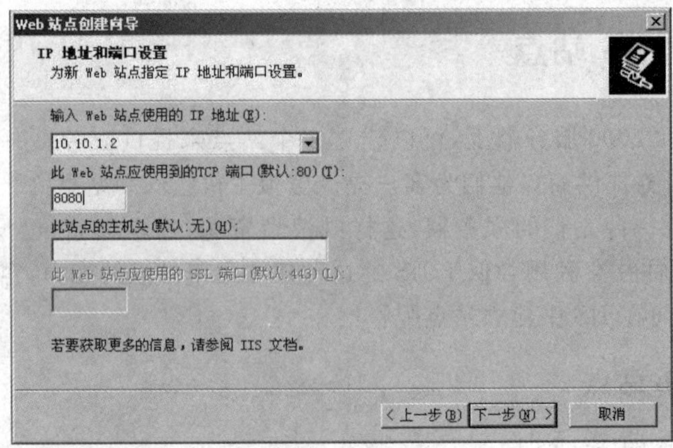

图 10-11 【IP 地址和端口设置】对话框

1.2:8080/来访问该站点的首页。

注意:

- 用户自定义的端口号的范围只能是 1024～65535 中的数字;不能是 0～1023 中的数字,这个范围中的数字是 well-known(知名端口)。
- 本机的 80 端口已经被默认 Web 站点占用,而 Dreamweaver 8 又必须使用默认的 80 端口来访问 Web 站点。因此,新定义的站点和默认 Web 站点都启动的话,必须使用不同的 IP 地址和相同的 80 端口。否则会有冲突。因此当新站点和默认 Web 站点的 IP 地址和端口号重叠的时候,可在启动新站点之前,停止默认 Web 站点。

(5) 设置完 IP 地址和端口后,单击【下一步】按钮,进入站点主目录设置,如图 10-12 所示,选择一个本地可访问的文件目录作为站点主目录,这个目录就是以后站点的逻辑上的根目录。

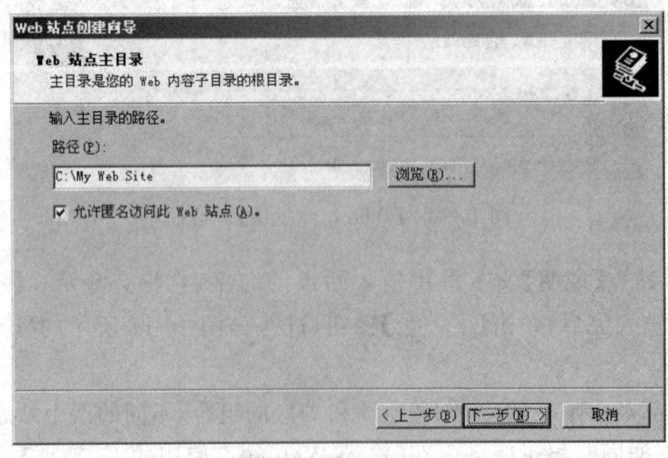

图 10-12 【Web 站点主目录设置】对话框

注意:【允许匿名访问 Web 站点】的复选项一定要选,否则只有那些在 Windows

Active Directory 中的用户(并且对这些用户设置了作为 Web 站点主目录的文件目录的访问权限),才能访问该站点的 Web 服务。

(6) 单击【下一步】按钮,进入站点权限设置,如图 10-13 所示,几种权限的功能如下:

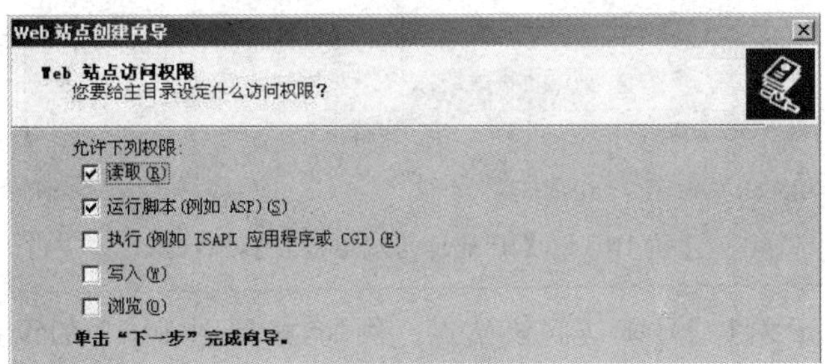

图 10-13 【Web 站点访问权限】对话框

①【读取】权限允许用户浏览器请求访问站点上的文件,这个权限是必须设置的,否则用户彻底不能访问站点;

②【运行脚本】权限允许用户浏览器请求访问站点上的动态页面;

③【执行】权限允许用户调用站点上的可执行程序(例如传统方式的 CGI 程序或 ISAPI 接口的程序);

④【写入】权限允许用户修改站点上的文件;

⑤【浏览】权限允许用户浏览器列出站点的虚拟目录结构。

一般来说,选择【读取】权限和【运行脚本】权限就足够了,选择其他权限是比较危险的,可能危害到站点的安全性。

注意,这里所说的权限是指访问 Web 的权限,针对的是访问该站点的用户,与 Windows 本身的资源访问权限不是一回事。

(7) 单击【下一步】按钮,完成 Web 站点的建立。

2. 建立 FTP 站点

接下来介绍 FTP 站点的建立,其方法如下:

(1) 在【Internet 信息服务】左窗格中右击本服务器下任意一个 FTP 站点,出现的管理菜单包含如图 10-8 所示的子菜单;或者在左窗格中右击本服务器,出现的管理菜单如图 10-9 所示。

(2) 选择图 10-8 中的【站点】或图 10-9 中的【FTP 站点】,将会出现【FTP 站点创建向导】对话框,单击【下一步】按钮,将出现输入 FTP 站点说明对话框。

(3) FTP 站点说明的作用同 Web 站点说明,输入 My Site Directory,单击【下一步】按钮,进入 IP 地址与端口设置,如图 10-14 所示。

每一个站点都对应唯一的一对 IP 地址和端口的组合,不同的两个站点这两者的组合必须不同,否则不能同时提供服务。在【输入 FTP 站点使用的 IP 地址】下拉列表框中选择的 IP 地址必须是已经在系统中定义好的有效的 IP 地址,用户以后就使用这个 IP 地址

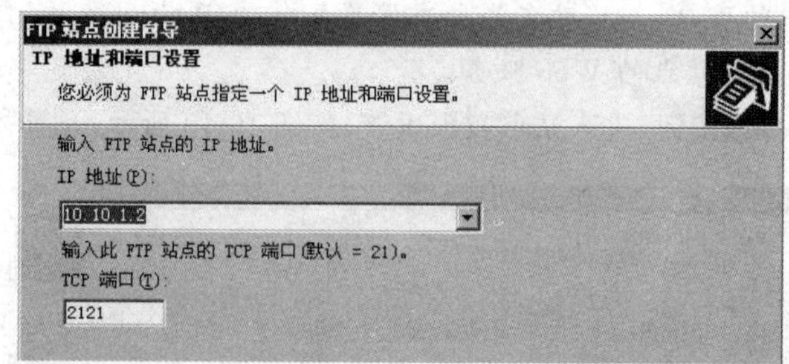

图 10-14 【IP 地址与端口设置】对话框

和下面输入的【TCP 端口】号来访问该站点。例如，按照图 10-11 的设置，用户将用 10.10.1.2 和端口 2121 来设置 FTP 客户端程序。

注意：本机的 21 端口已经被默认 FTP 站点占用，因此，新站点尽量不用此端口，否则新站点不能和默认 FTP 站点同时启动。

(4) 设置完 IP 地址和端口，单击【下一步】按钮，进入 FTP 站点主目录设置，与 Web 站点设置类似，选择一个本地可访问的文件目录作为 FTP 站点主目录，这个目录就是以后该 FTP 站点的逻辑根目录。本例中，特地选择 C:\My Web Site 目录。

(5) 单击【下一步】按钮，进入 FTP 站点主目录权限设置，FTP 的权限比较简单，只有【读取】和【写入】2 种，可以根据需要来设置。

(6) 单击【下一步】按钮，完成 FTP 站点的建立。

图 10-15 中显示了建立这两个站点后，Internet 服务管理器的变化。

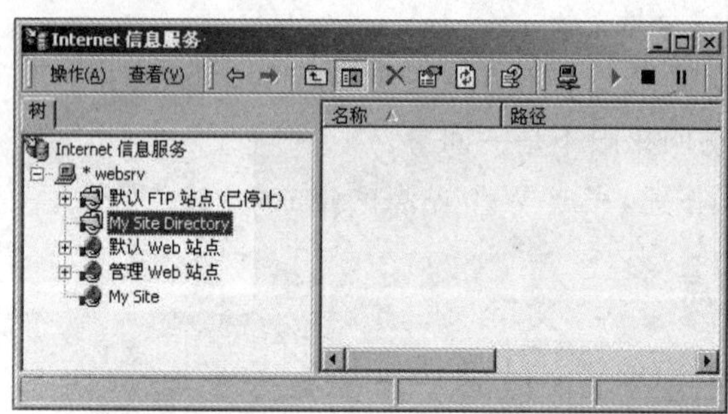

图 10-15 新建的两个站点

10.2 安装和设置实验数据库

10.2.1 Microsoft Access

Access 的安装包含在 Office 的安装中，Office 的安装已经有很多书可以参考，这里不再赘述。

Access 之所以被集成到 Office 中而不是 Visual Studio 中，是因为它更加简单易学，一个普通的计算机用户即可掌握并使用它。而且最重要的一点是，Access 的功能足够强大，足以应付一般的数据管理及处理需要。

在 Access 中创建数据库的操作步骤如下：

(1) 启动 Access，选择【文件】|【新建】命令，在弹出的任务窗口中选择【空数据库】选项，系统弹出如图 10-16 所示的【文件新建数据库】对话框，输入文件名后，单击【创建】按钮，新的数据库就将保存在这个文件中。

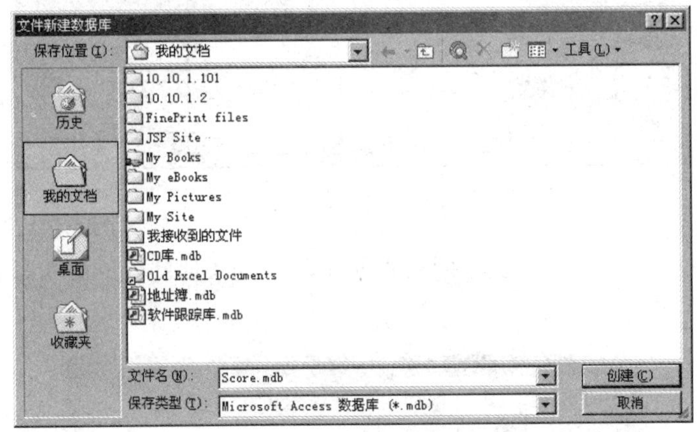

图 10-16 【文件新建数据库】对话框

(2) 第一步创建了一个空数据库，里面一个表都还没有，要创建一个新表，在如图 10-17所示的窗口中，选择【使用设计器创建表】选项，单击【设计】按钮。

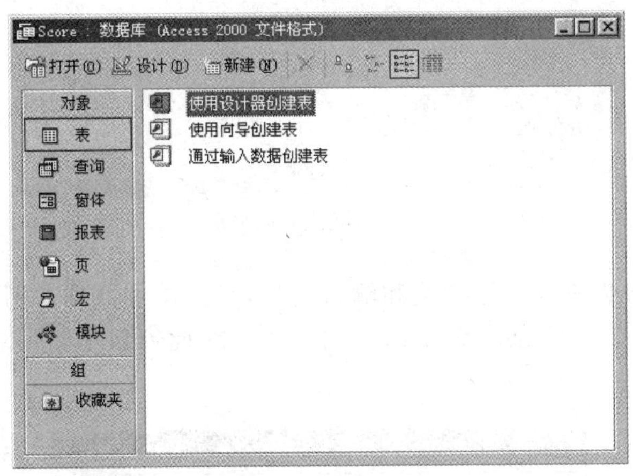

图 10-17 数据库管理窗口

(3) 在如图 10-18 所示的【表】设计窗口中，输入各【字段名称】、【数据类型】和【说明】，并将 studentno 设为主键；常用的数据类型有【文本】、【备注】(不限长度的长文本)、【数字】、【货币】、【日期】等；要将某个字段设为主键，只要在设计窗口右击该字段，选择【主键】命令即可；主键用于在表中唯一地标识记录；在【字段属性】域的【常规】选项卡中，可以设置字段的大小、格式和规则等属性。

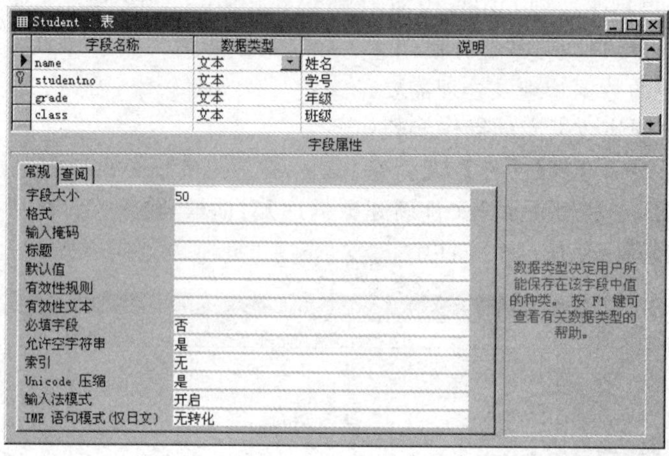

图 10-18　设计表

(4) 完成后关闭该窗口,系统会问是否要保存,单击【是】按钮,输入表名后保存,结果如图 10-19 所示。

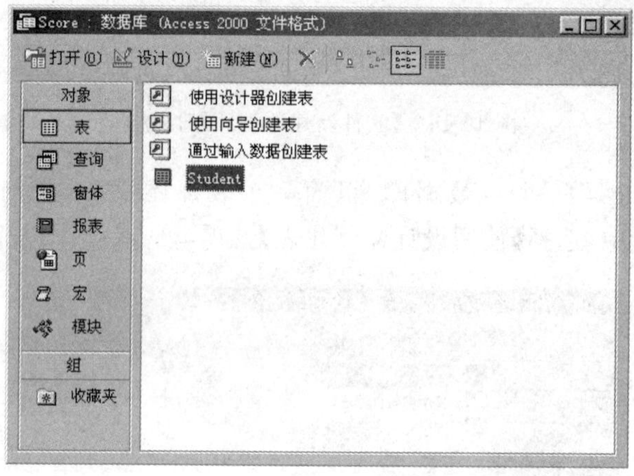

图 10-19　新建的表

(5) 双击表名可以进入数据浏览和输入窗口,直接添加数据。图 10-20 显示了数据浏览和输入窗口,以及右击某一记录出现的菜单。在此窗口中,可以输入、修改和删除记录。

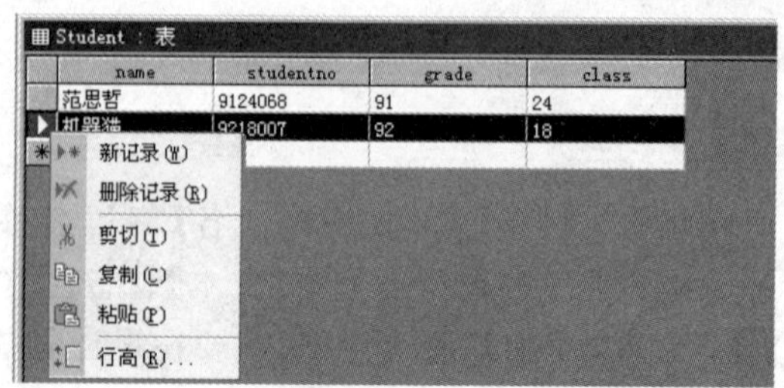

图 10-20　表的数据浏览和输入窗口

10.2.2 Microsoft SQL Server 介绍

安装 SQL Server 2000 需要有安装 CD，安装的操作步骤如下：

(1) 插入安装 CD，安装程序会自动运行，选择【安装 SQL Server 2000 组件】选项，并选择【安装数据库服务器】选项。

(2) 屏幕显示欢迎画面，单击【下一步】按钮继续，可以看到如图 10-21 所示的对话框，由于在本机上安装 SQL Server，因此选择【本地计算机】单选项，并单击【下一步】按钮。

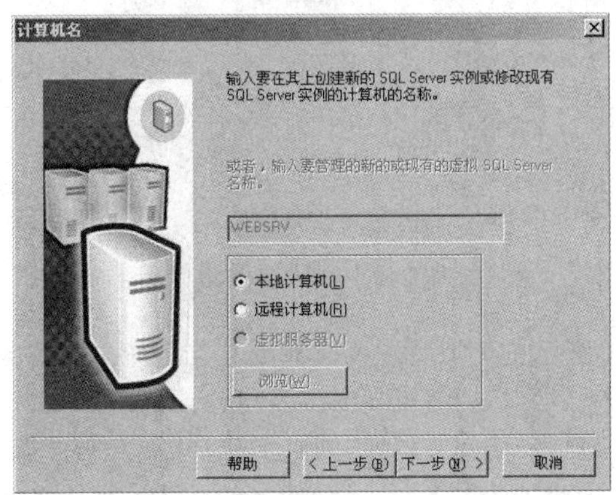

图 10-21 选择待安装的计算机

(3) 选择【创建新的 SQL Server 实例，或安装客户端工具】选项，单击【下一步】按钮。

(4) 输入用户信息后，单击【下一步】按钮。

(5) 在许可协议页中单击【是】按钮确认，单击【下一步】按钮。

(6) 在如图 10-22 所示的【安装定义】对话框中，选择【服务器和客户端工具】单选项，单击【下一步】按钮。

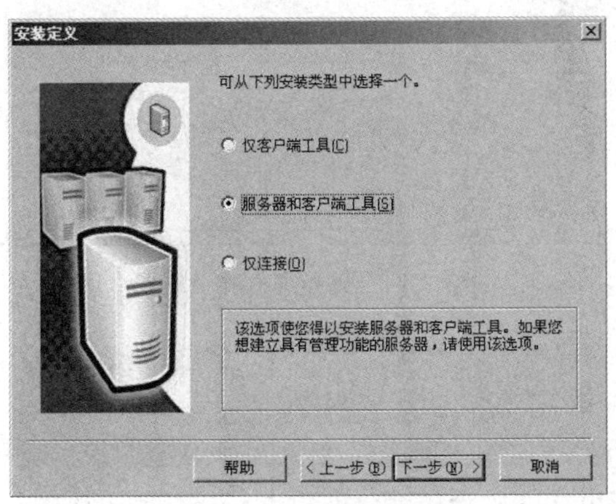

图 10-22 选择安装类型

(7) 接受默认的实例名，单击【下一步】按钮。

(8) 接受【典型】安装类型，单击【下一步】按钮。

(9) 在如图 10-23 所示的【服务账户】对话框中，如果希望 SQL Server 将来扩展到分布式环境，则应选择【使用域用户账户】单选项，否则可以选择【使用本地系统账户】单选项，单击【下一步】按钮。

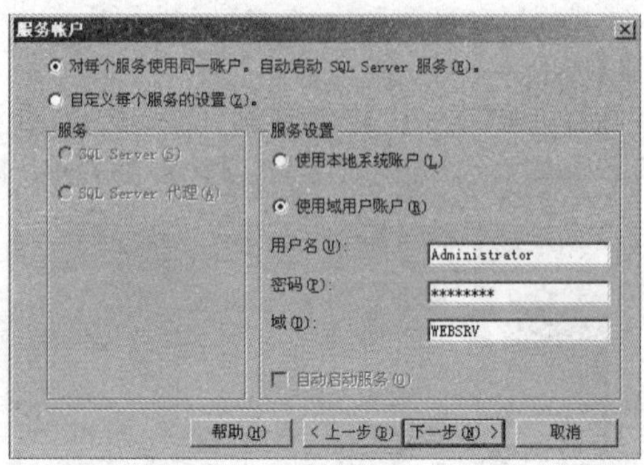

图 10-23　选择服务账号

(10) 在如图 10-24 所示的对话框中，选择身份验证模式，如果只有 Windows Active Directory 用户访问数据库，可以选择【Windows 身份验证模式】单选项。否则，如果有其他系统的用户，例如 UNIX 用户，要访问数据库，则必须选择【混合模式】单选项，建议采用【混合模式】。在【Windows 身份验证模式】下，Administrator 拥有 SQL Server 系统管理权限，【混合模式】另外增加 sa 账号作为数据库管理账号。设置完成后，单击【下一步】按钮。

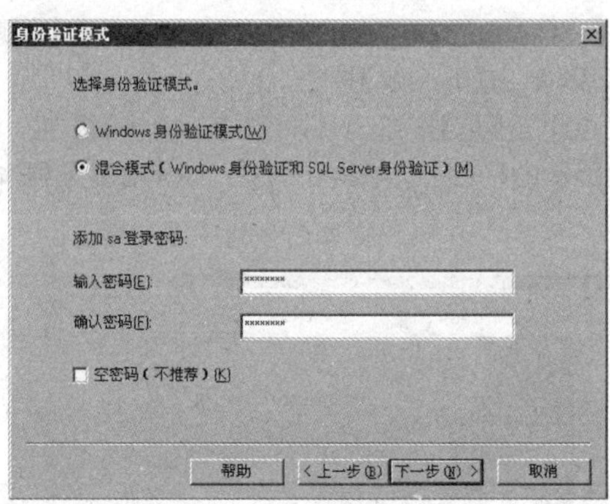

图 10-24　选择身份验证模式

(11) 再单击【下一步】按钮，会看到【许可模式】选择，按照 SQL Server 购买许可的实际情况选择后，单击【继续】按钮开始安装程序。

(12) 安装 SQL Server 2000 的过程中会安装 MDAC 2.6(Microsoft Data Access Component 2.6)，这个组件的版本已经不够新了，Microsoft 建议升级到 2.7 版，可以在安装 SQL Server 后做升级。

(13) 接下来按照安装程序的提示做就可以了。

安装完成后，在【程序】|【Microsoft SQL Server】中有【企业管理器】选项，用【企业管

理器】可以完成对 SQL Server 和数据库的基本上所有的管理工作。

如图 10-25 所示的是【企业管理器】的窗口。

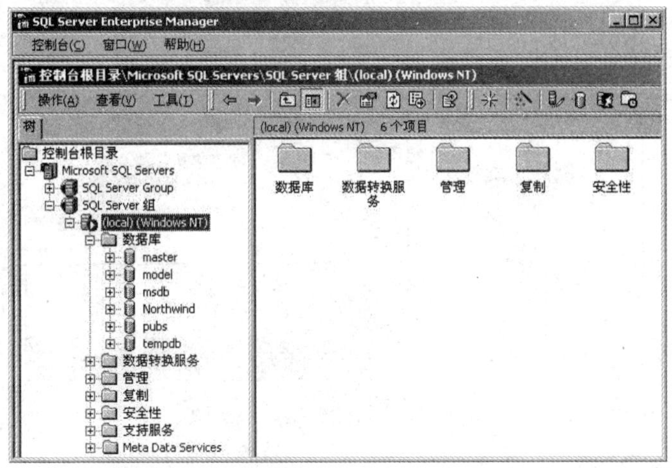

图 10-25 【SQL Server 企业管理器】窗口

在企业管理器中新建数据库的操作步骤如下：

(1) 右击数据库文件夹，选择【新建数据库】选项。系统会显示【数据库属性】对话框，如图 10-26 所示。

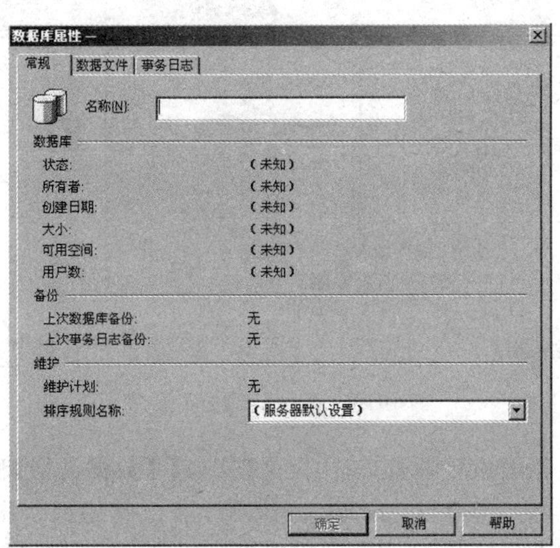

图 10-26 【数据库属性】对话框

(2) 在【名称】文本框中输入一个数据库名，例如 test，单击【确定】按钮就创建了一个名为 test 的新数据库，SQL Server 会自动选择新数据库的其他属性。

SQL Server 也支持通过 SQL 语句来创建数据库，当然这对一个普通用户来说是没有必要的，并且也是烦琐的，本书不打算进行详细讲述。

创建完 test 数据库后，数据库文件夹下就多了一个 test 数据库的项，如图 10-27 所示。

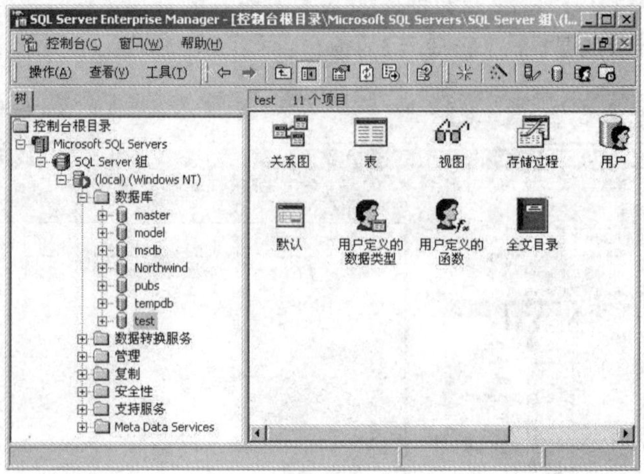

图 10-27 新建数据库示意图

新建数据表的操作步骤如下：

(1) 选择新建的 test 数据库右击，选择【新建】|【表】命令，如图 10-28 所示。

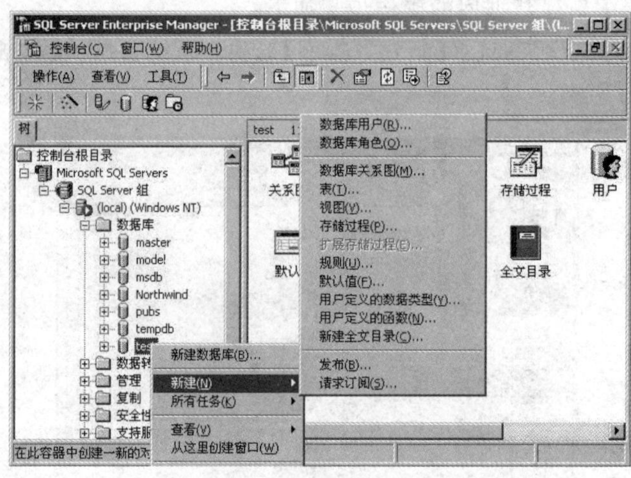

图 10-28 新建【表】的示意图

(2) 在弹出的【数据表设计器】窗口中定义【列名】、【数据类型】和其他属性，细心的读者会发现这个【数据表设计器】与 Access 的表设计器极其相似。作为类比的例子，在这里，用讲解 Access 时用的 student 表的结构来创建新表，如图 10-29 所示。

(3) 单击工具栏中的图标保存设置，在【选择名称】对话框中输入新表的名称，如图 10-30 所示，并单击【确定】按钮确认，新表即建立完成。

在 SQL Server 中，有类似 Access 的数据浏览和输入界面，方便用户浏览、输入、删除表的记录。现在，在企业管理器中可以看到，在 test 数据库文件夹下，选择【表】选项，可以看到右窗格中列出了 test 数据库的所有数据表，如图 10-31 所示。除了新建的 student 表外，还有很多系统表，这些表与用户无关，用于存储系统管理数据。

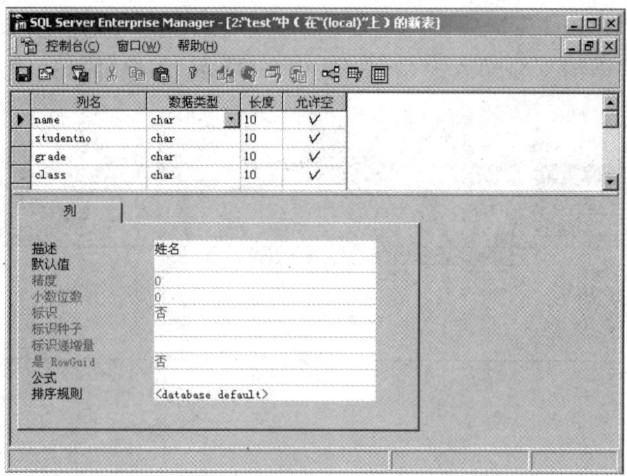

图 10-29 【数据表设计器】窗口

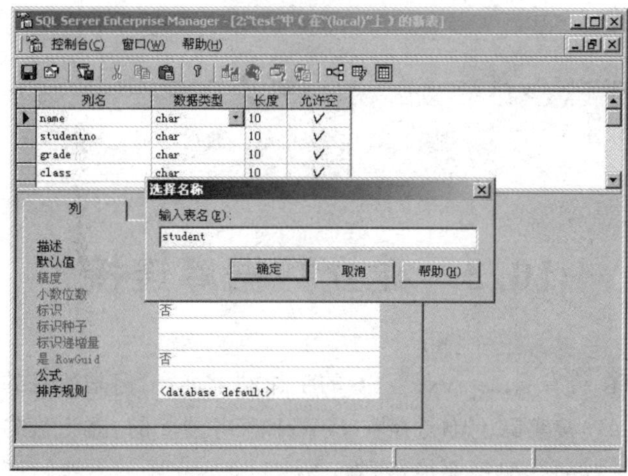

图 10-30 输入新表名称示意图

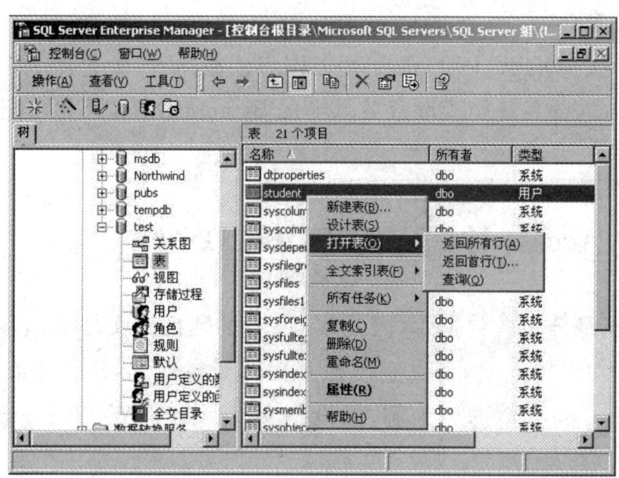

图 10-31 打开表示意图

右击数据表 student，在快捷菜单中选择【打开表】|【返回所有行】命令，即可以看到与 Access 中类似的数据浏览与输入窗口，如图 10-32 所示，用户可以在图 10-32 所示的表中输入数据。

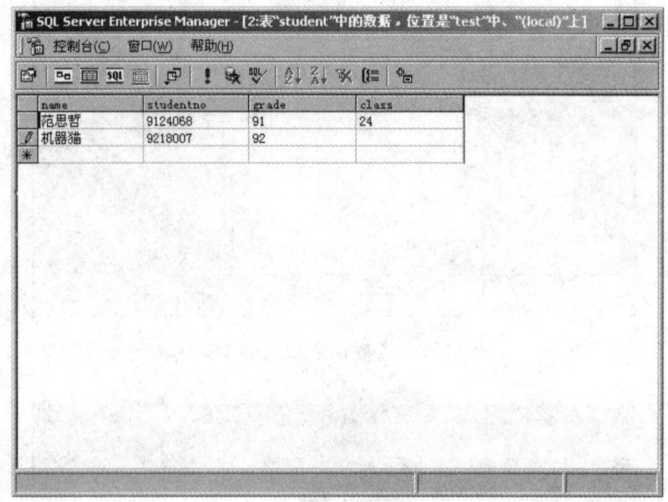

图 10-32　在表中输入数据

10.3　建立数据库连接

虽然开发工作在装有 Dreamweaver 8 的工作站上进行，但是所有的数据库连接配置，包括 DSN 和数据库连接实际上都是存在于 Web 服务器上的，因为最终 Web 应用程序是在 Web 服务器端运行的。配置完成后，在 Dreamweaver 8 上将能够读到在 Web 服务器上的 DSN 配置，但是这个配置存在于 Web 服务器上，Web 服务器上的动态页面将用这个配置来访问数据库。

因此，以下所说的 ODBC DSN 的配置工作应该在 Web 服务器上完成。

另外，Dreamweaver 8 只能读取服务器上的 System DSN，因此在配置 DSN 时应注意选择 DSN 类型。

10.3.1　配置 Access 数据库的 ODBC DSN

由于 Access 不是分布式数据库，因此，Access 的数据库文件必须存在于 Web 服务器的计算机上。因此在设置之前，请先把数据库文件复制到 Web 服务器所在的计算机上。以前面建立的 Score.mdb 数据库为例，假设把它复制到了 Web 服务器的 C:\Access 目录下。

Access 数据库的系统 DSN 的配置过程如下：

(1) 选择 Web 服务器上的【开始】|【设置】命令，打开【控制】面板，双击打开【管理工具】窗口，然后再双击【数据源(ODBC)】图标，打开【ODBC 数据源管理器】。

(2) 选择【系统 DSN】选项卡，单击【添加】按钮，如图 10-33 所示。

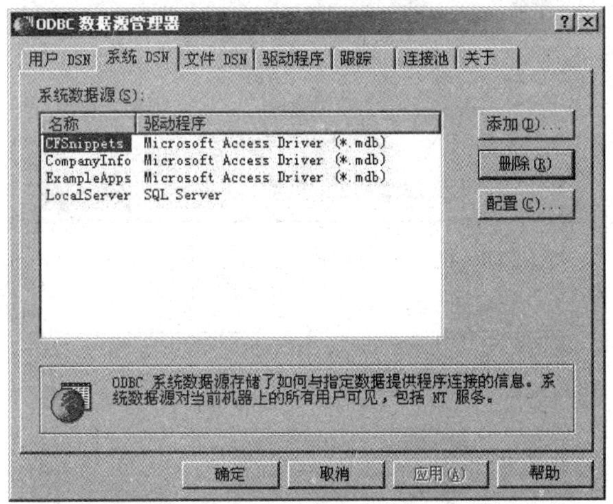

图 10-33 【ODBC 数据管理器】对话框

(3) 单击【添加】按钮后，系统显示如图 10-34 所示的【创建新数据源】对话框，选择数据源为【Microsoft Access Driver (*.mdb)】，并单击【完成】按钮。

图 10-34 【创建新数据源】对话框

(4) 这时系统显示【ODBC Microsoft Access 安装】对话框，在对话框的【数据源名】文本框中输入配置的 DSN 名称，例如 Score。然后单击【选择】按钮，如图 10-35 所示。

(5) 这时系统显示【ODBC 数据管理器】的对话框，如图 10-36 所示。在对话框中选择正确的目录和数据库文件，选择数据库完成后，单击【确定】按钮返回。

(6) 单击【确定】按钮，画面如图 10-36 所示，这时在系统数据源列表中出现了“Score”。

(7) Access 数据库 Score 的系统 DSN 配置完成。

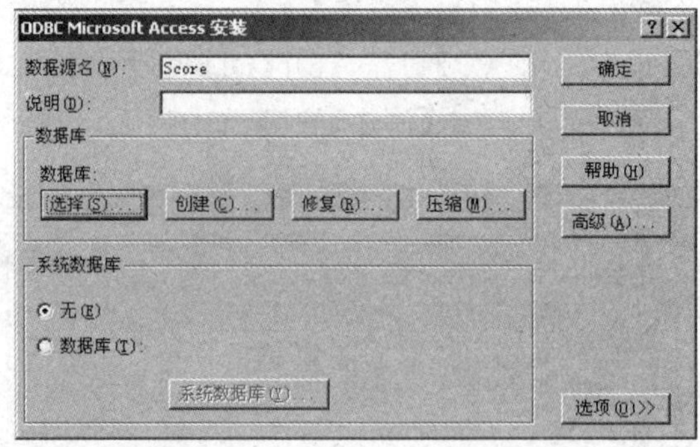

图 10-35 【ODBC Microsoft Access 安装】对话框

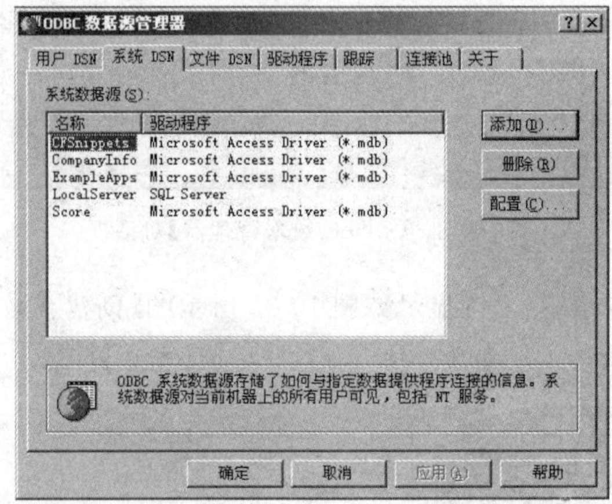

图 10-36 【ODBC 数据源管理器】对话框

10.3.2 配置 SQL Server 数据库的 ODBC DSN

以 10.2.2 节建立的 test 为例，SQL Server 数据库系统 DSN 配置的操作步骤如下：

(1) 在 Web 服务器上的选择【开始】|【设置】命令，打开【控制】面板，双击打开【管理工具】窗口，然后再双击【数据源(ODBC)】图标。

(2) 选择【系统 DSN】选项卡，单击【添加】按钮，这时会弹出如图 10-37 所示的【创建新数据源】对话框，选择【SQL Server】选项，单击【完成】按钮。

(3) 这时系统将显示第 1 个【创建到 SQL Server 的新数据源】对话框，在对话框的【名称】文本框中输入要配置的 DSN 名称，例如 test，在【服务器】框中输入 SQL Server 的服务器名或 IP 地址，如果 SQL Server 数据库和 Web 服务器在同一台计算机的话，可以选择(local)选项，如图 10-38 所示。

(4) 单击【下一步】按钮，这时弹出第 2 个【创建到 SQL Server 的新数据源】对话框，选择【使用用户输入登录 ID 和密码的 SQL Server 验证】单选项，这将采用混合方式来验证用户；在【登录 ID】文本框中输入管理员用户名 sa，在【密码】文本框中输入 sa 的密码，

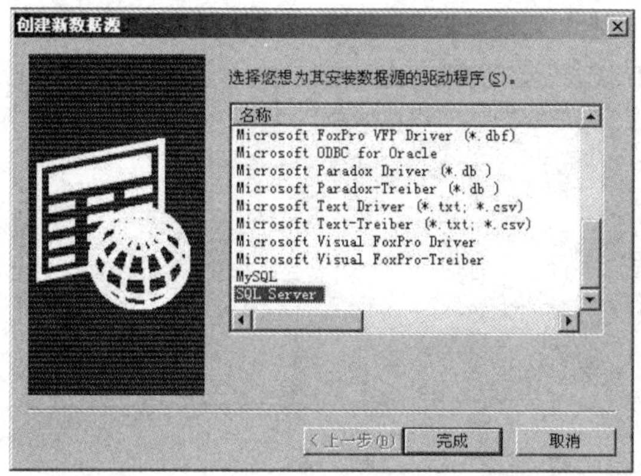

图 10-37 【创建新数据源】对话框

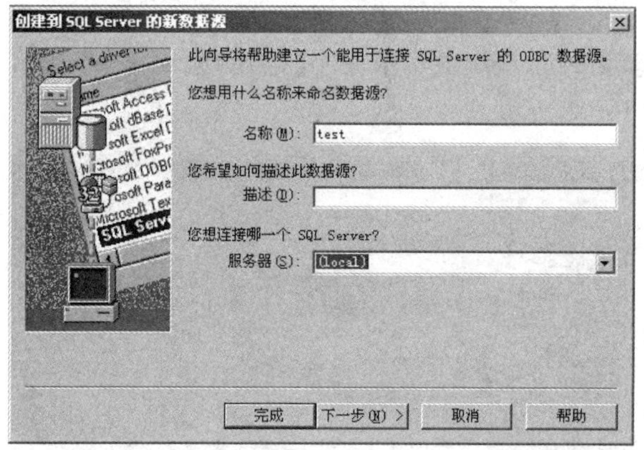

图 10-38 【创建到 SQL Server 的新数据源】对话框之一

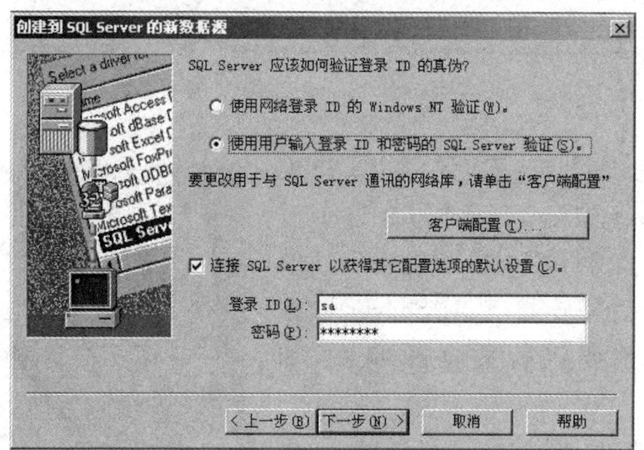

图 10-39 【创建到 SQL Server 的新数据源】对话框之二

如图 10-39 所示。

(5) 单击【下一步】按钮,进入到第 3 个【创建到 SQL Server 的新数据源】对话框,选中【更改默认的数据库为】复选框,并选择 test 数据库,如图 10-40 所示。

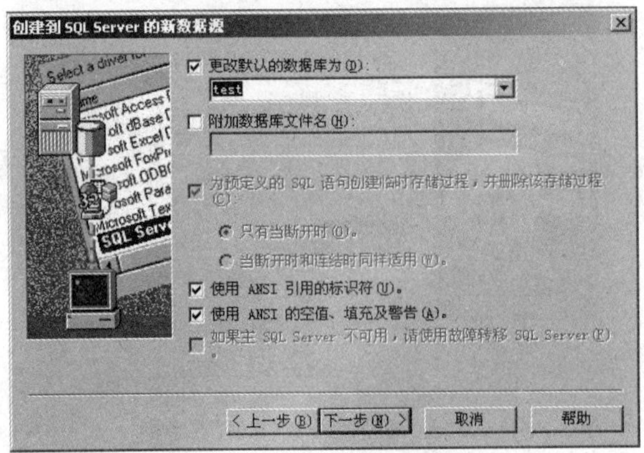

图 10-40 【创建到 SQL Server 的新数据源】对话框之三

(6) 单击【下一步】按钮,系统显示第 4 个【创建到 SQL Server 的新数据源】对话框,接受默认设置,如图 10-41 所示。

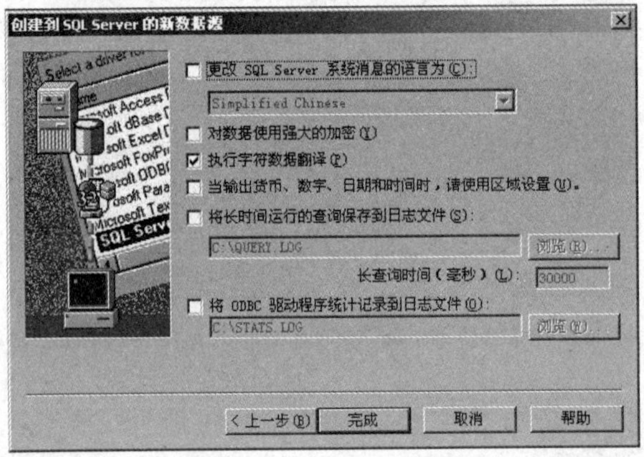

图 10-41 【创建到 SQL Server 的新数据源】对话框之四

(7) 单击【完成】按钮,弹出【ODBC Microsoft SQL Server 安装】对话框,在这个对话框中,系统提供一个测试 DSN 配置正确性的简单工具,建议在设置完连接 SQL Server 数据库的 DSN 的时候都要进行数据源测试,如图 10-42 所示。

(8) 单击【测试数据源】按钮进行测试,如果测试成功则会出现如图 10-43 所示的对话框。否则请检查各步骤是否正确设置,主要是名称和网络连接性配置是否正确,当然,也有可能是网络故障,连不通数据库服务器。

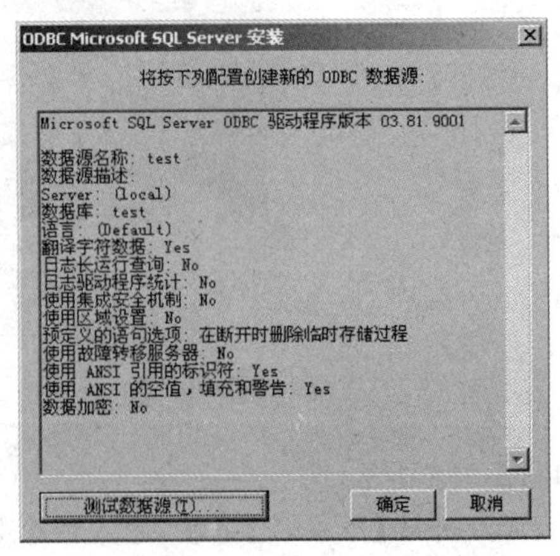

图 10-42 【测试数据源】结果显示

（9）单击【确定】按钮，直到返回【ODBC 数据源管理器】对话框，如图 10-44 所示，可以看到在【系统数据源】列表中出现了“test”项。

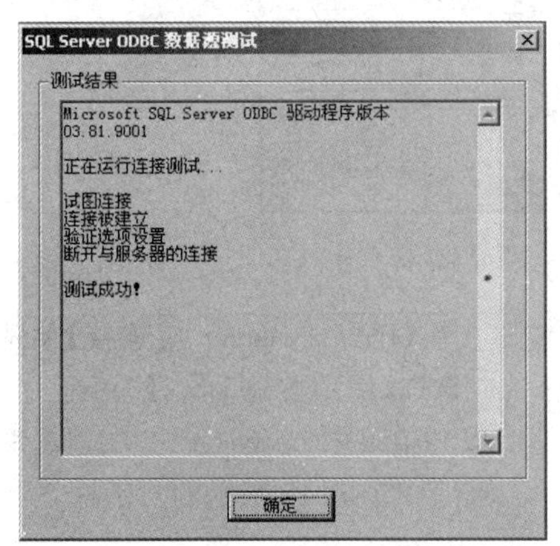

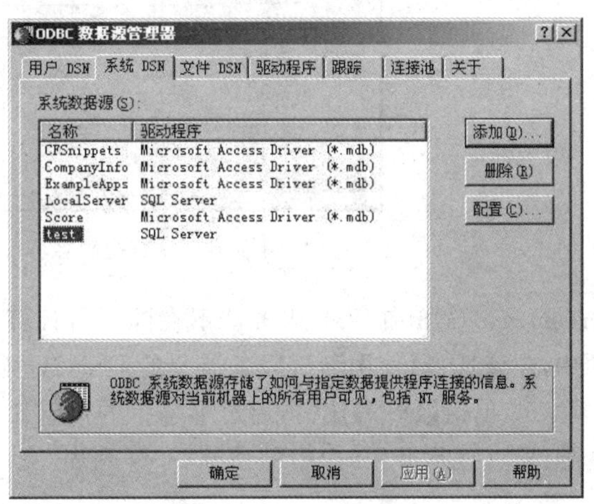

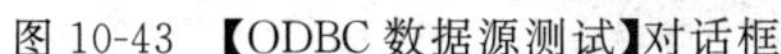
图 10-43 【ODBC 数据源测试】对话框

图 10-44 【ODBC 数据源管理器】对话框

（10）SQL Server 数据库系统 DSN 配置完成。

10.3.3 在 Dreamweaver 8 的 ASP Web 应用中建立 Connection

在服务器端建立好 ODBC DSN 后，就可以供用户在客户端的 Dreamweaver 8 中开发 ASP 应用程序的过程中使用了。

假设已经在 Dreamweaver 8 中定义好一个支持 ASP 技术的站点，如何在一个支持 ASP 的动态页面中建立到数据库的连接呢？操作步骤如下：

（1）在 Dreamweaver 8 的浮动面板中，单击【应用程序】展开按钮，打开【应用程序】面板，如图 10-45 所示。

（2）在【数据库】选项卡中，单击[+]按钮，出现如图 10-46 所示的快捷菜单。

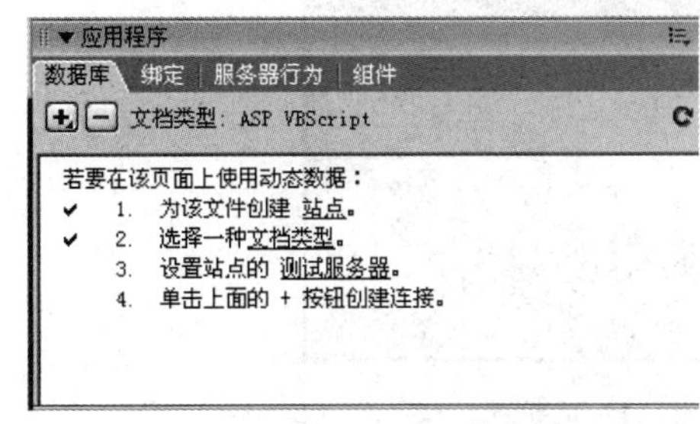

图 10-45 【应用程序】面板示意图

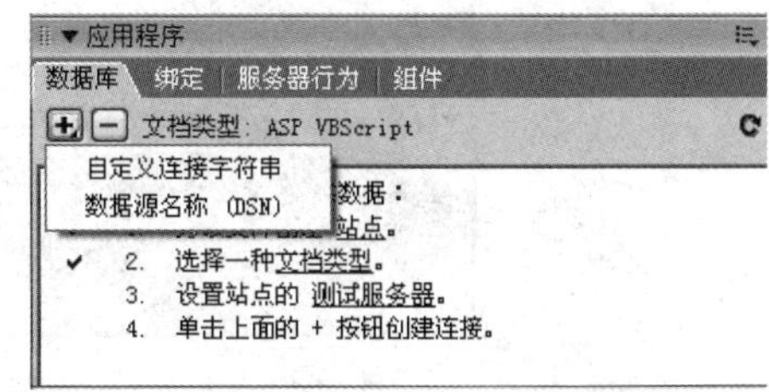

图 10-46 【数据库】面板添加菜单

（3）选择【数据源名称】命令，这时会弹出如图 10-47 所示的对话框，在【连接名称】文本框中输入给该连接的名字，例如 cnnScore。

（4）如果 Dreamweaver 8 没有直接安装在 Web 服务器上做开发的话（也就是说

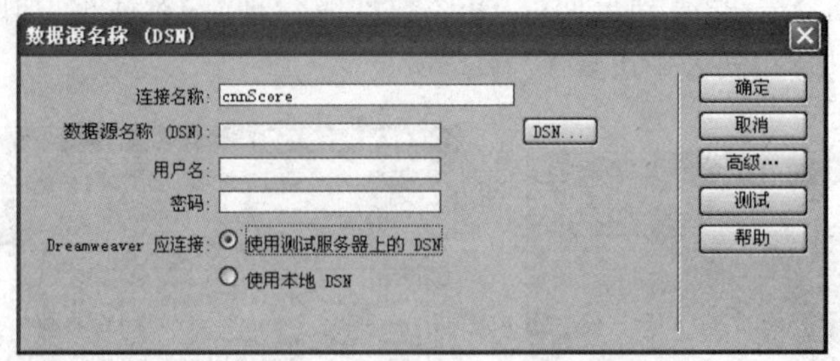

图 10-47 【数据源名称(DSN)】对话框之一

Dreamweaver 8 和 Web 服务器不在同一台计算机),那么在【Dreamweaver 应连接】单选项中,应该选择【使用测试服务器上的 DSN】选项,否则应该选【使用本地 DSN】选项。

(5) 单击【DSN】按钮,通过屏幕上的信息对话框可以知道,Dreamweaver 8 试图读取远程站点(远程开发时)中的系统 DSN 列表,完成后会弹出如图 10-48 所示的对话框。

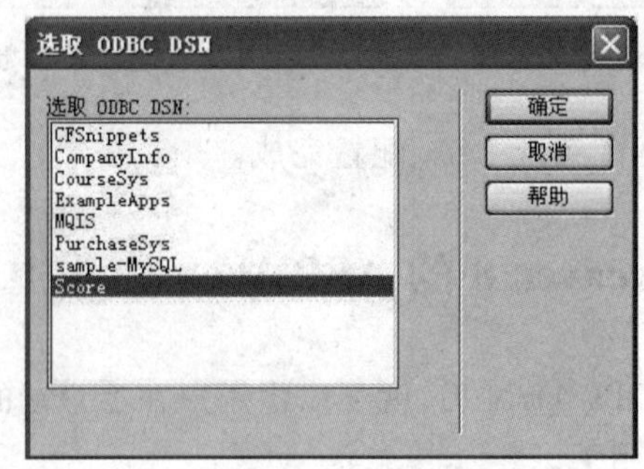

图 10-48 【选取 ODBC DSN】对话框

(6) 选择 10.2.1 节中定义的 Score(读者应该还记得,这个 DSN 定义了服务器上的一个 Score.mdb Access 数据库),单击【确定】按钮后,Score 出现在【数据源名称 (DSN)】文本框中,如图 10-49 所示。

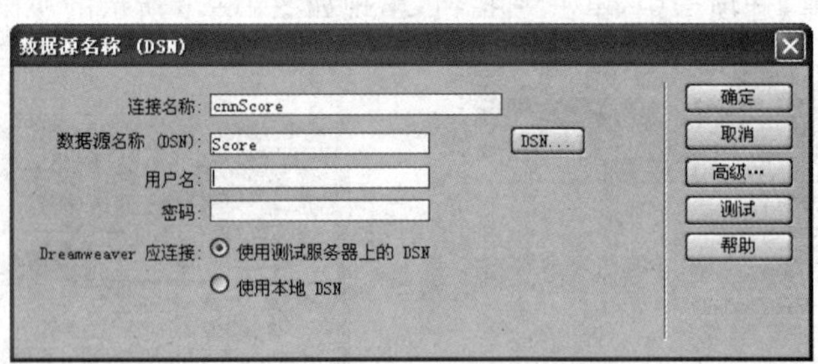

图 10-49 【数据源名称(DSN)】对话框之二

(7) 如果该数据源要求输入用户名和密码,那么在【用户名】文本框中输入用户名,在【密码】文本框中输入密码。

(8) 单击【测试】按钮测试 DSN 设置是否正确,如果正确会出现如图 10-50 所示的成功连接脚本信息,否则请检查 DSN 的配置、用户名和密码是否正确。

(9) 单击【确定】按钮退出 DSN 设置，就可以看到【数据库】选项卡中多了一个代表数据库连接的 cnnScore 图标，单击前面的加号可以打开连接树，在树中可以看到数据库的组成结构，如图 10-51 所示。

(10) 选择并右击某个数据表，例如 Student，在弹出的快捷菜单中选择【显示数据库】命令，可以看到如图 10-52 所示的窗口，在这个窗口里可以浏览该表的所有记录。

(11) Connection 的建立已经完成。

图 10-50　成功创建连接脚本

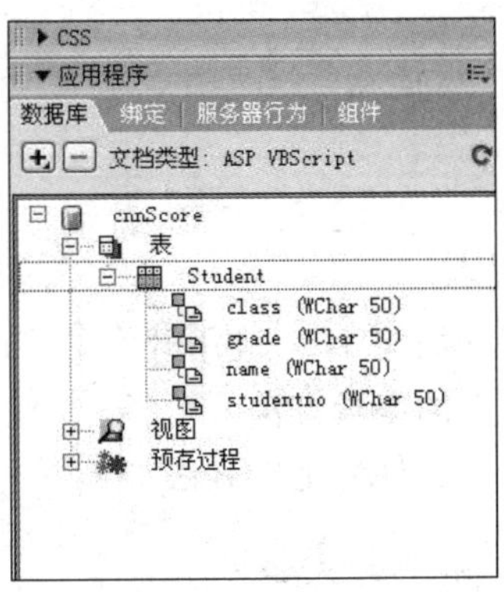

图 10-51　数据库的组成结构

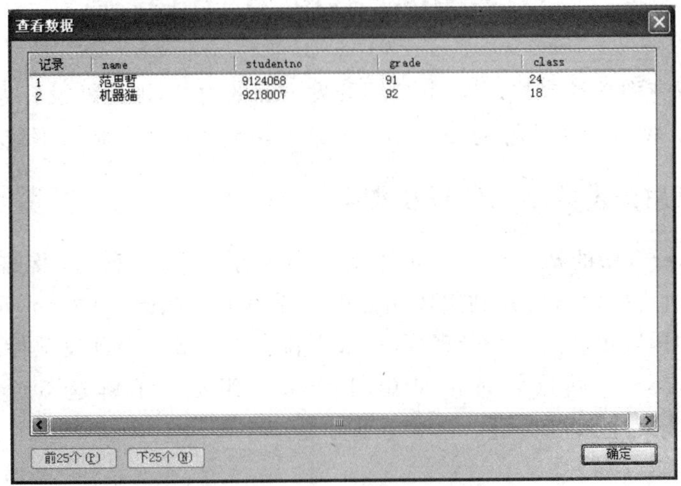

图 10-52　【查看数据】对话框

第11章 建立和发布 Web 站点

知识点

- 建立面向 Web 应用开发的 Dreamweaver 8 站点
- 站点的编辑方法
- 站点文件的更新方法

11.1 建立面向 Web 应用开发的 Dreamweaver 8 站点

在前面的章节中并没有涉及 Web 应用开发方面的内容，因此并没有为读者完整地描述如何建立支持 Web 应用开发的 Dreamweaver 8 站点。这一节将讲解这方面的内容。

1. 面向应用开发的站点管理模型

Dreamweaver 8 中的站点包含了实体站点的内容、位置信息，以及如何访问实体站点，如何在开发过程中发布更新到实体站点的一系列配置信息。Dreamweaver 8 中的站点实际上是面向内容更新的一个管理模型，或者说可以看成一个开发项目。

Dreamweaver 8 的站点管理模型由 3 个部分组成。了解这 3 个部分，是理解 Dreamweaver 8 站点管理的关键。这 3 个部分是：

(1) 本地站点

可以说是 Dreamweaver 8 的工作目录，可以看做是实体站点上的目录结构和文件在 Dreamweaver 8 开发工作站上的一份副本。从开发流程上说，开发者先用 Dreamweaver 8 在本地站点编辑、修改和存储文件，然后上传到实体站点。可以说，开发者先在本地站点上打草稿，测试满意后，可以选择上传文件到实体站点。

(2) 远程站点

Dreamweaver 8 用它来表示实体站点位置和具体内容。新建的文件只有从本地站点上传后，才会在远程站点中出现。因此，一个开发中的网站，其本地站点和远程站点的内容和结构经常是不同步的。远程站点上存放的是定稿后发布给用户看的内容，是实际对外开放服务的真实站点的位置。

（3）测试服务器

测试服务器是 Dreamweaver 8 用来测试站点的位置和内容的，Dreamweaver 8 使用此服务器生成动态内容并在工作时连接到数据库。测试服务器是一个支持开发者选用的应用服务器技术的 Web 服务器，可以是本地计算机、测试用的服务器或生产服务器。简单的开发项目中，一般选择生产服务器（生产服务器是指最终向外界提供服务的 Web 服务器）作为测试服务器，即远程站点和测试服务器是在同一个位置，这与 Dreamweaver 8 新建站点向导的默认选择是一致的（熟悉 JSP 开发的读者一定清楚例外的情况，即测试服务器往往不是生产服务器）。

在新建 Dreamweaver 8 站点时，并不一定要一次把上述 3 个部分都定义好。设置了本地站点后，就可以开始使用 Dreamweaver 8 进行开发了。在测试和部署内容之前，并不需要定义远程站点和测试服务器。

本地站点和远程站点创建后便能够在本地磁盘和 Web 服务器之间传输文件，将新创作的页面发布到 Web 服务器上。

对于简单的开发环境，往往把远程站点和测试服务器选作用同一台服务器，这种情况下，可以把远程站点和测试服务器看做是相同的（本章后面可以看到这样的例子）。

2. 站点管理模型背后的阶段化开发方法

阶段化开发方法（staging）是指在软件开发过程中，开发阶段、测试阶段和部署阶段明确分开，开发环境、测试环境与生产环境明确分开，严格控制，防止不必要的互相影响的实施方法。

对正式对外服务的电子商务站点来说，其中提供服务的任何一个 Web 应用程序如果存在 bug，将直接影响到对客户的服务水平和质量，而且可能造成客户或者公司的直接或者间接的经济损失，包括可能的站点停机排错。

因此，测试环境与生产环境分开是完全必要的。这样就可以对测试的结果进行有组织的评估，确定符合要求的才可以部署到生产环境，正式投入使用。测试阶段所存在的问题就不会轻易流入生产环境，保证了生产环境的稳定。

同样，测试环境也需要保持它的稳定性。测试环境是一个生产环境的未稳定的副本，包含生产环境中的各个互相作用的组成部分，复杂度与之相当。一个完整的开发过程，包含一个开发团队，其中各个小组完成不同的部分，如果谁完成了一部分工作都立即扔进测试环境的话，测试就缺乏组织，排错找“虫”就会变得异常困难。谁也不知道正在诊断排除的错误，是不是和别的模块有关，甚至不知道排错过程中，别人有没有又引入了其他错误。因此，开发环境和测试环境分开也是完全必要的。这样，开发好的模块投入测试也变成一种有组织的行为，更加易于控制。

Dreamweaver 8 的站点管理模型，正对应了 staging 的 3 个阶段：本地站点对应了开发环境；测试服务器对应了测试环境；远程站点对应了生产环境。

完整的站点管理流程如图 11-1 所示。

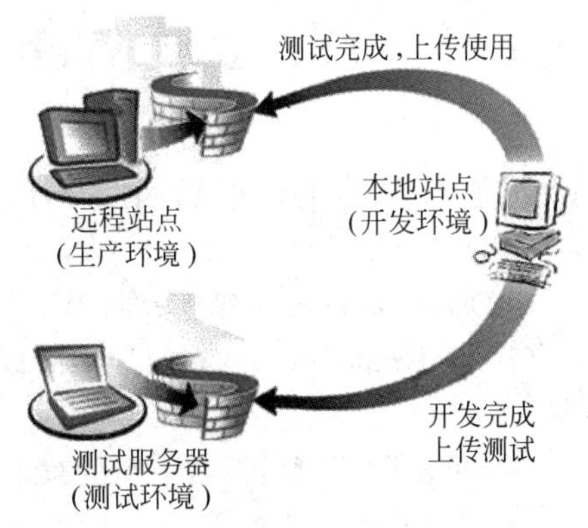

图 11-1　Dreamweaver 8 的站点管理模型

(1) 开发者先用 Dreamweaver 8 在本地站点编辑、修改和存储文件。

(2) 需要测试的内容上传到测试服务器,使用测试服务器测试这些内容。

(3) 测试完成获得认可的内容上传到远程站点。

注意:不要认为这 3 个环境就是 3 台不同的计算机,任意两个环境都可以同时存在于同一台计算机中,甚至这 3 个环境都可以在一台计算机上。测试服务器与远程站点可以在同一台服务器上对应不同的两套站点组合(Web 站点加 FTP 站点的组合),分别用不同的站点主目录。开发环境也可以在上述服务器上,其本地站点又对应于另外一个主目录。

3. 站点管理模型背后的团队开发控制思路

团队开发控制是指在多人协作完成同一开发项目时如何控制源代码的共享和编辑冲突。如果不加控制,那么当有两个开发者试图编辑同一个源文件的时候,就会发生编辑冲突,最后文件改成什么样子,就看谁最后保存了。

Dreamweaver 8 用取出和存回这一概念来解决团队开发中的这类问题。如果读者用过 Visual Source Safe 或 CVS 之类的协作开发工具的话,就会对存回(check in)和取出(check out)机制比较熟悉。

在启用了存回和取出机制后,会出现下述情况:

(1) 当一个开发者想要修改某一文件,他必须先将它取出,相当于向 Dreamweaver 8 开发环境作了登记("嘿,Dreamweaver 8,我登记修改这个文件。");

(2) 取出一个文件以后,开发者才有权限上传修改后的版本;

(3) 当他修改完文件,上传完毕,认为暂时不需要再修改时,他可以选择存回该文件("嘿,Dreamweaver 8,我改完了。");

(4) 开发者不能修改被其他开发者取出的文件,只能读取该文件当前的内容;

(5) 只有等别的开发者存回了这个文件,开发者才能取出这个文件。

通过这种存回取出机制,保证了同一时间只能有一个开发者能够修改某个特定的文件(他已经取出了这个文件),也保证了其他开发者能够看到最新的版本(只要修改者上传了最新的版本)。

11.2 Web 站点的建立与编辑

11.2.1 建立面向 Web 应用开发的站点

用 Dreamweaver 8 建立面向 Web 应用开发的站点的操作步骤如下:

(1) 在 Dreamweaver 8 的浮动面板中,单击【文件】浮动面板的展开按钮,打开【文件】面板。

(2) 单击【文件】面板右上角的菜单按钮,选择【站点】|【新建站点】命令。

(3) 这时会出现如图 11-2 所示的站点定义向导,在【您打算为您的站点起什么名字?】文本框中输入站点的名字,例如 My Site,在【您的站点的 HTTP 地址(URL)是什么?】文本框中输入站点的地址,然后单击【下一步】按钮。

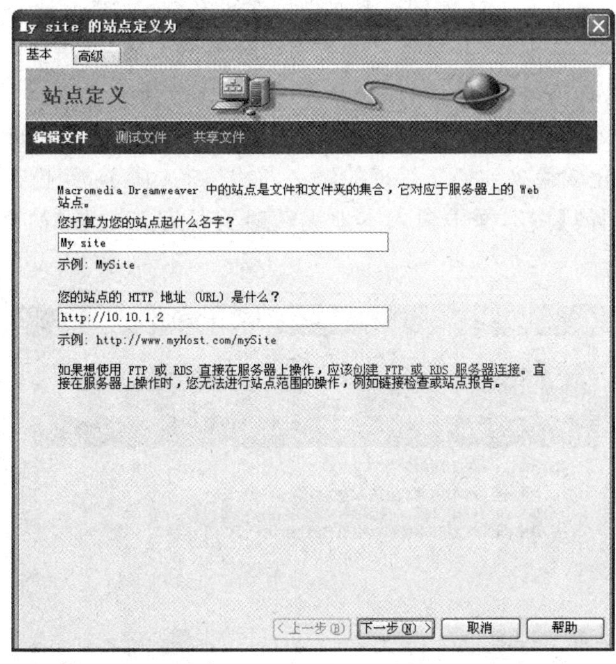

图 11-2　站点定义向导之一

(4) 接下来是关于站点支持何种应用服务器技术的问题,如图 11-3 所示。除非想建立一个完全静态的网站,一般来说,都要选择【是,我想使用服务器技术】选项,在下拉列表框中选择想使用的服务器技术,例如 ASP VBScript,然后单击【下一步】按钮。

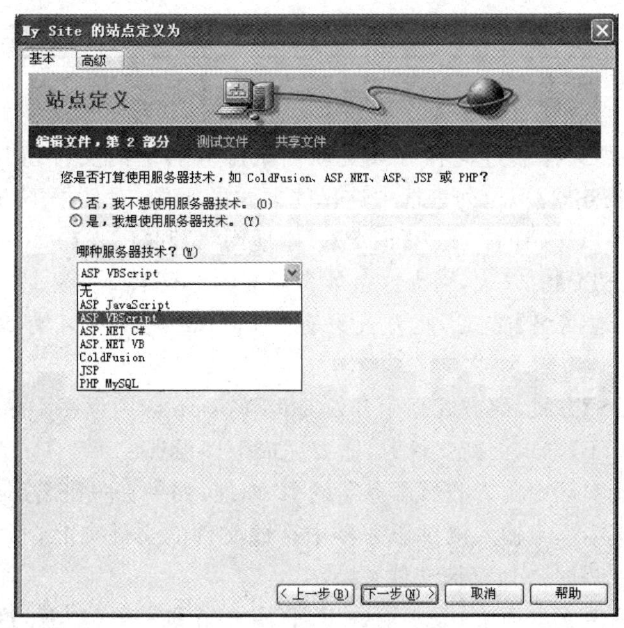

图 11-3　站点定义向导之二

注意：在开发一个 Web 应用程序的过程中，选定一种服务器技术比较好，而不要混用多种技术，如果读者对应用服务器技术有比较深入的研究，那么就会知道，在管理会话级、应用技术级数据共享方面，各种技术都有自己的一套方法，混用多种技术，会在共享数据时遇到麻烦，当然也给应用开发和维护工作增大了工作量。

(5) 接下来定义的是开发的流程，默认的选择是【在本地进行编辑，然后上传到远程测试服务器】，这是比较稳妥和便于管理的做法，如图 11-4 所示，并且在【您将把文件存储在计算机的什么位置?】文本框中输入本地编辑时文件存储的位置，然后单击【下一步】按钮。

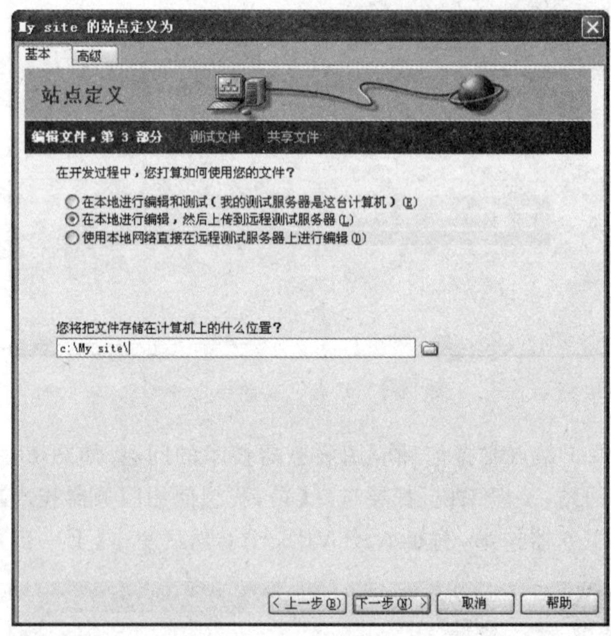

图 11-4　站点定义向导之三

(6) 接下来是要选择通过何种方式更新测试服务器上的文件，如图 11-5 所示。在【如何连接到测试服务器】下拉列表框中选择的方式的不同，对话框下方的文本框中待填的内容也会不同，可以选择的方式为【FTP】、【本地网络】和【RDS】。

① 建议选用【FTP】的方式，因为这是最为标准的 Internet 协议。

② 若选用【本地网络】方式，此方式只有 Windows 网络中才有，即 Windows 共享目录。

③ 若选用【RDS】方式，此方式用于开发 Cold Fusion 应用程序。

(7) 当选择【FTP】方式更新文件时，需要完成下述设置。

① 在第 2 个文本框中输入测试服务器的 IP 地址，如果有主机名那最好输入主机名。

② 在第 3 个文本框中输入测试服务器中存放文件的文件夹名，不输入此项内容，表示使用 FTP 用户主目录作为存储文件夹。

③ 在下面的两个文本框中，分别输入 FTP 用户名和密码(注意，这个用户必须有对其主目录的完全权限，否则无法更新文件)，如果选择【保存】选项，那么 Dreamweaver 8 会

记住用户名和密码，不用每次更新前都让用户输入。

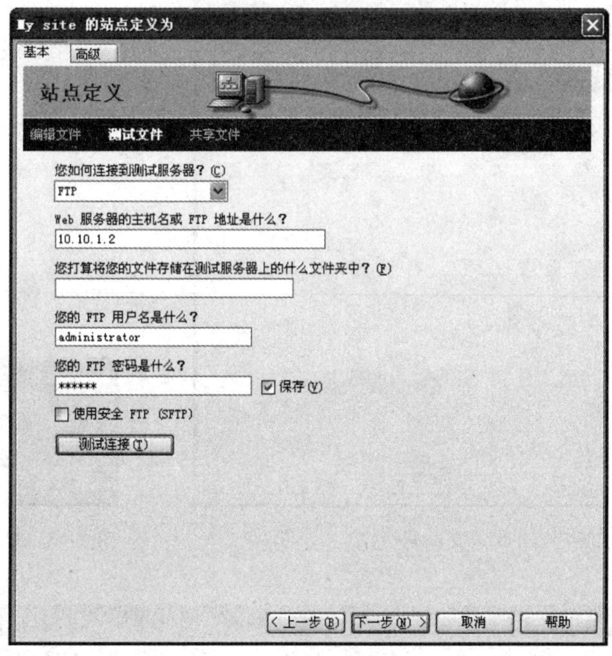

图 11-5　站点定义向导之四

④ 这个向导还提供了方便的工具来测试定义的正确性，只要单击一下【测试连接】按钮，如果正常，应该可以看到如图 11-6 所示的信息，否则就应检查网络是否工作正常，FTP 服务器是否配置正确，用户名和密码是否输错等。

图 11-6　服务器连接成功信息

(8) 单击【下一步】按钮，可以看到如图 11-7 所示的对话框。这一步要求给出用什么 URL 来访问测试服务器的主页，以便测试。那么，应按 10.1.3 节所说的步骤定义的实体 Web 站点是什么 URL，就输入该实体 Web 站点的 URL。

(9) 这一步同样提供了方便的【测试 URL】按钮。正常情况下，测试成功会看到如图 11-8 所示的信息。如果不成功，可以打开浏览器，输入该 URL 直接访问主页试试，看究竟是什么 HTTP 错误，如果是无权浏览目录之类的信息的话，可能因为这个 Web 站点刚定义好，尚无主页面。

(10) 单击【下一步】按钮进入协同开发选项的设置，如图 11-9 所示，如果是一个团队分工开发同一个网站的话，需要启用存回和取出机制，如果只是“单兵作战”的话，那就不必了。

(11) 单击【下一步】按钮，向导会列出所有步骤中的选择情况的总结，单击【完成】按

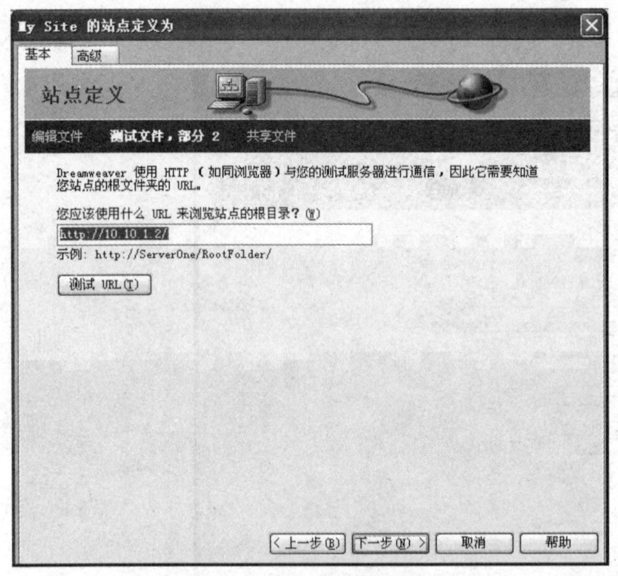

图 11-7　站点定义向导之五

图 11-8　URL 测试成功信息

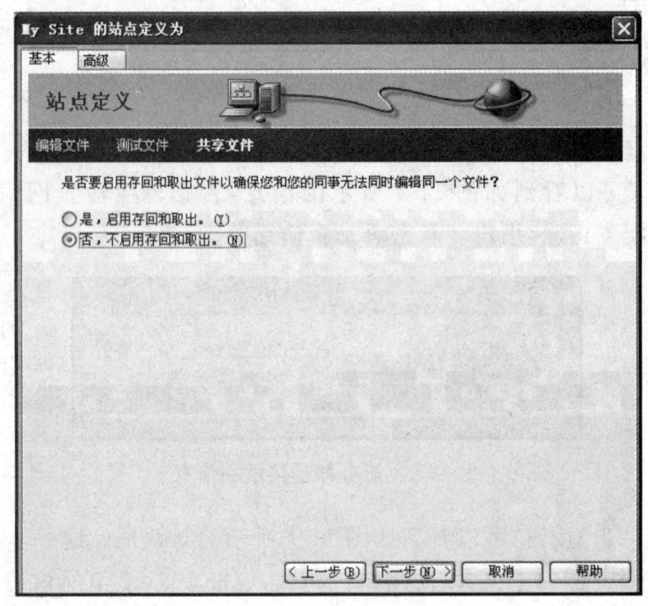

图 11-9　站点定义向导之六

钮确认并结束新站点定义，如图 11-10 所示。

(12) 这时，【站点】选项卡中可以看到刚刚定义好的 My Site 站点。

注意：这个例子使用 Dreamweaver 8 站点定义向导默认的站点定义方法，那么这样定义出来的站点与站点管理模型如何对应呢？实际上，用【在本地进行编辑，然后上传到远程测试服务器】这一选项定义的结果是远程站点与测试服务器的角色重合。对于简单的电子商务站点，复杂度不高，在对服务质量要求不高的情况下，这种

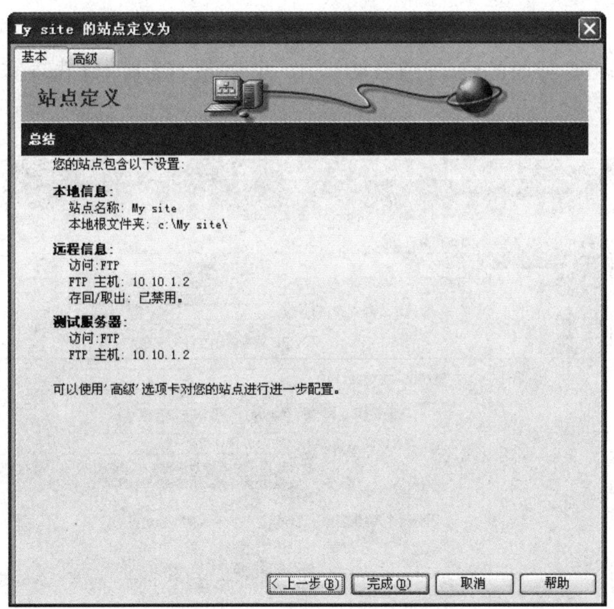

图 11-10　站点定义向导之七

开发模式也是可以接受的，如图 11-11 所示。

如果需要定义出完全符合站点管理模型的阶段化方法的站点，那么站点定义向导不能实现这一要求，【在本地进行编辑，然后上传到远程测试服务器】这一选项已经是向导能够定义出的最复杂的方式了。更复杂的定义需要通过手工编辑站点定义来完成。

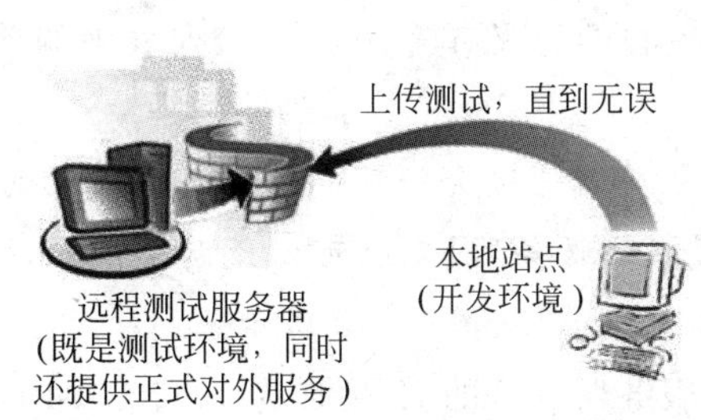

图 11-11　远程站点与测试服务器合二为一的模型

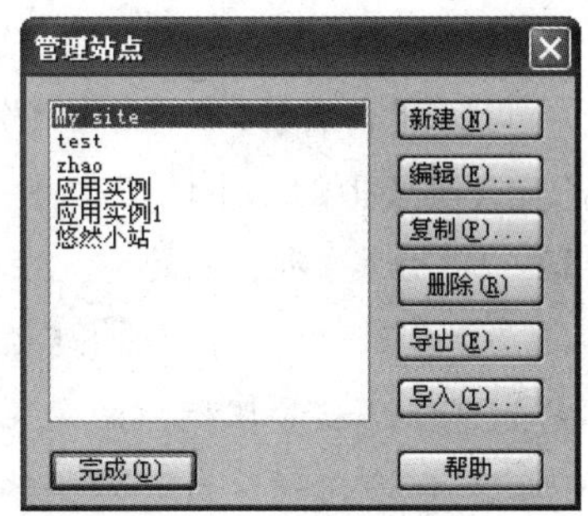

图 11-12　【管理站点】对话框示意图

11.2.2　编辑面向 Web 应用的站点

对于已经建立的站点，可以编辑它的属性或补充建立站点时未定义的部分属性。编辑一个站点的操作步骤如下：

(1) 单击【文件】浮动面板的展开按钮，打开【文件】面板；单击【文件】面板右上角的菜单按钮，选择【站点】|【管理站点】命令。

(2) 在如图 11-12 所示的对话框中，选择需要编辑的站点，单击【编辑】按钮开始编辑。

(3) 在如图 11-13 所示的【编辑】对话框中，可以选择【基本】选项卡，仍然用向导来完成站点定义。

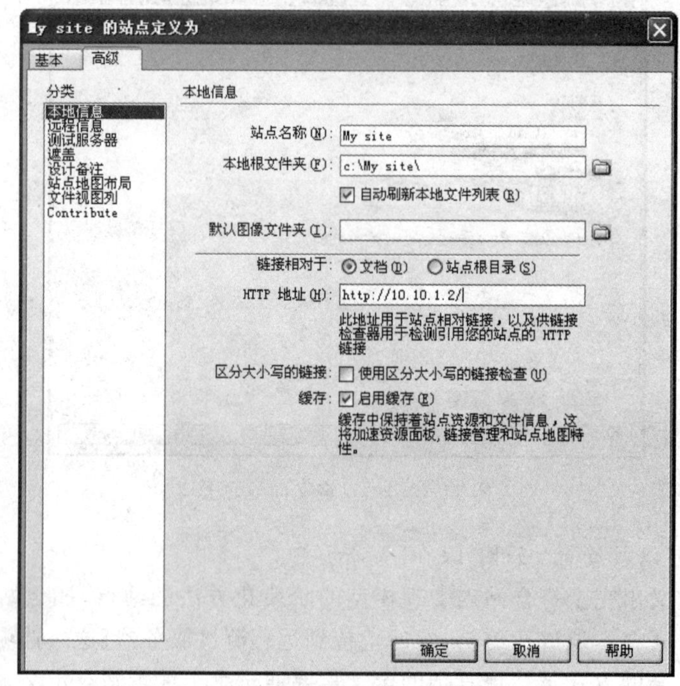

图 11-13 【编辑站点属性】对话框

(4) 再选择【高级】选项卡中的【分类】列表，核心的定义在左边【分类】列表中的前 3 项，对应站点模型中的 3 个阶段。

注意：从【分类】列表中的前 3 项的定义中可以更好地体会一下 Dreamweaver 8 的站点模型，从【分类】列表中可以看出【远程站点】和【测试服务器】完全可以是两个不同的服务器。完全符合站点管理模型的定义，如图 11-13、图 11-14、图 11-15 所示。

假定整个环境包括一台开发用的 PC 和一台服务器，PC 的 IP 地址为 10.10.1.10，服务器有两个 IP 地址：10.10.1.2 用于生产环境，10.10.1.3 用于测试环境。服务器上对应于 10.10.1.2 定义了一套 Web 站点和 FTP 站点，其站点主目录为 C:\My Site，FTP 的上传用户为 Administrator；对应于 10.10.1.3 定义了另一套 Web 站点和 FTP 站点，其站点主目录为 C:\My Site Test，FTP 的上传用户为 Tester。

本地信息：本地根文件夹指开发机上的目录，IP 地址从这里并不能看到。

远程信息：站点主目录在这里不能看到，在服务器上的 FTP 或 Web 站点定义里可以看到。注意远程站点不需要定义 URL，因为它不用于测试。

测试服务器：站点主目录在这里不能看到，在服务器上的 FTP 或 Web 站点定义里可以看到。

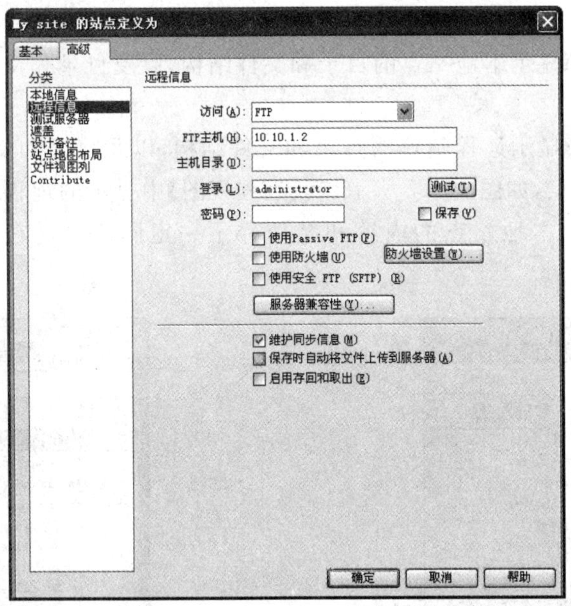

图 11-14　远程站点的参数设置

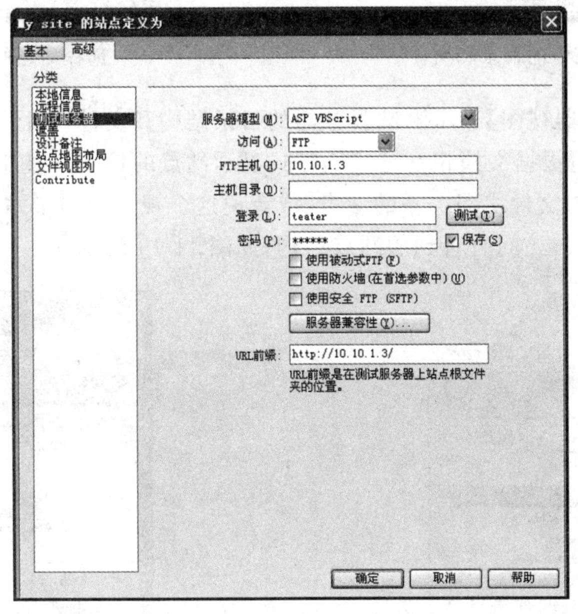

图 11-15　测试服务器的参数设置

11.3　站点视图的应用

站点视图帮助站点开发者清楚地了解当前站点的结构和更新状况。站点视图根据文件的存储位置和逻辑结构分为 4 种：【本地视图】、【远程视图】、【测试服务器视图】和【地图视图】。

(1)【本地视图】显示本地站点的目录和文件结构,以及目录和文件的更新状况,如图11-16所示。

(2)【远程视图】显示远程站点的目录和文件结构,以及目录和文件的更新状况。可以看到,对同一个站点,如图11-17所示,其【远程视图】中显示的远程站点的内容和结构,和图11-16中所示的本地站点的内容和结构并不一定同步。这在开发过程中是很正常的。

图 11-16　本地站点的目录和文件结构

图 11-17　远程站点的目录和文件结构

(3)【测试服务器视图】显示测试服务器的目录结构和文件,如图11-18所示。

(4)【地图视图】根据文档相互链接的方式显示站点的地图。基于链接的视图给开发者更加清楚的文件与文件之间关系的参考,或者说这个视图给出了站点的逻辑结构,而不是存储结构,这是用户访问时看到的站点结构,如图11-19所示。

图 11-18　测试服务器的目录结构和文件

图 11-19　站点的地图

不管哪一种视图,Dreamweaver 8 使用以下符号来表示文件的更新状况。

(1) 绿色选中标记表示开发者已取出该文件。

(2) 红色选中标记表示其他开发者已取出该文件。

(3) 锁形符号表示该文件对自己是只读的，也就是还未被自己取出。

要注意，各人看到的符号是不一样的，如果一个开发者取出某个文件，他看到的是绿色的选中标记，而其他开发者看到的就是红色选中标记。符号只对本人有意义。

关于文件更新，11.4 节有比较详细的描述。

11.4 文件的更新操作

文件更新操作主要有 4 种：【上传】(put)、【获取】(get)、【取出】(check out)和【存回】(check in)。

【文件】面板中，⇩表示【获取】，⇧表示【上传】，⇩✓表示【取出】，⇧表示【存回】。

1. 文件的上传操作

【上传】是指把修改过的文件从本地站点上传到远程站点或测试服务器，即本地站点的内容覆盖远程站点的内容。Dreamweaver 8 所复制的文件是开发者在【本地视图】中选择的文件。如果【本地视图】处于活动状态，则选定的本地文件将复制到远程站点；如果【远程视图】处于活动状态，则选定与本地站点对应的文件复制到远程站点；如果【测试服务器】处于活动状态，则选定的本地文件将复制到测试服务器。

2. 文件的获取操作

【获取】是指把服务器上存储的文件读取到本地站点，可以是恢复以前存储的版本，即远程覆盖本地。Dreamweaver 8 所复制的文件是开发者在站点视图中选择的文件。如果【远程视图】或【测试服务器】处于活动状态，则可将选定的远程或测试服务器文件复制到本地站点；如果【本地视图】处于活动状态，则 Dreamweaver 8 会将选定的本地文件对应的远程版本复制到本地站点。

只有在定义站点时，选择了【启用文件存回和取出】选项，【存回】和【取出】才有意义。

3. 文件的取出操作

【取出】是指读取服务器上存储的文件到本地站点，并且锁定服务器上的该文件，不允许其他人更新，以防止多人同时更新同一个文件造成的更新冲突。已取出的文件，其他开发者只能读取。

4. 文件的存回操作

【存回】是指开发者暂时修改完某个已经取出的文件，认为一段时间内不需要再改，而把当前已经修改过的文件从本地站点更新到【远程站点】或【测试服务器】，并且解除对服务器上的该文件的锁定。这样就允许别人取出该文件并修改。

在传送文件开始前，可能会出现一个对话框，询问是否要放置相关文件。选择【是】即可。Dreamweaver 8 会自动判断哪些文件是相关文件需要同时传送。

注意：以上所说的文件更新操作并不只限用于文件，还可以用于整个文件夹，当选定文件夹进行操作时，会复制整个文件夹。另外，选择文件或目录时，按住 Ctrl 键可选定多个要更新的内容。

除了用上述操作来手工的更新之外，还可以用批量的方式自动同步本地站点和远程站点的内容。同步操作通过打开【文件】面板右上角的菜单，选择【站点】|【同步】命令，打开【同步文件】对话框，如图 11-20 所示。

图 11-20 【同步文件】对话框

对话框中的选项的意思不言自明，这里不再赘述。如果不放心的话，单击【预览】按钮，在【同步】对话框中看一看本次同步操作到底包含哪些具体的操作。检查无误后，单击【确认】按钮开始同步。

第12章 登录和密码验证系统

知识点

- 用户登录与授权级别的基本概念
- 如何实现用户登录功能
- 如何实现新用户注册功能
- 如何实现账户信息修改
- 如何限制用户的访问权限

从本章开始，将以网上书店的网站为例子来讲解如何用 Dreamweaver 8 来实现 Web 应用程序的各个关键功能，并将 Dreamweaver 8 的各种 Web 应用程序开发工具穿插在实现网上书店各项功能中讲解。本章主要介绍用户登录和密码验证系统。

12.1 系统的功能与组成

除非 Web 应用程序对所有的访问者都提供完全相同的服务，不然的话，Web 应用程序一定要有用户管理方面的子系统，首先要能区分出来自不同用户的访问，并验证用户的身份并非假冒，然后才有可能对不同的用户提供各自不同的个性化服务，并进行细致的用户权限控制。

网上书店有几类用户，用户通过网上书店选择想购买的书籍，管理员利用网上书店的产品目录系统来维护可选的书籍信息，当然可能还存在更多类别的用户。对于每一类用户，他们在网上书店中的权限是不一样的，用户只能选择书籍，而不能修改书籍信息；管理员只能维护书籍信息，而不应该有查看和修改用户购物车和订单信息的权力。

这种用户的类别是基于用户的访问权限来划分的，可以把它称为安全组(security group)，Dreamweaver 8 把它称为授权级别(authorization level)。

有关用户资料和授权级别的信息存储在某个数据库表中，一般来说，为安全起见，通常由独立于 Web 应用之外的其他应用形式来维护，或者由 Web 应用中的一个独立的用户数据维护子系统来维护。这里假设已经存在这样一个维护用户资料和授权级别的工具，管理员的用户账户信息已经用这个工具输入到数据库中。当然，网上书店还应提供未知用户自助注册的功能。

通常,用户登录和密码验证系统包含一般用户注册功能、用户登录功能、用户登录失败提示、密码和账户信息修改功能。

12.2 数据库设计

网上书店的整体数据库设计,如图 12-1 所示。

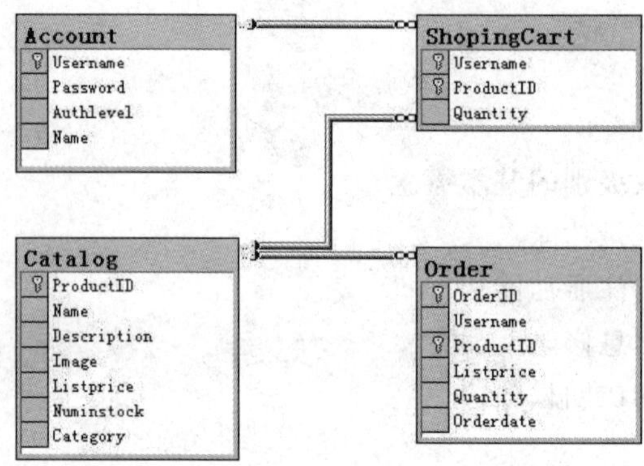

图 12-1 网上书店的整体数据库设计示意图

与本章密切相关的是 Account 表,该表用来存储用户名、用户密码、授权级别和用户真实姓名。其中

- Username:字段类型为"字符型",长度为 20,存放内容为"用户名"。
- Password:字段类型为"字符型",长度为 20,存放内容为"用户密码"。
- AuthLevel:字段类型为"字符型",长度为 10,存放内容为"授权级别"。
- Name:字段类型为"字符型",长度为 20,存放内容为"用户的真实姓名"。

当然,实际的网上书店的用户信息会多得多,不仅仅包含这些内容,但这样的简化信息已经足够为读者示例。

Username 是唯一的,因此可以把 Username 定义成主键。

12.3 实现用户登录功能

用户登录是一个网站应该具备的最基本的功能,其中包括用户名输入、用户密码输入、用户身份验证等功能。Dreamweaver 8 提供了【用户身份验证】的服务器,利用这个服务器能够方便地向站点实现【登录用户】的动态功能。

12.3.1 完成基本功能

用户登录页面是网上书店购书系统的主页面,在书店网的主页上有指向网上书店购书系统的超级链接可指向该页面，从开发项目的模块化和可维护性考虑，整个网上书店购书部分的所有页面，都置于本地站点的 PurchaseSys 子目录下。

本节将介绍如何实现用户登录功能：

- 如何创建采用 ASP 技术的新页面。
- 给各种可引用的对象用统一的命名规则取名。
- 如何使用【用户身份验证】|【登录用户】服务器行为。

创建网站用户登录页面是每个网站首先要完成的工作，其操作步骤如下：

1. 创建用户登录页面

(1) 在客户机上，启动 Dreamweaver 8。

(2) 选择 Dreamweaver 8 主菜单中的【文件】|【新建】命令，打开如图 12-2 所示的【新建文档】对话框。

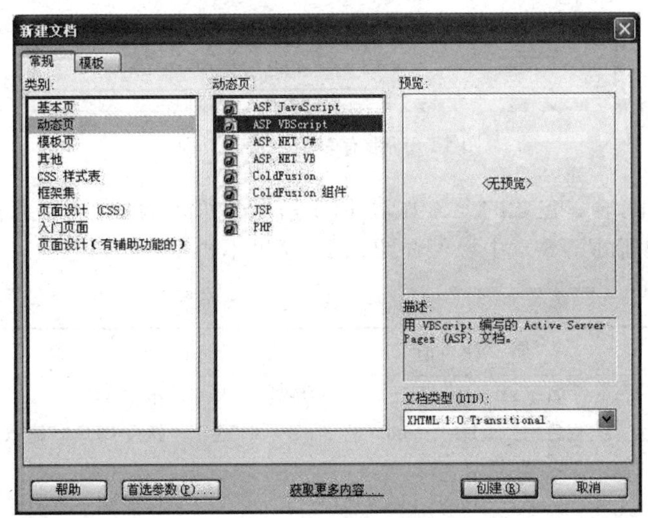

图 12-2 创建动态页示意图

(3) 这一次创建的是动态页面，因此在【类别】列表框中选择【动态页】选项，在右边出现的【动态页】类型列表框中，选择【ASP VBScript】选项，单击【创建】按钮，就会创建一个新的支持采用 VBScript 语言的 ASP 技术的无标题文档。

2. 定义购书系统的数据库连接

(1) 为了支持访问 SQL Server 上的购书系统数据库，在服务器端(如果服务器与开发机不分开，那么就是同一台计算机)按 10.3.2 节介绍的方法定义名为 PurchaseSys 的系统 DSN，将默认数据库指向购书系统数据库，定义结束后必须测试。

(2) 用 10.3.3 节的方法在 Dreamweaver 8 中定义名为 PurchaseSys 的数据库连接，定义结束后必须测试一下。

3. 创建页面布局和页面元素

针对用户登录功能，本节将创建 3 个页面。index.asp 是用户登录页面；main.asp 是用户登录后进入的购书功能首页面，本章将暂时忽略它的功能实现，先用简单的画面示意；illegal.asp 是用户登录失败后的提示页面。页面的标题可以在页面属性里改，以下的步骤中就不再赘述。

(1) 在客户机的新建的动态页面中，加入如图 12-3 所示的表单的基本元素。其中标题和其他静态部分，都可以根据设计者自己的喜好用前面各章节描述的创作静态页面的方法来设计，为了使页面美观，可以自由发挥。表单部分是必须要有的，将用它来生成如图 12-3 所示的动态行为。

图 12-3　带有表单元素的页面

添加一个表单，表单包含的元素如表 12-1 所示。添加表单、表单元素和修改它们的属性的方法，在前面的第 8 章中已经介绍过了，这里不再赘述。

表 12-1　表单的元素

元素类型	属性值	说明
表单	名字：frmLogin	本表单
文本域	名字：txtUsername 类型：单行	接受用户名输入的文本框
文本域	名字：txtPassword 类型：密码	接受用户密码输入的文本框
按钮	名字：btnLogin 值： 登录 动作：提交表单	提交登录信息的按钮

(2) 对每个表单元素，都要定义名字，而不是接受 Dreamweaver 8 默认的名字，这样有助于用户识别这些元素，因为在以后的步骤中会引用到这些元素。因此建议所有元素的命名采用统一的命名规则，以便在大规模开发中建立文档和日后的维护工作，例如此处采用的是匈牙利命名法。

(3) 用户登录页面已经创建好了，先暂缓实现其功能，选择主菜单中的【文件】|【保存】命令，把这个页面保存到 PurchaseSys 子目录下，取名为 index.asp。

4. 创建信息提示页面

接下来需要创建两个页面，一个页面是用户登录成功后进入的购书系统的功能页面，另一个是用户登录失败后进入的失败信息提示页面，这两个页面必须在创建用户登录功能之前就创建好，并保存在站点中。

为此目的，分别创建两个动态页面。

(1) 先创建一个空页面，简单地写一句话，例如“这是购书系统的功能页面”，保存为 PurchaseSys\main.asp。

(2) 然后创建一个如图 12-4 所示的登录失败的信息页面，保存为 PurchaseSys\illegal.asp。

5. 实现用户登录的功能

(1) 回到用户登录页面的编辑窗口，如果已经关闭该窗口，那么请重新打开该文件。

(2) 在【应用程序】浮动面板中，选择【服务器行为】选项卡，单击 按钮，会出现如图 12-5 所示的菜单，选择【用户身份验证】|【登录用户】命令。

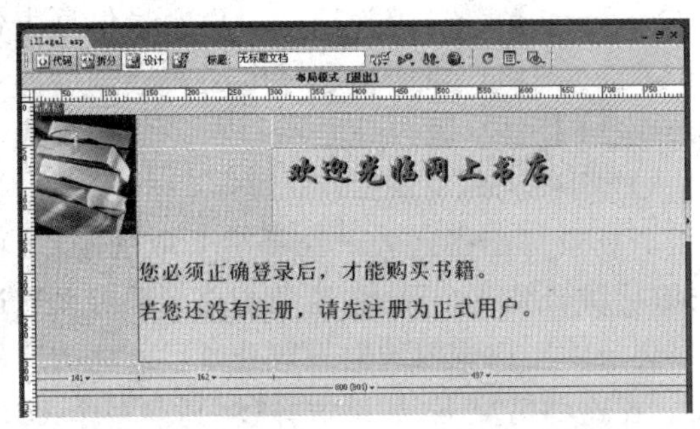

图 12-4 登录失败的信息页面

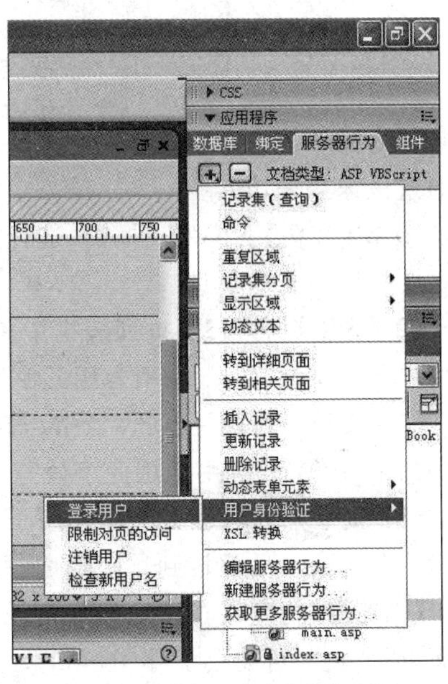

图 12-5 【应用程序】浮动面板

(3) 接下来会弹出如图 12-6 所示的【登录用户】对话框，其参数输入方法如下：

① 在【从表单获取输入】下拉列表框中，选择【frmLogin】表单，表示用户登录信息从 frmLogin 表单内的元素的输入中获取。

② 在【用户名字段】下拉列表框中选择【txtUsername】文本框，表示用户名信息从该文本框中得到。

③ 在【密码字段】下拉列表框中选择【txtPassword】文本框，表示用户密码信息从该文本框中得到。

(4) 用户登录的实际动作是将用户提交的用户名、密码信息与用户数据库中的用户名、密码信息比较。如果相同，则认为登录成功。如果不同，则认为登录失败。接下来的对话框内容指明的是用户数据库的信息。

① 在【使用连接验证】下拉列表框中，选择【PurchaseSys】数据库连接，表示用户数据

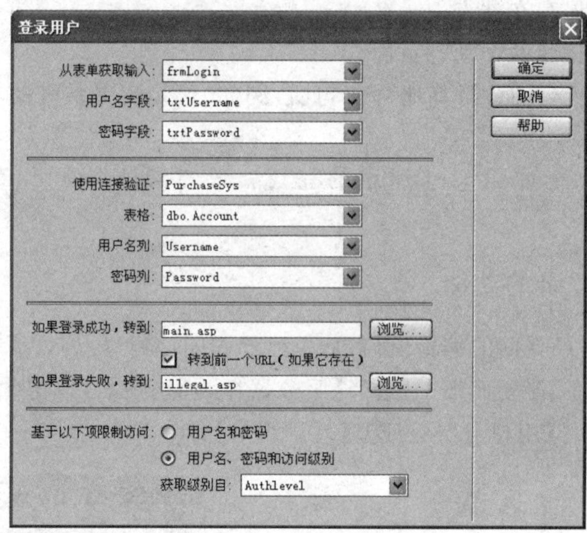

图 12-6 【登录用户】对话框

库通过该连接来访问。

② 在【表格】下拉列表框中，选择【dbo.Account】数据表，在 10.2 节中介绍过，这是购书系统的用户账号信息表。

③ 在【用户名列】下拉列表框中，选择【Username】字段，因为这是用户账号信息表代表用户名的字段，Web 应用会用此字段与用户输入的用户名信息进行比较。

④ 在【密码列】下拉列表框中，选择【Password】字段，因为这是用户账号信息表代表密码的字段，Web 应用会用此字段与用户输入的用户密码信息比较。

(5) 接下来的两个文本框可用于指明用户登录页面得到验证结果后采取的动作，可以指明登录成功后跳转到哪个页面，登录失败后跳转到哪个页面，这两个页面都可以通过单击【浏览】按钮直接在本地站点中找。当未登录的用户试图访问只有登录后才能访问的页面，那个页面可能会引导用户到登录页面。在这种情况下，如果选择【转到前一个 URL (如果它存在)】复选项，那么登录成功后会返回用户试图访问的那个页面。

(6) 接下来的单选项指明了整个购书系统的用户权限控制方式。因为购书系统用访问级别来区分用户和管理员的权限，因此，应该选择【用户名、密码和访问级别】单选项来限制访问，并且在【获取级别自：】下拉列表框中，选择【AuthLevel】字段，因为这是 Account 数据表中代表访问级别的字段，用户的访问级别由它决定。

(7) 单击【确定】按钮完成对话框的设置，回到 Dreamweaver 8 主画面后，可以看到【应用程序】浮动面板的【服务器行为】选项卡中多了【登录用户】这一行为，如图 12-7 所示。

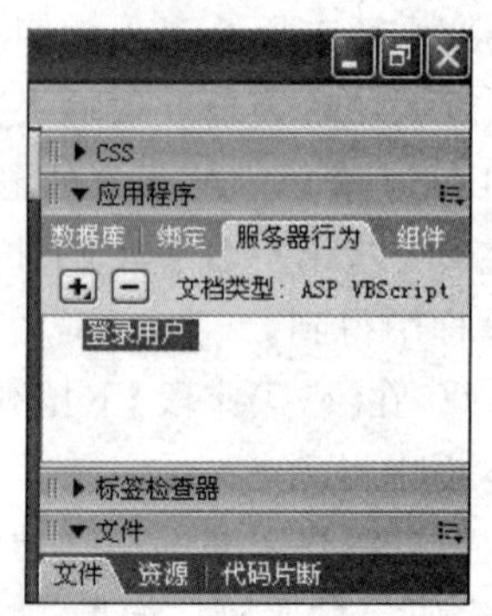

图 12-7 【服务器行为】选项卡示意图

同步站点之后，就可以测试登录功能了。打开浏览器，在地址栏中直接输入用户登录页面的 URL，例如 http://＜服务器 IP 地址＞/PurchaseSys/index.asp。在实际的操作中把＜服务器 IP 地址＞替换成当前使用的服务器 IP 地址，例如：http://10.10.1.2/PurchaseSys/index.asp。按【回车】键确定后，会出现如图 12-8 所示的页面。

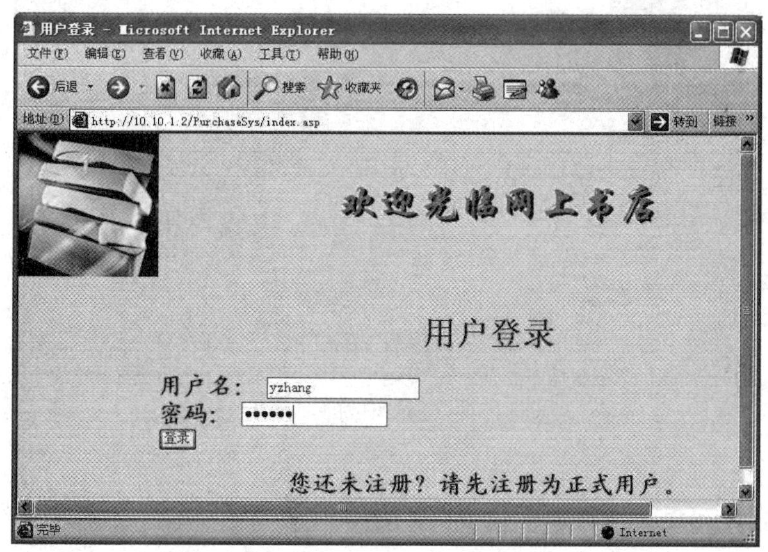

图 12-8 【用户登录】页面

如图 12-8 所示，输入正确的用户名和密码后，单击【登录】按钮，会跳转到如图 12-9 所示的页面，即前面的 main.asp 页面。

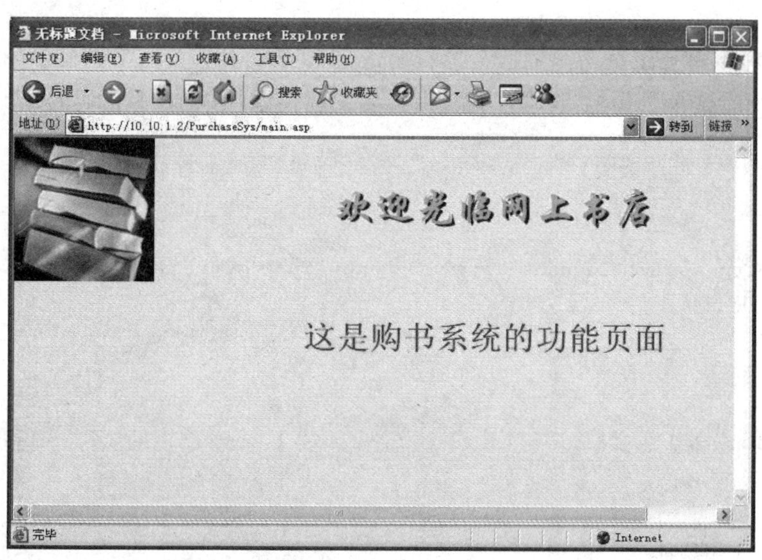

图 12-9 登录成功的页面提示

回到登录页面，如果输入不正确的登录信息，单击【登录】按钮后，会跳转到如图 12-10所示的页面，即 illegal.asp 页面。

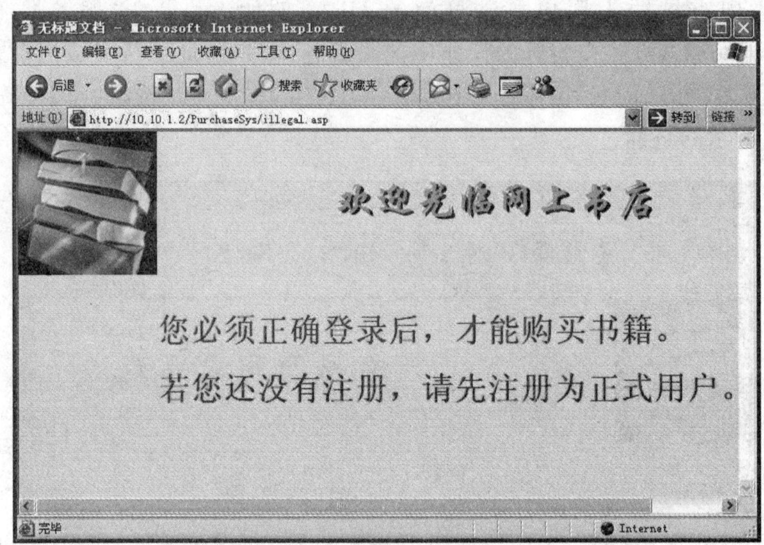

图 12-10 登录失败的页面提示

12.3.2 Dreamweaver 8 行为分析

本节中将介绍如何利用代码视图来理解 Dreamweaver 8 工具。

到目前为止，并没有编过一个程序，写过一行代码，一个简单的 Web 应用的功能已经完成了。实际上是 Dreamweaver 8 完成了编写程序的工作。下面介绍它刚才自动完成的那些工作。

如果在对用户登录页面添加服务器行为的前后都单击了文档工具栏中的【代码视图】按钮，来查看这个页面的 HTML 源代码，会发现在添加以前，源代码是：

```
<%@LANGUAGE="VBSCRIPT" CODEPAGE="936"%>
<html>
<head>
<meta http-equiv="Content-Type" content="text/html; charset=GB.2312">
<title>用户登录</title>
</head>

<body>
<p>欢迎进入书店</p>
<p>用户登录</p>
<form method="POST" name="frmLogin" id="frmLogin">
  <label>用户名：</label>
  <input name="txtUsername" type="text" id="txtUsername">
  <br>
  <label>密码：
  <input name="txtPassword" type="password" id="txtPassword">
```

```
  <br>
  <input name="btnLogin" type="submit" id="btnLogin" value="登录">
  </label>
</form>
<p>还没注册过？请注册新用户</p>
</body>
</html>
```

而在添加了【登录用户】这一服务器行为后，源代码变成了：

```
<%@LANGUAGE="VBSCRIPT" CODEPAGE="936"%>
<!--#include file="…/Connections/PurchaseSys.asp"-->
<%
'*** Validate request to log in to this site.
MM_LoginAction =Request.ServerVariables("URL")
If Request.QueryString<>""Then MM_LoginAction=MM_LoginAction+"?"+Request.QueryString
MM_valUsername=CStr(Request.Form("txtUsername"))
If MM_valUsername<>""Then
  MM_fldUserAuthorization="Authlevel"
  MM_redirectLoginSuccess="main.asp"
  MM_redirectLoginFailed="illegal.asp"
  MM_flag="ADODB.Recordset"
  set MM_rsUser =Server.CreateObject(MM_flag)
  MM_rsUser.ActiveConnection = MM_PurchaseSys_STRING
  MM_rsUser.Source ="SELECT Username, Password"
  If MM_fldUserAuthorization<>""Then MM_rsUser.Source =MM_rsUser.Source & "," &
  MM_fldUserAuthorization
  MM_rsUser.Source = MM_rsUser.Source & " FROM dbo.Account WHERE Username='" &
  Replace(MM_valUsername,"'","''") &"' AND Password='" & Replace(Request.Form("
  txtPassword"),"'","''") & "'"
  MM_rsUser.CursorType = 0
  MM_rsUser.CursorLocation = 2
  MM_rsUser.LockType = 3
  MM_rsUser.Open
  If Not MM_rsUser.EOF Or Not MM_rsUser.BOF Then
    ' username and password match-this is a valid user
    Session("MM_Username") = MM_valUsername
    If (MM_fldUserAuthorization<>"") Then
      Session("MM_UserAuthorization") = CStr(MM_rsUser.Fields.Item(MM_
      fldUserAuthorization).Value)
    Else
      Session("MM_UserAuthorization") = ""
    End If
    if CStr(Request.QueryString("accessdenied"))<>"" And true Then
      MM_redirectLoginSuccess = Request.QueryString("accessdenied")
```

```
        End If
        MM_rsUser.Close
        Response.Redirect(MM_redirectLoginSuccess)
      End If
      MM_rsUser.Close
      Response.Redirect(MM_redirectLoginFailed)
    End If
    %>
    <html>
    <head>
    <meta http-equiv="Content-Type" content="text/html; charset=GB.2312">
    <title>用户登录</title>
    </head>

    <body>
    <p>欢迎进入书店</p>
    <p>用户登录</p>
    <form ACTION="<%=MM_LoginAction% >" method="POST" name="frmLogin" id="
    frmLogin">
      <label>用户名: </label>
      <input name="txtUsername" type="text" id="txtUsername">
      <br>
      <label>密码:
      <input name="txtPassword" type="password" id="txtPassword">
      <br>
      <input name="btnLogin" type="submit" id="btnLogin" value="登录">
      </label>
    </form>
    <p>还没注册过? 请注册新用户</p>
    </body>
    </html>
```

通过比较，不难发现，新的源代码多出了用<% %>括起来的一大段代码，并且把表单的 ACTION 属性改成了<%=MM_LoginAction%>，这就是 Dreamweaver 8 完成的主要工作。用<% %>括起来的代码都是用 VBScript 编程语言编写的服务器端脚本程序。现在不要求马上能够看懂这些代码，但希望读者了解 Web 应用程序开发的实质，最终还是要归到编写程序代码上来，只不过 Dreamweaver 8 能够帮助开发者自动生成完成简单功能的代码。

12.3.3 阶段变量的应用

在第 9 章讲到 ASP 的 Session 对象，用于存储特定的用户会话所需的信息。当用户在应用程序的页之间跳转时，存储在 Session 对象中的变量不会丢失，而是在整个用户会话中一直存在下去。Session 对象所存储的所有变量，在 Dreamweaver 8 中都称做阶段变量。

在本节中将介绍如何定义阶段变量和如何引用阶段变量。

下面将利用上述代码中包含的有用信息，来引导读者把登录后进入的 main.asp 变得更加友好一点，并借此讲解阶段变量的应用。

在 Dreamweaver 8 自动添加的源代码中，可以看到一句 Session("MM_Username")＝MM_valUsername，这是 Dreamweaver 8 让这个用户在登录成功后，自动地把用户输入的用户名，保存到名为 MM_Username 的阶段变量中，以便在用户进入网上书店的其他动态页面时，就可以使用这个阶段变量存储的用户名的信息。

用 Session("阶段变量名") ＝ 形式的 VBScript 语句可以给阶段变量赋值。怎么来使用这个阶段变量呢？其操作步骤如下：

(1) 在【应用程序】浮动面板中，选择【绑定】选项卡，单击 [+] 按钮，会出现如图 12-11 所示的菜单，选择【阶段变量】命令。

(2) 在出现的【阶段变量】对话框里，填入用户名对应的阶段变量名 MM_Username，如图 12-12 所示。

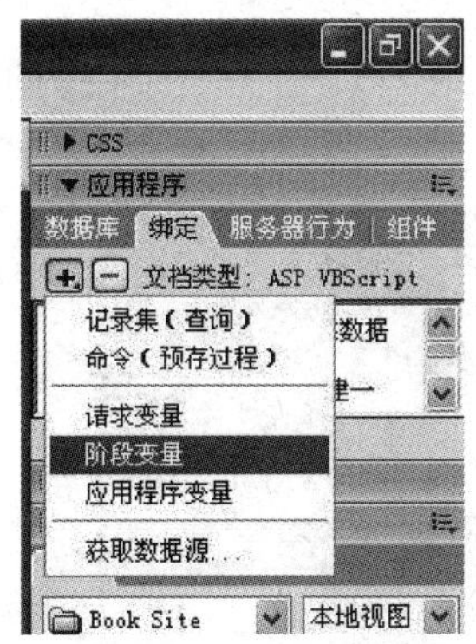

图 12-11 添加【阶段变量】的菜单

图 12-12 【阶段变量】对话框

(3) 单击【确定】按钮后，在【绑定】选项卡中可以看到新定义的阶段变量，如图 12-13 所示。

图 12-13 新定义的阶段变量

这样定义之后，就可以在其他页面中使用这个阶段变量了，在编辑其他动态页面时，将都可以在【绑定】选项卡中看到这个阶段变量。接下来就可以把 main.asp 页面变得更加友好，操作方法如下：

(1) 打开 main.asp 页面。

(2) 在页首加入一句话"您好！"，然后从【绑定】选项卡中找到 MM_Username 阶段变量，将它拖曳到"您好！"前面，结果如图 12-14 所示。

注意：在【应用程序】浮动面板的【绑定】选项卡中的所有项都可以称做动态元素。对于这些动态元素都可以直接把它们拖曳到动态页面中希望出现的位置上。这样在实际访问该页面时，对应位置就会显示动态的内容(来自数据库或变量的值)。

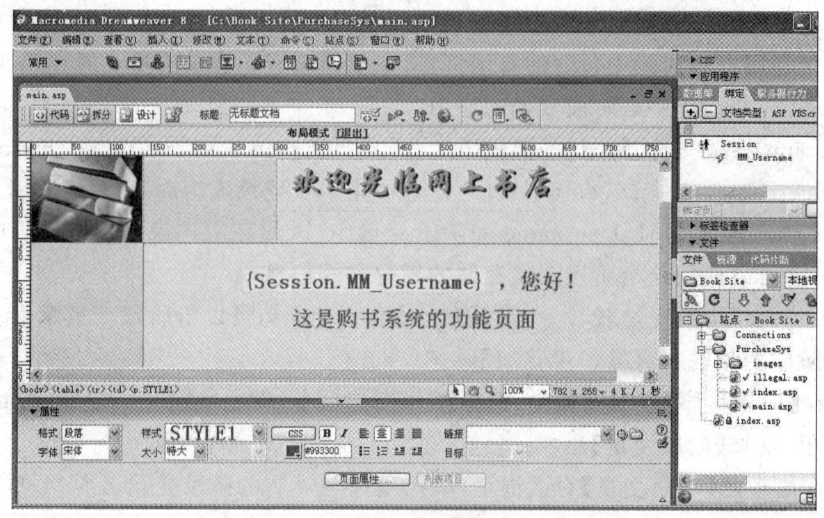

图 12-14　添加阶段变量的网页

同步站点后,可以测试一下效果。正确登录后,用户将看到亲切的问候语,如图 12-15所示。

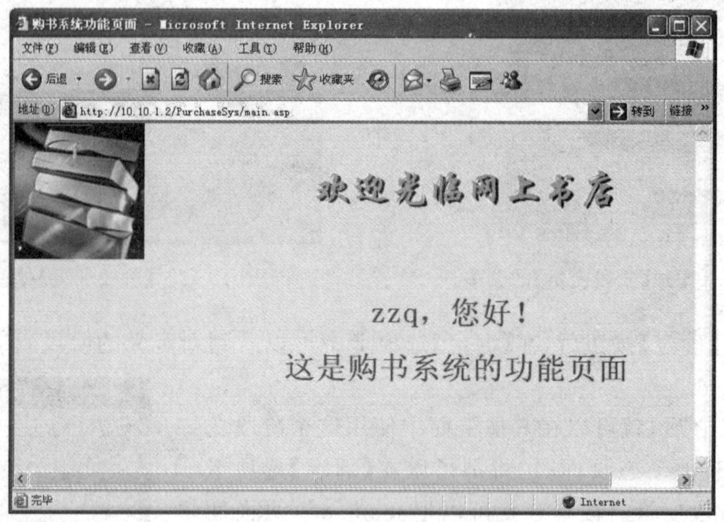

图 12-15　阶段变量的应用网页

12.4　实现新用户注册功能

几乎每个网站都有新用户注册的功能,新用户按要求将自己的有关信息输入后提交给服务器,由服务器端的应用程序将这些信息添加到用户数据库中,通过新用户注册功能可以让用户自己生成用户账户。

12.4.1 插入记录的服务器行为

在本节中将介绍如何生成添加表记录的 Web 页面以及如何应用【插入记录】服务器行为实现新用户注册的功能。下面将介绍如何完成这一功能。

先来创建新用户注册页面，操作步骤如下：

1. 创建新用户注册页面

创建一个新的支持 ASP VBScript 的动态页面。

2. 定义购书系统的数据库连接

由于同一应用可以共享数据库连接，因此这个页面仍然可以使用 PurchaseSys 数据库连接，不需要另外定义数据库连接。

3. 创建页面布局和页面元素

(1) 在新页面中，加入如图 12-16 所示的网页元素，其中标题和其他静态部分都可以根据自己的喜好来设计，使页面美观，可以自由发挥。表单部分是必须有的，将用它来生成动态行为，如图 12-16 所示，添加一个表单，表单包含的元素如表 12-2 所示。

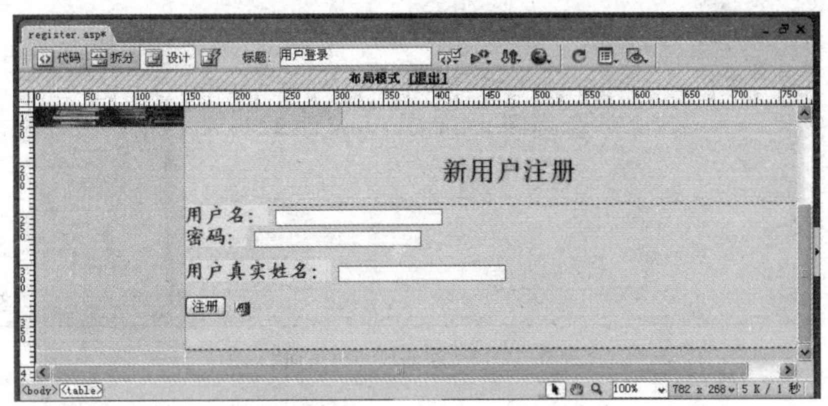

图 12-16 创建新用户注册页面

表 12-2 表单元素的属性和说明

元素类型	属性值	说明
表单	名字：frmNewUser	本表单
文本域	名字：txtUsername 类型：单行	接受用户名输入的文本框
文本域	名字：txtPassword 类型：密码	接受用户密码输入的文本框
文本域	名字：txtName 类型：单行	接受用户姓名信息输入的文本框

续表

元素类型	属性值	说明
隐藏域	名字:hidAuthLevel 值:user	存放用户的授权级别:user 用户不必输入
按钮	名字:btnRegister 标签:注册 动作:提交表单	确认注册新用户的按钮

(2) 选择主菜单中的【文件】|【保存】命令,把这个页面保存到 PurchaseSys 子目录下,取名为 register. asp。

4. 创建信息提示页面

接下来创建一个页面,这个页面是注册新用户成功后进入的成功信息提示页面,为此,创建一个如图 12-17 所示的页面,保存为 PurchaseSys\registersuccess. asp。

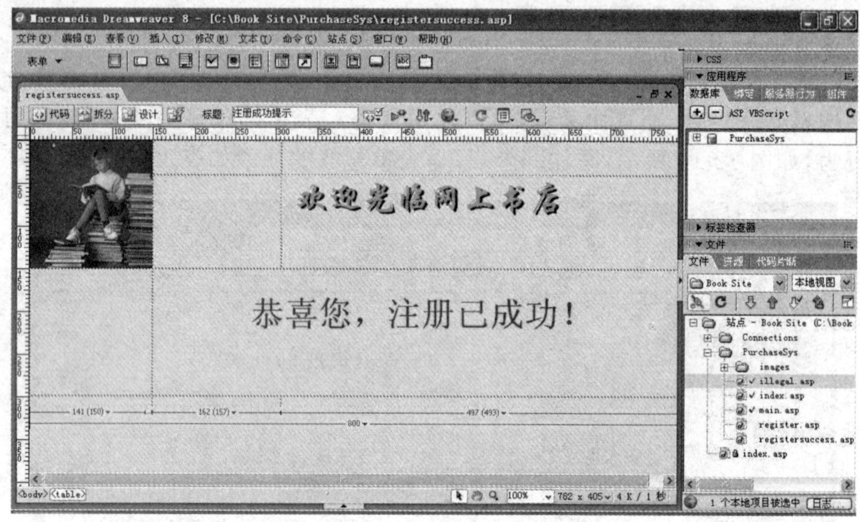

图 12-17　注册成功的页面

5. 实现注册新用户功能

(1) 注册新用户,实际上是要对 Account 用户账户数据表添加一条记录,这将用到【插入记录】服务器行为。需要在【服务器行为】选项卡中添加一个【插入记录】的服务器行为,回到 register. asp 页面的编辑窗口,如果已经关闭该窗口,那么请重新打开该文件。在【添加】菜单里选择【插入记录】命令后,将看到如图 12-18 所示的【插入记录】对话框。

(2) 在对话框上半部分设置如下参数:

① 在【连接】下拉列表框里选择【PurchaseSys】数据库连接。

② 在【插入到表格】下拉列表框中选择【dbo. Account】数据表,表示要对这个数据表添加记录。

③ 在【插入后,转到】文本框中输入更新以后转到哪个页面,可以单击【浏览】按钮直

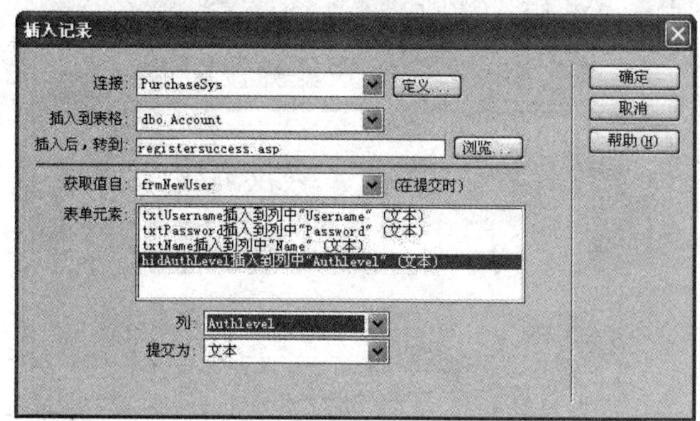

图 12-18 【插入记录】对话框

接从本地站点中选取页面。

(3) 下半部分的选项，决定了插入记录时各个需要更新的字段(即 Dreamweaver 所说的列)的取值，可按如下方法设置参数：

① 在【获取值自】下拉列表框中选择【frmNewUser】表单，表示字段的新值来自该表单元素的输入值。

② 在【表单元素】列表框中，列出了表单的各个元素和每个元素将更新哪一个字段，选中 txtUsername 后，在下面的【列】下拉列表框中选择“Username”，表示将插入到 dbo.Account表中的新记录 Username 的字段的值来自 txtUsername 的值。

③ 在【提交为】下拉列表框中，选择【文本】选项，表示插入时将该值的类型理解为文本类型(即使这个值写成类似“2002/10/27”的日期类型值的形式)。

④ 类似的完成其他每个字段的对应关系。

注意：如果没有 hidAuthlevel 表单元素，Authlevel 字段就找不到对应的值了。

(4) 单击【确定】按钮完成服务器行为定义，新用户注册功能完成了，当然为了访问这一功能，须先在 index.asp 中加一个指向该页面的超级链接。

同步站点后，就可以测试一下新用户注册的功能了。在【用户登录】页面，选择【注册新用户】选项，进入【新用户注册】页面，如图 12-19 所示。

在输入必要的用户信息后，单击【注册】按钮，可以看到如图 12-20 所示的页面。

回到登录页面时，会发现使用新的用户账户能成功登录。

12.4.2 检查新用户的服务器行为

简单地插入记录肯定有问题，用户选择的用户名很可能在账户表中已经存在，已被别的人注册过了。所以在插入记录时，应该检查输入的用户名是否已经存在。

在本节中将介绍如何应用【用户身份验证】来【检查新用户名】的服务器行为。

这些问题可通过【检查新用户名】服务器行为来解决，其操作步骤如下：

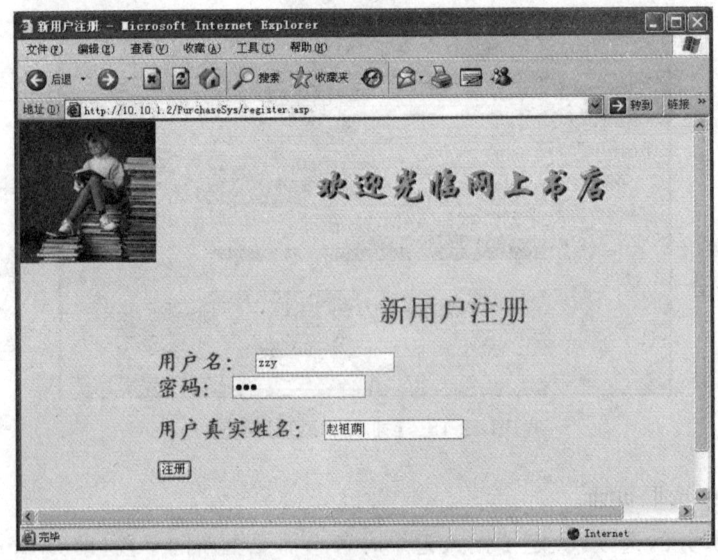

图 12-19 【新用户注册】页面

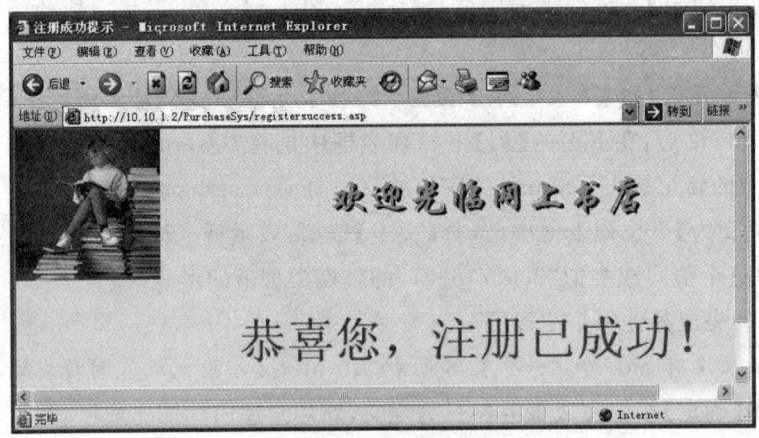

图 12-20 注册成功页面

1. 回到 register. asp 页面

回到 register. asp 页面的编辑窗口，如果您已经关闭该窗口，那么请重新打开该文件。

2. 创建信息提示页面

接下来需要创建一个页面，这个页面是在重复注册新用户名时显示的出错提示页面。为此，创建一个如图 12-21 所示的页面，保存为 PurchaseSys\registerexist. asp。

3. 实现检查用户名的功能

(1) 在【应用程序】浮动面板中，选择【服务器行为】选项卡，单击 + 按钮，选择【用户身

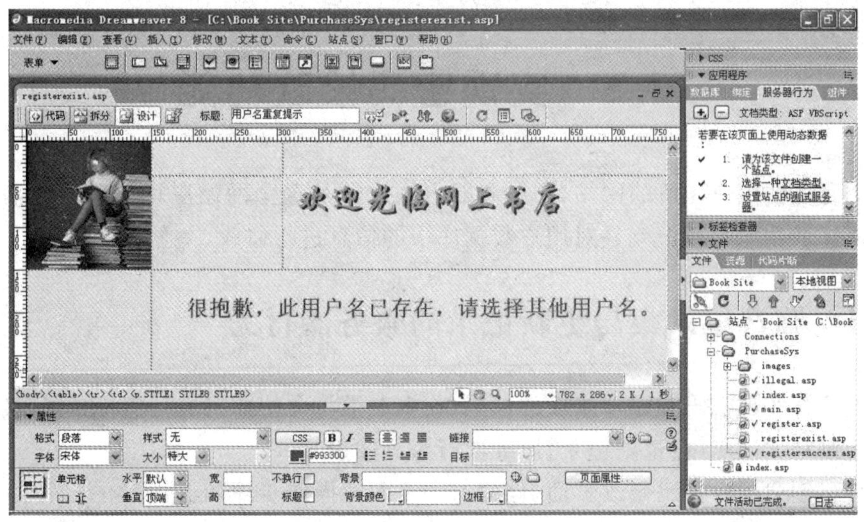

图 12-21　生成出错提示页面

份验证】|【检查新用户名】命令，将看到如图 12-22 所示的对话框，在【用户名字段】选择代表用户名的表单元素；在【如果已存在，则转到】文本框中输入文件名，或单击【浏览】按钮直接在本地站点中选择用户名已存在的信息页面。

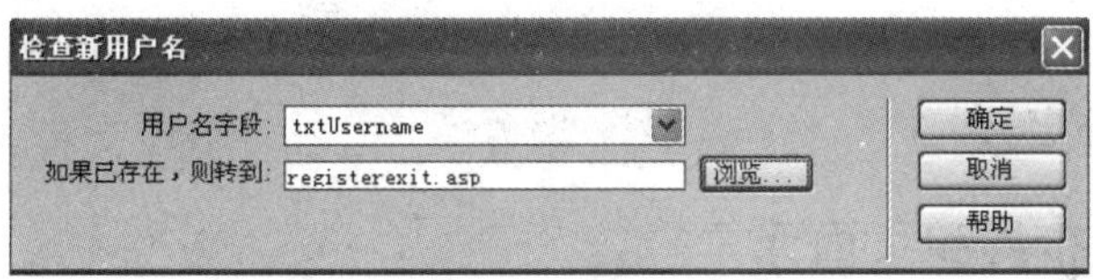

图 12-22　【检查新用户名】对话框

(2) 单击【确定】按钮，完成服务器行为定义。

同步站点后，就可以测试效果。若输入已经存在的用户名，注册时，会出现如图 12-23所示的信息。

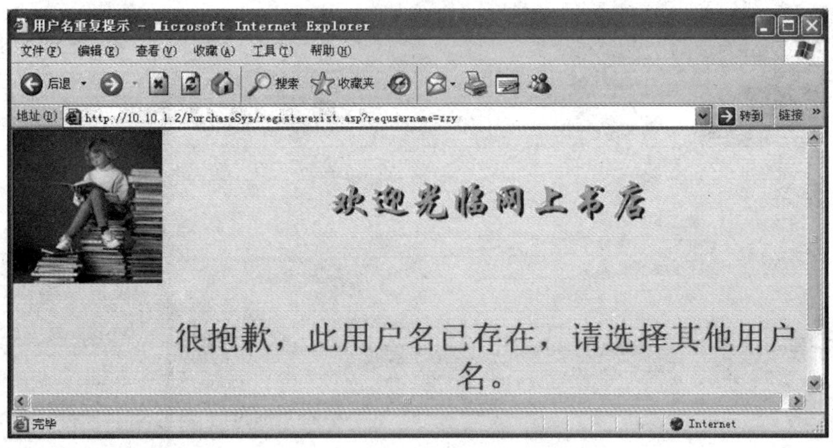

图 12-23　注册时提示信息

12.5 实现密码修改功能

一个允许新用户注册的网站,密码和账户修改便是这个网站应该具备的最基本的功能。实现这个功能实际上就是对用户数据库中的信息进行修改。

12.5.1 筛选记录集与更新记录的服务器行为

为了了解实现密码和账户修改的功能,在本节中将介绍如何进行用户权限限制,如何筛选记录集和如何应用【更新记录】服务器行为等知识。

先介绍创建用户密码修改页面,创建这个页面的操作步骤如下:

1. 创建用户密码修改页面

先创建一个新的支持 ASP VBScript 的动态页面。

2. 定义购书系统的数据库连接

由于同一应用可以共享数据库连接,因此这个页面仍然可以使用 PurchaseSys 数据库连接,不需要另外定义。

3. 创建页面布局和页面元素

(1) 在新页面中,加入如图 12-24 所示的基本元素,其中标题和其他静态部分,可以根据设计者自己的喜好来设计。与前一个例子一样,表单部分是必须有的,将用它来生成动态行为,如图 12-24 所示,添加一个表单,表单包含的元素如表 12-3 所示。

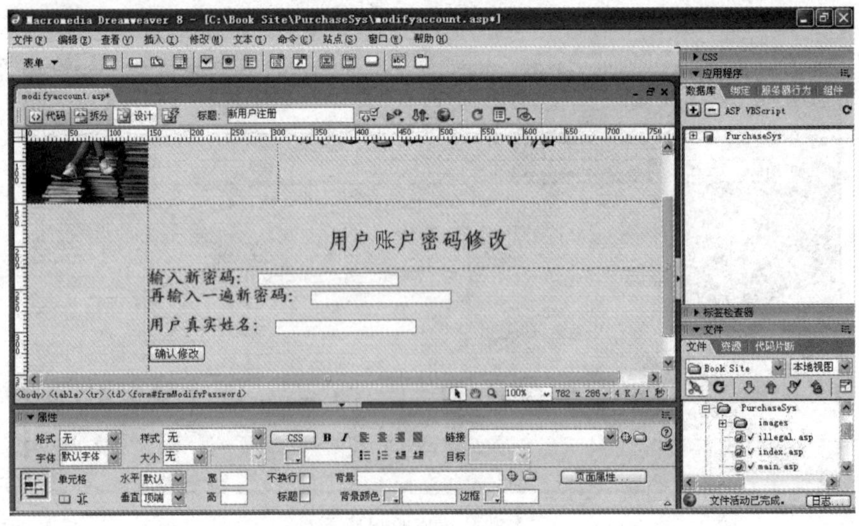

图 12-24 用户账户密码修改页面

表 12-3　表单元素的属性和说明

元素类型	属　性　值	说　　明
表单	名字：frmModifyPassword	本表单
文本域	名字：txtNewPassword 类型：密码	接受新的用户密码输入的文本框
文本域	名字：txtConfirmPassword 类型：密码	接受用户再次输入新密码用于核对的文本框
文本域	名字：txtName 类型：单行	接受用户输入的姓名信息的文本框
按钮	名字：btnModify 标签：确认修改 动作：提交表单	提交新密码信息的按钮

(2) 选择主菜单中的【文件】|【保存】命令，把这个页面保存到 PurchaseSys 子目录下，取名为 modifyaccount.asp。

由于本页面是用户登录后才能访问的，因此不需要让用户在此输入旧密码。

4. 创建信息提示页面

接下来需要创建一个页面，这个页面是修改用户密码和账户成功后的信息提示页面，为此，创建一个如图 12-25 所示的成功信息页面，保存为 PurchaseSys\modifysuccess.asp。

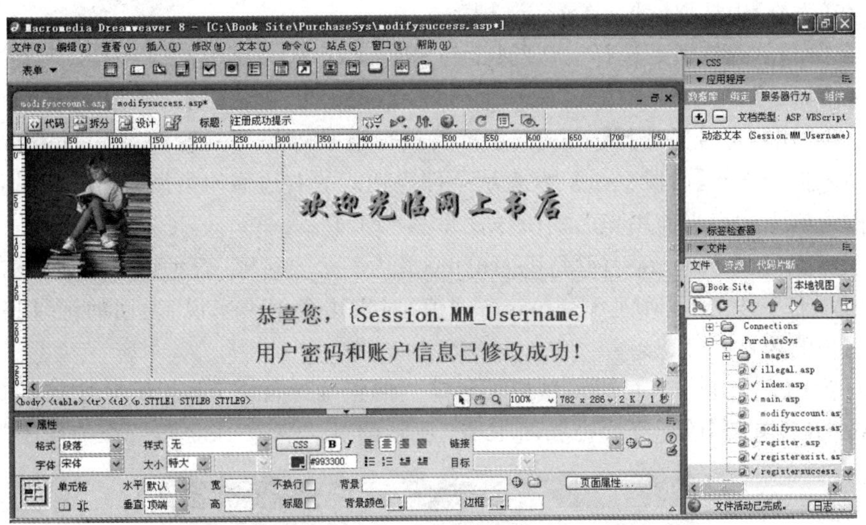

图 12-25　用户注册成功提示页面

5. 实现修改密码和账户的功能

在 modifyaccount.asp 中修改用户密码，实际上是要对 Account 用户账户数据表中的某一条记录，即某一个用户的信息进行更新，其中更新的仅是这条记录的某些允许用户修改的字段，包括 Password 字段。

为实现更新功能，必须定义对这一条用户账户记录的引用，即定义一个仅含一条记录的记录集。在前面的章节中曾经介绍过基本记录集的创建，这里将介绍如何利用筛选功能。

(1) 在【应用程序】浮动面板中，选择【绑定】选项卡，单击+按钮，选择【记录集】命令，可见如图 12-26 所示的【记录集】对话框，其各项参数的输入方法如下：

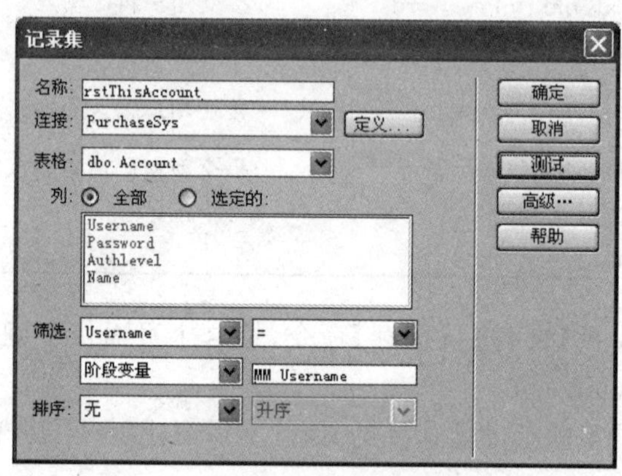

图 12-26 【记录集】对话框

① 在【名称】文本框中输入给记录取的名字。

② 在【连接】下拉列表框中选择要使用的数据库连接。

③ 在【表格】中选取【dbo.Account】表。

④ 在【列】单选按钮处选择默认的【全部】即可。

⑤ 在【筛选】下拉列表框中选择【Username】，表示条件表达式的左边是 Username 字段，在右边的比较符号里选择【=】项，表示要进行值是否相等的比较，在 Username 下方的下拉列表框中选择【阶段变量】项，表示条件表达式的右边值的类型是阶段变量，在右边的文本框中输入代表当前用户名的阶段变量名：MM_Username。

这个步骤使 Username=MM_Username 成为一个表达式，表示记录集包含的记录必须满足用户名字段等于 MM_Username 的值，对于这个例子来说，返回的记录集里仅包含当前用户的用户账号记录。

(2) 单击【测试】按钮，可以测试记录集定义的正确性，由于此时页面尚未运行，MM_Username 并没有值，因此会弹出如图 12-27 所示的对话框，要求提供一个值用于测试。

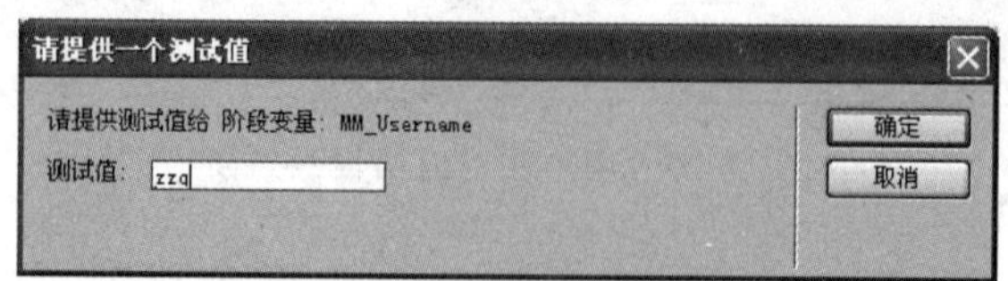

图 12-27 【请提供一个测试值】对话框

(3) 单击【确定】按钮后，若记录集定义正确，可以看到如图 12-28 所示的页面，其中列出了记录集包含的记录内容。

(4) 测试完后，单击【确定】按钮完成记录集定义后，在【绑定】选项卡中可以看到如图 12-29所示的刚刚定义的记录集。

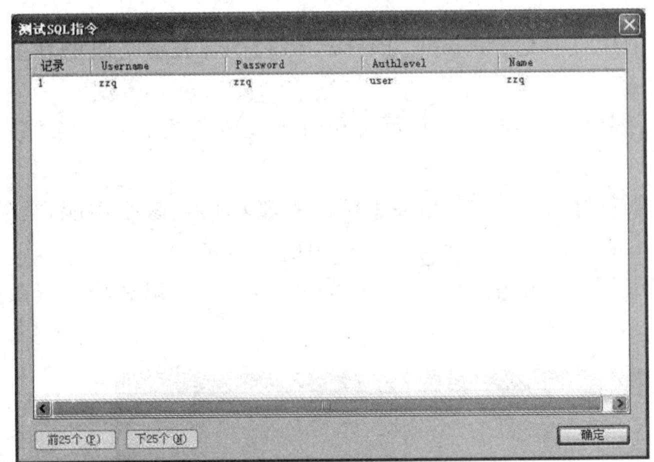

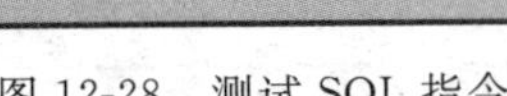
图 12-28 测试 SQL 指令

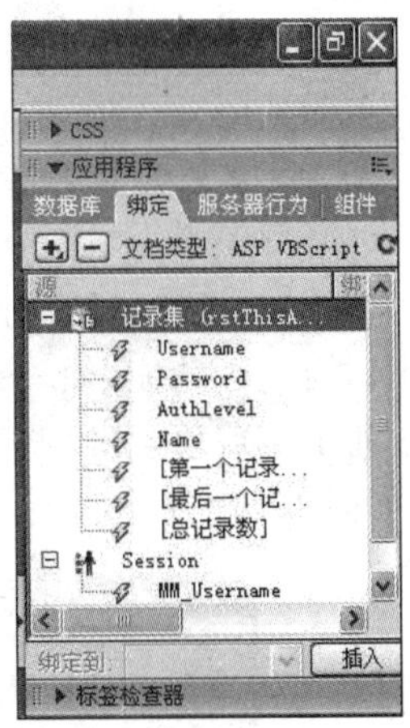

图 12-29 新定义的记录集

(5) 下面将生成密码和账户修改的功能，这需要在【服务器行为】选项卡中添加一个【更新记录】服务器行为，在添加菜单里选择【更新记录】命令后，将看到如图 12-30 所示的【更新记录】对话框，其各项参数输入方法如下：

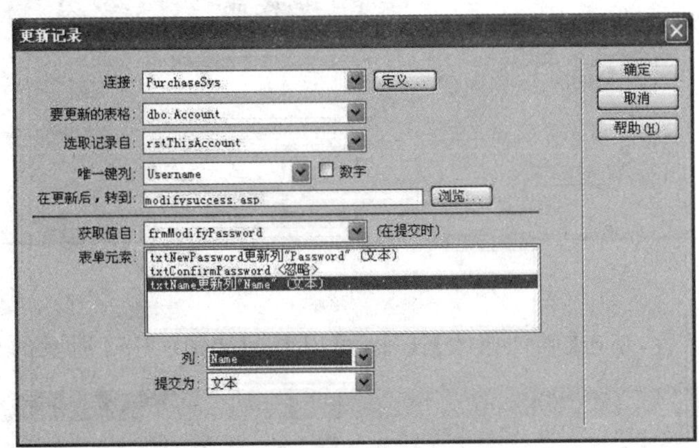

图 12-30 【更新记录】对话框

① 在【连接】下拉列表框里选择【PurchaseSys】数据库连接。

② 在【要更新的表格】下拉列表框中选择【dbo. Account】数据表，表示要对这个数据表中的记录做更新。

③ 在【选取记录自】下拉列表框中选择【rstThisAccount】记录集，表示要更新的记录范围由这个记录集选定。

④ 在【唯一键列】下拉列表框中选择【Username】字段，因为这是一个可以唯一确定一条记录的字段。

⑤ 在【在更新后，转到】文本框中输入更新以后转到哪个页面，可以单击【浏览】按钮

直接从本地站点中选取页面。

对话框下半部分的选项，决定了更新时各需更新字段(即 Dreamweaver 所说的列)的取值获取。

⑥ 在【获取值自】下拉列表框中选择【frmModifyPassword】表单，表示字段的新值从该表单元素的输入值获取。

⑦ 在【表单元素】列表框中，列出了表单的各个元素和每个元素将更新哪一个字段，选择好对应关系。

(6) 单击【确定】按钮，完成服务器行为定义，完成了密码和账户信息修改功能，当然，为了访问这一功能，须先在 main.asp 中加一个指向修改页面的超级链接。

同步站点后，可以测试密码和账户修改的功能。正常登录后，进入密码和账户修改页面，如图 12-31 所示。

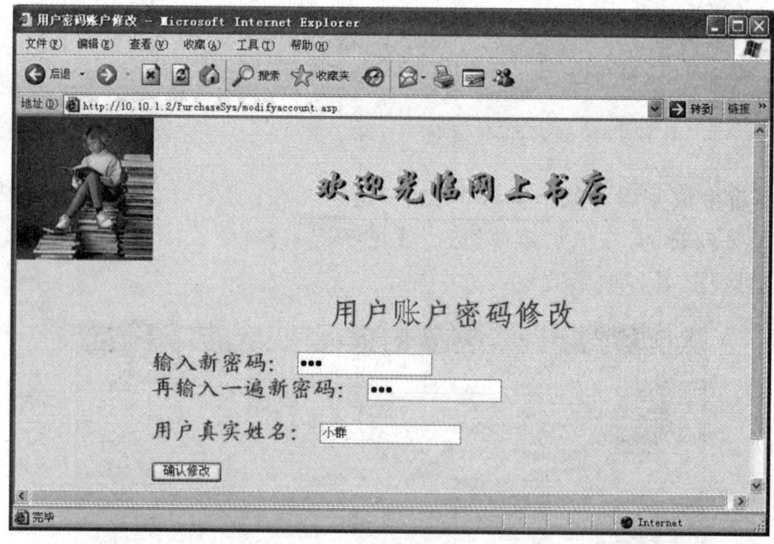

图 12-31　密码修改页面

在输入新信息后，单击【确认修改】按钮，可以看到如图 12-32 所示的页面。

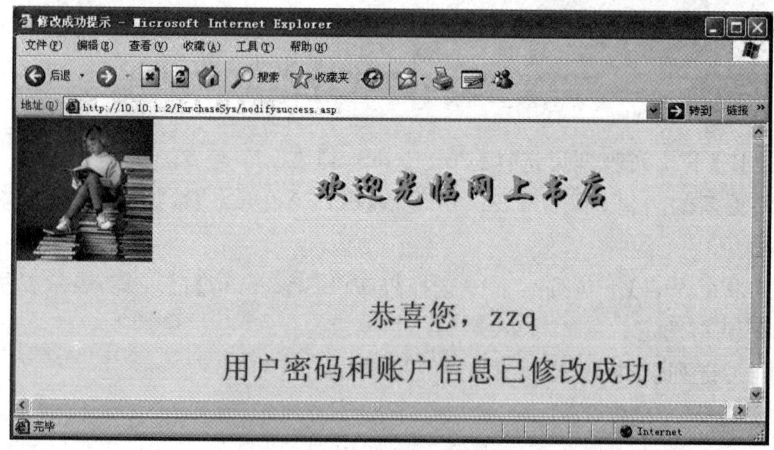

图 12-32　用户信息修改成功页面

如果回到登录页面，会发现使用旧密码已经不能成功登录，只有用新密码才能成功登录。

12.5.2 限制对页访问的服务器行为

本节中将介绍如何应用【用户身份验证】|【限制对页的访问】服务器行为。

密码修改页面存在两个问题。

密码修改页面存在的第一个问题是：不经过登录，仍然可以通过指定完整的URL来访问这个页面。

这是因为对于这个页面，没有做用户权限的限制，但这个页面恰恰应该是用户登录后才能够访问的。那么，如何对一个动态页面加上用户权限的限制(即只有登录后的具有一定访问级别的用户才能访问该页面)呢？操作方法如下：

(1) 打开用户密码修改页面，在【应用程序】浮动面板的【服务器行为】选项卡中选择【添加】菜单的【用户身份验证】|【限制对页的访问】命令。

(2) 弹出如图12-33所示的对话框，在【基于以下内容进行限制】单选按钮组中选择【用户名和密码】单选项，因为对密码修改页面只需要检查用户名和密码，不需要检查访问级别，所有访问级别的用户都要使用该页，以后会讲解如何使用访问级别。在【如果访问被拒绝，则转到】文本框中输入访问被拒绝时，进入哪个页面。可以单击【浏览】按钮直接在本地站点选取页面，这里选择的是登录页面。

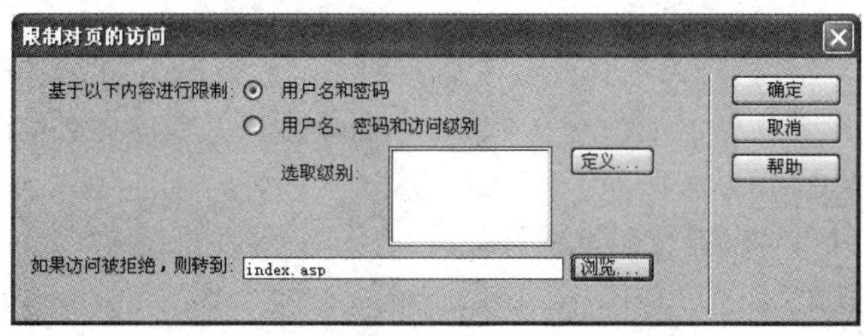

图12-33 【限制对页的访问】对话框

(3) 单击【确定】按钮完成设置。

同步站点后进行测试。直接输入完整的URL后，用户被引导到登录页面，如图12-34所示。

正确登录后，页面回到了刚才试图访问的URL，即用户密码修改页面，而不是通常登录后进入的main.asp。还记得生成用户登录功能时的一个选项吗？想一想是哪个选项起了作用？

12.5.3 两次密码输入核对

在本节中将介绍如何通过修改自动生成的代码来扩展功能。

密码修改页面存在的第二个问题是：虽然密码修改页面要求用户输入两遍密码，但

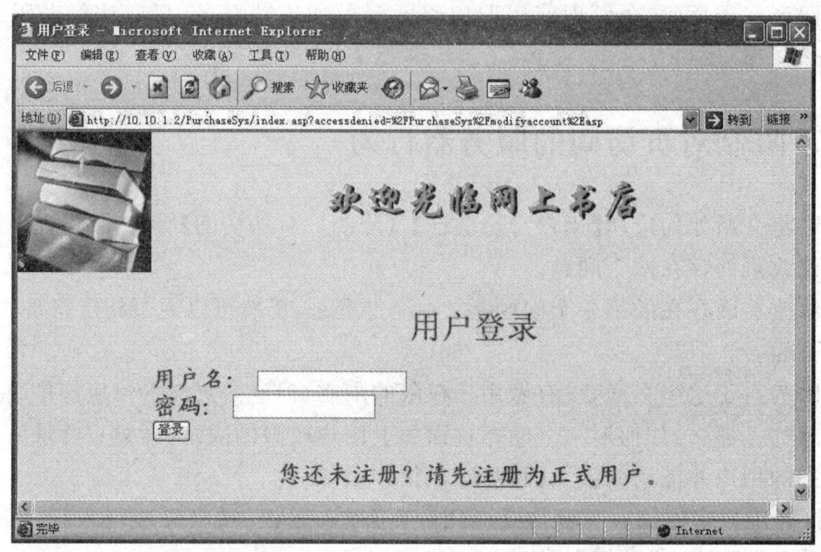

图 12-34 用户登录页面

是，实际上到目前为止，该页面并没有利用表单中的第二个输入值，并没有在更新用户账号信息时先核对两遍密码输入是否一致。

这是因为 Dreamweaver 8 并没有专门针对用户密码修改提供自动生成程序代码的功能，读者可以看到，这里用来实现密码修改功能的方法，实际上是借用了 Dreamweaver 8 的【更新记录】的服务器行为工具。

在【更新记录】服务器行为工具无法完全满足要求的情况下，只能修改自动生成的程序代码，来满足开发者的要求。实际上不需要对自动生成的程序做大的改动，只要稍作变动就可以满足需要，操作方法如下：

(1) 将编辑窗口切换为【代码视图】模式。

(2) 找到以注释"' *** Update Record: construct a sql update statement and execute it"为开头的<% %>代码段。这段代码是 Dreamweaver 8 自动生成用于在用户单击表单的【确认更新】按钮后，执行 Account 表更新动作的代码。

(3) 用以下的代码把原来的代码段包起来，形式如下所示：

```
<%
' *** Update Record: construct a sql update statement and execute it
if (CStr (Request. Form (" txtNewPassword ")) = Cstr (Request. Form ("
txtConfirmPassword"))) then
    原来的代码段
else
    response.Write("两次输入的密码不符!")
end if
%>
```

(4) 这样就给原有的更新动作加上了一个条件，即当表单的 txtNewPassword 和

txtConfirmPassword 两个元素的输入值作为字符串类型来比较，如果相同，就执行原来的代码段，执行更新动作；否则，在服务器生成返回的 HTML 代码时，先输出“两次输入的密码不符！”的提示信息。

同步站点后，进行测试。在密码修改页面两次输入新密码时，有意输入不一致的密码，单击【确认修改】按钮，就会显示如图 12-35 所示的错误信息的页面。

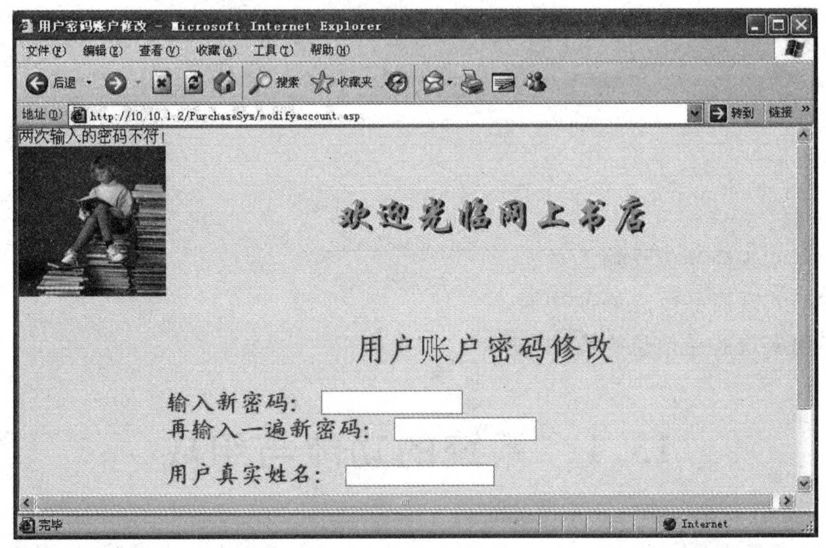

图 12-35　密码不符提示信息

在这里，演示了一个通过简单修改 Dreamweaver 8 自动生成的代码段，来增强 Web 应用功能的例子。建议：如果 Dreamweaver 8 能够自动完成的工作，则一定用 Dreamweaver 8 来完成，而不要试图大量地修改代码。因为这样会给以后的维护工作带来麻烦。对一个开发项目来说，一定要在文档中特别指出手工修改过的地方，以示不同。

同时，这个例子也给读者一个启示，即虽然 Dreamweaver 8 可以帮助开发者完成大部分常用的功能，但是要实现高级的和特殊的功能，就必须靠编程来解决。因此，对于想深入学习网站开发的读者，应该清楚地知道学习编程是必不可少的。

第13章 商品信息维护系统

知识点

- 如何实现商品信息输入功能
- 如何实现商品信息修改功能
- 如何实现商品信息查询功能

13.1 系统的功能与组成

商品信息管理系统,包含供管理员输入和维护商品信息的功能,以及公用的商品信息查询功能。

管理员通过商品信息输入功能来加入新的商品信息,通过商品信息修改功能来维护已有商品信息的变化;顾客和管理员都可以通过商品信息查询功能来得到商品的相关信息,比如管理员可以用它来检查数据输入是否有误,顾客可以用它来了解商品的详细信息,以便决定是否选择该商品。

实际的商品信息会比这个例子复杂一些,比如何种商品是促销商品,折扣率是多少,适合哪类人群等。当然,作为教学例子不需要这么复杂,不必太在意例子本身,重要的是掌握网上书店实例背后的知识点。

13.2 数据库设计

回顾网上书店的整体数据库设计,如图 13-1 所示。

与本章密切相关的是 Catalog 表,该表用来存储商品代码、商品名称、商品描述、商品库存数、商品类别、商品单价和图片。

- ProductID:字段类型为"字符型",长度为 20,存放内容为"商品代码"。
- Name:字段类型为"字符型",长度为 60,存放内容为"商品名称"。
- Description:字段类型为"字符型",长度为 80,存放内容为"商品描述、允许空"。
- Image:字段类型为"字符型",长度为 30,存放内容为"商品的图片的路径、允许空"。

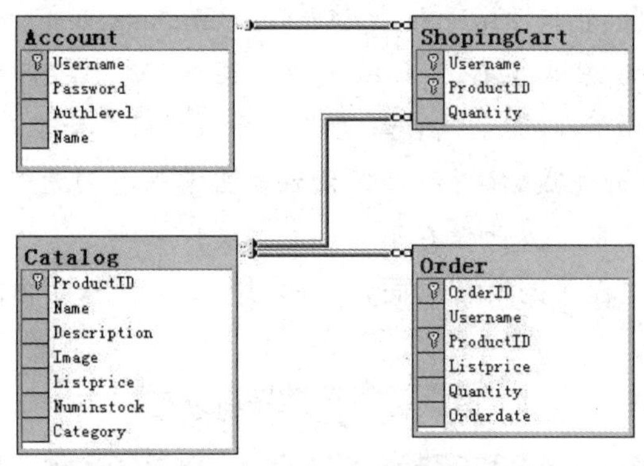

图 13-1　网上书店数据库

- Listprice：字段类型为“数值型”，长度为 9，小数为 2，存放内容为“商品的单价”。
- Numinstock：字段类型为 int，长度为 9，存放内容为“商品的库存数”。
- Category：字段类型为“字符型”，长度为 20，存放内容为“商品的种类”。

Catalog 表以 ProductID 为主键。

13.3　实现商品信息输入功能

一个电子商务网站必须具备商业数据输入、维护的功能。电子商务网站销售商品的品名、数量、规格等信息的输入，实际上是对商品数据库添加数据记录，利用 Dreamweaver 8 可以很容易地实现这个功能。

13.3.1　插入记录服务器行为的进一步应用

在本节中将重点介绍如何组织应用程序的各种功能和加深对【插入记录】服务器行为的理解。

从本节开始将给网上书店添加各种功能，在开始实现第一个功能之前，先把 main.asp改造成网上书店的功能目录，其操作方法如下：

(1) 打开 main.asp 文件。

(2) 选择主菜单中的【插入】|【HTML】|【框架】|【上方及左侧嵌套】命令，Dreamweaver 8 在生成框架的同时，自动把 main.asp 置为框架的主页面。

(3) 在上方框架中输入标题信息，如“欢迎光临网上书店”，当然读者可以自由发挥，用前面章节学过的内容生成一个漂亮的标题页面。

(4) 将上方框架页面保存为 PurchaseSys\title.asp，左侧框架页面保存为 PurchaseSys\menu.asp，将整个框架页面保存为 PurchaseSys\mainmenu.asp。

(5) 在左侧框架中输入到目前为止的菜单内容，并正确地设置超级链接。

(6) 修改 PurchaseSys\index.asp 用户登录页面，把其中的【登录用户】的服务器行为中登录成功后转向的页面指向 PurchaseSys\mainmenu.asp。

注意： 本例选用了框架来实现网上书店的主菜单，读者完全可以选择自己的方法。页面保存为.asp还是.htm，取决于是否希望在该页面利用或处理动态信息。框架由框架页面和其中各部位的页面组成，保存页面时请注意当前保存的是哪一部分，不要保存错位置，例如把上方框架当作框架页面保存了。

建议对于 Web 应用程序的所有页面，统一采用.asp 动态页面格式，以便随时增加动态内容和传递应用数据。

图 13-2 显示了修改后的网上书店功能选择界面。

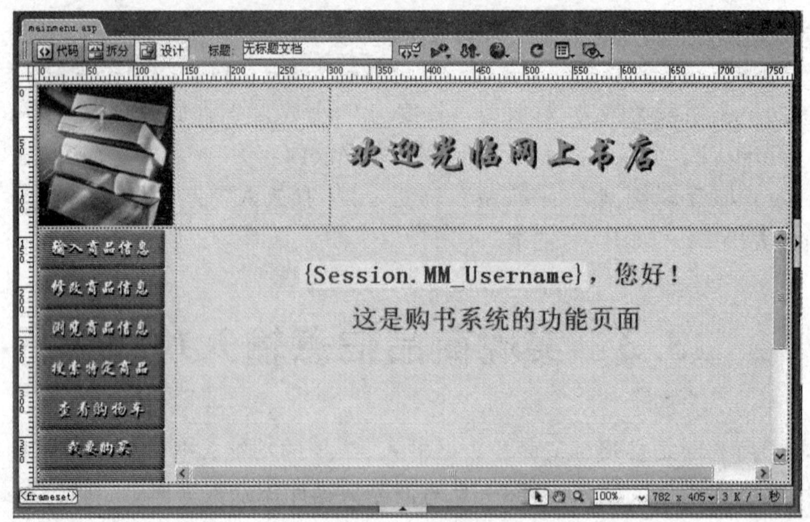

图 13-2　网上书店功能选择页面

现在创建商品信息输入页面，其操作方法如下：

1. 创建一个商品信息输入页面

创建一个采用 VBScript 语言的 ASP 新页面。

2. 定义购书系统的数据库连接

数据库连接 PurchaseSys 可以直接使用，不需要再创建。

3. 创建页面布局和页面元素

(1) 在新页面中，加入如图 13-3 所示的基本元素。其中标题和其他静态部分都可以根据自己的喜好用前面各章节描述的创作静态页面的方法来设计，使页面美观，可以自由发挥。

表单部分是必须有的，将用它来生成动态行为，如图 13-3 所示，添加一个表单，表单包含的元素如表 13-1 所示。

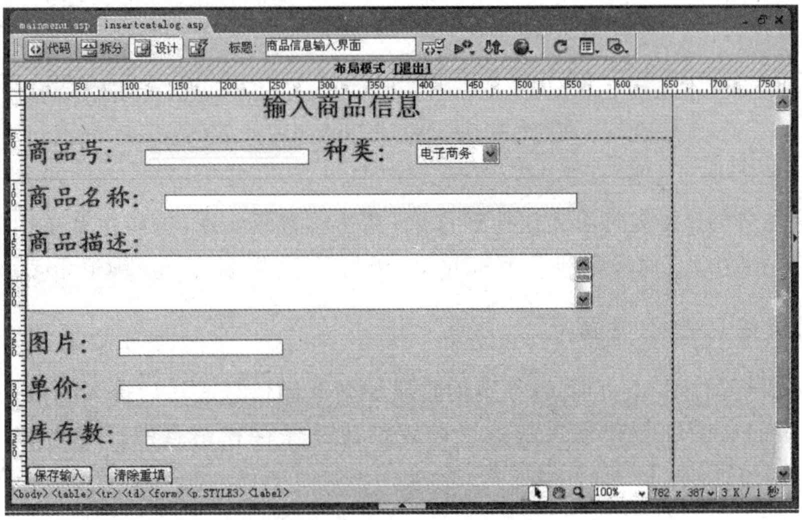

图 13-3　商品信息输入页面

表 13-1　表单元素的属性和说明

元素类型	属性值	说　　明
表单	名字：frmInsertCatalog	本表单
文本域	名字：txtProductID 类型：单行	接受商品号输入的文本框
文本域	名字：txtName 字符宽度：60 类型：单行	接受商品名称输入的文本框
文本域	名字：txtDescription 字符宽度：80 行数：4 类型：多行	接受商品描述输入的文本框
文本域	名字：txtImage 类型：单行	接受图片文件在服务器上的路径输入的文本框
文本域	名字：txtListprice 类型：单行	接受商品单价输入的文本框
文本域	名字：txtNuminstock 类型：单行	接受商品库存输入的文本框
列表/菜单	名字：selCategory 类型：菜单 列表值：电子商务　　电子商务 计算机　　计算机 （以下略） 初始化时选定：	接受商品种类输入的菜单
按钮	名字：btnInsert 标签：保存输入 动作：提交表单	提交商品信息的按钮

续表

元素类型	属性值	说　明
按钮	名字：btnClear 标签：清除重填 动作：重置表单	把表单内容清除到未填状态的按钮

(2) 对商品信息输入页面先创建到这里，其功能暂缓实现，选择主菜单中的【文件】|【保存】命令，把这个页面保存到 PurchaseSys 子目录下，取名为 insertcatalog.asp。

4. 创建信息提示页面

接下来需要创建一个页面，这个页面是添加新商品信息成功后进入的成功信息提示页面，这个页面必须在创建输入功能之前就创建并保存在站点中。为此，创建一个如图 13-4 所示的成功信息页面，将其以 insertsuccess.asp 为名保存在文件夹 PurchaseSys 中。

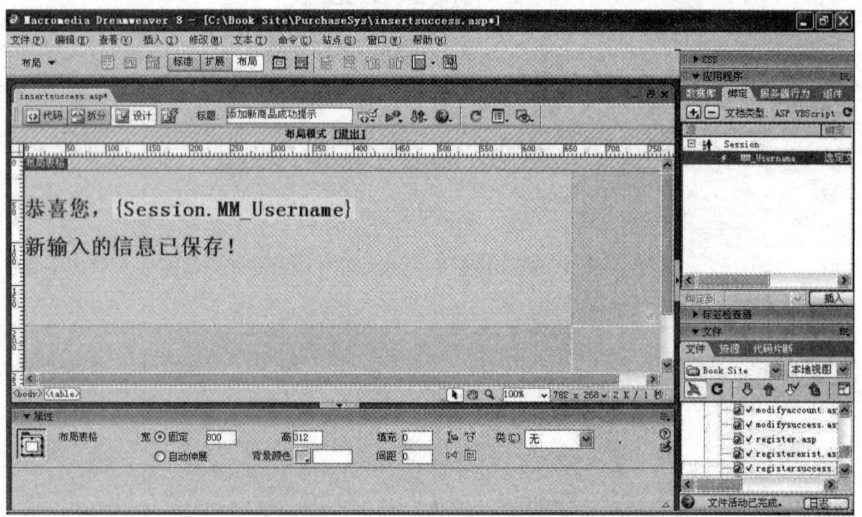

图 13-4　添加新商品成功信息

5. 实现商品信息输入的功能

(1) 回到商品信息输入页面的编辑窗口，如果已经关闭该窗口，那么请重新打开文件 insertcatalog.asp。

(2) 在【应用程序】浮动面板中，选择【服务器行为】选项卡，单击 按钮，选择【插入记录】命令。

(3) 接下来会弹出如图 13-5 所示的【插入记录】对话框，其参数设置方法如下：

① 在【连接】下拉列表框中，选择【PurchaseSys】数据库连接。

② 在【插入到表格】下拉列表框中选择【dbo.Catalog】表，表示输入的数据将插入该表中去。

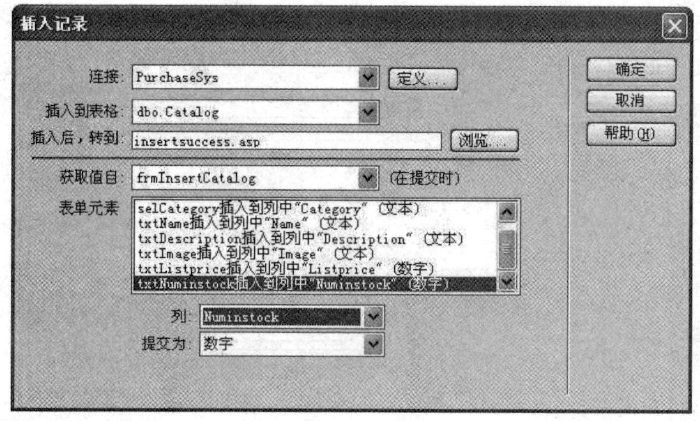

图 13-5 【插入记录】对话框

③ 在【插入后，转到】文本框中输入信息输入成功页面的路径 PurchaseSys\insertsuccess.asp，也可以单击【浏览】按钮直接从本地站点选择。

(4) 接下来的对话框部分指定了表单元素值与数据库记录字段的对应关系。

① 在【获取值自】下拉列表框中选择【frmInsertCatalog】表单，表示新记录的值来自该表单中的元素值。

② 在【表单元素】中选择 txtProductID。

③ 在下面的【列】下拉列表框中选择【dbo.Catalog】表中的【ProductID】字段。

④ 然后在【提交为】下拉列表框中选择【文本】，表示插入 dbo.Catalog 表的新记录，其 ProductID 字段的值来自 frmInsertCatalog 表单中的 txtProductID 的输入值，并且将该值确定为文本类型。

⑤ 用同样的方法将【表单元素】列表框中的所有的表单元素对应到其对应的字段上。

(5) 单击【确定】按钮，完成对话框的设置，回到 Dreamweaver 8 主画面后，可以看到【应用程序】浮动面板的【服务器行为】选项卡中多了【插入记录】这一行为，如图 13-6 所示。

图 13-6 【插入记录】行为

商品信息输入页面的基本功能已经完成，保存后还要在功能页面中创建指向商品信息输入页面的超级链接(别忘了插入链接时把目标指定为 mainFrame，以使页面在主框架中显示)。

同步站点之后，就可以测试一下功能了。在功能页面中左侧选择【输入商品信息】选项，在主框架中应该出现如图 13-7 所示的商品信息输入的页面。

在如图 13-7 所示的页面中填入信息后，单击【保存输入】按钮，系统将输入的信息保存到数据库后，显示如图 13-8 所示的信息输入成功页面。

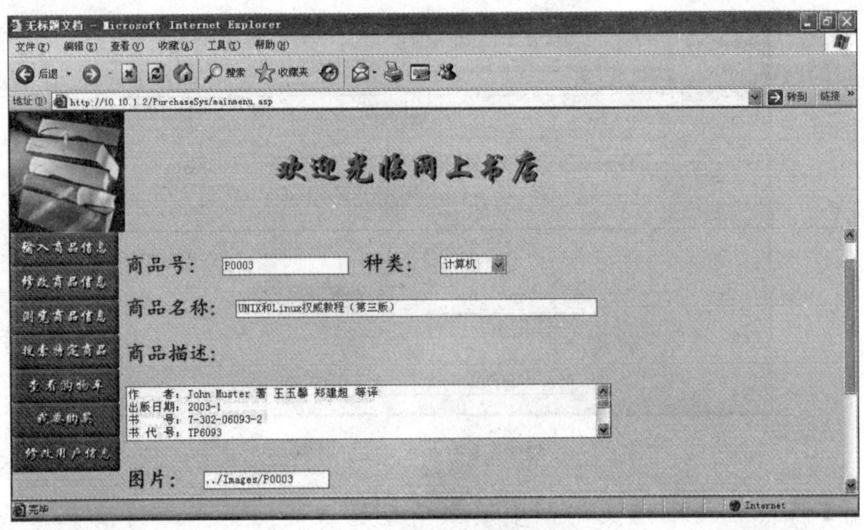

图 13-7　商品信息输入页面

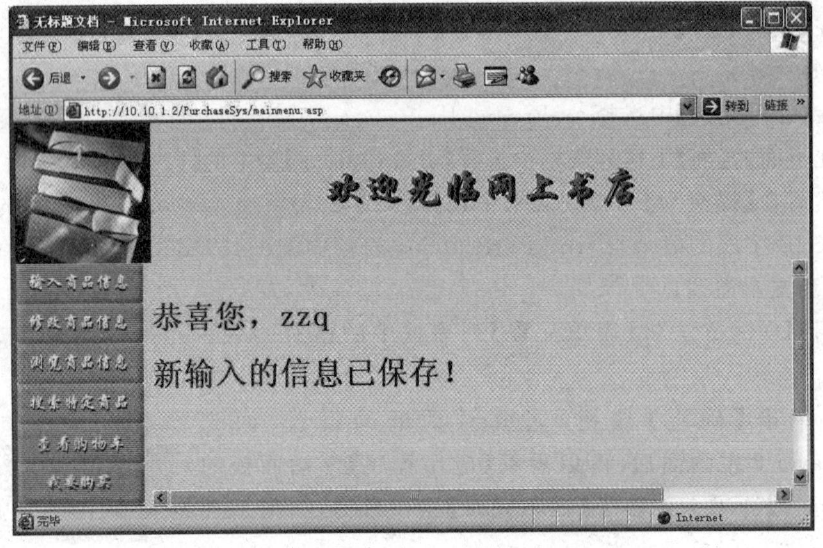

图 13-8　提示新输入的信息已保存

13.3.2　阻止未经授权的用户的访问

前面介绍的内容使网上书店已经具备了一些基本功能，接下来便要使网站的这些功能更加完善。

首先，对于输入页面还没有做用户权限的限定。任何一个正确登录的用户都可以输入和保存商品信息，这是商务网站所不允许的。下面介绍完成用户权限限定这一功能，也借此复习一下在第 12 章中已经讲过的用户权限限制的实现方法。

在本节中将讨论以下 3 个问题：

- 加深对【用户身份验证】功能中【限制对页的访问】的服务器行为的理解。
- 如何定义和设置授权级别。
- 避免常见的多余空格的取值错误。

用户权限限制的操作方法如下：

(1) 打开【PurchaseSys】子目录下的 insertcatalog.asp 商品信息输入页面，在【应用程序】浮动面板的【服务器行为】选项卡中，选择【添加】菜单的【用户身份验证】|【限制对页的访问】命令。

(2) 将看到如图 13-9 所示的【限制对页的访问】对话框。

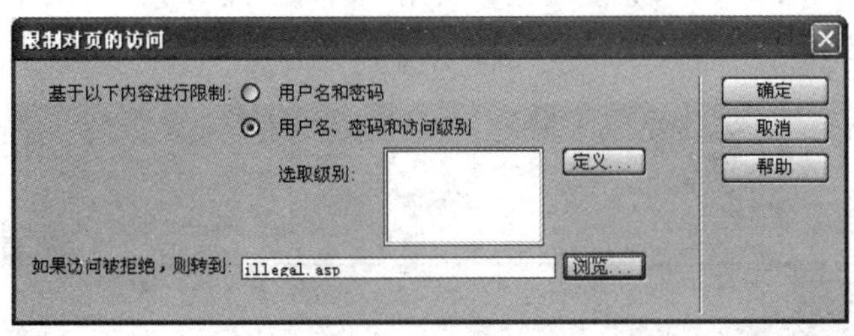

图 13-9 【限制对页的访问】对话框

① 在【基于以下内容进行限制】单选按钮组中，应该选择【用户名、密码和访问级别】单选项。因为对这个页面，只有访问级别是管理员的用户才能够访问。

② 在【如果访问被拒绝，则转到】文本框中输入访问被拒绝时，进入哪个页面，可以单击【浏览】按钮直接在本地站点选取页面，这里选择的是登录失败信息页面。

③ 单击【定义】按钮，进入访问级别设置。

(3) 这时将看到如图 13-10 所示的【定义访问级别】对话框，在【名称】文本框中输入访问级别的名称，这个名称应该与数据库 PurchaseSys 中账户表 Account 中使用的访问级别一致，单击 + 按钮，把该访问级别加入限制列表中。

图 13-10 【定义访问级别】对话框

注意：这里定义的访问级别，在别的页面上也可以引用，不必重复定义。

(4) 单击【确定】按钮会发现【选取级别】列表中出现了刚才定义的访问级别限制列表。选择 admin，但不要选中 user，因为这个页面只有管理员才有权访问，如图 13-11 所示。

(5) 单击【确定】按钮完成行为定义。这时，【服务器行为】选项卡如图 13-12 所示。

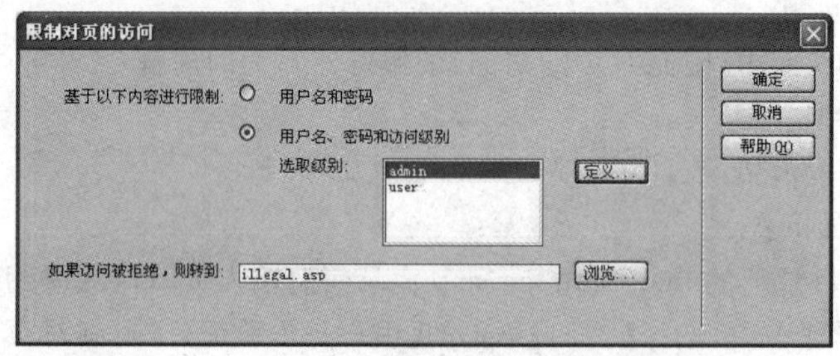

图 13-11 【限制对页的访问】对话框

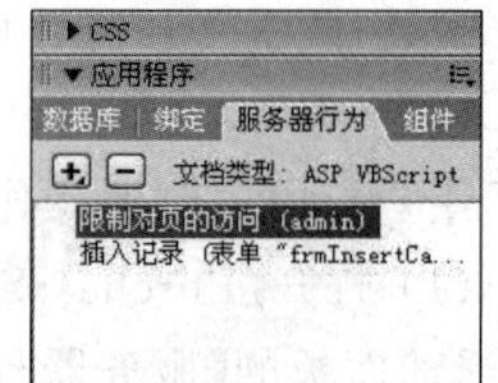

图 13-12 【服务器行为】选项卡

同步站点之后，测试一下，会发现这一次用顾客账户登录后，当试图访问商品信息输入页面时，将出现如图 13-13 所示的页面。

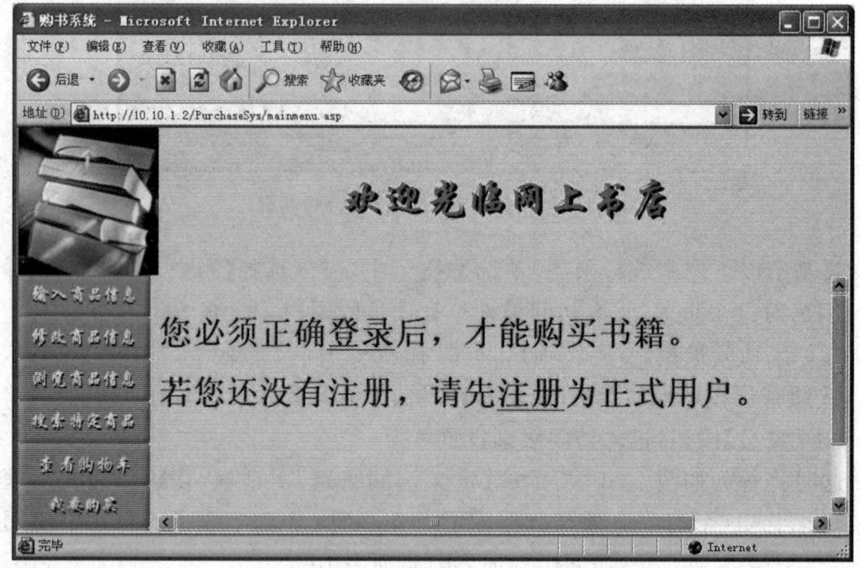

图 13-13 非法用户提示页面

注意：此处 illegal.asp 的版面已经被重新编辑过，以适应在框架内的显示。但是这还不够，其中的地址链接也需要修改，否则如果用户单击【登录】按钮，index.asp 会显示在 mainFrame 框架部分内，会很难看。更有甚者，如果用户继续登录进去，会发觉一个新的 mainmenu.asp 框架嵌套在原 mainFrame 框架内，乱成一团。解决的办法是把链接的目标设置为_top，意思是弹出的内容显示在整个窗口内，而不是框架内。

当使用【限制对页的访问】服务器行为来控制用户访问权限时，特别要注意在用户账号表中的访问级别字段的值不能包含多余的空格或其他不可见字符。否则，该服务器行为会认为访问级别不符，而拒绝有权限的用户的访问，这是初学者容易犯的一个常见错误。有一种省事的解决方法，其操作步骤如下：

在 index.asp 的源代码中找到以下这一行：

```
Session ( " MM _ UserAuthorization ") = CStr (MM _ rsUser. Fields. Item (MM _
```

```
fldUserAuthorization).Value)
```

改为：

```
Session("MM_UserAuthorization")=
      LTRIM(RTRIM(CStr(MM_rsUser.Fields.Item(MM_fldUserAuthorization).
Value)))
```

这样就使登录时，应用读入用户授权级别时，即使用户的授权级别含有前后多余的空格字符，在生成阶段变量时，用上述语句也能过滤掉前后的空格。

另外，读者可能会问，为什么不在表单中用文件域来实现商品图片上传。这是因为，用作为实验环境用的ASP技术来实现文件上传可不是一件容易的事，为了避免初学者过多地接触编程，在本例中不使用文件上传的方式，而使用保存图片的路径的方式来实现等效的功能，商品的图片将统一保存在服务器上的一个文件夹里。

本例中，在本地站点下新建一个Images的目录，用于存放商品图片，这样在同步站点时，会自动将新的图片上传到服务器上。在输入新商品信息时，在图片栏输入类似于"…/Images/P0001.JPG"的图片文件路径。由于PurchaseSys目录与Images目录平级，因此相对路径中使用了"…/"。

注意：URL中使用的目录分级符是"/"，而不是"\"。

实际上，用ASP技术来实现文件上传有3种方法：

① 购买编写好的ASP文件上传控件，引用这种商品化的控件来实现文件上传。

② 购买编写好的Dreamweaver 8扩展功能，使用扩展功能好比Dreamweaver 8有了更多的服务器行为可供使用。

③ 自己编写代码来实现文件上传。

有兴趣的话，可以自己编写代码试一试。另外，PHP技术和ASP.NET都内嵌有文件上传功能。

13.4 实现商品信息修改功能

在本节中将讨论以下4个问题。

- 利用本节加深对【更新记录】服务器行为的理解。
- 记录集的排序和筛选。
- 如何在页面之间传递数据(请求变量)。
- 如何引用动态数据(留心闪电符号)。

有输入当然就有修改，谁也不能保证商品信息输入一遍就正确，或者以后不会有变化。下面介绍如何实现修改商品信息的功能。

商品信息修改功能包含两个主要页面，在第一个页面modifycatalog.asp中让用户选择要修改的商品号，并单击【下一步】按钮，然后进入第二个页面。在第二个页面modifycatalog1.asp中，让用户修改该商品的信息并保存。

创建第一个页面的操作步骤如下：

(1) 创建需要修改的商品信息选择页面。创建一个新的支持 ASP VBScript 的动态页面。

(2) 定义购书系统的数据库连接。由于同一应用可以共享数据库连接，因此这个页面仍然可以使用 PurchaseSys 数据库连接，不需要另外定义数据库连接。

(3) 定义一个记录集 rstCatalog，如图 13-14 所示。

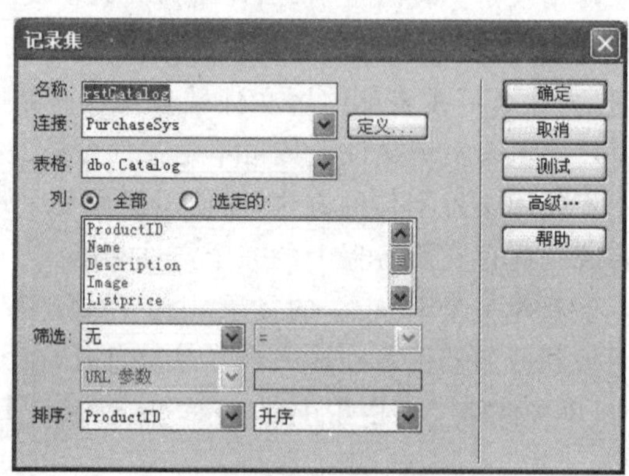

图 13-14 【记录集】对话框

(4) 创建页面布局和页面元素，步骤如下：

① 在新页面中，加入如图 13-15 所示的基本元素，其中标题和其他静态部分，都可以根据自己的喜好用前面各章节描述的创作静态页面的方法来设计，使页面美观，可以自由发挥。与前一个例子一样，表单部分是必须有的，将用它来生成动态行为。在新页面中，加入如图 13-15 所示的基本元素，表单包含的元素如表 13-2 所示。

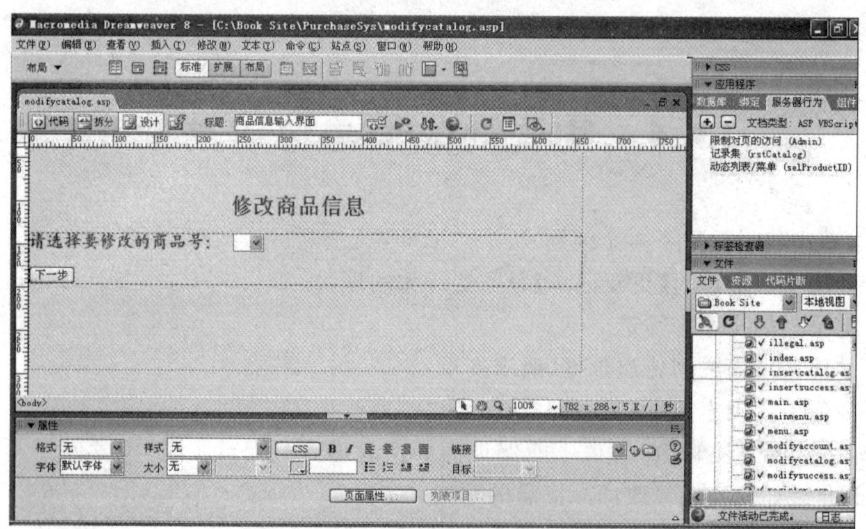

图 13-15 选择要修改商品的页面

表 13-2 表单元素的属性和说明

元素类型	属性值	说明
表单	名字：frmModifyCatalog	本表单
列表/菜单	名字：selProductID 类型：菜单 列表值：动态 来自：rstCatalog 值字段：ProductID 标签字段：ProductID 初始化时选定：rstCatalog 的[第一个记录索引]	接受商品号输入的菜单
按钮	名字：btnNext 标签：下一步 动作：提交表单	提交商品信息的按钮

② 对商品信息修改页面先创建到这里，其功能暂缓实现，选择主菜单中的【文件】|【保存】命令，把这个页面保存到 PurchaseSys 子目录下，取名为 modifycatalog.asp。

创建第二个页面的操作步骤如下：

(1) 创建一个商品信息修改页面，创建一个新的支持 ASP VBScript 的动态页面。

(2) 定义购书系统的数据库连接，由于同一应用可以共享数据库连接，因此这个页面仍然可以使用 PurchaseSys 数据库连接，不需要另外定义数据库连接。

(3) 定义参数传递。定义从第一页传过来的参数，在【应用程序】浮动面板中，选择【绑定】选项卡，单击 + 按钮，选择【请求变量】命令，此时会出现如图 13-16 所示的【请求变量】对话框，其参数设置方法如下：

① 在【类型】下拉列表框中选择 Request.Form，表示该请求变量来自调用本页的那个页中提交的表单。

② 在【名称】文本框中输入表单元素名，这里输入的是前面创建的网页中 frmModifyCatalog 表单的 selProductID 菜单，表示该【请求变量】的值来自这个表单元素。

(4) 选定要修改的记录。定义一个记录集 rstCatalog，这个记录集代表要修改的那条商品记录，因此必须限定条件，定义时的选项如图 13-17 所示。与以前不同的是，这一次定义了筛选条件，其参数设置的方法如下：

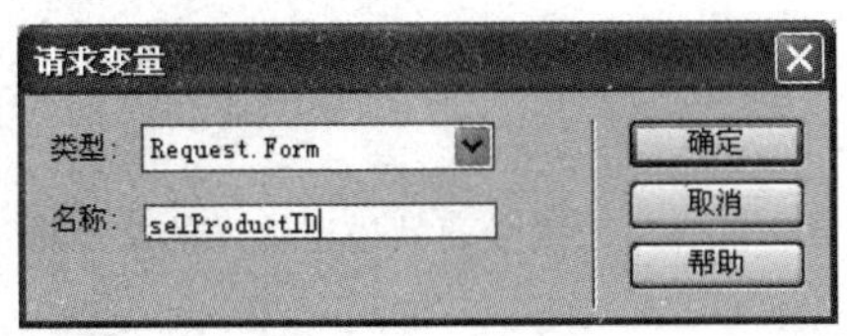

图 13-16 【请求变量】对话框

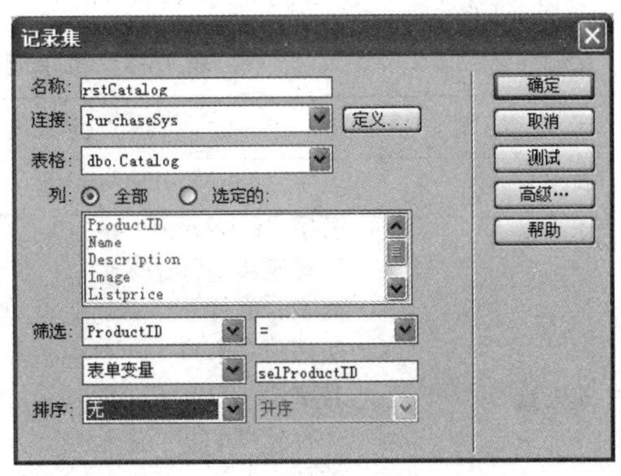

图 13-17 【记录集】对话框

① 在【筛选】下拉列表框中，选择【ProductID】字段，这是条件表达式的左半部，在右边的条件运算符下拉列表框中选择【=】。

② 在左下方的值来源下拉列表框中选择【表单变量】，表示条件表达式的右半部来自表单变量，也就是类型为 Request.Form 的请求变量，在该下拉列表框右边的文本框中输入刚定义好的那个请求变量 selProductID。

③ 单击【确定】按钮，完成记录集定义，【绑定】选项卡中的内容如图 13-18 所示。

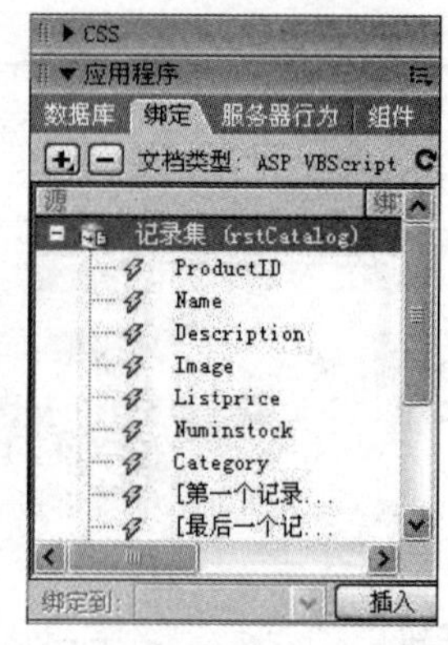

图 13-18 【绑定】选项卡中的内容

(5) 创建页面布局和页面元素。在页面中，加入如图 13-19 所示的基本元素；其中标题和其他静态部分，都可以根据自己的喜好用前面各章节描述的创作静态页面的方法来设计，使页面美观，可以自由发挥。

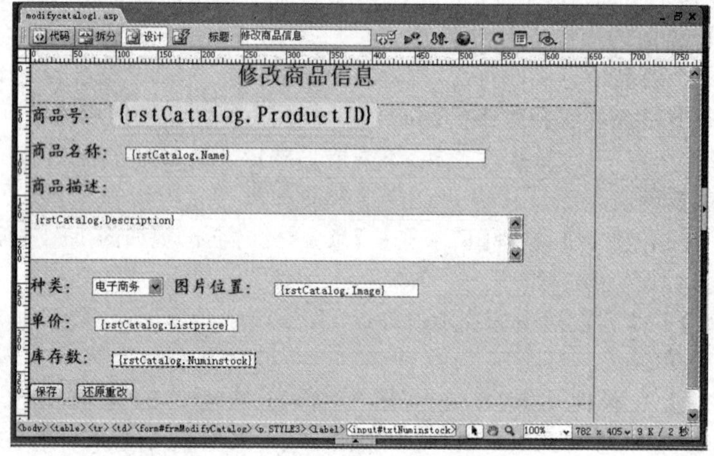

图 13-19 修改商品信息的网页

表单部分是必须有的，将用它来生成商品记录更新的数据库动作，如图 13-19 所示，添加一个表单，表单包含的元素如表 13-3 所示。

表 13-3 表单元素的属性和说明

元素类型	属性值	说明
表单	名字：frmModifyCatalog	本表单
文本域	名字：txtName 字符宽度：60 类型：单行 初始值：来自 rstCatalog.Name	接受商品名称输入的文本框
文本域	名字：txtDescription 字符宽度：80 类型：多行 初始值：来自 rstCatalog.Description	接受商品描述输入的文本框

续表

元素类型	属性值	说明
列表/菜单	名字：selCategory 类型：菜单 列表值：动态 静态选项： 电子商务　电子商务 计算机　计算机 来自记录集：无 选取值等于：来自 rstCatalog. Category	接受种类输入的菜单
文本域	名字：txtNuminstock 类型：单行 初始值：来自 rstCatalog. Numinstock	接受库存数输入的文本框
文本域	名字：txtImage 类型：单行 初始值：来自 rstCatalog. Image	接受图片位置输入的文本框
文本域	名字：txtListprice 类型：单行 初始值：来自 rstCatalog. Listprice	接受商品单价输入的文本框
按钮	名字：btnSave 标签：保存 动作：提交表单	提交商品信息的按钮
按钮	名字：btnReset 标签：还原重改 动作：重置表单	把表单内容清除到未填状态的按钮

(6) 动态元素的设置方法如下：

① 对于文本域，通过选中文本域，在【属性】面板中单击【初始值】文本框边上的闪电符号，可以选择【应用程序】浮动面板中的【绑定】选项卡里已经定义好的动态值作为初始值。例如 txtDescription 的初始值设置对话框，如图 13-20 所示。

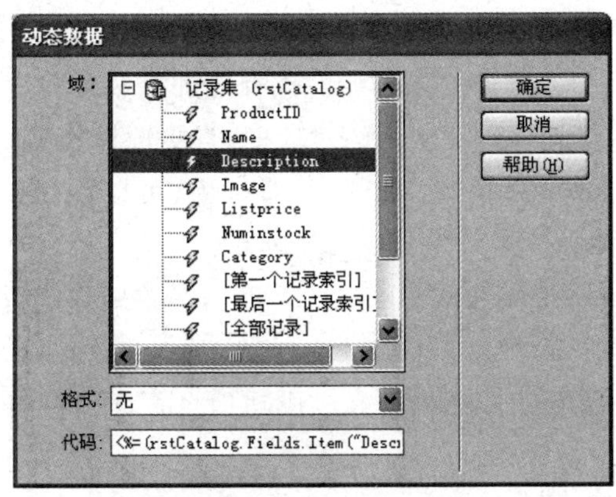

图 13-20 【动态数据】对话框

② 在【动态数据】对话框中设置如下参数：

• 直接在【域】选择框中选择动态数据项即可，可以选择【记录集】的字段值、阶段变量、应用变量、请求变量等，只要已经在【绑定】选项卡里定义好，就可以在此处选择。

• 在【格式】下拉列表框中可以选择动态数据的显示格式，如按日期显示，按货币显示等。若不选，就按数据本身的格式显示。

• 在【代码】文本框中不必输入，在【域】选择框中选定数据项后，会在【代码】框中自动生成相应的代码。

③ 对于【动态列表/菜单】元素，可以通过选中该元素，在【属性】面板中单击带闪电符号的 动态... 按钮来设置动态数据。

selCategory 的动态数据设置如图 13-21 所示。

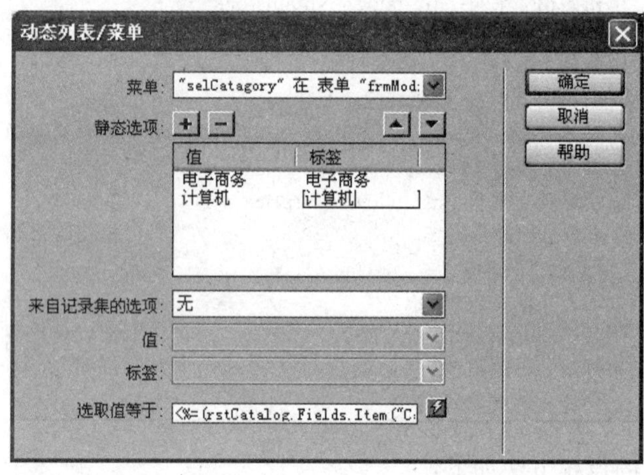

图 13-21 【动态列表/菜单】对话框

• 【菜单】的选项取自两种选择：【静态选项】和【来自记录集的选项】。可以从静态选项中选，也可以从记录集中选，或者从两者中选；selCategory 的菜单选项来自静态定义的选项。

• 在【选取值等于】文本框中输入初始时选择的那个菜单的值，实际上可以单击右边的闪电符号进入如图 13-22 所示的对话框，直接选择初始值来自哪个动态数据。

• 所有的动态表单元素都对应一个服务器行为，可以在【服务器行为】选项卡中找到，如图 13-23 所示。

(7) 更新数据库。modifycatalog1.asp 的页面已经布局好了，接下来将实现商品记录更新的数据库动作。

① 生成如图 13-24 所示的商品信息修改成功信息页面，将其以 modifycatalogok.asp 为名保存在 PurchaseSys 文件中。

② 回到 modifycatalog1.asp，在【应用程序】浮动面板中，选择【服务器行为】选项卡，单击 + 按钮，选择【更新记录】服务器行为。

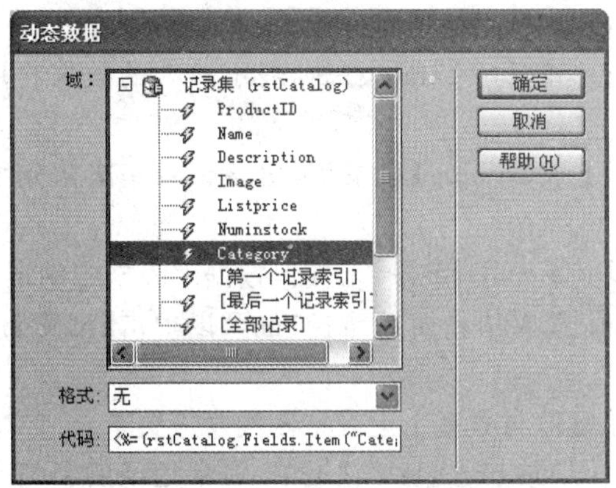

图 13-22 【动态数据】对话框

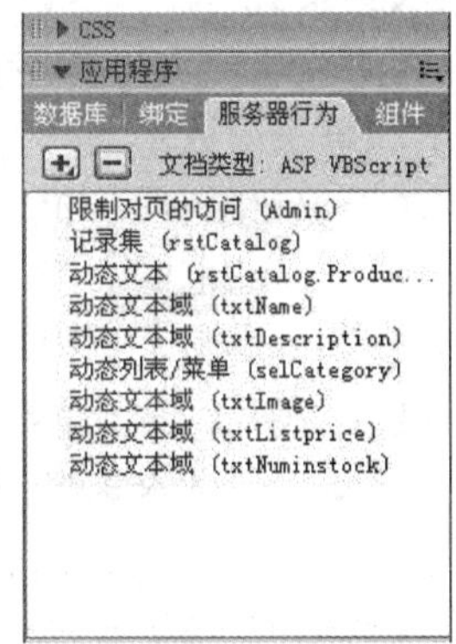

图 13-23 动态表单元素的服务器行为

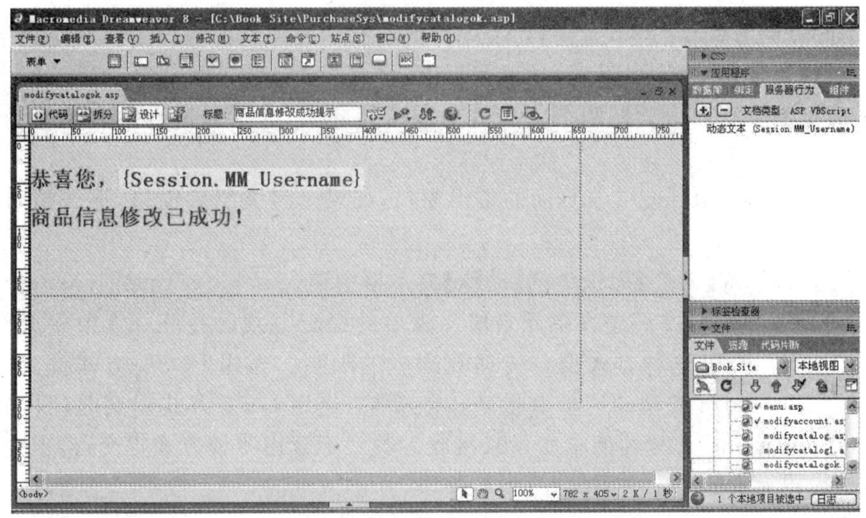

图 13-24 商品信息修改成功页面

③ 在【更新记录】服务器行为的设置对话框如图 13-25 所示。

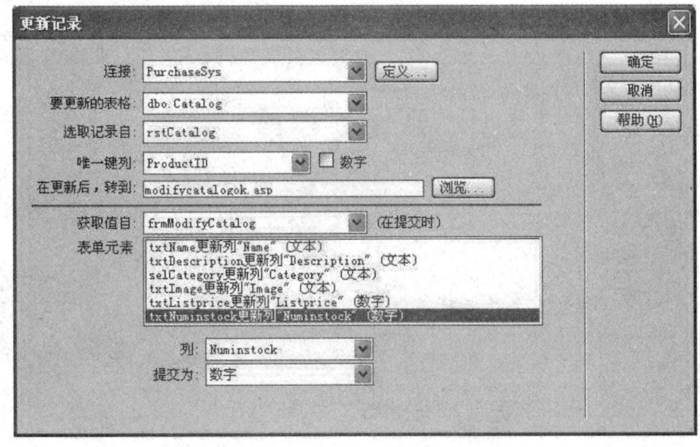

图 13-25 【更新记录】对话框

- 在【连接】下拉列表框中，选择【PurchaseSys】数据库连接。
- 在【要更新的表格】下拉列表框中选择【dbo. Catalog】表，表示输入的数据将用于更新该表的数据。
- 在【选取记录自】下拉列表框中选择【rstCatalog】记录集，由该记录集来限定要更新的记录的范围。
- 在【唯一键列】下拉列表框中选择【ProductID】字段，来标识数据库表格中的记录。
- 在【在更新后，转到】文本框中输入信息成功页面的路径，也可以单击【浏览】按钮直接从本地站点选择。

④ 接下来的对话框部分指定了表单元素值与数据库记录字段的对应关系。

- 在【获取值自】下拉列表框中选择【frmModifyCatalog】表单，表示记录的新值来自该表单中的元素值。建立表单元素和记录字段的对应关系的方法，已在 13.3 节中介绍过了。
- 用同样的方法将【表单元素】列表框中的所有的表单元素对应到其对应的字段上。

⑤ 单击【确定】按钮完成设置，并保存页面。

(8) 衔接两个页面。要把两个页面的功能衔接起来，这是通过设置表单的动作参数来实现的。

① 回到 modifycatalog. asp 页面的编辑窗口，如果已经关闭该窗口，那么请重新打开该文件。

② 选择表单，在【属性】面板中的【动作】文本框中输入 modifycatalog1. asp，使得提交表单时，自动调用该页，并传递表单元素值。表单的提交方式已在 9.3.3 节中介绍过了，推荐使用 POST 方式，这种方式没有传递数据量的限制。当用 POST 方式提交时，目的页面用 Request. Form 类型的请求变量来接收参数，当用 GET 方式提交时，目的页面用 Request. QueryString 类型的请求变量来接收参数。不管用哪种方式提交，请求变量的变量名，要与表单元素的名字一致。

③ 保存页面。

同步站点以后，测试一下。调用商品信息修改功能，如图 13-26 所示。

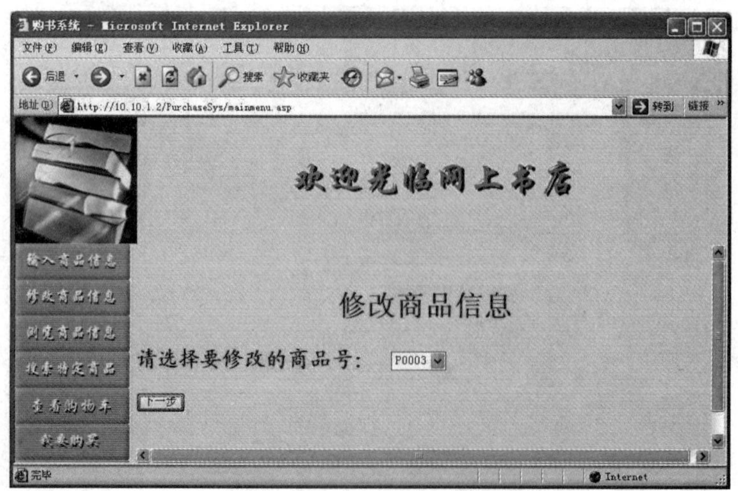

图 13-26　商品信息修改选择页面

选择 P0003 后，单击【下一步】按钮，可见如图 13-27 所示的页面。

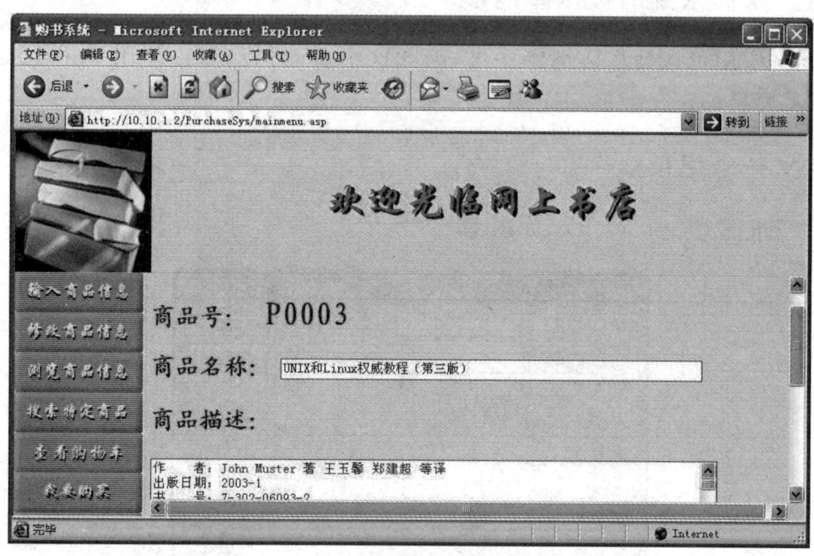

图 13-27　商品信息修改页面

修改过程中，可以试一试还原重改按钮的效果。修改完成后，单击【保存修改】按钮，会看到商品信息修改成功的信息。

在商品信息修改的几个页面中，也要限制用户访问级别。关于其他的改进将在后面的章节中介绍。

13.5　实现商品信息查询功能

商品信息查询功能是电子商务网站的重要功能，方便、快捷的查询方法是吸引顾客的有效手段之一，查询功能的好坏将直接影响到网站的质量。

13.5.1　重复区域的服务器行为

在本节中将讨论以下 2 个问题：

- 【重复区域】服务器行为的应用。
- 如何引用动态数据。

在这一节，要为用户介绍一个简单的商品查询功能，把现有的所有商品以列表的形式显示给用户。当然，一页显示不完可以翻页。操作方法如下：

1. 创建商品查询页面

创建一个新的支持 ASP VBScript 的动态页面。

2. 定义购书系统的数据库连接

由于同一应用可以共享数据库连接，因此这个页面仍然可以使用 PurchaseSys 数据库连接，不需要另外定义数据库连接。

3. 定义一个记录集

定义一个记录集 rstCatalog，如图 13-28 所示。

图 13-28 【记录集】对话框

4. 创建页面布局和页面元素，并实现记录列表功能

网页的外观和布局可以灵活地运用本书第 2 部分介绍的方法和技巧来设计。

(1) 按照图 13-29 所示的布局新建页面，其中的动态文本，读者还记得是怎么加入的吗？在【应用程序】浮动面板的【绑定】选项卡中直接拖曳 rstCatalog 的字段到希望其出现的位置上。

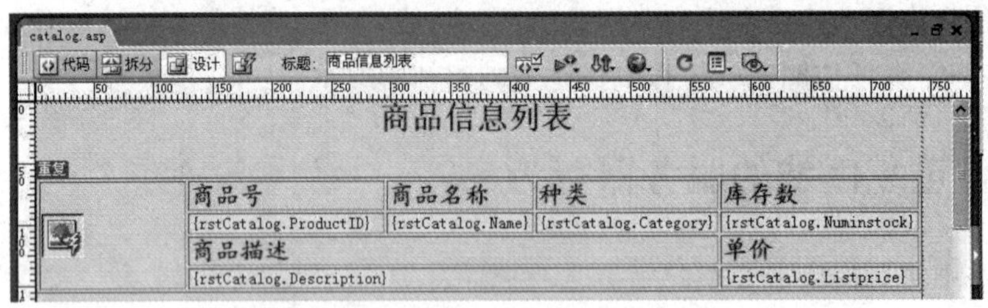

图 13-29 商品信息列表页面

(2) 将光标定位在图 13-29 左边的单元格中，单击【插入】浮动面板的【常用】选项卡中的【图像占位符】按钮，打开【图像占位符】对话框，如图 13-30 所示。按照图 13-30 所示输入各项参数后单击【确定】按钮，完成设定。

(3) 选中网页上的【图像占位符】图标，在【属性】浮动面板的【源文件】文本框中输入以下参数：＜％＝LTRIM(RTRIM(rstCatalog.Fields.Item("Image").Value))％＞。

(4) 上一步给出了单个记录的布局，接下来将把它扩展到多条记录的布局，这是通过

【重复区域】服务器行为来实现的。选择页面中的表格部分，在【应用程序】浮动面板的【服务器行为】选项卡中，单击按钮，选择【重复区域】命令。

(5) 在如图 13-31 所示的【重复区域】对话框中，在【显示】单选区域中，可选择若干条记录或显示所有的记录，这里选择的是后者。

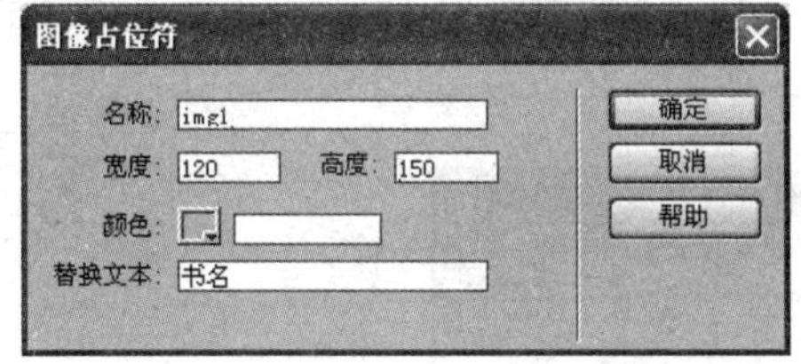

图 13-30 【图像占位符】对话框

图 13-31 【重复区域】对话框

(6) 单击【确定】按钮，完成设定，将页面以 catalog. asp 为名保存在 PurchaseSys 文件夹中。

不要忘了更新网上书店的功能选择页面，将【浏览商品信息】的超级链接指向新页面。

同步站点后，测试一下。单击网上书店功能页面中的【浏览商品信息】按钮后，主框架中会出现如图 13-32 所示的页面。

图 13-32 浏览商品信息页面

13.5.2 记录集分页与重复区域服务器行为的综合应用

刚才完成的商品信息浏览页面 Catalog. asp 显示了所有的记录。如果商品信息很多，这一页将会很长，通过网络传送这一页的时间会较长，用户浏览起来也会比较吃力。接下来将把商品信息浏览页面改造成分页显示的形式。

在本节中将讨论以下有关实现记录列表分页的 2 个问题：

• 【重复区域】服务器行为的应用。

• 【记录集分页】服务器行为如何与【重复区域】服务器行为配合。

实现分页功能的操作方法如下：

(1) 在【应用程序】浮动面板的【服务器行为】选项卡中，双击【重复区域(rstCatalog)】按钮来编辑【重复区域】的属性，将【显示】改为每页只显示 4 条记录，如图 13-33 所示。

图 13-33 【重复区域】对话框

(2) 保存页面后测试，会发现只能看到第一页，无法看到后续的页。要想看到后续的页，须给重复区域加上导航机制。在页面上定位光标到希望插入导航链接的位置，在【应用程序】浮动面板的【服务器行为】选项卡中，单击 + 按钮，选择【记录集分页】|【移至第一条记录】命令，可以看到如图 13-34 所示的【移至第一条记录】对话框。如图设置参数后，单击【确定】按钮，就生成了转到第一个页面的超级链接。

图 13-34 【移至第一条记录】对话框

(3) 在【应用程序】浮动面板的【服务器行为】选项卡中，单击 + 按钮，选择【记录集分页】|【移至前一条记录】命令，可以看到如图 13-35 所示的【移至前一条记录】对话框，如图设置【链接】参数为：【创建新链接："前一页"】后，单击【确定】按钮，就生成了转到前一个页面的超级链接。

图 13-35 【移至前一条记录】对话框

(4) 在【应用程序】浮动面板的【服务器行为】选项卡中，单击 + 按钮，选择【记录集分页】|【移至下一条记录】命令，可以看到如图 13-36 所示的【移至下一条记录】对话框，如图所示设置【链接】参数为：【创建新链接："下一页"】后，单击【确定】按钮，就生成了转到后一个页面的超级链接。

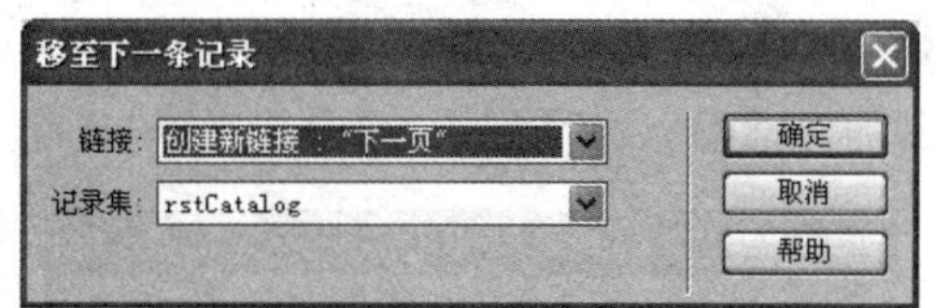

图 13-36 【移至下一条记录】对话框

(5) 在【应用程序】浮动面板的【服务器行为】选项卡中，单击[+]按钮，选择【记录集分页】|【移至最后一条记录】命令，可以看到如图 13-37 所示的【移至最后一条记录】对话框，如图所示设置【链接】参数为：【创建新链接："最后一页"】后，单击【确定】按钮，就生成了转到最后一个页面的超级链接。

图 13-37 【移至最后一条记录】对话框

(6) 设置完后，用户就可以通过这个导航链接组来浏览商品信息的各个页面，现在页面的设计视图如图 13-38 所示。

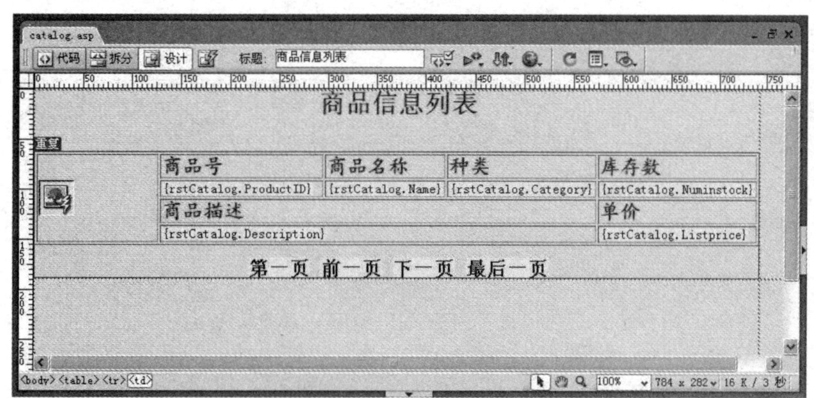

图 13-38 带有导航链接组的商品信息浏览页面

同步站点之后，就可以进行测试了。

注意：完全可以编辑这个导航组中的链接，使导航条变得更美观，比如把所有的导航链接变为图标按钮的形式。

13.5.3 显示区域的服务器行为

本节将要介绍【显示区域】服务器行为的应用。

下面将改进导航条，使它变得更"聪明"些，其操作方法如下：

(1) 在【设计视图】中用鼠标选择【前一页】链接。在【应用程序】浮动面板的【服务器

行为】选项卡中,单击[+]按钮,选择【显示区域】|【如果不是第一条记录则显示区域】命令,可以看到如图 13-39 所示的对话框,设置【记录集】参数后单击【确定】按钮。

图 13-39 【如果不是第一条记录则显示区域】对话框

(2) 在【设计视图】中用鼠标选择【最后一页】链接,在【应用程序】浮动面板的【服务器行为】选项卡中,单击[+]按钮,选择【显示区域】|【如果不是最后一条记录则显示区域】命令,可以看到如图 13-40 所示的对话框,设置参数后单击【确定】按钮。

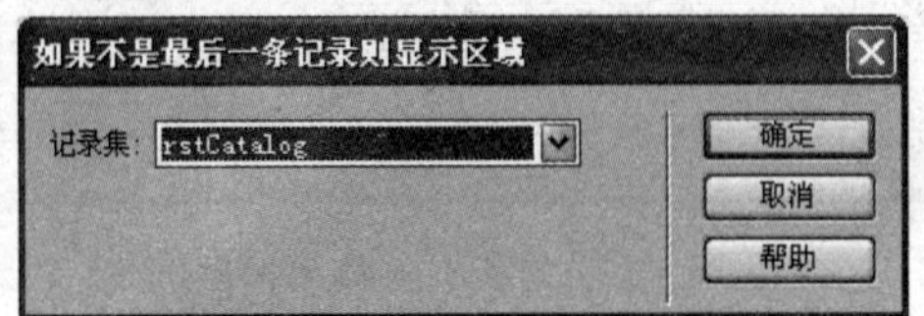

图 13-40 【如果不是最后一条记录则显示区域】对话框

(3) 保存页面。

同步站点之后,测试一下。

第14章 集成的购物车系统

知识点

- 如何实现搜索功能
- 如何实现购物车功能
- 如何实现订单功能

14.1 系统的功能与组成

本章讲解顾客购物系统的实现方法,以此引入更多的知识点和技巧。

一个真正的购物系统,其商品达到一定的数量,通过单纯的浏览功能找到一件商品是相当辛苦和损害视力的苦差事。因此,提供根据特定条件搜索商品的功能是必不可少的,类似的搜索功能会在大多数电子商务网站上看到。一个初级的商品搜索功能,提供顾客单纯的搜索,可以让顾客输入一定的条件来查到符合条件的商品,再根据查到的信息到购物功能的页面输入查到的商品信息来购物,也就是说,搜索和购物是分离的。更加方便的做法是把搜索和购物功能结合在一起,在搜索到的商品里直接提供了对商品的操作,比如选购,这样会更方便,当然实现起来也需要更多的技巧。本章将先介绍实现初级的搜索功能,然后再把它改造得更加方便。

搜索到具体商品后,顾客可以通过购物页面来选择某一件商品,选购可能成功,也可能不成功,当库存数为空,再试图选择某商品时,选购也可能失败。

购物过程中,顾客可能想看一下到目前为止选了哪些商品,这个功能即典型的电子商务网站上的购物车功能。

14.2 数据库设计

回顾网上书店的整体数据库设计,如图 14-1 所示。

与本章密切相关的是 ShopingCart 表,该表用来存储顾客购物车的信息,也就是顾客到目前为止选了哪些商品,但这些商品仍未结账,其中各字段意义如下:

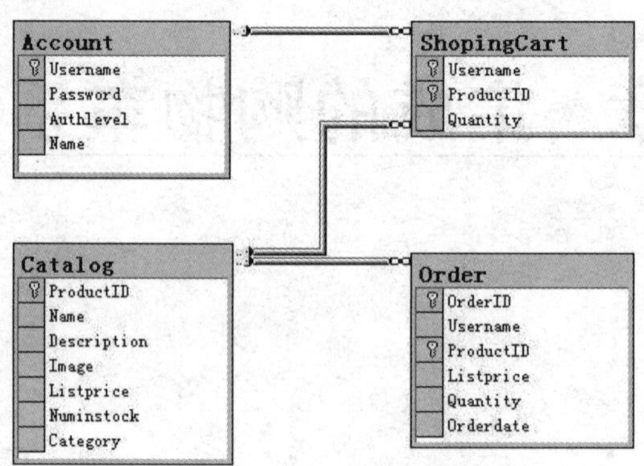

图 14-1　网上书店的整体数据库结构

- Username：字段类型为“字符型”，长度为 20，存放内容为“顾客的账号”，用于区分不同顾客的购物车。
- ProductID：字段类型为“字符型”，长度为 10，存放内容为“商品代码”，用于表示哪个商品放在购物车里。
- Quantity：字段类型为“整数型（int）”，长度为 4，存放内容为“该商品的数量”。

  由于商品的其他信息在 Catalog 表里都有，因此 ShopingCart 表用这些字段就够了。

  ShopingCart 表以 Username 和 ProductID 为主键。

另一个与本章密切相关的是 Order 表，该表用来存储顾客的订单信息，也就是顾客最终购买了哪些商品。其中各字段意义如下：

- OrderID：字段类型为“字符型”，长度为 10，存放内容为“一次购买的订单号”。
- Username：字段类型为“字符型”，长度为 20，存放内容为“顾客账号”，说明是哪个顾客的订单。
- ProductID：字段类型为“字符型”，长度为 10，存放内容为“商品代码”，用于表示购买了哪个商品。
- Quantity：字段类型为“整数型（int）”，长度为 4，存放内容为“该商品的数量”。
- Listprice：字段类型为“数值型（numeric）”，长度为 9，小数为 2，存放内容为“该商品的单价”。
- Orderdate：字段类型为“日期型(datetime)”，长度为 8，存放内容为“下单的日期时间”。

由于商品的其他信息在 Catalog 表里都有，因此 Order 表用这些字段就够了。

Order 表以 OrderID 和 ProductID 为主键，而且，一般来说从商务的角度讲，订单号的编码规则必须保证 OrderID 是唯一的，任意两个订单的订单号都不能相同。

虽然在 Catalog 表里也有 Listprice 字段，但是还要放进 Order 表中，这是因为 Catalog 表的商品单价随着时间的变化和促销手段的变化是会变的，而 Order 表中的商品单价，一旦下单就以下单时的单价为准而不变了。因此，凡是 Catalog 里需要瞬时定价不变的那些字段都应该放入 Order 表。具体哪些字段应放入 Order 表，视商务应用设计的需要而定，对这个例子来说，认为 Listprice 是需要瞬时定价的。

14.3 实现商品搜索功能

14.3.1 实现搜索的基本功能

在本节中将讨论以下 4 个问题：

- 如何使用高级方式定义复杂的记录集。
- 如何在记录集定义的 SELECT 语句中引用表单元素值。
- 【显示区域】服务器行为。
- SELECT 语句的具体应用。

这一节将给网上书店添加初级的搜索功能，能够让顾客按照关键字来搜索商品，具体实现的操作步骤如下：

1. 创建商品搜索页面

先创建一个新的支持 ASP VBScript 的动态页面。

2. 定义购书系统的数据库连接

由于同一应用可以共享数据库连接，因此这个页面仍然可以使用 PurchaseSys 数据库连接，不需要另外定义。

3. 创建页面布局和页面元素

(1) 在新页面中加入如图 14-2 所示的基本元素，其中标题和其他静态部分，读者都可以根据自己的喜好用前面各章节描述的创作静态页面的方法来设计，使页面美观实用。

表单部分是必须有的，用它来生成动态行为，如图 14-2 所示，添加一个表单，表单包含的元素类型和属性如表 14-1 所示。

表 14-1 表单元素类型、属性和说明

元素类型	属性值	说明
表单	名字：frmSearchCatalog 动作：searchresult.asp	本表单
文本域	名字：txtName 类型：单行	接受商品名称或描述包含的字串
按钮	名字：btnSearchCatalog 标签：开始查找 动作：提交表单	提交商品信息的按钮
按钮	名字：btnClear 标签：清除重填 动作：重置表单	把表单内容清除到未填状态的按钮

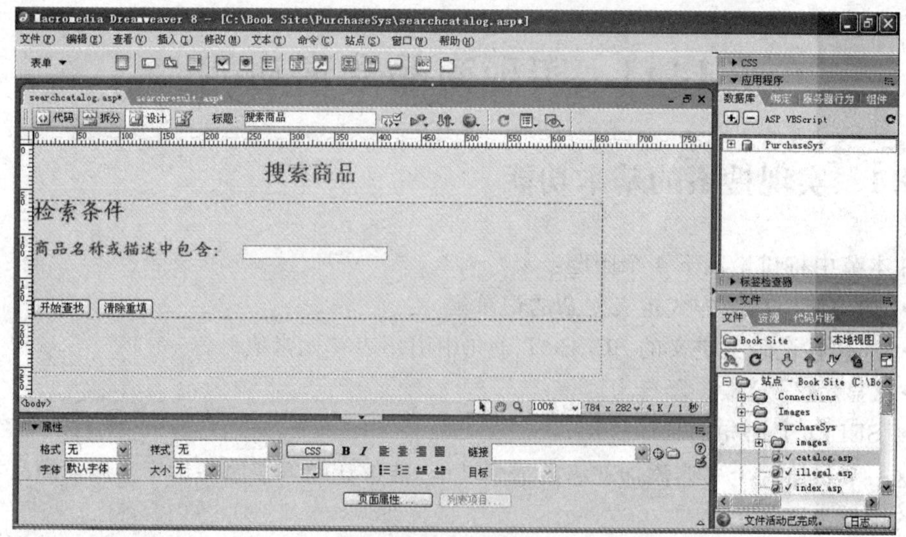

图 14-2　搜索商品的网页页面

(2) 选择主菜单中的【文件】|【保存】命令，把这个页面保存到 PurchaseSys 子目录下，取名为 searchcatalog. asp。

4. 创建搜索结果页面

先创建一个新的支持 ASP VBScript 的动态页面，保存为 searchresult. asp。

5. 定义购书系统的数据库连接

由于同一应用可以共享数据库连接，因此这个页面仍然可以使用 PurchaseSys 数据库连接，不需要另外定义。

6. 定义传递参数用的表单元素

在【应用程序】浮动面板的【绑定】选项卡中，定义名称 txtName 类型为"请求"的请求变量。

7. 创建搜索用的记录集 rstSearchResult

(1) 将创建一个复杂的查询记录集，这个记录集将用于在提交表单后，真正的执行数据库查询功能。如图 14-3 所示，在【记录集】对话框中，单击【高级】按钮，进入高级【记录集】设置模式，对话框如图 14-4 所示。

(2) 在如图 14-4 所示的高级【记录集】对话框中，设置各个选项。【记录集】对话框中的【名称】和【连接】两项参数的设置不需要再作解释，完成如图 14-4 所示的设置即可。

(3) 高级记录集是基于复杂的 SQL 查询语句 SELECT 的。首先，在变量设置区域中添加在 SELECT 语句中需要用到的变量，使用变量可以方便地引用表单元素的值。

在这里变量有两类值，【默认值】和【运行时值】。

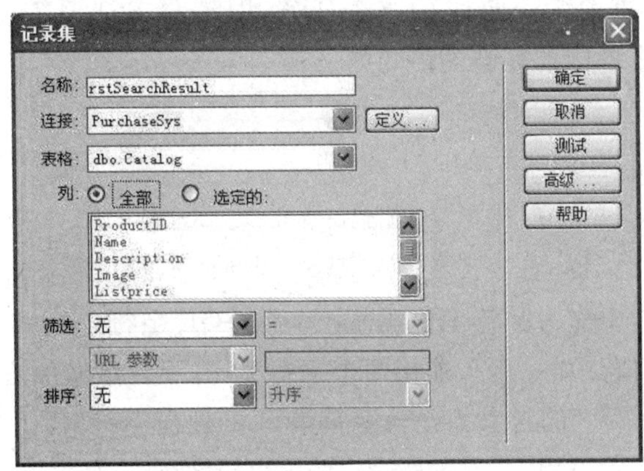

图 14-3 【记录集】对话框

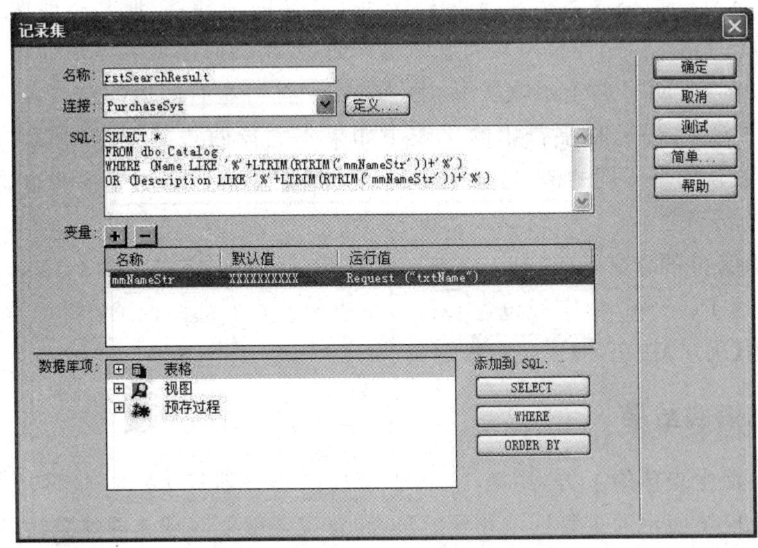

图 14-4 高级【记录集】对话框

① 【默认值】在表单提交前起作用，因为此时表单元素还没有有效的值，同时它还在测试时起作用，如果单击【测试】按钮，出现的查询结果就是以默认值为条件填入上面的 SQL 语句所得到的查询结果。

② 【运行时值】通常都是用表单元素值，在表单提交后起作用，当然，也可以用别的动态值，这里添加的变量如表 14-2 所示。

表 14-2 变量的说明和值

变 量 名	值	说　　明
mmNameStr	默认值：XXXXXXXXXX 运行时值：Request ("txtName")	用于引用前一页表单提交后 txtName 的值

注意：可以通过设置不同的默认值来测试复杂记录集的运行效果。

(4) 接下来是到目前为止最难的一个任务，即编写 SELECT 查询语句，把它填入【SQL】文本框中，文本框中的完整的语句如下：

```
SELECT *
FROM dbo.Catalog
WHERE (Name LIKE '%'+LTRIM(RTRIM('mmNameStr'))+'%')
OR (Description LIKE '%'+LTRIM(RTRIM('mmNameStr'))+'%')
```

变量在 SQL 语句中作为字符串值出现。% 是 SQL 字符串模式中的一个通配符，它能够与任何字符串等值。加号用于连接两个字符串，并不表示做加法的意思。因此，形式为“ '%'+字符串 A+ '%' ”的含义为包含字符串 A 的任何字符串。

“字符串 A LIKE 字符串 B”的意思为：字符串 A 符合字符串 B 的形式。

表单未提交时，应该一条记录都查不到才对。因此 mmNameStr 的默认值设为 XXXXXXXXXX，一般商品名称和描述中不会有这样的字样，以便基本能保证表单未提交时，即使通过 URL 全路径直接访问该结果页面，找到的商品列表也是空的。

LTRIM 和 RTRIM 两个函数联用，用于去掉字符串左右两边的空格，因为空格也算作字符串的一部分，因此在字符串的比较中如果不去掉两边的空格，那么“Newton”和“Newton”将被认为是不同的值，这显然不是用户所期望的。忘了去掉两边的空格，这是初学者常犯的错误之一。

整个查询条件的含义是，返回 Catalog 表中所有 Name 字段包含 txtName 表单元素输入值的，或者 Description 字段包含 txtName 表单元素的那些记录。

(5) 单击【确定】按钮，完成记录集定义。

8. 布局返回结果

(1) 在页面中表单的下方，用第 13 章中所述的服务器行为【重复区域】、【记录集分页】创建如图 14-5 所示的重复区域和导航条，注意设置重复区域和导航条时，应选择这些服务器行为针对 rstSearchResult 记录集起作用。

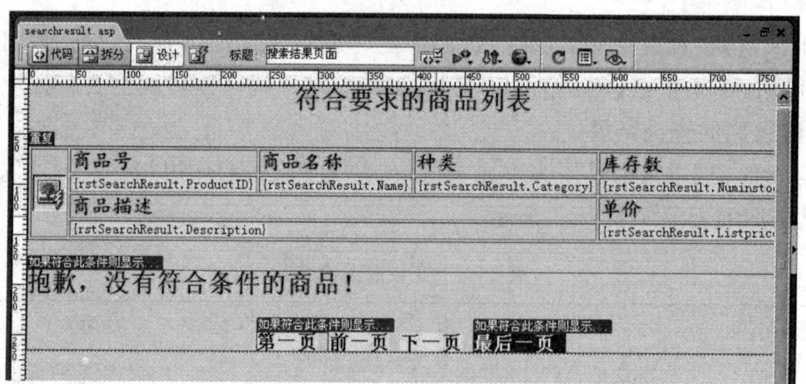

图 14-5　检索符合要求的商品列表

(2) 由于希望导航条在没有记录时不要出现，所以，还要添加一个【显示区域】类的服务器行为，来控制整个导航条的显示。在【设计视图】中用鼠标选择导航条，在【应用程序】浮动面板的【服务器行为】选项卡中，单击 + 按钮，选择【显示区域】|【如果记录集不为空则显示区域】命令，可以看到如图 14-6 所示的对话框，设置参数后单击【确定】按钮。

(3) 相反，希望网页下方的“抱歉，没有符合条件的商品！”这一条提示信息仅在没有记录时出现，因此，还要添加另一个【显示区域】类的服务器行为。用鼠标选择整行信息后，在【应用程序】浮动面板的【服务器行为】选项卡，单击 + 按钮，选择【显示区域】|【如果记录集为空则显示区域】命令，可以看到如图 14-7 所示的对话框，如图设置【记录集】参数为 rstSearchResult 后，单击【确定】按钮确认。

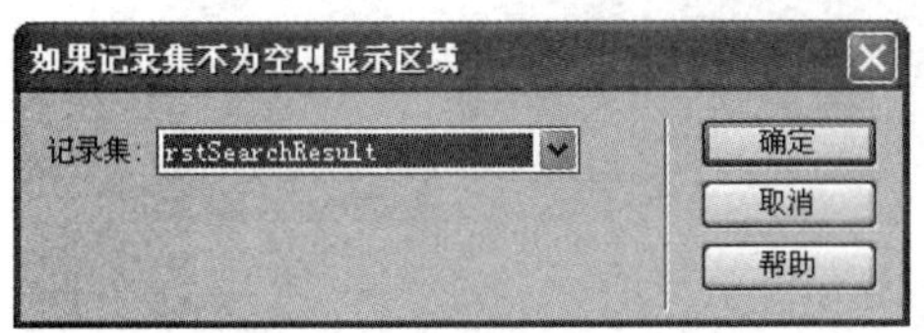

图 14-6　【显示区域】类的服务器行为

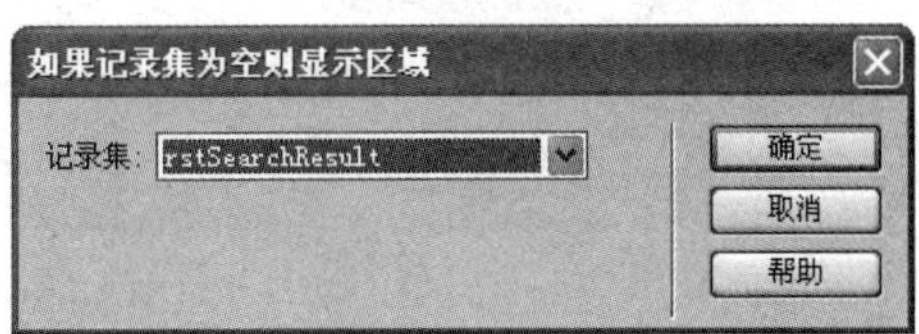

图 14-7　【显示区域】类的服务器行为

9. 保存页面

保存页面并更新主功能页面中的链接，指向搜索页面。

同步站点后，测试一下效果。

从主功能页面选择“搜索特定商品”，将看到如图 14-8 所示的页面。

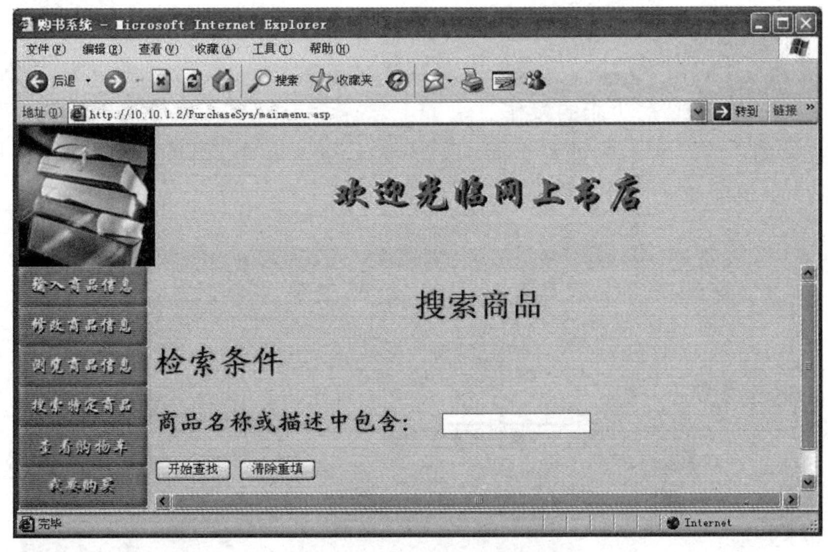

图 14-8　网站的主功能页面

查看名称或描述中包含“网络”两字的商品，结果如图 14-9 所示。

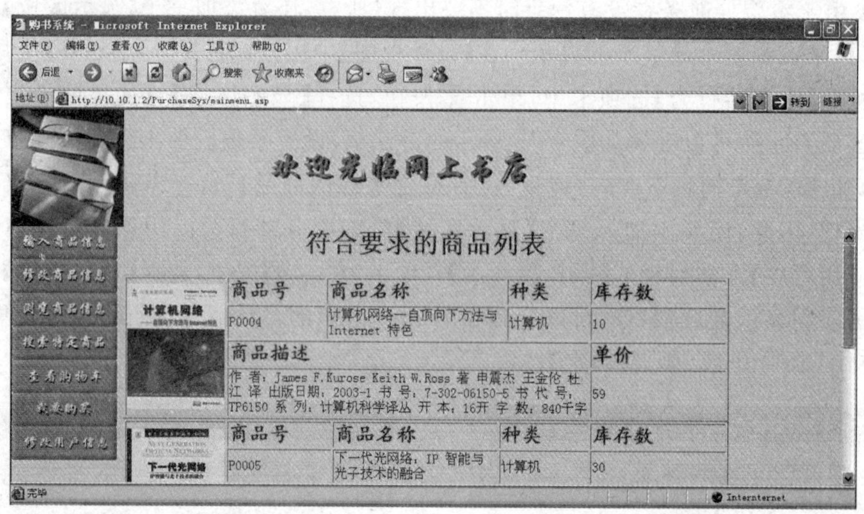

图 14-9 商品查询结果

14.3.2 实现复杂的搜索功能

在本节中将介绍以下 4 个问题：

- 复习如何使用高级方式的定义复杂的记录集。
- 继续使用更为复杂的 SELECT 语句。
- 如何实现多种查询条件。
- Request、Request. Form、Request. QueryString 的区别。

作为一个完善的搜索功能，应该提供多种灵活的搜索方式，下面将扩展搜索功能，使它变得更灵活。实现搜索功能的操作方法如下：

(1) 在如图 14-10 所示的搜索页面 searchcatalog. asp 中，调整页面布局，添加表单元素，调整后的表单元素如表 14-3 所示。

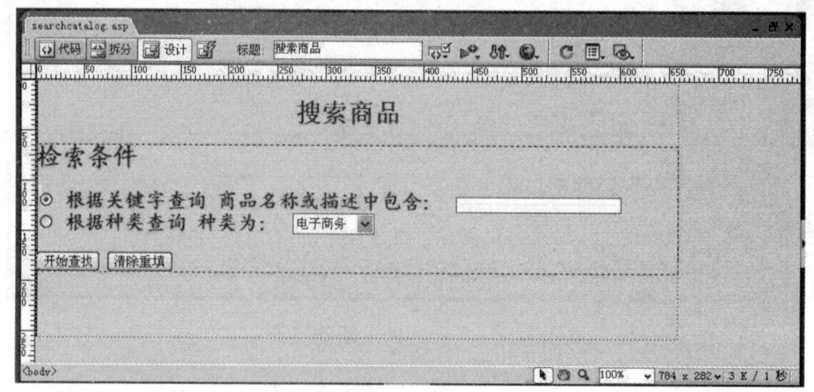

图 14-10 搜索商品的网页页面

表 14-3 表单元素类型、属性和说明

元素类型	属性值	说明
表单	名字：frmSearchCatalog	本表单
文本域	名字：txtName 类型：单行	接受商品名称或描述包含的字串
单选按钮	名字：radWhichCriteria 选定值：bykeyword 初始状态：已勾选	接受搜索条件选择的单选按钮
单选按钮	名字：radWhichCriteria 选定值：bycategory 初始状态：未选中	接受搜索条件选择的单选按钮
列表/菜单	名字：selCategory 类型：菜单 列表值：电子商务　电子商务 　　　　计算机　　计算机 　　　　（以下略） 标签字段： 初始化时选定：电子商务	接受商品种类输入的菜单
按钮	名字：btnSearchCatalog 标签：开始查找 动作：提交表单	提交商品信息的按钮
按钮	名字：btnClear 标签：清除重填 动作：重置表单	把表单内容清除到未填状态的按钮

(2) 在【应用程序】浮动面板的【绑定】选项卡中，增加名称为 radWhichCriteria 和 selCategory，类型为“请求”的请求变量。

(3) 在结果页面 searchresult.asp 中，修改如图 14-11 所示的 rstSearchResult 记录集的设置。

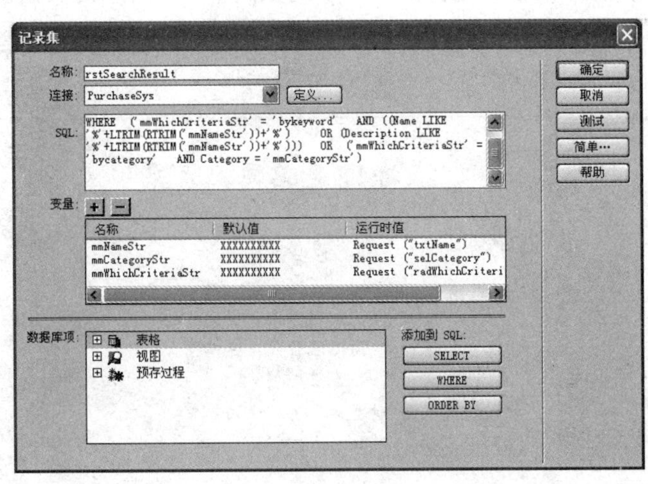

图 14-11 【记录集】对话框

其中，添加了用于在 SELECT 语句中引用表单中 selCategory 元素值的 mmCategoryStr 变量和用于引用 radWhichCriteria 元素值的 mmWhichCriteriaStr 变量。另外，SELECT 语句变得更加复杂，完整的 SELECT 语句如下：

```
SELECT * FROM dbo.Catalog
WHERE  ('mmWhichCriteriaStr'='bykeyword'  AND ((Name LIKE
'%'+LTRIM(RTRIM('mmNameStr'))+'%')  OR (Description LIKE
'%'+LTRIM(RTRIM('mmNameStr'))+'%')))
OR  ('mmWhichCriteriaStr'='bycategory'  AND Category='mmCategoryStr')
```

由于两种搜索方式只取其一，因此对应的搜索条件表达式用 OR 连接，搜索条件 1 如下：

```
('mmWhichCriteriaStr'='bykeyword'
AND ((Name LIKE '%'+LTRIM(RTRIM('mmNameStr'))+'%')
OR (Description LIKE '%'+LTRIM(RTRIM('mmNameStr'))+'%')))
```

其中包含两个子条件，必须同时满足才算满足搜索条件 1，因此两个子条件用 AND 相连。第 1 个子条件'mmWhichCriteriaStr'='bykeyword'表示单选按钮选中的是“根据关键字搜索”，第 2 个子条件就是原来那个根据关键字搜索用的搜索条件。

mmCategoryStr 和 mmWhichCriteriaStr 变量的默认值设置，与原来 mmNameStr 变量的默认值设置目的是一样的，也是为了使搜索页面在未使用条件搜索之前应该不显示任何结果。

注意

可以通过给变量设置不同的默认值的方式，单击【测试】按钮测试记录集的定义效果，即测试 SELECT 语句的效果。

(4) 单击【确定】按钮完成记录集设置。

同步站点后，测试一下效果。

从主功能页面选择“搜索特定商品”，将看到如图 14-12 所示的页面。

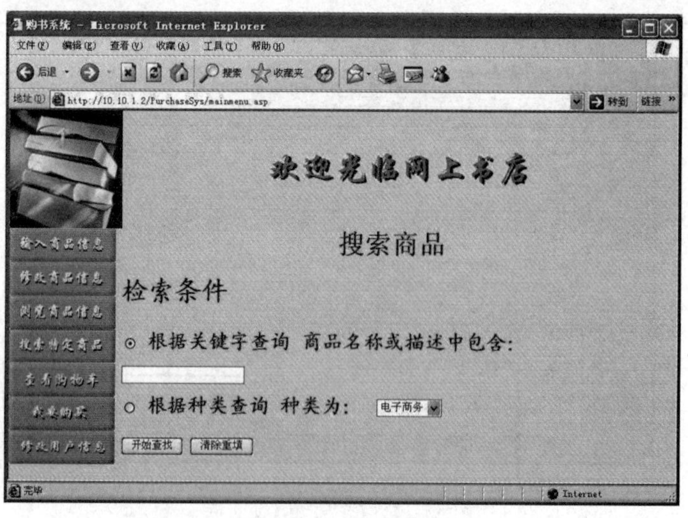

图 14-12　搜索特定商品的网页页面

默认情况下根据关键字查询，因此在关键字输入框中输入“网络”将查到和前一小节同样的结果。顾客也可以单击【根据种类查询】单选按钮，并在种类选择菜单中选择想查询的类别，例如“计算机”，即可得到如图 14-13 所示的结果。

图 14-13　查找商品的结果信息

如果输入不符合条件的商品，将看到如图 14-14 所示的页面。

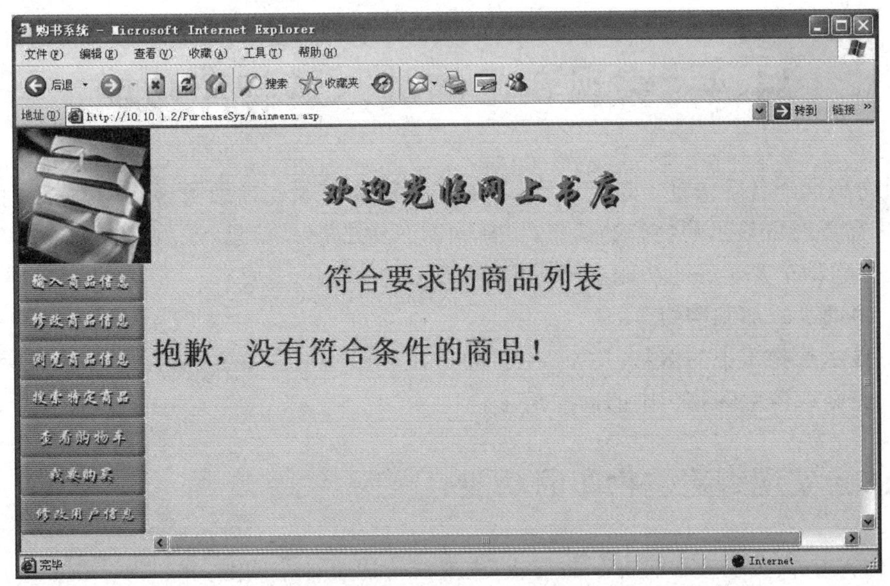

图 14-14　查找商品的结果信息

注意：本章只把搜索方式扩展到两个，因为如果要扩展到更多，使用的方法是一样的。有兴趣的读者可以试一试定义更多的搜索方式。

另外，有关在页之间传递参数的方法，读者可能会产生这样的疑问：为什么有的地方用 Request. Form("表单元素名")，有的地方用 Request ("变量名")呢？到底这些写法有什么区别呢？

其实用 Request 请求变量来引用从表单或 URL 传递过来的参数时，有 3 种写法：Request. Form("表单元素名")、Request. QueryString("表单元素名")和 Request ("变量名")。

- Request. Form("表单元素名")用于获取通过 POST 方式提交的表单元素值。
- Request. QueryString("表单元素名")用于获取通过 GET 方式提交的表单元素值，或者模拟 GET 方式的 URL 格式而手工编写的 URL 中的变量的值。
- 而 Request ("变量名")则最通用，两种方式的变量值都可以获取。

虽然一般情况下，获取 POST 方式提交的表单元素值，使用 Request 或 Request . Form形式都可以。但是，对于使用了【记录集分页】服务器行为的页面，要获取传过来的表单元素值，必须用 Request 形式。这是因为 Dreamweaver 8 在实现【记录集分页】服务器行为的代码时，使用了模拟 GET 方式的 URL 来实现重复区域翻页，因此，如果使用 Request. Form 形式，只能在页面的第一次显示时取到正确的值，而在翻页以后就取不到正确的值了(通过 Request. QueryString 可以取到)。

在以上步骤中，对于在【应用程序】浮动面板的【绑定】选项卡上定义的请求变量，其实定义不定义都无所谓，并不是必须在【绑定】选项卡中定义后才能引用请求变量。在【应用程序】浮动面板的【绑定】选项卡中定义请求变量的作用是提供方便的手段，可以在【设计视图】中随时以拖曳的方式来在页面中引用请求变量。

14.4 实现专门的放入购物车功能

购物车这个名字来自于超级市场，其工作流程是当顾客选到了喜欢的商品后可放入购物车，需要时可显示购物车的信息，更新购物车中的商品信息，最后完成购物后到收银台付款。购物车要实现的功能主要有：

- 将商品添加到购物车。
- 显示购物车中的信息。
- 更新或清空购物车中的商品信息。

14.4.1 实现查看购物车的功能

在本节中将实现查看购物车的功能，主要讨论以下 3 个问题：

① SELECT 语句的深入应用。

② 如何在 SELECT 语句中指定返回的字段。

③ 如何在 SELECT 语句中连接两个以上的表，返回多个表的内容。

先完成查看购物车商品清单的页面，将商品放入购物车成功后直接显示该页面，其操作步骤如下：

(1) 创建查看购物车页面。先创建一个新的支持 ASP VBScript 的动态页面。

(2) 定义购书系统的数据库连接。由于同一应用可以共享数据库连接，因此这个页面仍然可以使用 PurchaseSys 数据库连接，不需要另外定义。

(3) 创建记录集 rstCart，定义如下所述。

其中完整的 SQL 语句为：

```
SELECT dbo.Catalog.ProductID,dbo.Catalog.Name,dbo.Catalog.Category,
    dbo.ShopingCart.Quantity,dbo.Catalog.Description,dbo.Catalog.Listprice,
    dbo.Catalog.Image
FROM dbo.Catalog,dbo.ShopingCart
WHERE dbo.Catalog.ProductID=dbo.ShopingCart.ProductID AND
LTRIM(RTRIM(dbo.ShopingCart.Username))=LTRIM(RTRIM('mm_Username'))
```

此处 SELECT 语句又与前面见到的那些不同。

第一，它没有用 SELECT * 来返回所有的字段，而是依次指定每个返回的字段。

注意：*表和从属字段的写法。*

第二，它的返回结果来自两个表，而这两个表通过重叠的 ProductID 字段连接在一起。

另外，在比较两个字符串值的时候，同样加了 LTRIM(RTRIM())来去除左右两边可能有的多余空格，如图 14-15 所示。

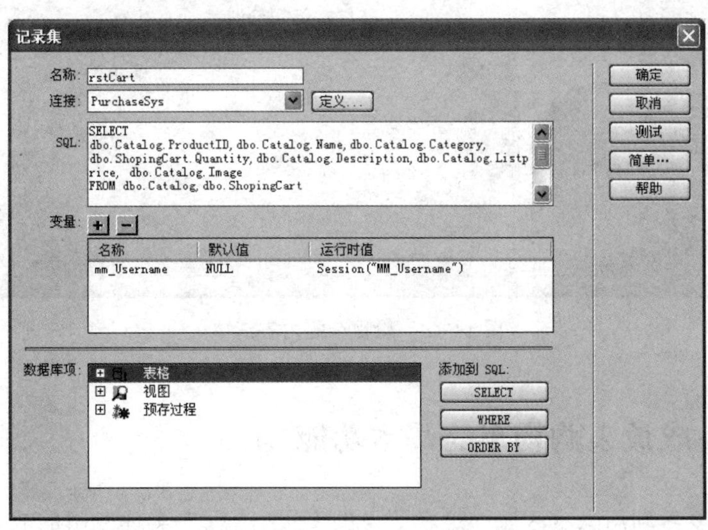

图 14-15　创建【记录集】

(4) 创建页面布局和页面元素，按照图 14-16 所示的布局设置新页面，类似的布局在第 13 章中已经介绍过。对于重复区域，这里设置为重复所有记录。保存页面为 showcart.asp。

(5) 设置查看购物车的超级链接。在 mainmenu.asp 功能菜单里设置菜单中【查看购物车】的超级链接，使它指向 showcart.asp。

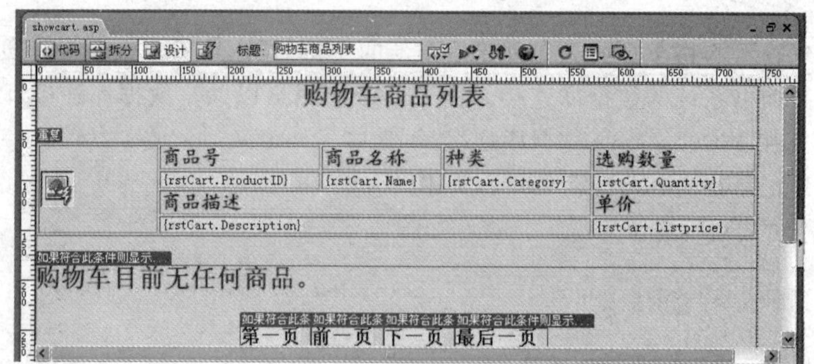

图 14-16　购物车商品列表

同步站点后，测试一下效果。这里假定放入购物车的功能已经做好，购物车里已经有内容。做完 14.4.2 节的操作就满足条件了。

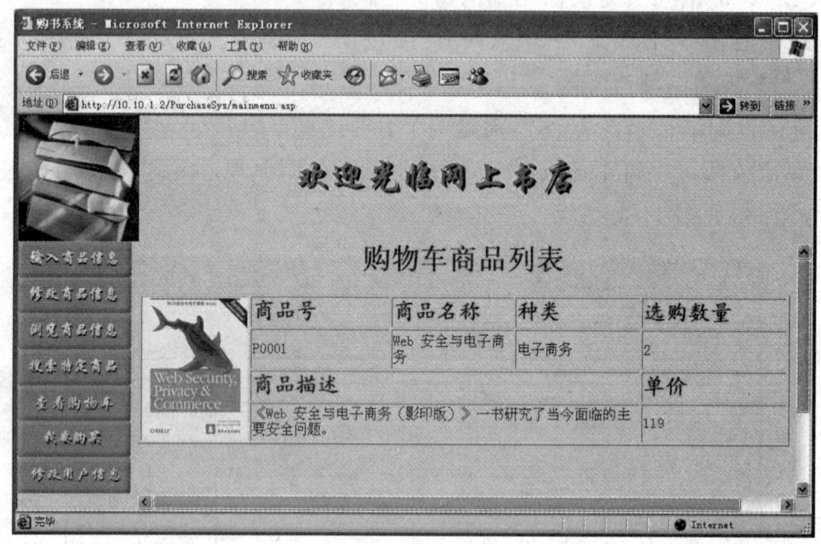

图 14-17　购物车的内容清单

14.4.2　完成放入购物车的基本功能

在本节中复习利用隐藏区域补足新记录的字段，然后来实现专门的放入购物车的动作，其操作方法如下所述。

1. 创建放入购物车页面

先创建一个新的支持 ASP VBScript 的动态页面。

2. 定义购书系统的数据库连接

由于同一应用可以共享数据库连接，因此这个页面仍然可以使用 PurchaseSys 数据库连接，不需要另外定义。

3. 定义记录集

将 modifyCatalog.asp 中的记录集 rstCatalog 复制、粘贴过来直接用。

4. 创建页面布局和页面元素

(1) 在新页面中，加入如图 14-18 所示的基本元素。其中标题和其他静态部分，可以根据自己的喜好来创作静态页面。表单部分是必须有的，将用它来生成动态行为，如图 14-18所示。添加一个表单，表单包含的元素如表 14-4 所示。

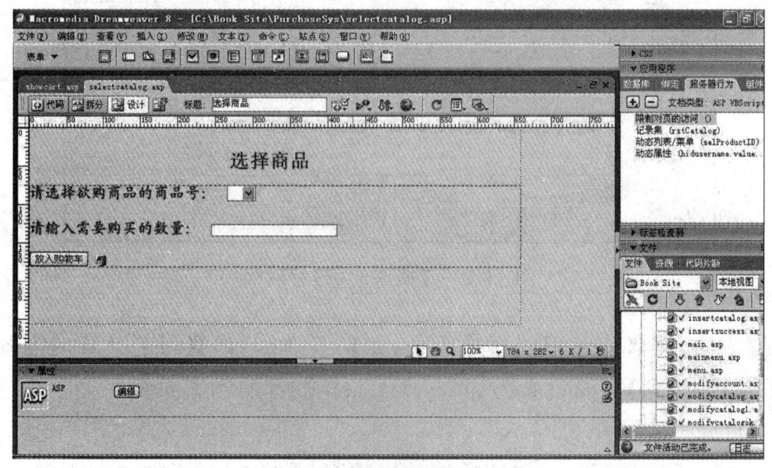

图 14-18 选择商品页面

表 14-4 表单元素类型、属性和说明

元素类型	属性值	说明
表单	名字：frmSelectCatalog	本表单
隐藏区域	名字：hidUsername 值：<%=Session("MM_Username")%>	用于存放用户名的隐藏区域，插入新记录到 ShopingCart 表时会引用到
列表/菜单	名字：selProductID 类型：菜单 列表值：动态 来自：rstCatalog 值字段：ProductID 标签字段：ProductID 初始化时选定：rstCatalog 的[第一个记录索引]	接受商品号输入的菜单
文本域	名字：txtCount 类型：单行	用于存放购买数量的文本域
按钮	名字：btnSelect 标签：放入购物车 动作：提交表单	提交选购信息的按钮

(2) 选择主菜单中的【文件】|【保存】命令，把这个页面保存到 PurchaseSys 子目录下，取名为 selectcatalog. asp。

5. 实现功能

(1) 保存选购信息同样是利用【插入记录】服务器行为来实现，设置信息如图 14-19 所示。

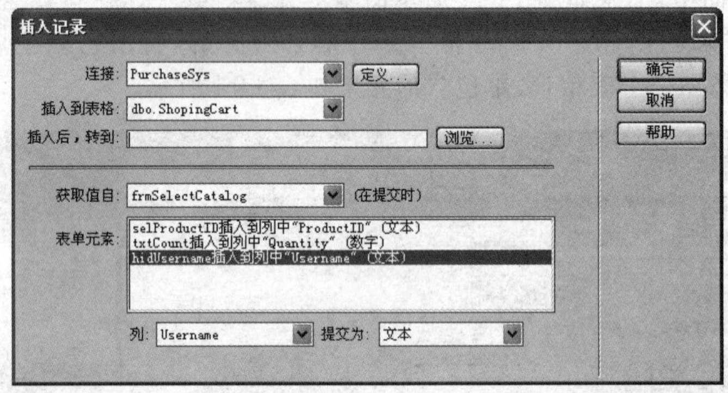

图 14-19 【插入记录】对话框

关于设置方法，读者应该已经很熟练了，如果不熟练，请复习前几章的内容。

(2)【插入后，转到】页面设置为 showcart. asp 查看购物车页面。

(3) 保存页面。

(4) 在 menu. asp 页面中添加该功能的链接，以及限制页面的访问级别。

同步站点，测试一下。测试画面略。

14.4.3 防止放入重复的商品

在本节中将讨论下述 2 个问题：

- 如何查看服务器行为的对应脚本代码。
- 如何扩展【用户身份验证】|【检查新用户名】服务器行为来检查多个字段作为主键的记录。

读者可能已经发现，如果向购物车多次放入同一种商品，会引发错误，浏览器上显示 Web 服务器内部错误，这是因为 Username 和 ProductID 是 ShopingCart 购物车表的主键，即同一用户的购物车中，每种商品只能出现一次。

为了防止顾客的上述错误操作，需要采取检验措施来处理这种情况，操作方法如下：

(1) 将如图 14-20 所示的创建错误信息提示页面，保存为 PurchaseSys 下的 alreadybuy. asp，为了使提示更加友好，可以嵌入查看购物车的链接。

(2) 打开 selectcatalog. asp 放入购物车页面。

(3) 添加一个【用户身份验证】|【检查新用户名】服务器行为，并按图 4-21 所示进行设置。

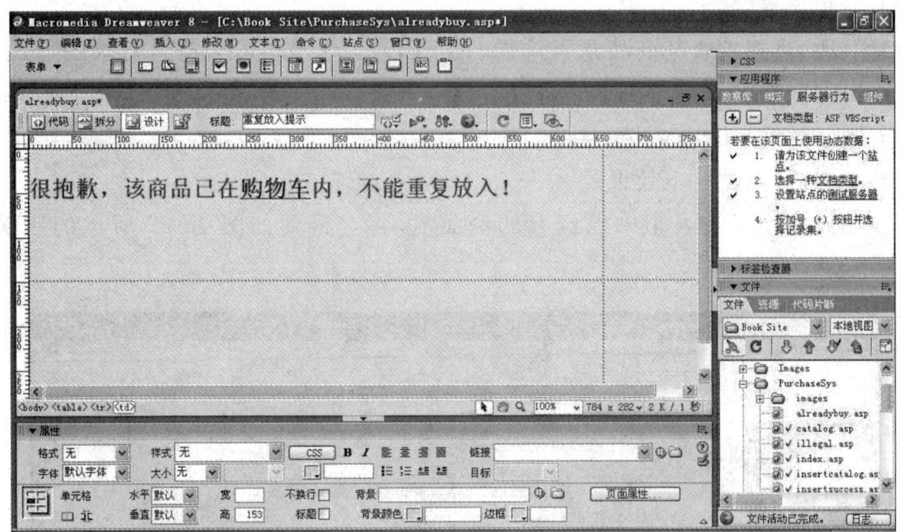

图 14-20　错误提示信息页面

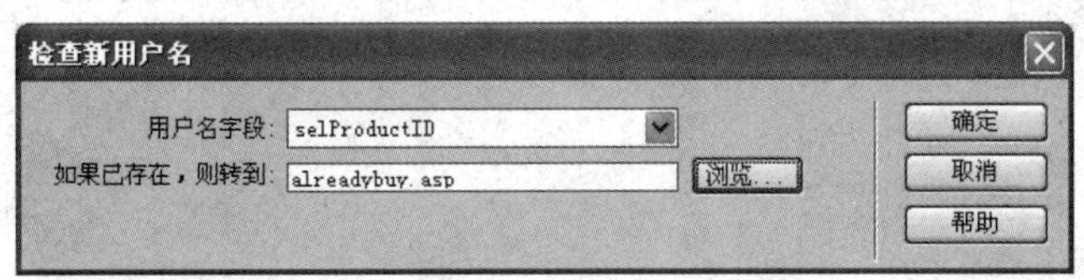

图 14-21　【检查新用户名】对话框

注意：检查新用户名。因为 Dreamweaver 8 没有提供检查多个字段为主键的记录是否已存在的服务器行为，因此此处将利用【检查新用户名】服务器行为，并对 Dreamweaver 8 自动生成的对应的脚本代码做简单的修改，来实现主键是否重复的检查功能。

(4) 切换到【代码视图】窗口，并且在【应用程序】浮动面板的【服务器行为】选项卡选中刚才添加的【检查新用户名】服务器行为，可以看到对应该服务器行为，Dreamweaver 8 生成了哪段脚本代码。

(5) 找到 MM_dupKeySQL = " SELECT ProductID FROM dbo. ShopingCart WHERE ProductID='" & Replace(MM_dupKeyUsernameValue,"'","''") & "'"这一句，将它改为：

MM_dupKeySQL = " SELECT ProductID FROM dbo. ShopingCart WHERE ProductID='" & Replace(MM_dupKeyUsernameValue,"'","''") &"'ANDUsername=,"& CStr(Request. Form("hidUsername")) & "'"

这一句脚本语句的作用是生成 SELECT 语句字符串，待接下来的语句交给数据库来执行。& 运算符用于将两个字符串连接成一个长串。读者可以自己演算一下，比较原来生成的 SELECT 语句和修改后生成的 SELECT 语句，有什么不同。请注意区分语句中的双引号和单引号。

这样一改，就把检查某商品是否重复的 SELECT 语句扩展为符合要求的形式，从只检查 ProductID 字段，改为同时检查 ProductID 和 Username 字段。

(6) 保存页面 selectcatalog. asp。

同步站点后，测试一下效果。

当试图向购物车放入车中已经有的商品时，将会得到如图 14-22 所示的错误提示信息。

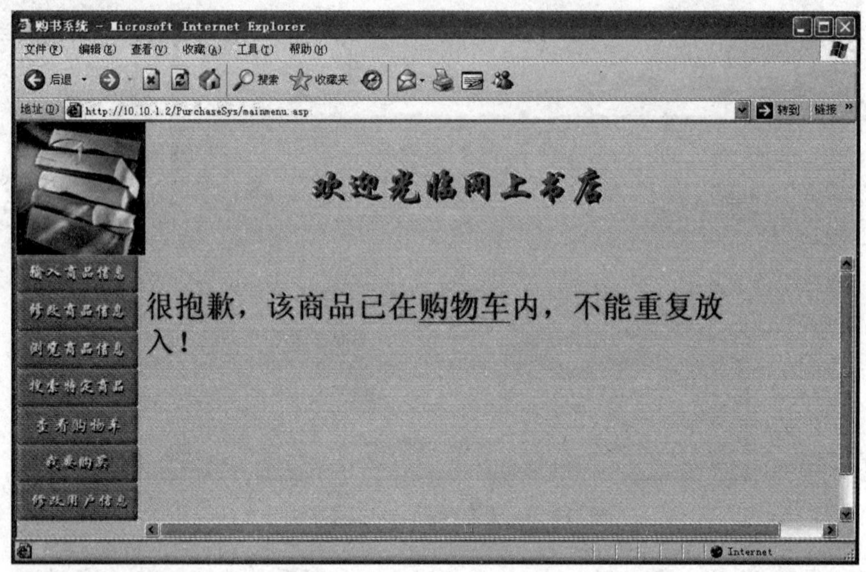

图 14-22 重复购买提示信息

14.5 完善购物车系统

14.5.1 集成的搜索和选购功能

在本节中将介绍如何在返回结果中集成功能。

到目前为止，搜索功能和选购功能是互相独立的两个功能，如本章开头所述，更加方便的做法是把搜索功能和选购功能结合在一起，在搜索到的商品清单里直接提供了对商品的操作，比如选购，这样会更方便。

现在就通过完善搜索页面来实现这一功能，其操作步骤如下：

(1) 打开 searchresult. asp 文件。

(2) 在重复区域中的返回记录表格中增加一行，在新行中添加一个表单，如图 14-23 所示。表单包含的元素如表 14-5 所示。

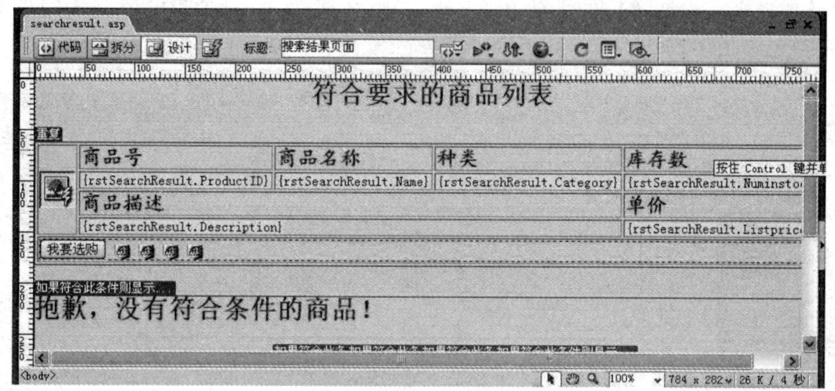

图 14-23 选购符合要求的商品

表 14-5 表单元素类型、属性和说明

元素类型	属性值	说明
表单	名字：frmEmbededBuy	本表单
隐藏区域	名字：hidUsername 值：MM_Username 会话变量的值	用于存放用户信息
隐藏区域	名字：hidProductID 值：rstSearchResult 的 ProductID 字段值	用于存放通过 rstSearchResult 中当前商品记录的商品号信息
隐藏区域	名字：hidCount 值：1	用于存放需要购买的商品数量信息，这里固定为购买 1 份
按钮	名字：btnSelect 标签：我要选购 动作：提交表单	提交选购信息的按钮

(3) 添加一个如图 14-24 所示的【插入记录】服务器行为。

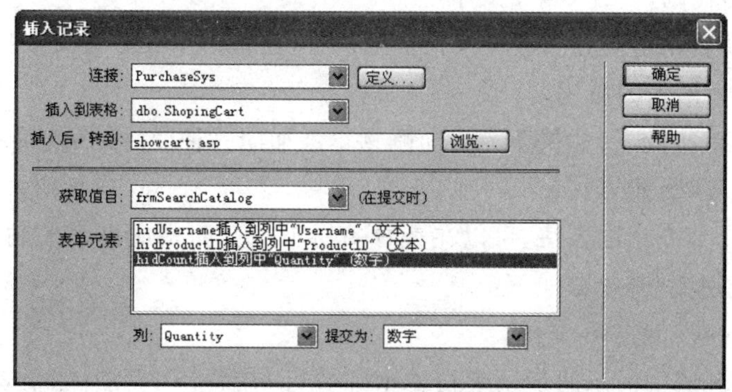

图 14-24 【插入记录】对话框

(4) 保存页面。

同步站点后，测试一下效果。

开始查找之后，返回的商品清单的每一项后都带有一个【我要选购】的按钮，如图 14-25所示。如果用户想要选购商品，只要单击这个按钮即可。

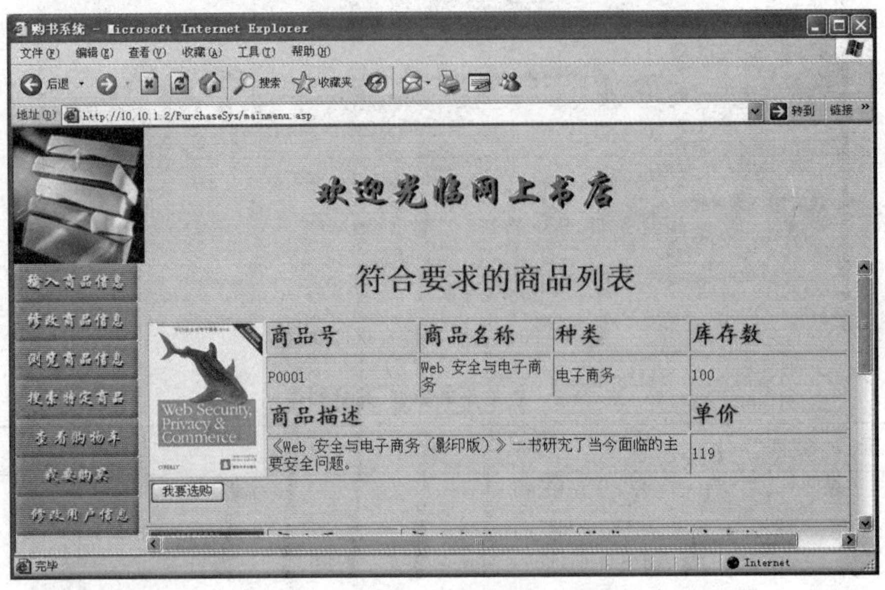

图 14-25　选购符合要求的商品

注意：这个选购动作，也要像上一节所述的那样，防止放入重复的商品。对于具体的做法不再赘述，请读者自己来完成这一步。

14.5.2　集成的购物车功能

在本节中将讨论以下 3 个问题：

- 如何手写代码，实现复杂的功能。
- 如何判断页面是被应用服务器正常地执行，还是由于表单提交被执行。
- UPDATE 语句的应用。

读者可能早就想问了，如果不允许向购物车添加同一种商品的话，顾客第一次放入购物车的购买数量不够，想再买怎么办？

利用 14.5.1 节介绍的方法，可以在查看购物车的页面集成更多的功能，包括实现修改购物数量这一功能，其步骤如下：

(1) 打开 showcart.asp 文件。

(2) 在重复区域中的返回记录表格中增加一行，在新行中添加一个表单，如图 14-26 所示，表单包含的元素如表 14-6 所示。

接下来，将接触到本书到目前为止第一段完整的手写脚本代码，这是因为 Dreamweaver 8 提供的服务器行为工具有限，【更新记录】服务器行为不能更新主键由多个字段组成的记录。这段代码并不长，而且很容易看懂。

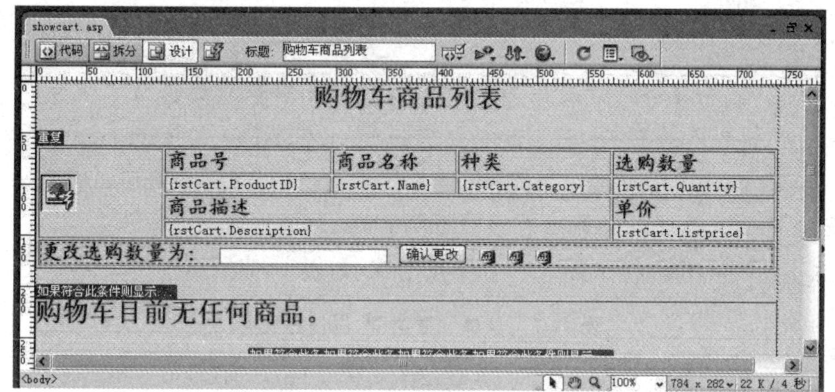

图 14-26　修改购物车商品数量

表 14-6　表单元素类型、属性和说明

元素类型	属性值	说明
表单	名字：frmUpdateCart	本表单
文本域	名字：txtNewQuantity 类型：单行	用于存放新的购买数量信息
隐藏区域	名字：hidUsername 值：MM_Username 会话变量的值	用于存放用户信息
隐藏区域	名字：hidProductID 值：rstCart 的 ProductID 字段值	用于存放通过 rstCart 中当前商品记录的商品号信息
按钮	名字：btnSave 标签：确认更改 动作：提交表单	提交修改信息的按钮

(3) 进入代码视图，在源代码的开头找到：

```
<!--#include file="../Connections/PurchaseSys.asp"-->
```

在这句后面插入以下脚本代码，用于在表单提交后执行购物车更新动作。

```
<%
'*** 更新商品购买数量

Dim cmdSQL

If (CStr(Request("MM_MyOWN")) <>"") Then
    Set cmdSQL=Server.CreateObject("ADODB.Command")
    cmdSQL.ActiveConnection=MM_PurchaseSys_STRING
    cmdSQL.CommandText="UPDATE dbo.ShopingCart SET Quantity='"+LTRIM(RTRIM
(CStr(Request("txtNewQuantity"))))+"' WHERE LTRIM(RTRIM(ProductID))='"+LTRIM
(RTRIM(CStr(Request("hidProductID"))))+"' AND LTRIM(RTRIM(Username))='"+LTRIM
(RTRIM(CStr(Request("hidUsername"))))+"'"
    cmdSQL.Execute
```

```
End If
%>
```

注意：frmUpdateCart 的"动作"属性为空，表示表单参数将传给本页处理。具体的处理代码就是上面这一段代码。上述代码通过一个 ADO 的 Command 对象的实例 cmdSQL 利用 PurchaseSys 数据库连接，来执行 cmdSQL. CommandText 定义的 UPDATE 语句。读者可以试着把这句 UPDATE 语句的内容展开。

(4) 在 frmUpdateCart 中加入一个隐藏区域，如表 14-7 所示定义。

表 14-7　表单元素类型、属性和说明

元素类型	属性值	说　　明
表单	名字：frmUpdateCart	本表单
隐藏区域	名字：MM_MyOWN 值：frmUpdateCart	用于控制更新动作是否执行

由于表单的元素在页面第一次被浏览器调用显示时没有值，直到表单被提交时，这些元素才有值，所以应用服务器可以利用 MM_MyOWN 是否有值来判断本页的这一次被浏览器调用是初次被调用，还是由于表单提交而被再次调用执行。

基于这个原理，可以看到第(3)步加入的脚本代码，就是利用这点来控制是否执行购物车更新动作的。

(5) 保存页面。

同步站点后，测试一下效果。

现在，顾客在查看购物车时，就可以更改选购的数量。顾客所做的改变，在提交时会马上反映出来，如图 14-27 所示。

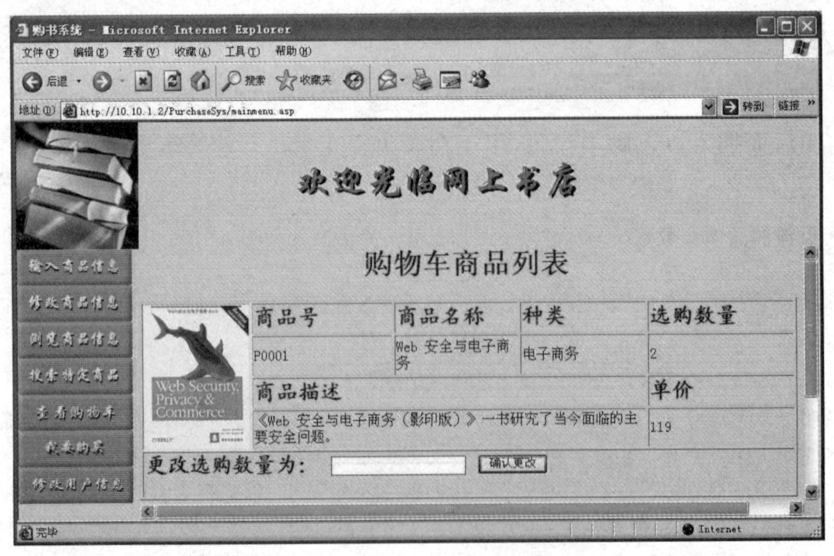

图 14-27　更改购物车中选购的数量页面

14.5.3 如何清空购物车

本节将介绍 DELETE 语句的具体应用。增加一个清空购物车的功能，将方便顾客使用购物车，操作方法如下：

(1) 打开 showcart.asp 文件。

(2) 如图 14-28 所示添加一个新的表单，表单包含的元素如表 14-8 所示。

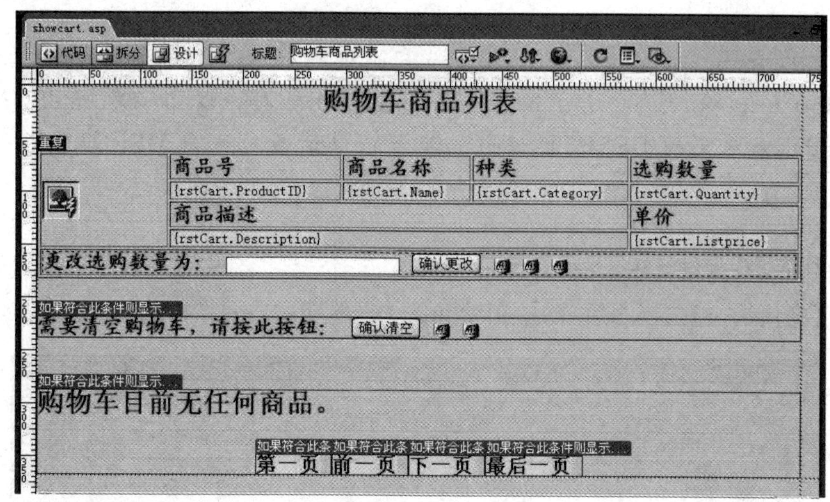

图 14-28 清空购物车

表 14-8 表单元素类型、属性和说明

元素类型	属性值	说明
表单	名字：frmClearCart	本表单
隐藏区域	名字：hidUsername 值：MM_Username 会话变量的值	用于存放用户信息
隐藏区域	名字：MM_MyOWNforClear 值：frmClearCart	用于控制清空动作是否执行
按钮	名字：btnClear 标签：确认清空 动作：提交表单	确认清空按钮

设置完后，添加显示区域服务器行为，将该表单设成"如果记录集不为空则显示"。

(3) 进入代码视图，在源代码的开头找到：

```
<!--#include file="../Connections/PurchaseSys.asp" -->
```

在这句后面插入以下脚本代码，用于在表单提交后执行购物车更新动作。

```
<%
'***     清空购物车
Dim cmdSQLforClear
```

```
If (CStr(Request("MM_MyOWNforClear")) <>"") Then
    Set cmdSQLforClear=Server.CreateObject("ADODB.Command")
    cmdSQLforClear.ActiveConnection=MM_PurchaseSys_STRING
    cmdSQLforClear.CommandText="DELETE FROM dbo.ShopingCart WHERE LTRIM(RTRIM
(Username))='"+LTRIM(RTRIM(CStr(Request("hidUsername"))))+"'"
    cmdSQLforClear.Execute
End If

%>
```

注意：与 15.5.2 节的做法类似，上述代码通过一个 ADO 的 Command 对象的实例 cmdSQLforClear 来利用 PurchaseSys 数据库连接，以执行 cmdSQLforClear.CommandText 定义的 DELETE 语句。读者可以试着把这句 DELETE 语句的内容展开。

(4) 保存页面。

同步站点后，测试一下效果。

单击【确认清空】按钮之后，购物车就如图 14-29 所示，一件商品都没有了。

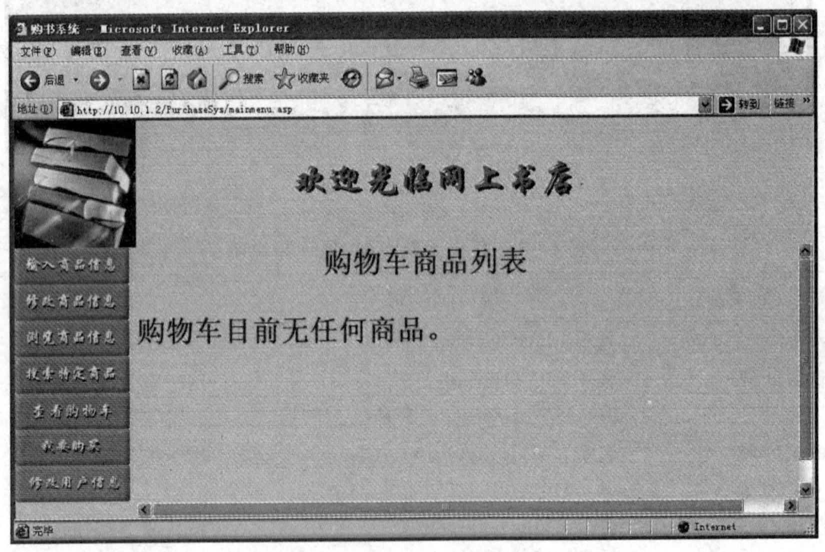

图 14-29　清空购物车示意图

14.6　实现下订单功能

本节将介绍 INSERT 语句的具体应用以及如何重定向浏览器到另一个页面。

这是顾客购物的最后一步，即确认购物车中的商品，最后确认购买，生成订单。至于生成订单之后是什么流程，那就随各个电子商务网站的商务流程的设计的不同而不同了。

下面介绍实现下订单的功能，其方法如下：

(1) 打开 showcart.asp 文件。

(2) 如图 14-30 所示，添加一个新的表单，表单包含的元素如表 14-9 所示。

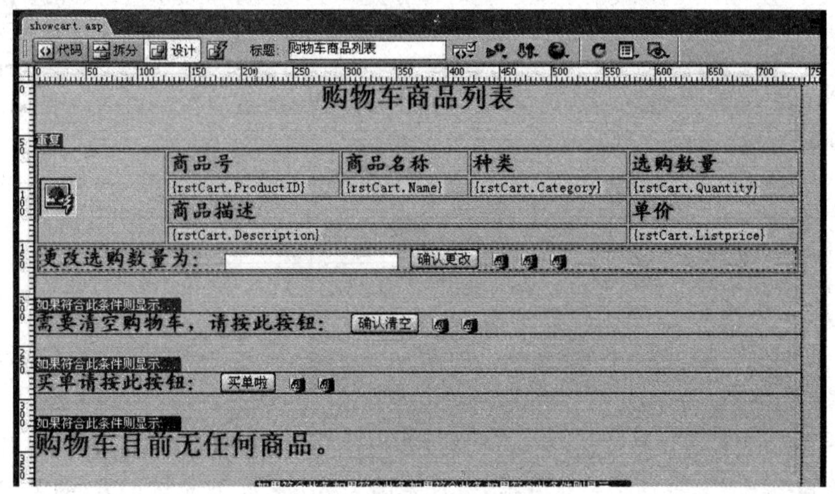

图 14-30　实现确认购买的网页

表 14-9　表单元素类型、属性和说明

元素类型	属性值	说明
表单	名字：frmOrder	本表单
隐藏区域	名字：hidUsername 值：MM_Username 会话变量的值	用于存放用户信息
隐藏区域	名字：MM_MyOWNforOrder 值：frmClearCart	用于控制下订单动作是否执行
按钮	名字：btnOrder 标签：买单啦 动作：提交表单	确认购买按钮

(3) 进入代码视图，在源代码的开头找到：

```
<!--#include file="../Connections/PurchaseSys.asp"-->
```

在这句后面插入以下脚本代码，用于在表单提交后执行下订单动作。

```
<%
'***     确认购买下订单
Dim cmdSQLforOrder
Dim strCurrentTime
Dim strUsername
If (CStr(Request("MM_MyOWNforOrder"))<>"") Then
    strCurrentTime=Now()
    Set cmdSQLforOrder=Server.CreateObject("ADODB.Command")
    cmdSQLforOrder.ActiveConnection=MM_PurchaseSys_STRING
    strUsername=LTRIM(RTRIM(CStr(Request("hidUsername"))))
```

```
    cmdSQLforOrder. CommandText =" INSERT dbo. [Order] SELECT '" + CSTR
(strCurrentTime)+strUsername+"', dbo.ShopingCart.Username, dbo.ShopingCart.
ProductID, dbo.Catalog.Listprice, dbo.ShopingCart.Quantity, CAST ('" + CSTR
(strCurrentTime)+"' AS datetime) FROM dbo.ShopingCart, dbo.Catalog WHERE LTRIM
(RTRIM (dbo.ShopingCart.Username))='"+strUsername+"' AND LTRIM(RTRIM(dbo.
ShopingCart. ProductID)) = LTRIM (RTRIM (dbo. Catalog. ProductID))"
cmdSQLforOrder.Execute
    cmdSQLforOrder.CommandText="DELETE FROM dbo.ShopingCart WHERE LTRIM(RTRIM
(Username))='"+LTRIM(RTRIM(CStr(Request("hidUsername"))))+"'"
    cmdSQLforOrder.Execute
    Response.Redirect("payment.asp")
End If

%>
```

这个 INSERT 语句比较长，建议读者试着把这句 INSERT 语句的内容展开看一看。注意 dbo.Order 表名外加了一对方括号，这是因为 order 这个词与 SQL 的关键词冲突，因此用方括号括起来以示区别。

另外，这段代码除了包含用 INSERT 语句实现的生成订单动作，生成订单以后，还包含把购物车清空的动作。

在最后，这段代码还示意性地将浏览器重定向到 payment.asp 页面，这象征性地代表生成订单以后的动作，例如调用指定银行的支付网关接口让顾客开始网上付款。

(4) 保存页面。

同步站点后，测试一下效果。

在下了订单之后，可以查看 Order 表，查看执行结果。图 14-31 显示了 SQL Server 企业管理器中看到的 Order 表内容，选中的部分是测试生成的订单内容。

OrderID	Username	ProductID	Listprice	Quantity	Orderdate
2003-2-7 21:02:51yzhang	yzhang	P0001	119	1	2003-2-7 21:02:51
2003-2-7 22:27:04zzy	zzy	P0002	69	3	2003-2-7 22:27:04
2003-2-7 22:27:04zzy	zzy	P0005	42	2	2003-2-7 22:27:04
2003-2-8 0:19:16yzhang	yzhang	P0001	119	1	2003-2-8 0:19:16
2003-2-8 0:19:16yzhang	yzhang	P0005	42	10	2003-2-8 0:19:16
2003-2-8 23:46:37yzhang	yzhang	P0002	69	2	2003-2-8 23:46:37
2003-2-8 23:46:37yzhang	yzhang	P0004	59	1	2003-2-8 23:46:37
2003-2-8 23:46:37yzhang	yzhang	P0005	42	1	2003-2-8 23:46:37
2003-2-9 21:05:32zzy	zzy	P0010	23	5	2003-2-9 21:05:32
2003-2-9 21:15:29zzy	zzy	P0001	119	3	2003-2-9 21:15:29
2007-7-5 16:13:59zzq	zzq	P0001	119	1	2007-7-5 16:13:59
2007-7-5 16:13:59zzq	zzq	P0002	69	2	2007-7-5 16:13:59

图 14-31　Order 表显示结果

图 14-32 显示了对应的示意性的 payment 页面，它的实现方法读者应该已经掌握，请自己试试吧。

当然，目前的 Order 表还太简单，并没有记录订单执行状态，哪些是未付款的，哪些是已确认付款等待备货的，哪些是货物已发运的等。这些细节在这里不做深化处理，就留给读者自己思考优化吧。

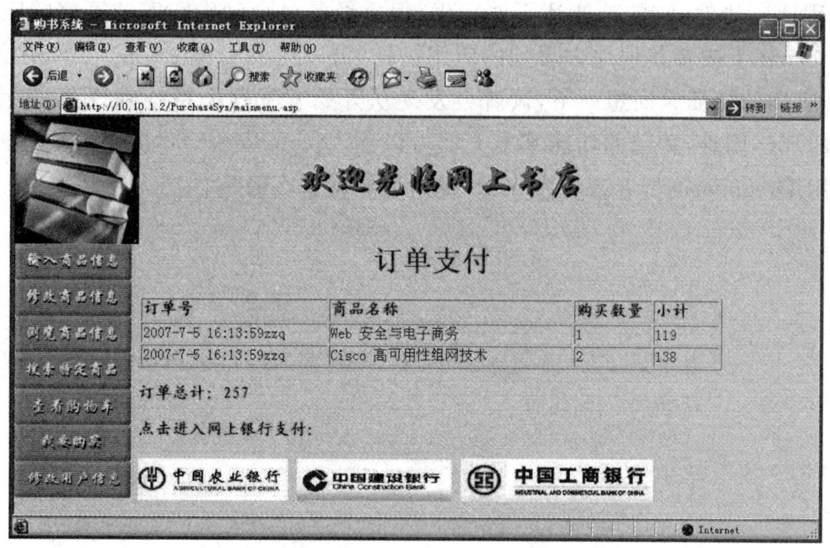

图 14-32　payment 页面

14.7 小　　结

本章通过网上书店的购物系统实例介绍了电子商务网站的购物车系统的设计和实现。在介绍过程中，教给读者如何使用高级方式来定义记录集，也就是直接运用复杂的 SELECT 语句来定义记录集，其中包含了对表单元素和其他记录集的引用。

本章详细解释了 Request、Request. Form、Request. QueryString 用于获取参数时的区别。

本章还通过实例，介绍了如何查看服务器行为的对应脚本代码，如何对 Dreamweaver 8 自动生成的服务器行为的脚本代码做简单的修改来扩展功能。另外，本章还演示了 SELECT、UPDATE、INSERT 和 DELETE 这几个最常用的 SQL 语句的用法，并在必要时引入手工编写代码，实现复杂功能的方法。

本章还详细分析了页面的执行方式，介绍了判断页面是被应用服务器正常地执行，还是由表单提交被执行的方法。本章还介绍了重定向浏览器到另一个页面的方法。

另外，本章在实现购物动作时，都没有考虑库存数的控制。这是因为在多用户同时使用网上书店进行购物的时候，如果对库存数不采用有效的手段来统一控制，将会出现更新异常的现象，而对库存数变化的统一控制有赖于数据库的交易技术。因为本书不是一本深入介绍数据库的教材，因此，这部分内容留给有兴趣的读者自己去阅读掌握。有关数据库的交易和并发控制，在一般的介绍数据库原理的教材、数据库厂商的培训教材中都有介绍。

随着这一章内容的结束，网上书店的实例也完成了其基本的功能，成为一个完整的

Web 应用程序。当然，它的功能还不够完善，但已经是一个确确实实的完整的应用，就像读者在 Internet 上或者其他地方看到的应用一样，可以完成实实在在的工作，并且具有典型的 Web 应用的特征。回想一下，读者会发现从开始开发这个系统到现在，整个过程并不如想象的那样困难，关键的功能基本上都可以用 Dreamweaver 8 提供的快速开发工具来实现。用 Dreamweaver 8 来开发 Web 应用程序就这么简单。

附录A 电子商务网站建设课程教学大纲

A.1 课程的性质、目的和任务

数字化的商业社会对面向电子商务的应用人才提出了更高的培养要求，为了适应数字化社会发展的需求，也为了使计算机教学内容的更新与应用现状保持同步，本课程选择了 Macromedia 公司优秀的 Web 应用开发工具 Dreamweaver 8 作为开发电子商务网站的主要工具，并选择适当的网络操作系统环境和数据库软件来开发电子商务网站的应用系统。力图使学生能够掌握一种适当的工具，采用可行的手段和技巧来完成电子商务网站的创建与应用。

本课程主要介绍电子商务网站的基本原理和基本实现方法。它是一门开阔视野、增长知识、提高实际工作能力的计算机课程。本课程既有理论基础，又有实际应用价值，可作为电子商务类、经济类、信息管理类、工商管理类、金融类、法学(经济法、经贸专业)等非计算机专业的重要专业课，也可作为各相关专业的一门重要的选修课。

通过本课程的学习，使学生能够了解和掌握电子商务网站创建所涉及的背景和基础知识，掌握电子商务网站核心部分的工作原理和方法，了解网络数据库的基本原理和技术，了解当前常用的数据库软件、典型的客户端开发工具，以及 HTML、MS SQL Server 和 ASP 的基础知识等，了解和掌握开发一个电子商务网站的过程。

A.2 课程的基本要求

1. 教学的基本要求

本课程围绕以下 3 个方面展开：

(1) 网站概论部分：力图使学生对建立电子商务网站有一个基本概念，了解什么是电子商务网站，它与别的网站有什么不同，以及了解建站相关的基础知识。

(2) 外观设计部分：从网页制作技术上向学生介绍如何利用网页的静态的页面元素来完成网站页面的视觉效果。如果把空网页比作画布，这一部分内容就是教会学生如何在画布上作画，画出多姿多彩、结构清晰、层次分明、引人入胜的电子商务应用的页面。

(3) Web应用程序开发部分：介绍了电子商务网站的核心部分的知识，以及开发电子商务应用的各个关键部分的方法和技巧。通过 Dreamweaver 8 与数据库 SQLServer(或 Access)结合，完成一个完整的电子商务应用的实例。这一部分内容是真正把网页从单纯的画面变成了可以完成特定功能的 Web 应用。

通过本课程的学习，应使学生达到以下基本要求：

- 了解电子商务网站系统的基本概念和相关技术的基础知识。
- 理解电子商务网站的设计与规划。
- 掌握如何使用 Dreamweaver 8 和其他软件工具来设计电子商务系统的外观和视觉效果，如何使用 Dreamweaver 8 来快速有效的实现电子商务应用的各种基本功能。
- 理解如何使用 Dreamweaver 8 和 SQL Server 来管理、使用商务数据。
- 了解和掌握网络数据库的发展以及常见的数据库产品(Access、SQL Server)，重点掌握 SQL Server 的有关知识，能够正确运用基本的 SQL 语句等。能熟练掌握后台数据库的开发，设计合理的数据表。
- 能独立完成应用程序的运行环境的设置，即 Windows 2000 Server、IIS 5.0 和 MS SQL Server 的安装和配置。

2. 教学的层次要求

(1) 掌握：要求能够全面掌握所学内容，并能够分析、初步设计和解答与本课程相关的网站设计和建设的问题，能够举一反三。

(2) 理解：要求能够较好地理解相关的内容，并且能够进行简单分析和判断。

(3) 了解：要求学生能够一般的了解所学内容。

A.3 教学内容和要求

1. 概论部分

电子商务网站的组成、特点和分类	了解
电子商务网站构成要素和设计要求	了解
电子商务网站建站的基础知识	理解

2. 外观设计部分

Dreamweaver 8 的工作环境	掌握
本地站点创建及应用	掌握
网页文件的基本操作	掌握
网页文档的格式化及插入各种网页元素	理解

利用外部编辑器编辑图像	理解
建立各种超级链接	掌握
表格的创建与应用	理解
布局表格和布局单元格	掌握
层的创建与应用	掌握
框架的创建与应用	掌握
行为的应用	理解
时间轴的应用	理解
CSS 层叠样式及其应用	理解
模板和库及其应用	理解
表单及其应用	理解

3. Web 应用程序开发部分

Web 应用程序的工作方式	理解
ASP 应用服务器技术基础	理解
VBScript 脚本语言	理解
SQL Server 数据库的安装与设置	了解
数据库的数据类型、SQL 语句、数据库表的建立与基本操作	掌握
配置 Access 数据库的 ODBC DSN(选学)	了解
安装和配置 IIS	理解
配置 SQL Server 数据库的 ODBC DSN	理解
ADO 的基本概念与应用	理解
建立面向 Web 应用开发的 Dreamweaver 8 站点	掌握
网站用户登录和密码验证	理解
商品数据库的输入、修改、删除和查询	掌握
商品数据库的复合条件的检索	理解

本课程在课时和内容安排上松紧适度,便于教师授课。本书所有各章节都配有精心设计的实例,可帮助学生快速理解和掌握知识要点。本书为每一章的知识点设置了由浅入深的实验,关键实验都有详细的参考步骤,帮助学生完成实验,理解实验涉及的知识点和技巧。每个实验后安排的思考题,满足了学生复习与加深理解知识点的实际需要。

A.4 课时分配

课程教学总学时数为 72 学时,其中讲授学时 42,实验学时 30,如表 A-1 所示。

表 A-1 课时分配

章 号	教学内容	授课学时	章 号	教学内容	授课学时
1、2	电子商务网站的特点、分类、规划和设计	3	10、11	建立和发布 Web 应用程序	4
3	网页设计基础	2	12	网站登录和密码验证系统	4
4	层与表格及其应用	2	13	商品信息维护系统	4
5	超级链接与框架网页及其应用	4	14	集成的购物车系统	5
6	行为与时间轴及其应用	3		上机实验	30
7	CSS 样式、模板和库	3		测验或考试	
8	表单及其应用	2		总计	72
9	Web 应用程序概述	6			

注意：已学过网页制作的学生可对这部分知识稍加复习，只学本课程的第 1、2 章与第 9～14 章的内容，建议的学时数为 54 课时。

A.5 本课程与其他课程的关系

本课程的先修课程为：计算机基础、网络的基础、数据库基础等。

A.6 教材及参考书

本课程使用教材：

(1)《电子商务网站建设教程》(第 2 版) (清华大学出版社)

(2)《电子商务网站建设教程实验指导》(第 2 版) (清华大学出版社)

参 考 文 献

[1] 尚俊杰等. 网络程序设计——ASP 案例教程. 北京：清华大学出版社，2005.

[2] 陈建伟等. ASP 动态网站开发教程. 北京：清华大学出版社，2005.

[3] 荣欣科技. ASP+Dreamweaver MX 2004 数据库网站开发与实例. 北京：清华大学出版社，2004.

高等学校计算机基础教育教材精选

书　名	书　号
Access 数据库基础教程　赵乃真	ISBN 978-7-302-12950-9
AutoCAD 2002 实用教程　唐嘉平	ISBN 978-7-302-05562-4
AutoCAD 2006 实用教程(第 2 版)　唐嘉平	ISBN 978-7-302-13603-3
AutoCAD 2007 中文版机械制图实例教程　蒋晓	ISBN 978-7-302-14965-1
AutoCAD 计算机绘图教程　李苏红	ISBN 978-7-302-10247-2
C++ 及 Windows 可视化程序设计　刘振安	ISBN 978-7-302-06786-3
C++ 及 Windows 可视化程序设计题解与实验指导　刘振安	ISBN 978-7-302-09409-8
C++ 语言基础教程(第 2 版)　吕凤翥	ISBN 978-7-302-13015-4
C++ 语言基础教程题解与上机指导(第 2 版)　吕凤翥	ISBN 978-7-302-15200-2
C++ 语言简明教程　吕凤翥	ISBN 978-7-302-15553-9
CATIA 实用教程　李学志	ISBN 978-7-302-07891-3
C 程序设计教程(第 2 版)　崔武子	ISBN 978-7-302-14955-2
C 程序设计辅导与实训　崔武子	ISBN 978-7-302-07674-2
C 程序设计试题精选　崔武子	ISBN 978-7-302-10760-6
C 语言程序设计　牛志成	ISBN 978-7-302-16562-0
PowerBuilder 数据库应用系统开发教程　崔巍	ISBN 978-7-302-10501-5
Pro/ENGINEER 基础建模与运动仿真教程　孙进平	ISBN 978-7-302-16145-5
SAS 编程技术教程　朱世武	ISBN 978-7-302-15949-0
SQL Server 2000 实用教程　范立南	ISBN 978-7-302-07937-8
Visual Basic 6.0 程序设计实用教程(第 2 版)　罗朝盛	ISBN 978-7-302-16153-0
Visual Basic 程序设计实验指导与习题　罗朝盛	ISBN 978-7-302-07796-1
Visual Basic 程序设计教程　刘天惠	ISBN 978-7-302-12435-1
Visual Basic 程序设计应用教程　王瑾德	ISBN 978-7-302-15602-4
Visual Basic 试题解析与实验指导　王瑾德	ISBN 978-7-302-15520-1
Visual Basic 数据库应用开发教程　徐安东	ISBN 978-7-302-13479-4
Visual C++ 6.0 实用教程(第 2 版)　杨永国	ISBN 978-7-302-15487-7
Visual FoxPro 程序设计　罗淑英	ISBN 978-7-302-13548-7
Visual FoxPro 数据库及面向对象程序设计基础　宋长龙	ISBN 978-7-302-15763-2
Visual LISP 程序设计(AutoCAD 2006)　李学志	ISBN 978-7-302-11924-1
Web 数据库技术　铁军	ISBN 978-7-302-08260-6
程序设计教程(Delphi)　姚普选	ISBN 978-7-302-08028-2
程序设计教程(Visual C++)　姚普选	ISBN 978-7-302-11134-4
大学计算机(应用基础・Windows 2000 环境) 卢湘鸿	ISBN 978-7-302-10187-1
大学计算机基础　高敬阳	ISBN 978-7-302-11566-3
大学计算机基础实验指导　高敬阳	ISBN 978-7-302-11545-8
大学计算机基础　秦光洁	ISBN 978-7-302-15730-4
大学计算机基础实验指导与习题集　秦光洁	ISBN 978-7-302-16072-4
大学计算机基础　牛志成	ISBN 978-7-302-15485-3
大学计算机基础　訾秀玲	ISBN 978-7-302-13134-2
大学计算机基础习题与实验指导　訾秀玲	ISBN 978-7-302-14957-6

书名　作者	ISBN
大学计算机基础教程(第 2 版)　张莉	ISBN 978-7-302-15953-7
大学计算机基础实验教程(第 2 版)　张莉	ISBN 978-7-302-16133-2
大学计算机基础实践教程(第 2 版)　王行恒	ISBN 978-7-302-18320-4
大学计算机技术应用　陈志云	ISBN 978-7-302-15641-3
大学计算机软件应用　王行恒	ISBN 978-7-302-14802-9
大学计算机应用基础　高光来	ISBN 978-7-302-13774-0
大学计算机应用基础上机指导与习题集　郝莉	ISBN 978-7-302-15495-2
大学计算机应用基础　王志强	ISBN 978-7-302-11790-2
大学计算机应用基础题解与实验指导　王志强	ISBN 978-7-302-11833-6
大学计算机应用基础教程　詹国华	ISBN 978-7-302-11483-3
大学计算机应用基础实验教程(修订版)　詹国华	ISBN 978-7-302-16070-0
大学计算机应用教程　韩文峰	ISBN 978-7-302-11805-3
大学信息技术(Linux 操作系统及其应用)　衷克定	ISBN 978-7-302-10558-9
电子商务网站建设教程(第 2 版)　赵祖荫	ISBN 978-7-302-16370-1
电子商务网站建设实验指导(第 2 版)　赵祖荫	ISBN 978-7-302-16530-9
多媒体技术及应用　王志强	ISBN 978-7-302-08183-8
多媒体技术及应用　付先平	ISBN 978-7-302-14831-9
多媒体应用与开发基础　史济民	ISBN 978-7-302-07018-4
基于 Linux 环境的计算机基础教程　吴华洋	ISBN 978-7-302-13547-0
基于开放平台的网页设计与编程(第 2 版)　程向前	ISBN 978-7-302-18377-8
计算机辅助工程制图　孙力红	ISBN 978-7-302-11236-5
计算机辅助设计与绘图(AutoCAD 2007 中文版)(第 2 版)　李学志	ISBN 978-7-302-15951-3
计算机软件技术及应用基础　冯萍	ISBN 978-7-302-07905-7
计算机图形图像处理技术与应用　何薇	ISBN 978-7-302-15676-5
计算机网络公共基础　史济民	ISBN 978-7-302-05358-3
计算机网络基础(第 2 版)　杨云江	ISBN 978-7-302-16107-3
计算机网络技术与设备　满文庆	ISBN 978-7-302-08351-1
计算机文化基础教程(第 3 版)　冯博琴	ISBN 978-7-302-19534-4
计算机文化基础教程实验指导与习题解答　冯博琴	ISBN 978-7-302-09637-5
计算机信息技术基础教程　杨平	ISBN 978-7-302-07108-2
计算机应用基础　林冬梅	ISBN 978-7-302-12282-1
计算机应用基础实验指导与题集　冉清	ISBN 978-7-302-12930-1
计算机应用基础题解与模拟试卷　徐士良	ISBN 978-7-302-14191-4
计算机应用基础教程　姜继忱	ISBN 978-7-302-18421-8
计算机硬件技术基础　李继灿	ISBN 978-7-302-14491-5
软件技术与程序设计(Visual FoxPro 版)　刘玉萍	ISBN 978-7-302-13317-9
数据库应用程序设计基础教程(Visual FoxPro)　周山芙	ISBN 978-7-302-09052-6
数据库应用程序设计基础教程(Visual FoxPro)题解与实验指导　黄京莲	ISBN 978-7-302-11710-0
数据库原理及应用(Access)(第 2 版)　姚普选	ISBN 978-7-302-13131-1
数据库原理及应用(Access)题解与实验指导(第 2 版)　姚普选	ISBN 978-7-302-18987-9
数值方法与计算机实现　徐士良	ISBN 978-7-302-11604-2
网络基础及 Internet 实用技术　姚永翘	ISBN 978-7-302-06488-6
网络基础与 Internet 应用　姚永翘	ISBN 978-7-302-13601-9
网络数据库技术与应用　何薇	ISBN 978-7-302-11759-9

网页设计创意与编程　魏善沛　ISBN 978-7-302-12415-3
网页设计创意与编程实验指导　魏善沛　ISBN 978-7-302-14711-4
网页设计与制作技术教程(第 2 版)　王传华　ISBN 978-7-302-15254-8
网页设计与制作教程(第 2 版)　杨选辉　ISBN 978-7-302-17820-0
网页设计与制作实验指导(第 2 版)　杨选辉　ISBN 978-7-302-17729-6
微型计算机原理与接口技术(第 2 版)　冯博琴　ISBN 978-7-302-15213-2
微型计算机原理与接口技术题解及实验指导(第 2 版)　吴宁　ISBN 978-7-302-16016-8
现代微型计算机原理与接口技术教程　杨文显　ISBN 978-7-302-12761-1
新编 16/32 位微型计算机原理及应用教学指导与习题详解　李继灿　ISBN 978-7-302-13396-4